비교교육학과 교육학

정일환 김병주 고 전 권동택 박대권 박세훈 박순용 박찬호 박환보
소경희 신현석 유재봉 이병진 정진철 주동범 최돈민 한용진 공저

COMPARATIVE EDUCATION AND
EDUCATIONAL STUDIES

양 성 원

머리말

비교교육학은 국제적 시각에서 교육문제를 이해하고 교육법칙을 발견하기 위한 학문적 노력이다. 비교교육은 여러 국가의 교육에서 유사성과 차이점을 야기하는 요인들을 이해하기 위하여 다양한 측면에서 교육제도와 현상을 분석한다. 이와 같이 비교교육학을 통하여 교육의 모든 측면이 국제적 관점에서 비교될 수 있다.

1950년대 6.25 한국전쟁의 폐허하에 경제적 재건을 지향한 근대화를 강력히 추구하던 시대의 교육적 요구와 함께 1968년에 창립된 한국비교교육학회는 한국교육학회 산하의 다른 여느 분과학회보다 오랜 역사를 자랑하며, 올해 창립 50주년을 맞이하였다. 한국비교교육학회는 1971년 '세계문화와 교육'을 발간한 이후 1992년부터 '비교교육 연구'를 정기적으로 발간하였고, 2012년부터 영문학술지를 발간하기 시작하여 현재는 매년 4회의 국문학술지와 2회의 영문학술지를 발간하면서 한국비교교육학의 학문적 발전을 도모하기 위해 다양한 노력을 기울여 왔다.

그 일환으로 2010년 초 한국비교교육학회는 '비교교육학: 이론과 실제'라는 제목의 학술저서 편찬 계획을 수립하여 오랜 산고 끝에 2012년 5월 그 결실을 보았다. 그동안 학회 회원들 중심으로 '현대비교교육발전론'(2003)이라는 도서가 발간되기는 하였지만, 학회 차원에서 "비교교육학"이라는 제목의 학술저서를 발간한 것은 처음으로 뜻깊은 사업이었다. 이후 2017년 학회 차원에서 회원들 중심으로 번역서 '비교교육학, 접근과 방법'을 출간하였다.

한국비교교육학회는 학회 창립 50주년을 기념하기 위하여 2017년 3차례 학술대회(2017년 5월, 6월, 12월)에 걸쳐 '비교교육학과 교육학'이라는 대주제로 학술행사를 개최하여 각 전공 교수와 학자들이 비교교육학과 교육학의 학문영역별로 상호 관계를 심도 있게 논의할 수 있는 유의미한 학술적 담론을 가졌다. 이 도서는 이처럼 올해

학회 창립 50주년을 맞아 작년 학술대회 기획 시부터 준비하였던 대로, 교육학의 하위 학문영역별 권위자들을 중심으로 학술대회 발표 및 학회지에 게재된 원고를 보완하여 발간하였다. 그러한 점에서 이 책은 넓은 의미에서의 비교교육학과 교육학, 그리고 좁게는 비교교육학과 교육학 하위 학문영역 간의 관계를 이해함으로써 세계 주요국의 교육문제와 제도를 보다 다양하게 이해하는 데 큰 도움이 될 것이며, 비교교육학 입문서로서 큰 역할을 할 것으로 기대한다.

이 도서의 내용은 모두 15개 장으로 구성되어 있으며, 다양한 학문 분야의 전문가들이 참여하였다. 제1장은 비교교육학과 교육학의 학문적 영역을 종합적으로 논의하는 부분으로 정일환(대구가톨릭대), 권동택(한국교원대) 교수님, 제2장부터 제13장까지는 비교교육학과 교육학 하위 학문영역 간의 관계를 탐구하는 장으로 구성되어 있다. 구체적으로 제2장 비교교육학과 교육인류학은 박순용(연세대) 교수님, 제3장 비교교육학과 교육사학은 한용진(고려대) 교수님, 제4장 비교교육학과 교육철학은 유재봉(성균관대) 교수님, 제5장 비교교육학과 교육과정학은 소경희(서울대) 교수님, 제6장 비교교육학과 교육평가학은 박찬호(계명대) 교수님, 제7장 비교교육학과 교육사회학은 주동범(부경대), 박환보(충남대) 교수님, 제8장 비교교육학과 평생교육학은 최돈민(상지대) 교수님, 제9장 비교교육학과 직업교육학은 정진철(서울대) 교수님, 제10장 비교교육학과 교육법학은 고전(제주대) 교수님, 제11장 비교교육학과 교육행정학은 박세훈(전북대) 교수님, 제12장 비교교육학과 교육재정경제학은 김병주(영남대) 교수님, 제13장 비교교육학과 교육정치학은 신현석(고려대), 박대권(명지대) 교수님, 제14장 비교교육학과 교육정책학은 정일환(대구가톨릭대) 교수님, 그리고 제15장은 한국 비교교육학의 성과와 과제로 이병진(한국교원대), 정일환(대구가톨릭대), 권동택(한국교원대) 교수님이 집필하였다.

이 도서를 기획 · 발간하는 데 본 학회 창립 50주년기념 준비공동위원장이신 신태진(연세대), 한용진(고려대) 교수님의 헌신에 감사드리며, 원고 수집 및 편집 등 헌신적인 역할을 수행한 학회 편집국장이신 정현숙 박사께도 고마움을 표한다.

모든 집필자가 비교교육학과 해당 학문영역에 대한 연구를 많이 수행한 전문가들로 구성되었으며, 2년여라는 오랜 산고 끝에 출간하였지만 완벽하다고는 볼 수 없다. 앞으로 교육학계 및 교육현장의 다양한 의견을 수렴하여 지속적으로 수정·보완해 나갈 계획이다. 학회 회원과 독자 여러분의 각별한 관심과 지적으로 이 책의 미흡한 부분과 오류가 완벽하게 수정될 수 있기를 기대한다. 한국비교교육학회 창립 50주년을 기념하여 야심차게 추진된 본 도서의 발간으로 한국사회에서 '비교교육학과 교육학'의 학문적 위상 제고와 더불어 실제 한국의 교육정책 개선에 기여하기를 기대한다.

끝으로 본 도서를 곱게 편찬하는 데 애쓰신 양성원 강철원 사장님과 편집부 직원분들께 고마움을 전한다.

2018. 11

한국비교교육학회 학술편찬위원장 김병주

한국비교교육학회 회장 정일환

차 례

CHAPTER 1

비교교육학과 교육학의 학문적 영역

세계의 교육 현상과 발전 전략을 종합적으로 비교 분석하는 비교교육은 각 나라의 우수한 교육문화를 전 세계로 전파하여 교육을 통한 전 인류의 행복과 번영의 토대를 마련해 왔다는 점에서 중요한 가치와 역할을 가지고 있다(이병진, 1996). 이에 비교교육학이 독자적인 학문영역으로 등장한 이래, 접근방법과 연구방법은 비교교육 분야에서 주요한 관심사가 되어 왔다(Bray, Adamson & Mason, 2014).

교육학의 다른 분야나 영역과는 달리 비교교육학은 매우 폭넓은 학문과 방법론적 접근법을 포용하고 있으며, 수많은 실제적인 주제들을 다루고 있기 때문에 비교교육학 분야에 대한 역사 및 학문적 성격을 규명하는 것은 쉬운 일이 아니다. 특히 비교교육학이 단순히 비교할 수 있는 주제는 모두 비교교육이라는 인식에서 벗어나 비교교육학의 정체성을 찾는 하나의 과정이며, 과도기로 본다면 더더욱 비교교육학의 명확한 목적과 학문적 영역을 설정하는 문제는 중요한 핵심과제라고 할 수 있다.

비교교육 연구의 주요한 흐름은 국내외 교육, 정치, 경제, 사회, 문화 및 과학기술체제와의 상호 관계 등과 같은 거시적 접근에서 최근에는 외국의 교수방법이나 교육과정, 교원교육, 학업 성취 등의 미시적이고 다양한 주제들로 연구의 관심(영역)이 점점 확장되고 있다. 심지어 비교교육학은 전 세계를 연구의 대상으로 삼고 있으며, 다양한 교육 관련 영역을 비교하는 것이라면 어떠한 주제라도 수용되는 것으로 받아들이기도 한다.

그러나 이로 인해 비교교육의 정의와 정체성 관련 문제가 유발되기도 한다. 즉, 목적과 연구 범위의 비교 측면에서 무제한적 주제 설정은 비교교육 자체의 정체성 문제뿐만 아니라 방법론의 문제를 낳기도 한다. 바로 이것이 비교교육의 학문적 논의나 독자적인 고유한 방법론 개발을 어렵게 하는 측면도 있다. 더욱이 비교교육학은 여러 면에서 다른 관련 학문과 주제 설정에 있어 깊은 관련을 가지고 있기 때문에 독자적인 학문적 위치를 정립하는 데 어려움을 겪고 있다.

이와 같은 비교교육 그 자체의 지적 타당성에 대한 지속적인 논쟁에도 불구하고, 하나의 구별된 학문 분야로써 존재하고 그 자체를 제도적으로 영속시킨다는 것을

Manzon(2015: 3-4)은 강력히 주장하고 있다. 왜냐하면 비교교육은 인지적 기준을 기반으로 하는 내적 논리에서뿐만 아니라, Foucault(1972)가 지적하는 상호 연계하는 사회적 담론들의 결과와 Bourdieu(1969)가 지적하는 사회적 구조와 인간의 행위주체, 둘 모두에서 발견되는 영향력 관계의 상호작용으로써 이루어진 지식의 본체이기 때문이다. 따라서 그것의 제도적 기반과 지적인 정의 구성에 있어서, 담론들과 사회적 구조와 인간 행위주체에 깊이 새겨진 영향력 관계들이 인지적 원칙들과 결합되어 나타나게 된다.

1절 비교교육에서 '비교'의 개념적 성격

'비교'한다는 일이 비단 비교교육학이라는 학문영역에 국한하여 사용하는 활동은 아니지만, 비교교육 연구의 주된 목적 역시 '비교'이며, 이러한 활동이 어떤 방법을 통해 어떻게 수행되고 있는가를 파악하는 일은 무엇보다도 중요한 일이다(이병진, 1998). 왜냐하면 자칫 비교교육을 아주 광범위하고 다양한 학문배경과 관심을 가지고 있는 사람들이 쉽게 접근하는 공공의 연구의 장으로 인식될 수 있기 때문이다. 일반적으로 비교(比較, comparison)라는 단어가 갖는 사전적 의미는 둘 또는 그 이상의 사물이나 현상을 견주어 서로 간의 유사점과 공통점, 차이점 따위를 밝히는 일이다. 흔히 비교를 대비(對比)나 대조(對照)와 혼용해서 사용하기도 하지만 상호 구분할 필요가 있다.

- 대비(對比): 두 가지의 차이를 밝히기 위하여 서로 맞대어 비교함
- 대조(對照): 둘을 마주 대하여 비추어 봄을 의미하는 것으로 둘 이상인 대상의 내용을 맞대어 같고 다름을 검토하는 것. 예) 원래의 사실을 기록한 원본과 필사본을 비교 검토하는 것

사실 '비교'는 인간이 존재하고 있는 삶의 전반적인 영역에 걸쳐서 계속적으로 이루어지고 있다(이병진, 1998). 즉 비교한다는 활동은 거의 본능에 가까운 인간의 내재적 행동으로, Locke는 여러 사물이나 현상들에 대한 관념들을 범위, 정도, 시간, 장소 또는 어떤 다른 상황에 관해서 서로 비교하는 것이 그 관념들에 대한 마음의 또 다른 하나의 작용이며, 비교는 인간 생활에 필수적인 사고 과정이라고 할 수 있다(이재한 역, 2009). 따라서 이러한 비교 활동을 통해 마음은 단순한 관념들로부터 보다 복합한 관념(특히 관계 관념)들을 획득하게 되는데, 비교의 기능적 의미에서 보면 사물 또는 현상을 관계시키는 일종의 개념화 과정이라고 할 수 있다.

한편, '비교'는 고도의 지적 작업으로 관찰, 분석, 정리 및 종합의 여러 활동이 요구되는 사고 활동이다. 즉, 비교는 사물이나 현상의 관찰에 의해 사고의 분석적 과정을 통하여 정리 및 종합하는 인지적 활동인 것이다. 이와 관련하여 Hilker(1962)는 비교를 지적 사고에 의한 사물 또는 현상 간의 동일성, 유사성, 상이성을 분석한다는 것으로 주장하며, 비교의 속성으로 둘이상의 사물 또는 현상 간의 동일성, 유사성, 상이성을 보이는 관계라고 강조하며, 비교의 본질에 관한 속성으로서 ① 비교 대상의 현상성, ② 비교 대상의 복수성, ③ 교육사정의 전체성, ④ 현상의 비교성을 제시하고 있는데, 비교의 개념적 특성에서 강조하고 있는 현상성, 복수성, 전체성, 그리고 현상의 비교성에 대한 성격은 다음과 같다.

- **현상성**: 시간과 공간 속에 나타나는 지각할 수 있는 대상
- **복수성**: 둘 또는 셋 이상의 비교 대상이 제시되고 유사성을 지닌 것이 병치(倂置, 둘 이상의 것을 같은 자리에 둠) 또는 대치(代置, 마주 대하게 놓음)에 의하여 연구되는 것을 의미
- **전체성**: 교육제도의 성립에 영향을 미치는 다양한 요인들에 대한 전체적인 이해
- **현상의 비교성**: 교육현상의 동일성, 유사성, 상이성을 비교
  - **동일성**: 비교 대상의 전부가 일치하는 것

- 유사성: 비교 대상 중에서 둘 또는 셋, 혹은 그 이상의 요소의 일치
- 상이성: 비교 대상의 전체가 일치하지 않는 것

특히 Hilker(1962)는 동일성의 경우는 비교의 의미가 없지만, 유사성의 경우는 비교의 의미가 있으며, 상이성의 경우는 비교 관점에서는 사실상 언급할 가치가 없다고 한다. 반면 이규환(1980)은 둘 이상의 사회 형태에 있어서의 교육제도, 교육의 제문제, 교육의 결정 요소, 교육적 이상 등을 확인, 진단하고 상호 비교함으로써 유사성 내지 공통성과 상이성을 찾아내고, 여기에 비판적 연구를 하여 보다 진실된 교육학적 이론을 확립하려는 학문으로 전제하고, 유사성과 상이성을 연구자 자신의 시각에서 사회과학적으로 해석하는 것은 비교교육학을 하나의 과학적 학문으로 성립시키는 중요한 전제가 된다는 입장을 취하고 있다. 특히 비교교육에 있어서 상이성을 규명하는 것은 유사성의 규명에 못지않게 중요하다고 강조하고 있다.

이와 같이 비교교육에서 '비교'라는 단어가 하나의 개념으로 구성되기 위해서는 ① 둘 또는 둘 이상의 대상이나 수준, ② 교육 대상이나 현상, ③ 상호 간의 유사(공통)점 및 차이점 등의 개념적 요소를 갖추어야 한다. 그러나 비교교육학의 문제를 단지 '비교'라는 단어 자체의 의미로만 접근된다면, 비교연구(분석)와 비교교육의 구분이 모호할 수 있다. 즉 일반 교육 주제에서 비교 방법론이나 접근으로 분석되는 경우 '비교연구(분석)'라고 제목을 부여할 수 있지만, 그러한 주제에 '비교교육 연구'라는 제목을 부여할 수는 없기 때문이다. 예를 들어 '한국과 미국의 교육제도 비교연구'라는 제목은 가능하나, '한국과 미국의 교육제도 비교교육 연구'라는 제목은 어색하기 때문이다. 바로 그 어색함 속에서 '비교연구'와 '비교교육 연구'는 구분할 필요가 있다. 그러나 그러한 주제는 비교교육학의 연구 주제가 된다는 점에서 비교교육은 단순히 방법론의 접근이라기보다는 연구 대상(영역)의 성격론의 접근이라고 보는 것이 보다 적절하다.

한편, '비교'라는 사고 과정을 위해서는 비교 준거의 설정이 중요하게 되는데, 비교연구에 있어서 상호 비교할 수 있는 준거척도를 비교 준거(criteria for comparison)라고 한

다. 가령 진학률 · 취학률 · 중도 탈락률 같은 교육지표가 그러한 기준이 될 수도 있으며, 학교의 수업연한, 교육과정의 내용, 교육통제의 유형, 지방분권의 정도 등이 비교 준거가 될 수도 있다. 특히 비교 준거의 설정에 있어서 동일한 단어나 용어라 하더라도 서로 개념이 다르게 해석될 수 있기 때문에 비교 준거 시에 사용되는 개념의 명료화가 선행되어야 한다(이철수, 2008). 또한 비교교육을 위한 연구접근에 있어서 양적 비교의 경우는 통계의 표준화가 선행되어야 하며, 질적 비교에 있어서는 용어의 개념이 먼저 밝혀져야 한다. 왜냐하면 같은 명칭, 같은 숫자라도 그 의미가 서로 다를 수 있기 때문에 비교교육에 있어서는 비교 논의에 있어서 신중을 기할 필요가 있다.

2절 비교교육학의 학문적 성립과 성격

1. 비교교육학의 성립

학문(disciplines)은 학자들이 연구 활동을 한 결과를 축적해 놓은 지식체계로서, 학문은 지식체계로서의 학문과 활동으로서의 학문이라는 두 가지 차원에서 규정될 수 있다. 그러나 「결과」로서의 학문은 그 결과를 낳기까지의 「과정」, 즉 활동으로서의 학문과 불가분의 관계에 있다. 학문에는 이때까지 그 분야의 학자들이 발견, 축적해 놓은 개념과 탐구방법이 있으며, 현재 학문을 하는 사람들은 그 개념과 탐구방법을 써서 각각 관련된 현상을 이해하는 활동을 한다. 따라서 일반적으로 학문이라고 하는 것은 해당 분야의 학자들이 축적해 놓은 지식 체계 자체이면서 그것을 구축한 일련의 과정을 포괄하는 개념이다.

비교교육(comparative education)이 어떤 성격의 학문인지 개념적으로 정의하여 합의를 이루려는 노력들이 여러 차례 있어 왔지만 아직도 그 합의점은 찾지 못하고 있는 상태이다. 물론 비교교육을 연구하는 학자들 간의 시각이나 연구목적상의 상이함에서 비롯된 것이라고 생각할 수 있지만, 일반적으로 비교교육은 둘 이상의 사회 형태에서의 교육제도, 교육의 제문제, 교육의 결정요소, 교육적 이상 등을 확인 및 진단하고 상호 비교함으로써 유사성 내지는 공통성과 상이성을 찾아내고 이에 대한 사회 과학적 연구를 시도하여 질적으로 우수한 교육적 이론을 체계화하려는 학문이라고 말할 수 있다(Hans, 1958).

역사적으로 비교교육학은 1817년 프랑스 학자인 Jullien의 「비교교육학 연구를 위한 예비적 고찰」에서 처음으로 그 명칭이 사용된 이후, 20세기를 거쳐 영 · 미 · 독 · 불 등의 나라에서 본격적으로 발전되었다. 특히 미국의 Kandel, 영국의 Hans, 독일의 Schneider 등에 의해서 학문적 초석이 다져졌으며, 전 세계적으로 비교교육 연구가 확충되면서 학문적 전통을 공고히 하고 있다. 특히 비교교육학은 긴밀한 국제교류(international relationships)를 바탕으로 교육에서도 상호 간에 깊은 이해와 교류를 증진시키며 국제비교를 위한 비교교육 연구의 활성화를 더욱 촉진시켜 오고 있다. 종래의 타 교육학의 종속적인 연구 분야라는 이미지를 벗어나 독자적인 하나의 학문체계를 확립해 나가고 있다.

비교교육학의 사적(史的) 발달과 관련하여 많이 인용되고 있는 Noah와 Eckstein(1993)은 비교교육학의 발달을 진화론적인 관점에서 5개의 발달 단계로 제시하며 비교교육학의 학문적 성격을 설명하고 있다(정일환 · 김병주 외, 2012: 14-24).

(1) 외국에 대한 단순한 호기심에 의한 여행자의 이야기 단계(여행담의 단계)

(2) 교육적으로 빌려오는 단계(의식적 차용의 단계)

(3) 국가 교육제도를 형성시킨 세력과 요인들을 밝히는 단계(역사적 · 제도적 설명의 단계)

(4) 사회과학적 실행 단계('과학적' 법칙 발견의 단계)

(5) 국제적 교육협력 단계(국제이해교육의 단계)

이들이 분류한 단계별로 살펴보면 비교교육의 발달 단계마다 구분되는 목적이 있었음을 알 수 있다. 첫 번째 단계인 '여행자의 이야기 단계'에서의 비교교육의 목적은 외국에 대한 단순한 호기심 충족이었다. 두 번째의 비교교육의 발달단계인 '교육적으로 빌려 오는 단계'에서는 자국의 교육 발전을 위해 타국의 교육을 변용 혹은 개작하여 자국의 교육에 적용하고자 하는 것이 비교교육 연구의 목적이었으며, 그러나 세 번째와 네 번째 단계인 '국가의 교육제도를 형성시킨 세력과 요인들을 밝히는 단계'와 '사회과학적 실행 단계'에서는 비교교육 연구의 목적이 자국의 교육 발전을 위한 타 국가교육의 연구라는 목적의 차원을 넘어서 전 세계적으로 통용될 수 있는 어떠한 일반적인 법칙을 찾고자 하는 목적으로 변화하고 있다(Brickman, 1988). 최근 글로벌 사회에서 교육의 국제적 통용성, 국제교육협력이 점증하는 시점에서 비교교육 연구는 자연스럽게 국제적인 교육이슈들, 예를 들어 국제학업성취도, 교육 ODA 등에 관심을 갖고 이를 이론적 · 실증적으로 뒷받침할 수 있는 과학적 · 체계적인 비교연구의 경향이 강하다고 할 수 있다.

비교교육의 학문적 성립에 있어서 하나의 '과학'으로서 접근되기 시작한 제2차 세계대전 이후는 주목할 만하다(정일환 외, 2012). 제2차 세계대전 이후 비교교육은 빠르게 하나의 과학(science)으로 발전하게 되었으며, 일부 비교교육학자들은 이전 비교교육학자들의 입장을 '비과학적'인 것이라 비판하고, '과학적' 연구방법을 도입, 비교교육학의 과학화를 시도하였다. 즉, 이전의 국민성이나 문화적 결정요인들에 의거한 설명과 해석 중심의 역사학적 접근 대신 엄밀한 개념사용, 자료수집, 가설검증에 의거한 사회과학적 접근을 강조하였다. 비교교육학은 이제 역사학이나 철학보다는 20세기 중반 발달한 사회학, 경제학, 정치학과 같은 제 사회과학과의 계량적 · 경험적 방법으로 연구되어야 한다는 것이다. 비교교육학의 이러한 과학화 노력에 공헌한 인물로는 Bereday, Holmes, Noah, Eckstein 등이 있다.

특히 비교교육학 발달의 제3단계(역사적 설명)와 제4단계(사회과학적 설명)의 교량 역할을 한 인물이 바로 Bereday이다(Noah & Eckstein, 1969: 65). Bereday는 「비교교육 연구법」(Comparative Method in Education, 1964)을 통해 과학적인 연구방법을 체계적으로 제시하였는데, 비교교육학이 고도의 지적 수준을 유지할 수 있기 위해서는 사회과학에 기초해야 한다고 강조하며, 비교교육학을 과거처럼 역사학이나 철학 같은 어떤 특정 학문에 의하여 설명될 수 없는 여러 가지 학문의 종합(a rosette of different disciplines)으로 보았다. 또한 비교교육학을 교육제도의 과학적 분석에 기초해서 '예측'할 수 있도록 조직되어야 한다고 강조하였다.

이와 관련하여 이병진(1998)은 비교교육학의 발달은 단순히 호기심을 충족시키기 위해서 타 국가의 교육을 연구하고 그에 대한 지식을 획득하고자 하는 수준에서, 타 국가의 교육을 연구하여 그 연구 결과를 자국의 교육 발전을 위해 사용하고자 하는 수준, 또한 시공을 초월하여, 혹은 어떤 특정 국가의 사회에 국한되지 않고 나타나고 있는 상관관계를 밝힘으로써 전 세계적으로 통용될 수 있는 일반적인 법칙을 발견하고자 하는 목적이 있음을 강조하고 있다. 결국 비교교육의 학문적 노력은 세계교육 문제를 해결하려는 시도이며, 이러한 다양한 문제들 사이의 유사점과 차이점을 고려하여 자국의 교육 가치와 조건(맥락)에 맞는 국가 고유의 대안을 마련하는 데 기여한다.

2. 비교교육학의 학문적 성격

사실상 비교교육학에 대하여는 역사적으로 다양하게 이해되는 상황에서 비교교육학은 그 연구 그 자체가 교육에서의 비교에 관심을 가지고 있다고는 분명히 말할 수 있지만 교육 연구의 거의 모든 영역이 어떤 단계에서는 비교를 적용하기 때문에 이것이 매우 독특하다거나 비교교육학을 탐구영역으로서 정당화시키는 것은 쉬운 일이 아니다. 따라서 비교교육학의 학문적 성격을 비교교육학의 개념 및 대상의 정의 방식으로서의 학문적 성격과 연구방법론의 접근 방식으로서의 학문적 성격을 살펴보면 다음과 같다.

1) 정의 방식으로서의 학문적 성격

비교교육의 학문적 정의는 비교교육학의 역사적 발전 과정에 따라 달라졌으며, 비교교육학자들 간에도 상이한 의견이 제시되기 때문에 비교교육학의 정의를 규정하는 것은 쉬운 일이 아니다. 따라서 비교교육학의 연구 대상 내지 내용도 이 학문의 발전 단계에 따라, 그리고 학자의 학문적 성격 또는 국가에 따라서 상이하게 나타날 수 있다. 그러나 비교교육학이 하나의 독립되고 고유한 연구 분야로서 독자성을 확립하기 위해서는 역사적으로 발달된 독자적 이론 체계뿐만 아니라 이 분야가 설정하고 있는 나름대로의 목적과 목표를 분명히 할 필요가 있다(이병진, 1998). 특히 완전히 정립된 학문체계라기보다는 발전되고 형성되는 과정 중에 있고, 또한 과거의 여러 가지 관행과 고정관념에서 벗어나 새로운 정체성을 추구하면서 변환 중에 있는 연구 분야이기 때문에, 뚜렷하고 분명한 목적과 목표설정의 문제는 더욱 필요하다. 바로 이러한 목적 수준의 비교교육학의 이해는 정의 방식에 있어서 비교교육의 학문적 성격을 분석함으로써 알 수 있다.

먼저, 광의의 관점에서 비교교육학은 각 국가 · 민족 · 문화권에서 일어나는 교육사상(教育事象)을 비교연구법에 의하여 구명하려는 교육학으로 이해될 수 있다. 즉 비교교육학은 각국의 교육제도 · 교육문화 · 교육문제 등을 비교연구에 의하여 규명하려는 교육학 연구의 한 분야로 비교교육학은 역사적 · 사회경제적 · 정치적 · 문화적 · 종교적 상황과 관련하여 둘 또는 그 이상의 교육제도, 논쟁적 교육사건 및 문제, 그리고 그 밖의 중요한 제 요인을 신중하게 분석하는 학문이다. 즉, 비교교육학을 연구함으로써 자국의 교육제도와 이에 수반되는 문제를 넓은 시야에서 이해할 수 있을 뿐만 아니라 지역적 또는 세계적 시야에서 교육적 문제를 접근하게 된다.

이러한 점에서 비교교육학은 문제 현상에 대한 체계적인 비교를 통해 두 개 이상의 다른 국가 또는 지역(동일한 국가일 수 있음)의 장면에서 교육 현상의 모든 측면을 연구하는 학문인 것이다(Phillips & Schweisfurth, 2007). 따라서 비교교육학은 비교연구방법에 의해서 2개 이상의 국가 또는 2개 이상의 지역에서 현저히 나타나는 교육적 유사성과 상이성을 분석하고, 이에 대한 역사적 및 사회과학적인 해석을 통하여 교육적 현상과 활동을 이론적으로 체계화하는 학문인 것이다(서울대학교사범대학교육연구소, 1995). 여기서 2개 이상의 지역의 의미는 일반적으로 한 국가 내의 지역이 아니라 여러 국가가 존재하는 광대한 지역, 즉 동부 아프리카 지역, 서부 아프리카 지역, 중남미 지역, 남아시아 지역 등을 의미한다. 따라서 한 국가 내의 2개 이상의 지역 간의 비교연구는 교육철학 또는 교육사회학 연구의 접근으로 보고 비교교육과의 구분이 가능할 수 있다. 예를 들어, 한국 내의 수도권 지역과 지방 간의 교육기회의 비교연구와 Dewey와 Rousseau의 교육이념 비교연구는 모두 비교라는 연구적 접근을 사용하고 있지만, 비교교육보다는 각각 교육사회학에서의 비교연구와 교육철학에서의 비교연구로 이해될 수 있다는 것이다.

이러한 비교교육학의 성격과 관련하여 Trethewey(1976)는 비교교육의 목적으로 ① 자기 나라 교육에 대한 보다 나은 이해, ② 자기 나라와 외국의 교육 발전, 개선, 개혁, ③ 일반적으로 교육에 대한, 그리고 교육과 사회의 관계에 대한 지식, 이론, 원리의 개발, 그리고 ④ 국제 이해와 협조, 국제적인 교육 문제와 다른 문제의 해결 등을 제시하고 있다(주삼환 역, 2005). 이러한 비교교육학의 목적은 학문적으로는 일반화된 이론의 정립과 법칙의 발견에 치중하며, 실천면에서는 교육정책 수립자와 교육실천가들에게 교육정책과 운영에 관한 개선방향을 제시해 주는 기능을 수행하고 있다.

2) 접근 방식으로서의 학문적 성격

하나의 연구방법으로서의 비교교육학은 직접적인 관찰, 문헌적인 자료의 분석, 개인적 접촉 등에 의한 고찰에 의해서 자료를 수집하고 증명하고 해석하는 학문이다. 따라서 비교교육학은 교육제도와 학교, 교육행정 및 재정, 교사와 학생, 교육과정과 교수방법, 법적 규정 등에 관한 문헌 및 통계적 자료의 수집과 분류에 관심을 갖고 이를 바탕으로 수집된 자료를 분석하고 교육제도를 형성하고 있는 경제적 · 기술적 · 종교적 · 사상적인 결정요인 또는 인종적 · 국민적 편견의 영향력 등을 비교 설명하려는 접근으로 매우 다양한 접근과 방법이 있을 수 있다.

역사적으로 초기의 비교교육 연구방법은 비교교육의 본질적인 의미로서 '비교'와는 다소 성격이 다르다. 초기의 비교교육은 주로 특정한 외국의 교육에 대한 단순한 서술과 자료수집의 단계에 머물렀다. 이러한 연구방법은 지금에도 외국의 사례를 소개하는 연구로 접근하고 있어 비교교육의 본질적 연구접근인지에 대한 논란의 여지는 있지만, 보다 중요한 것은 특정 국가 교육의 특징 속에 내재된 요인들을 제시한다는 점에서는 비교라는 개념으로 이해될 수 있다.

일반적으로, 비교교육학의 실제적인 연구방법은 크게는 지역연구와 비교연구로 분류한다(Bereday, 1964: 9-10). 지역연구는 한 나라 또는 한 지역을 집중연구하고, 비교연구는 많은 나라 또는 많은 지역을 동시에 비교 · 검토하게 되는데, 일반적으로 비교교육학의 첫 단계는 지역연구로부터 시작된다. 이러한 지역연구의 이상적인 성취를 위해서 다음의 세 가지 기본적 요건이 따르게 된다.

① 연구 대상국 혹은 지역의 언어에 익숙해야 하며,

② 그 나라 혹은 그 지역에 거주 또는 여행이 있어야 하며,

③ 관찰자로서 자기의 문화적 · 개인적 편견에서 자유로워져야 한다.

이상의 세 가지 요건 중에서 첫 번째와 두 번째 요건은 번역이나 통역을 통해서 가능하기 때문에 필수적인 것은 아니나, 세 번째 요건은 필수적인 것이다. 이러한 요건을 전제로 지역연구의 절차는 기술(記述)과 해석을 통해서 이루어진다. 비교연구는 지역연구에서 이룩된 기술과 해석을 토대로 해서, 비교 대상국 또는 지역을 병치(倂置)하여 유사점과 상이점을 발견하게 된다. 이러한 유사점과 상이점을 다시 기준에 따라 동시 비교를 해서 결론을 맺게 된다. 따라서 비교연구에는 기술 · 해석 · 병치 · 비교의 네 단계의 절차가 있게 된다.

물론 비교교육학의 연구방법이라고 해서 공식적으로 인정받을 수 있는 고유한 방법론이 존재하는 것은 아니다. 역사적 고찰을 통해 살펴본 것처럼 비교교육학은 그 발전 과정에 있어서 각기 상이한 연구의 목적 및 방법론적인 특징을 가지고 있다. 즉, 단순한 사실들을 기술하는 방법에서부터 역사적 설명, 과학적 법칙의 도출에 이르기까지 다양한 방법들이 이용되어 왔다는 점에서, 비교교육학의 방법론으로서는 역사적 접근법, 사회과학적 접근법, 철학적 접근법, 문제 중심의 접근법 등 다양하며, 그 대상이 광범위하기 때문에 학제 간 혹은 다학문적 접근의 연구가 필요하다. 따라서 교육연구에 있어서 비교연구가 광범위하게 사용되고 있는 한 접근방법으로서 유사점 · 공통점 · 차이점 등을 상호 비교하는 방법으로 비교교육(comparative education)에서는 이 방법이 핵심이 되고 있으나 광의의 비교연구법은 일반적으로 역사적 연구, 기술적 연구, 실험적 연구 등에서도 상용될 수 있는 것이다(이철수, 2008).

그러나 최근의 비교교육 연구의 목적이 자국의 교육 발전을 위한 타국 교육의 연구라는 목적으로부터 전 세계적으로 통용될 수 있는 어떠한 일반적인 법칙을 찾고자 하는 목적으로 변화하고 있다. 이와 관련하여 Crossley와 Watson(2003)은 비교교육 연구에서 몇 가지 문제점을 지적하며, 특히 정보 수집과 관련된 연구는 문화적 맥락을 고려해야 하며, 데이터가 정확하지 않은 경우 잘못 이해될 수 있으며 다른 방향의 정당화 및 일반화가 이루어질 수 있다는 것이다. 일반적으로 비교교육학자들이 비교연구접근에서 범할 수 있는 문제들은 다음과 같다.

첫째, 신뢰로운 정보의 수집과 관련된다. 즉 정보원은 누구이며, 정보내용은 무엇인가, 믿을만한 것으로 알려진 정보원인가 아니면 편견이나 편파성이 개입되어 있는가, 그 자료에서 나온 어떤 특정 종류의 정보가 다른 자료에서 나온 정보보다 신빙성이 있는가 하는 문제이다.

둘째, 비교 동등성을 확인할 필요성이 있다. 비교를 위한 타당한 근거나 준거를 설정할 필요성과 관련하여 비교 동등성의 확보는 중요하다. 즉, 똑같은 용어가 똑같은 의미를 갖는가, 동등한 집단을 비교하고 있는가 등의 문제이다.

셋째, 다른 목적을 어떻게 고려할 것인가의 문제이다. 예를 들면, 어떤 기관들이 똑같은 이름을 갖고, 문화적 및 교육적 전통이 비슷한 사회이며, 동일 연령의 학생들을 대상으로 할 수 있지만, 전혀 다른 이론적 근거에 바탕을 두고 운영될지도 모르기 때문이다.

넷째, 일반성 대 특수성의 함정이다. 예를 들면, 우리가 '미국교육' 또는 '미국고등학교'에 대하여 비교연구 시, 우리가 미국 교육제도와 실제의 다양성과 복잡성을 조금이라도 안다면 우리는 하나의 입장에서는 국가 전체를 결코 일반화시킬 수 없다는 사실이다.

다섯째, 비교의 제도, 국가 또는 사례의 선정에 있다. 즉 왜 그러한 주제, 국가 혹은 사례에 대한 비교연구인가이다.

마지막으로 편견의 함정이다. 우리가 우리 자신의 경험에 의하여 조건화되고, 특별한 의식적 또는 무의식적 관여를 하게 되거나 이어받게 되는 한 편견의 문제는 피할 길이 없고 방심할 수 없는 것이다. 따라서 이러한 비교교육학은 정보수집의 신뢰성, 비교 동등성, 다양한 목적, 일반성 대 특수성, 비교의 제도, 국가 또는 사례의 선정 등에 특히 유념해야 하며, 비교교육 연구방법론으로서의 선결해야 할 기본 전제이기도 하다.

3. 비교교육학과 교육학과의 관계

교육 자체는 역사적으로 오래 전부터 있었고 교육 이론에 대한 연구도 오랜 시간 이뤄져 왔으나, 교육학이라는 말을 처음으로 사용하고 그 체계화를 시도한 사람은 19세기 독일 철학자인 Herbart로 알려져 있다. Herbart는 「일반교육학」에서 교육이란 단순한 경험이나 습관으로서 행해질 것이 아니라, 과학적 기초를 갖추어야 한다고 강조하고 있다. 그러나 교육학이 응용 사회과학의 학문영역으로 존재함을 분명하게 언급하였음에도 불구하고(Becher & Trowler, 2001), 교육학은 여타의 학문 분야에 바탕을 두고 있고 교육학 연구에 있어 고유한 구별되는 특징이 무엇인지는 거의 언급되지 않고 있다(Furlong & Lawn, 2011). 만약 교육학의 전체적인 영역이 하나의 학문 분야로 취급될 수 있는지 의심스럽다면, 비교교육학은 더더욱 그럴 것이다. Youngman(1992), Higginson(2001), Wolhuter와 Popov(2007) 등은 비교교육학을 하나의 학문 분야로 표현하였지만, 대부분의 사람은 이 분야를 다른 영역에서의 도구와 관점을 갖추고, 비교적인 상황에서 교육학적인 주제에 초점을 두는 학문으로 생각하기도 한다(Manzon, 2011).

비교교육학이 교육학의 범주에 속하는 학문으로 교육과 연계된 모든 사상(事象)을 비교 · 고찰 · 탐색해 가는 통합적 사회과학이라는 점에서 비교교육학의 학문적 성격은 교육학의 학문적 성격과 함께 논의될 필요가 있지만, 교육과 교육학이 다른 차원이듯이 비교교육과 비교교육학은 구분하여 이해할 필요가 있다. 교육학을 교육의 현상과 행위에 관한 학문적 탐구과정이며, 그 과정을 통하여 얻어진 지식의 체계라고 할 때, 교육에 관한 이론적 탐구가 교육학의 대상이고, 내용이며, 목적이 된다. 이러한 점에서 교육학의 대상은 교육행위 혹은 교육사실, 또는 교육현상이라고 할 수 있다(이계윤, 1983).

이와 같은 측면에서 '교육'이라는 실제적 활동을 수행하는 데 응용되는 교육학은 크게 교육목적론, 교육내용 및 방법론, 교육경영론, 교육정치론, 그리고 교육환경론으로 구성 · 설명할 수 있다(정일환, 2003: 3-5). 따라서 비교교육학을 비교교육의 현상과 행위에 관한 탐구과정을 통해 구축된 지식 체계라고 규정할 때, 교육학의 구성 영역을 포함한 비교교육에 관한 이론적 탐구가 비교교육학의 대상이며, 탐구목적이 된다고 할 수 있다. 따라서 비교교육학의 목적이 비교 행위를 통하여 교육적 현상과 대상 속에 존재하는 일련의 사실을 찾고 법칙을 만들어가는 것이라면, 교육학과 마찬가지로 비교교육학은 비교 대상이 명확한 경험과학이며 사회과학이며, 일반 교육연구에서 강조하는 기능인 비교 대상의 현상이나 사실을 기술 · 설명 · 예측하고 더 나아가 통제하게 된다.

Röhrs는 교육학의 서로 다른 연구 영역과 연구방법들 간의 열린 대화가 전제되는 다원적 연구방법을 [그림 1-1]과 같이 제시하고 있다(정기섭, 2003: 13 재인용).

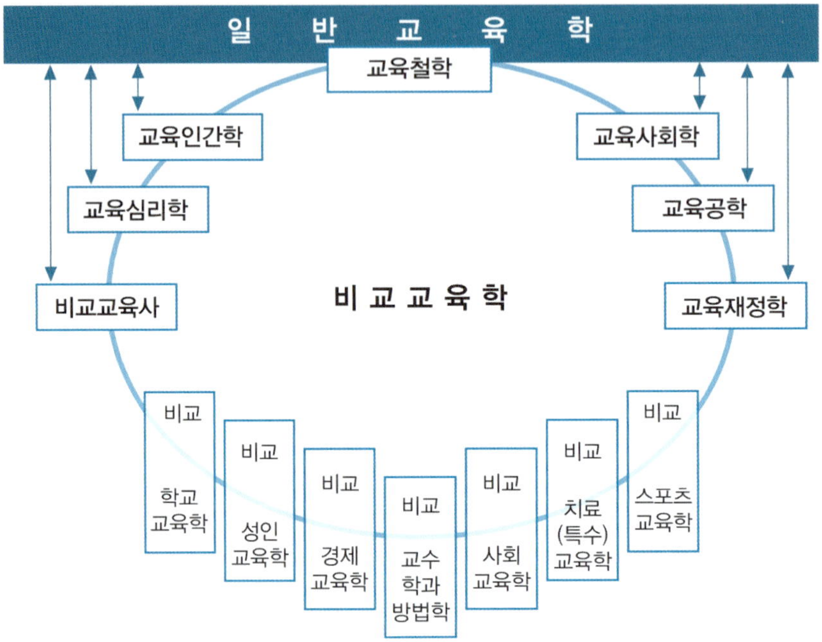

[그림 1-1] 교육학에서 비교교육학의 연구 방향

출처: 정기섭(2003: 13 재인용).

그러나 '비교'라는 용어를 사용하고 있는 학문인 비교교육학이 하나의 학문으로 인정을 받고 있다 하더라도, 비교교육학의 학문적 정립의 가장 큰 난점은 비교교육학의 기본 전제나 연구방법이 아직까지 통일되어 있지 않고 학자들 간의 학문 연구에 대한 시각과 연구목적의 상이하다는 점은 비교교육학의 개념적 정의에 관한 합의를 어렵게 하는 근본적인 이유이다(이병진, 1998). 더욱이 비교교육학은 여러 면에서 다른 관련 학문과 깊은 연관을 가지고 있는 까닭에 그 독자적인 위치를 정립하는 문제는 쉬운 일이 아니다.

무엇보다도 비교교육은 자국 이외 다른 한 개 이상 나라의 교육에 대한 진술과 설명을 필요로 한다(정일환 · 김병주 외, 2012). 이러한 점에서 교육의 모든 측면이 국제적 시야에서 비교될 수 있다는 점에서, 앞서 기술한 바와 같이 이론적으로 비교교육학은 교육학의 분과 학문들과 그 연구 주제를 공유할 수 있기 때문에 비교교육은 독립된 비교연구자에 의해서보다는 교육사학, 교육철학, 교육인류학, 평생교육학, 교육사회학, 교육과정학, 교육법학, 교육행정학, 교육재정학, 교육정책학 등의 전공자들에 의해 독자적으로 혹은 협동적으로 학문적으로 접근(본 학회에서 2017년 1년간 다룬 학술주제)하기도 하고, 실제 교육현안 문제를 학제적으로 접근하여 그 처방책을 제시하기도 한다. 따라서 비교교육은 교육학 분야의 핵심 개념으로 다양한 전문 학술연구 및 교육실무 집단에 의한, 그리고 다양한 주제하의 외국 및 국제교육에 대한 관심과 깊이 있는 탐구는 비교교육학의 학문적 영토를 확장하는 계기가 될 것이다. 연차학술대회에서 다룰 계획인 비교문학, 비교정치학 등 교육학 학문 분야 외의 인문사회과학 분야와도 그 외연을 확장함으로써 비교교육학의 범위와 깊이를 공고하게 할 것으로 기대된다.

3절 비교교육의 학문적 영역

일반적으로 학문으로서 성립하기 위해서는 학문 성립에 필요한 개념적 요소뿐만 아니라 고유의 연구 영역 및 대상이 존재하여야 한다. 특히 비교교육이 실제 교육현상이나 대상을 비교하는 행위라면, 비교교육학은 그 현상이나 사실을 탐구하는 것으로 볼 수 있다. 따라서 비교교육학이 하나의 학문으로서 성립되기 위해서는 고유한 연구 영역이 요구된다.

비교교육의 학문적 영역은 비교교육의 목적과 연구방법의 성격하에 논의될 수 있다. 일반적으로 다른 제도에 대한 충분한 정보를 바탕으로 한 시사점 도출이 비교교육의 근본적인 목적이며, 구체적인 목적은 학문 분야로서 비교교육학에 필요한 지식을 축적하는 것, 교육 개혁과 발달의 근거를 마련하는 것, 자국의 교육제도에 대한 기초 자료와 관련 지식을 제공하는 것, 외국의 유용한 교육 이론과 실제를 자국에 적용하는 것,

국제 관계와 협력을 증진하는 것 등 다양하게 제시될 수 있다. 또한 Noah와 Eckstein(1993)은 교육제도, 과정 및 산출을 기술하는 것, 교육 제도와 실제의 발달을 제고하는 것, 교육과 사회의 상호작용을 증진하는 것, 그리고 한 국가 이상에서 타당하게 적용된 교육 관련 이론과 실제의 일반화를 구축하는 것 등을 비교교육의 목적으로 강조하고 있다.

따라서 비교교육학은 정치, 경제, 사회, 문화와 관련시켜 둘 이상의 교육제도, 논쟁적 교육 사건 및 문제, 기타 다른 요인들을 신중하게 비교 분석하는 학문이며, 관찰, 문헌자료 분석, 개인 접촉 등의 방법에 의해 자료 수집 및 비교 고찰로 이루어진다. 또한 비교교육학에 있어서 상호 비교 · 연구함에 있어서는 역사적 접근법, 사회과학적 접근법, 철학적 접근법, 문제접근법 등으로 구분되지만, 그 어느 경우를 막론하고 국제간 또는 서로 다른 사회 간의 비교를 전제로 비교연구에 있어서는 구체적인 사실의 기술로서 만족할 수 없으며, 역사적 · 사회적 · 철학적 일반화가 요구되지만 구체적 사실에 근거한 해석이 선행되어야 한다(이철수, 2008).

비교교육학의 목적이 본래 전 세계적으로 통용될 수 있는 어떠한 일반적인 법칙을 찾고자 하는 것이라면(Brickman, 1988), 그것은 곧 동양과 서양, 세계 여러 나라의 공생공존의 법칙을 찾고자 하는 노력이라고 할 수 있으며, 특정 국가 사회에 국한되어 나타나는 현상을 기술하는 사례연구의 차원을 넘어서 시공을 초월한 상관관계를 밝히고자 하는 것이다. 그러나 비교교육은 역사적 · 철학적 · 사회과학적 이론과 방법을 교육의 국제 영역의 문제에 적용하는 연구 영역이지만(Epstein, 1983, 1988), 비교교육의 관점을 외국의 교육제도에 대한 분석적인 연구로 단순히 교육제도의 비교에만 초점을 맞춘 비교교육의 접근은 교육학의 포괄적인 관점에서 비교교육의 학문적 영역을 더욱 좁게 할 수 있다(Trethewey, 1976).

연구 접근으로서의 비교교육의 영역과 관련하여 Rossello(1963)는 비교교육 연구는 비교 대상과 방식에 따라 비교교육의 성격이 다름을 전제하고 다음과 같이 비교교육의 연구 영역을 제시하고 있다.

① 교육체계와 교육구조의 비교
② 교육과정과 교수요목의 비교
③ 방법의 비교
④ 교육이론의 비교
⑤ 지방(지역) 수준의 비교
⑥ 분권제 국가에 있어서 여러 가지 행정단위의 비교
⑦ 기술적 비교연구와 설명적 비교연구
⑧ 정적 및 동적 비교연구

따라서 비교교육학은 주로 학문 내 및 학문 간 연구의 성격뿐만 아니라 비교연구방법으로서의 연구 영역이 있다. 즉 비교교육은 교육철학 · 교육심리 · 교육행정 · 교육사회 · 교육공학 · 교육경제 · 교육사 등 모든 영역과 범위를 넘어서 종합적으로 연구할 수 있는 학문이므로 다른 영역보다 더 포괄적이고 상호 협동적인 특성을 나타낸다. 결국 비교교육 연구는 분석하는 대상에 대하여 단순히 현존하는 상황의 유사(類似)와 상이(相異)를 비교하는 소극적인 비교교육 연구에서 보다 적극적인 비교교육 연구로 패러다임의 변화가 일어나지 않으면 안 된다.

Bray와 Thomas(1995)는 비교교육 연구를 위한 일련의 영역과 수준으로 표현된 입방체 형태의 분석틀을 [그림 1-2]와 같이 제시하고 있다. 교육연구의 영역 내 다양한 분야는 다양한 방법론과 개념상 강조점이 다르며, 상호 교류의 정도는 어느 정도 제한되었다고 지적하면서, 비교교육 영역은 국가 간 비교(cross-national comparisons)가 지배적이며, 자국 내 비교(intranational comparisons)는 잘 사용하지 않는 반면, 대조적으로 다른 많은 분야는 주로 지역에 초점을 두는 것이 지배적이라고 한다.

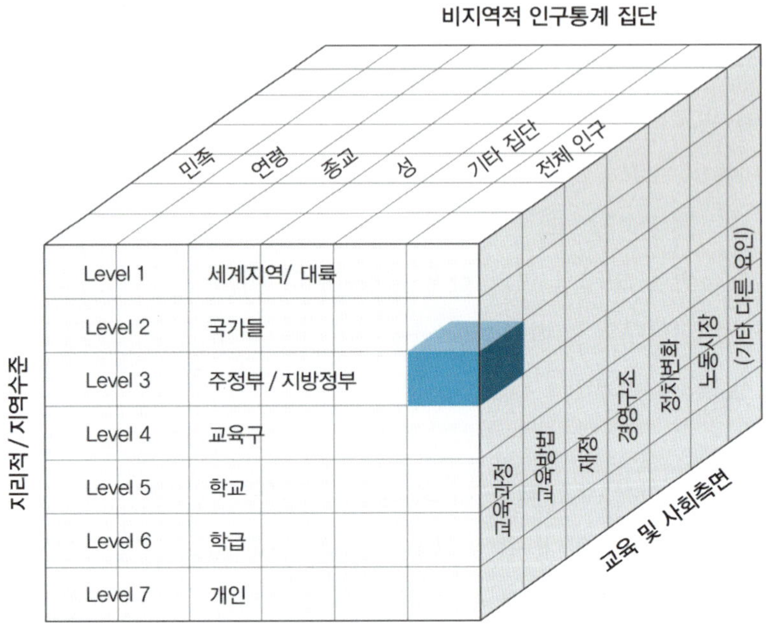

[그림 1-2] 비교교육 분석틀

출처: Bray & Thomas(1995: 475).

[그림 1-2]와 같이 비교교육 분석틀의 전면에는 비교를 위한 7개의 지리적 · 지역(장소) 차원의 단위(국가, 주, 교육구와 학교를 통한 세계의 지역이나 대륙으로부터 학급과 개인까지)가 있으며, 두 번째 영역에는 인종, 연령, 종교, 성, 다른 집단, 전체 인구 등이 포함된 비지역적 인구통계학적 내용들이 있다. 또한 세 번째 영역은 교육과정, 교수방법, 재정, 경영구조, 정치변화와 노동시장과 같은 교육 및 사회 측면의 내용으로 구성되어 있다. 따라서 비교하고자 하는 많은 연구는 [그림 1-2]의 음영으로 된 셀과 같이 세 가지 차원의 다양한 비교교육 연구 주제 중 하나가 된다. Bray와 Thomas의 분석틀에서 무엇보다도 중요한 점은 교육 현상의 다면적이고 총체적으로 분석하기 위한 비교교육 연구에서는 다층적 분석이 필요하다는 점이다. 즉 많은 연구가 단일 수준에 머물러 있었으며, 그로 인해 교육제도에서의 낮은 수준에서의 양상이 보다 높은 수준에서의

양상에 의해 형성되고 그 반대의 경우도 동일하다는 방식의 인식이 무시되고 있다는 것이다. 설령 연구목적과 활용할 수 있는 자료의 제약으로 인해 단일 연구로만 수행할 수 있었다 하더라도, 최소한 자신들의 연구 초점의 한계와 관심 있는 교육 현상에 대한 다른 수준의 상호 영향에 대해 인식할 필요가 있다는 것이다.

따라서 비교연구는 설명적, 역사적, 심지어 철학적 기능에서부터 종합적 및 통합적, 그리고 해석적 및 예측적 기능으로 점점 확대되고 있으며, 다양한 형태의 교육에 대한 포괄적인 설명 및 분류, 교육 및 교육과 사회 간의 다양한 측면이나 요인들 간의 관계와 상호작용을 설명하고 교육의 변화와 연속성의 조건들을 탐색하는 등의 영역이 다루어지고 있다. 예를 들어 비교교육은 일반적으로 외국에 대한 교육, 비교연구를 통한 교육, 국제교육 등과 같이 시간과 공간을 통한 비교연구에 대한 보다 광범위한 주제의 맥락에서 여러 국가 또는 지역을 비교연구하는 것뿐만 아니라 이용 가능한 대규모 국제 데이터를 비교 분석하는 영역도 가능하다. 따라서 비교교육학의 연구 영역은 실제로 여러 단계가 공존하고 한 단계의 영역에서 다음 단계의 영역으로 상호 관련성을 갖고 비교연구되는 것으로 보는 것이 보다 타당하다(Bray, 2010).

이와 관련하여 Halls(1990)는 비교교육학의 영역에 있어서 비교교육의 연구 주제를 [그림 1-3]과 같이 보다 확장하여 제안하고 있다.

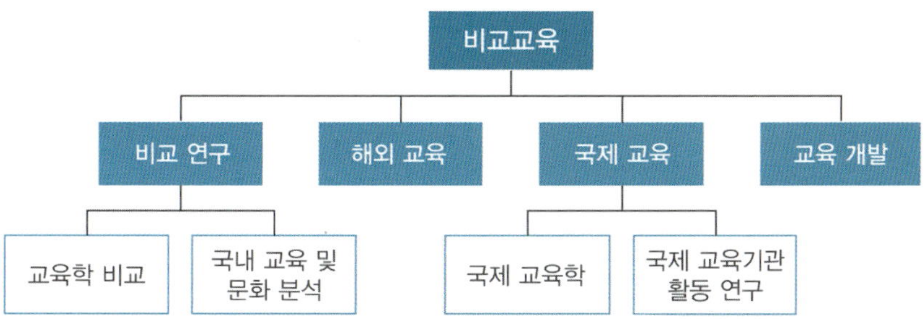

[그림 1-3] 비교교육학의 연구 영역

출처: Halls(1990: 23).

[그림 1-3]과 같이 비교교육학의 학문적 관심을 유발하는 두 가지 연구 영역은 교육현실을 국제적으로 비교하며 논의하는 국제교육연구와 국제기구들에 의해 추진되는 정책적 사안과 관련된 국제교육정책을 고찰하는 것으로 비교연구를 통해 국가들 간의 교육현황과 교육정책을 연구하는 비교교육학에서는 '비교 관점'과 '국제 관점'이 서로 교차하며 존재하게 된다(정영근, 2010). 이러한 현상에 대하여 Cowen(1996)은 비교교육과 국제교육은 오랜 역사와 수세기의 방법론적 발전을 가진 자매 분야로 주장하기도 하고, 비교교육학 분야와 국제교육학 분야 간의 유사성을 Wilson(1994)은 샴쌍둥이라고 묘사하기도 한다.

이와 같이 비교교육학의 연구 영역은 국제적인 시야에서 교육문제의 이해와 교육법칙 발견을 위한 학문적 노력의 과정에서 점차 확대되고 있다. 이에 미국의 경우 1956년에 설립된 비교교육학회(Comparative Education Society, CES)는 1968년에 이름을 비교국제교육학회(Comparative and International Education Society, CIES)로 변경하였으며(Swing, 2007), 캐나다비교국제교육학회(CIESC), 영국국제비교교육학회(BAICE), 호주-뉴질랜드비교국제교육학회(ANZCIES) 역시 비교교육과 국제교육을 함께 사용하고 있다. 그러나 세계비교교육연합회(World Council of Comparative Education Societies, WCCES)는 국제교육(International Education)의 표현을 사용하지 않고 있으며, 대부분 학회의 전문 학술지에는 비교교육(Comparative Education)이라는 표현을 주로 사용하고 있다는 점은 주목할 만하다.

참고문헌

서울대학교사범대학교육연구소(1995). **교육학용어사전**. 서울: 하우동설.

이계윤(1983). **현대교육원리**. 서울: 형설출판사.

이규환(1980). **선진국의 교육제도: 비교교육학적 기초**. 서울: 배영사.

이병진(1995). Current Situation and Future Prospect of Comparative Education and Research Cooperation in Korea. JCES 30주년 기념 학술대회 자료집.

이병진(1996). 세계화 교육과 비교교육 연구의 과제. **한국교육학회 소식지, 32**(2), 6-9.

이병진(1998). 비교교육학. 서울대학교사범대학교육연구소편. **교육학대백과사전 2**(1332-1341). 서울: 하우동설.

이재한 역(2009). **인간오성론**. 서울: 다락원.

이철수(2008). **사회복지학사전**. 서울: 비상

정기섭(2003). 교육학의 체계와 비교교육학. **비교교육 연구, 13**(1), 1-20.

정영근(2010). 세계화시대 비교교육학 연구의문제와 과제. **교육의 이론과 실천, 15**(1), 123-142.

정일환 외(2003). **현대비교교육발전론**. 파주: 교육과학사.

정일환(2003). **교육행정학 탐구: 개념과 실제**. 서울: 원미사.

정일환(2015). 비교교육학의 학문적 발달과 한국비교교육학의 발전과제, **한국비교교육학회 2015 연차학술대회 발표 자료집**, 1-21.

정일환 · 권동택(2017). 비교교육학의 학문적 영역과 교육학. **비교교육 연구, 27**(6), 1-24.

정일환 · 권동택 · 신태진 · 한용진 · 김정희 · 김현욱 외 공역(2017). 비교교육학, 접근과 방법, Bray, M., Bob Adamson, & Mark Manson(eds.)(2014). Comparative Education Research Approaches and Methods, 2nd ed., Hong Kong: Comparative Education Research Centre.

정일환 · 김병주 외(2012). **비교교육학: 이론과 실제**. 서울: 교육과학사.

정일환 · 이병진 · 권동택(2013). 한국에서의 비교교육 연구 성과와 과제. **비교교육 연구, 23**(4), 155-172.

조동일(2012). **학문론**. 파주: 한국학술정보(주).

주삼환 역(2005). **입문 비교교육학**. 서울: 한국학술정보.

Becher, T., & Trowler, P. R. (2001). *Academic Tribes and Territories: Intellectual Enquiry and the Culture of Disciplines*(2nd edition). Buckingham: The Society for Research into Higher Education & Open University Press.

Bereday, G. Z. F. (1964). ***Comparative method in education***. New York: Holt, Rinehart and Winston.

Bereday, G. Z. F. (1980). The law and exclusion from schools in comparative perspective. *Comparative Education Review, 24*, 192-205.

Bourdieu, P. (1969, Fr. 1966). Intellectual field and creative project(Trans. S. France). *Social Science Infirmation, 8*(2), 89-119.

Bray, M. (2010). Comparative education and international education in the history of "Compare": Boundaries, overlaps and ambiguities. *Compare: A Journal Of Comparative And International Education, 40*(6), 711-725.

Bray, M., & Murray, T. R. (1995): Levels of Comparison in Educational Studies: Different Insights from Different Literatures and the Value of Multilevel Analyses. *Harvard Educational Review, 65*(37). 472-490.

Bray, M., Adamson, B., & Mason, M. (2014). *Comparative Education Research*. Hong Kong: Springer.

Brickman, W. W. (1988). *History of Comparative Education, The Encyclopedia of Comparative Education and National System of Education.* N.Y.: Pergamon Press.

Crossley, M., & Watson, K. (2003). *Comparative and international research in education: globalisation, context and difference*. London: Routledge Falmer.

Epstein, E. H. (1983). Currents left and right: Ideology in comparative education. *Comparative Education Review, 27*(1), 3-29.

Epstein, E. H. (1988). The problematic meaning of 'comparison' in comparative education, In J. Schriewer & B. Holmes (Eds.), *Theories and Models in Comparative Education*. Frankfurt: Peter Lang.

Foucault, M. (1972, Fr. 1969). *The archaeology of knowledge.* London: Tavistock Publications.

Furlong, J., & Lawn, M. (eds.) (2011). *Disciplines of Education: Their Role in the Future of Education Research*. London: Routledge.

Halls, W. D. (1990). *Comparative education. Contemporary issues and trends.* Unesco: Jessica Kingsley Publishers.

Hans, H. (1958). Comparative Education: *A study of Educational Factors and Traditions*. London; Routledge & Kegan Paul.

Higginson, J. H. (2001). The Development of a Discipline: Some Reflections on the Development of Comparative Education as Seen through the Pages of the Journal Compare. In Watson, Keith (ed.), *Doing Comparative Education Research: Issues and Problems* (pp. 373-388). Oxford: Symposium.

Hilker, F. (1962). Vergleichende Pädagogik: *Eine Einführung in ihre Geschichte*, Theorie und Praxis. Munich: Hueber.

Holmes, B. (1965). *Problems in education: A comparative approach*. London: Routledge and Kegan Paul.

Holmes, B. (ed.) (1980). *Diversity and unity in education*. London: Allen and Unwin.

Holmes, B. (1981). *Comparative education: Some considerations of method.* London: Allen and Unwin.

Manzon, M. (2011). *Comparative Education: The Construction of a Field*. Hong Kong: Comparative Education Research Centre, The University of Hong Kong, and Dordrecht: Springer.

Noah, H. J. & Eckstein, M. A. (1969). *Towards a Science of Comparative Education.* Toronto: Macmillan.

Noah, H. J., & Eckstein, M. A. (1993). *Secondary School Examinations: International Perspectives on Policies and Practice*, New Haven: Yale University Press.

Phillips, D., & Schweisfurth, M. (2007). *Comparative and international education: An introduction to theory, method and practice*. New York: Continuum Books.

Rossello, P. R. (1963). Concerning the Structure of Comparative Education. *Comparative Education Review, 17*(2), 103-107.

Sadler, M. (1964). How far can we learn anything of practical clue from the study fo foreign systems of educaton? *Comparative Education Review, 7*, 307-314.

Swing, E. S. (2007). The Comparative and International Education Society (CIES). In Masemann, V.; Bray, M., & Manzon, M. (eds.), *Common Interests, Uncommon Goals: Histories of the World Council of Comparative Education Societies and its Members* (pp. 94-115). CERC Studies in Comparative Education 21, Hong Kong: Comparative Education Research Centre, The University of Hong Kong, and Dordrecht: Springer.

Trethewey, A. R. (1976). *Introducing Comparative Education.* Rushcutters Bay, Australia: Pergamon Press.

Wilson, D. N. (1994). Comparative and International Education: Fraternal of Siamese Twins? A Preliminary Genealogy of Our Twin Fields. *Comparative Education Review, 38*(4). 449-486.

Wolhuter, C., & Popov, N. (eds.) (2007). *Comparative Education as Discipline at Universities World Wide.* Sofia: Bureau for Educational Services.

Youngman, F. (1992). Comparative Education as an Academic Discipline. In Kouwenhoven, G. W.; Weeks, S.G. & Mannathoko, C. (eds.), *Proceedings of the Comparative Education Seminar* (pp. 19-27). Gaborone: Botswana Educational Research Association.

이 글은 정일환·권동택(2017. 5). 비교교육학의 학문적 영역과 교육학, 2017 한국비교교육학회 학술대회 자료집, 1-27.; 정일환·권동택(2017. 9). 비교교육학과 교육학의 학문적 영역과 교육학, 비교교육연구, 27(6), 1-24. 를 토대로 보완·작성한 것임.

CHAPTER 2

비교교육학과 교육인류학

1절 비교교육학과 교육인류학의 학문적 성격과 관계

비교교육학과 교육인류학은 교육현상을 학문적 관심영역으로 두고 있다는 것 이상으로, 주어진 상황에 매몰된 관점에서 벗어나 교육을 통해 배우고 익힌 앎의 방식 자체에 대해 문제의식을 갖는다는 공통점이 있다. 두 분야 모두 관점의 이동을 통해 현재 발 딛고 있는 교육적 현실에 대해 새로운 대안과 방향을 모색하는 데 여러모로 공헌한 바 있다. 그동안 비교교육학은 비교적 일관된 추세로 국가적 · 지역적 · 사회적 맥락에서의 교육체제, 학습환경, 교육경제, 학업성취도, 교육의 인구통계학적 함의 등 보다 거시적인 지표를 통해 교육의 맥을 짚어보는 데 많은 공을 들여왔다. 반면에 교육인류학은 현장연구를 근간으로 삼는 미시적인 탐구활동을 중심으로 문화적 과정으로서의 생생한 교육사례들을 축적하고 소개해왔다. 이처럼 비교교육학과 교육인류학의 발전사적 궤적을 살펴보면 각각 매우 독특한 양상으로 전개되어왔고, 교육학 내에서 다른 길을 걸어오면서 각자가 갖고 있는 고유한 방식대로 교육학 전반의 지식범주를 확장하는 데 공헌하였음을 알 수 있다.

그런데 이 두 학문영역의 특징을 발전사를 통해 살펴보면 그 경계선이 모호하거나 중첩되는 부분 또한 많이 존재한다는 점을 발견할 수 있다. 실제로 많은 교육인류학자들이 비교교육에 관심을 갖고 다양한 지역과 상황에서 생성된 문화기술적(ethnographic) 사례들을 비교해왔고, 비교교육학에서는 인류학적 방법론을 차용하여 거시적 지표를 설명하는 데 활용한 사례 또한 적지 않다.

이 장에서는 비교교육학과 교육인류학의 약사(略史)를 통해 대비되는 학문적 성격과 그 접점을 살펴보고, 교육인류학의 특징과 최근 동향을 중심으로 비교교육학과의 소통과 융합의 필요성과 가능성을 제시하고자 한다.

1. 비교교육학: 지구촌시대의 과제와 기대

비교교육 분야의 초창기 역사를 보면, 유럽을 중심으로 국가 단위의 경계가 명료해지고 국가정체성을 강조하는 공민교육(civic education)이 뿌리내리기 시작한 19세기 이후 주로 교육체제 전반(교육구조, 학교조직, 교수학습방법 등)에 걸쳐 다른 국가에서 영감을 얻거나 이를 접목시키려는 교육차용(educational borrowing)의 형태로 전개되었다 (Noah & Eckstein, 1998). 그러나 사회문화적 맥락을 충분히 고려하지 않은 채 교육제도나 실천방법의 외형적인 모습만을 답습하려는데 대한 문제제기와 함께 20세기 들어서는 보다 체계적이고 '과학적인' 계량화된 방식[1]으로 비교 가능한 항목들을 중심으로 실증적으로 교육체제를 분석하려는 경향이 대두되었다. 이러한 경향은 역사적 · 문화적으로 동질적인 권역(예컨대 서유럽)에 속한 교육체제 간의 비교에 주로 국한될 수밖에 없는 한계를 지닌다. 따라서 교육학자들은 비교 가능한 준거가 맥락적인 고려와 함께 적절하게 제시되어야 교육정책이나 교육실천방식을 차용할 수 있는 가능성이 비로소 열린다고 보았고, 이는 모범적 사례를 참고하거나 반영하려할 때도 적용되는 전제조건으로 간주되었다.

이와 같은 경향은 20세기 비교교육학 내에서의 실증주의적(positivist) 접근과 상대주의적(relativist) 접근의 대립과 긴장상태로 대변된다. 과학적 객관성을 신념으로 삼는 실증주의적 접근은 양적 데이터를 기반으로 주로 학교를 단위로 국가 또는 지역 수준에서 교육을 수행하는 데 있어서의 내재된 규칙 또는 패턴을 발견하는 데 주력하였다. 기본적으로 교육 관련 분석 가능한 준거를 설정하고 경험적(empirical) 자료를 토대로 가설을 검증할 수 있을 때만 온전한 비교가 가능하다고 보았다. 실증주의적 접근의 대표적인 산물로는 1958년에 발족된 국제교육성취도평가협회(International Association for

---

1) 주로 양적 연구를 '과학적'인 연구방법으로 한정시킨 논리실증주의 전통은 20세기 전반에 걸쳐 맹위를 떨쳤다. 그러나 이후 포스트실증주의, 반정초주의, 해석학적 연구경향의 등장 및 확산과 함께 '과학적'이라는 수식어가 부여하는 특권에 대한 의구심으로 인해 인간을 대상으로 하는 연구에 있어서 더 이상 계량화 가능성이 곧 과학성을 의미하지 않게 되었다.

the Evaluation of Educational Achievement, IEA)를 들 수 있는데, 이는 오늘날 수학 · 과학 성취도 추이변화 국제비교연구(Trends in International Mathematics and Science Study, TIMSS)를 주관하는 기관이다. 반면에 비교교육의 상대주의적 접근은, 계량화할 수는 없지만 교육의 특성을 설명하는 데 있어서 고려해야 하는 상황이나 분위기를 중요시한다. 즉 교육이 역사적 · 문화적 맥락과 전통 위에서 전개되는 만큼, 이 부분을 충분히 감안하지 않은 채 비교가 가능한 몇 가지의 객관적인 준거만으로는 교육 현실을 제대로 읽어내는 것이 불가능할 뿐만 아니라 왜곡의 소지가 있다고 보는 것이다. 예컨대 국민성과 같이 측정 가능하지는 않지만 각 나라마다 학교교육을 통해 집단적 인성 또는 문화적 코드를 내면화하도록 하는 유형 · 무형의 교육행위는[2] 상대주의적인 접근을 통해서만 포착될 수 있다고 본다. 이를 위해서는 질적 탐구(qualitative inquiry)나 역사적 문헌연구가 동반되어야 의미 있는 비교가 비로소 가능하다고 보고 있다. 즉, 교육체제의 구조와 기능을 파악하기 위한 비교를 하기에 앞서서 비교 대상의 역사와 문화에 대한 통찰이 전제되어야 한다는 것이다.

이상과 같이 실증적 보편주의와 상대적 특정주의로 대별되는 비교교육의 두 접근의 인식론적 간극은 역사적 기능주의(historical functionalism)라는[3] 절충적인 접근방식의 등장으로 인해 화해의 가능성을 보이게 된다. 역사적 기능주의는 비교교육학에서의 비교 단위를 여전히 국가나 지역과 같이 거시적으로 다룰 수 있는 것으로 보지만 동시에 사회 · 문화적인 맥락이나 집단정서 및 전통 등을 비교 대상의 중요한 설명요인으로 편입시키려 한다. 즉, 통계적 추론에 의존하는 실증주의적 접근을 여전히 타당하게 보지만 역사적 상황과 삶의 경험이라는 맥락 위에 실재하는 집단 정서나 정신 상태를 중시하는 상대주의적 관점을 함께 고려함으로써 단순비교에 그치지 않고 비교 대상 간의 차이에서 중층적인 의미를 발견할 수 있다고 보았다(Epstein, 2008).

2) 여기서 유형의 교육행위는 교과서, 교육과정, 학교의 공간적 배치 등이며 무형의 교육행위는 교사와 학생 간의 소통, 교수-학습방식, 몸통제 등을 일컫는다.

3) Kazamias와 Massialas(1982)에 의해 명명된 역사적 기능주의는 실증주의와 상대주의의 인식론적 융합(fusion)으로 제시되었다. Epstein(2008)은 역사적 기능주의를 역사학과 거시사회학(macro-sociology)의 만남이라고 소개하고 있다.

Noah와 Eckstein(1998)이 비교교육을 "사회과학, 교육, 그리고 국가 간 연구의 교차점"이라고 정의한 이후, 비교교육학의 주제 및 비교의 대상은 다양해지고 학문적 관심사도 영역적으로 확대되어가고 있다(Arnove & Torres, 1999; Crossley & Watson, 2003). 오늘날 비교교육학은 교육개혁, 인권으로서의 교육권, 평등한 교육기회, 다문화교육, 평생교육 등 다양한 관심사로 확장되었고, 방법론적으로도 분화되고 세련되어졌다. 이와 더불어 글로벌화(globalization)가 그 어느 때보다도 급속하게 진행되고 있는 지금, 지역별 · 국가별 · 권역별 비교는 단순비교에 머무르지 않고 변화의 속도와 향방을 가늠하는 매우 중요한 방편으로 이해될 필요가 있다. 따라서 비교교육은 학문적 관심사로서의 교육만을 다루는 것이 아니라 교육적 현실을 창출해내는 주변상황과 역사적인 추이에도 주목하게 되었다. 이러한 상황에서 교육의 여건(condition)과 질(quality)의 지역 간 편차가 어떤 요인에 기인하는지, 그리고 사회의 발전 및 지속 가능성과 어떤 연관이 있는지 등과 같은 현실적인 궁금증에 대한 답을 찾는 과정은 버거운 숙제처럼 21세기 지구촌시대를 살아가는 교육학자들의 어깨를 무겁게 한다.

그 가운데 비교교육학은 다양하고 다자적인 비교를 통해 보다 명쾌하게 인간사회의 변화 과정 및 결과의 차이를 교육이라는 창구를 통해 짚어낼 수 있을 것으로 기대하게 만든다. 같은 연장선상에서 비교교육학계는 최근 새로 등장한 세계시민교육이 포괄하는 국제이해와 세계시민성 고양이라는 21세기 교육의 지향점을 수용하고 선도해야 하는 새로운 과제를 떠안게 되었다.[4] 이러한 맥락에서 글로벌화는 학교교육의 목적, 교육기회와 접근성, 교육적 책무와 권위, 교사 전문성 등과 관련하여 비교교육학적 견지에서 전통적인 비교방식을 벗어난 문제 중심적(issue-oriented) 포커스를 통해 이를 새로이 조망할 기회가 될 것이다(Kubow & Fossum, 2007). 그 이유는 자명하다. 이제는 더

4) 국제사회에서 세계시민교육이 특별한 주목을 받기 시작한 것은 반기문 전 유엔(UN)사무총장이 2012년에 선포한 '글로벌 교육우선 구상(Global Education First Initiative)'에서 비롯되었다. 여기서 제시된 세 가지 목표 영역은 첫째, 모든 어린이에게 교육접근성을 보장하고(put every children in school), 둘째, 학습의 질을 향상키시고(improve the quality of learning), 셋째, 세계시민성을 함양하도록(foster global citizenship) 하는 것이다.

이상 국가적으로 당면한 주요과제가 그 국가에 국한되지 않고 세계 전체의 문제가 된다는 깨달음이 확산되고 있기 때문이다(Tretheway, 1976).

2. 교육인류학: 문화적 과정으로서의 교육

교육인류학은 그동안 교육 정책수립과 실천에 있어서 이론적인 공헌을 해옴과 동시에 풍부한 현장사례 수집을 통해 사회과학적인 통찰을 제공하는 데 주력해왔다. 인간을 연구하는 종합학문인 인류학과 인간을 인간답게 만드는 가르침과 배움의 과정에서 드러나는 모든 면을 연구하는 교육학의 만남이 바로 교육인류학이다. 교육인류학은 우리에게 내재해 있는 가르침과 배움의 본능이 어떻게 문화적으로 제어되고 발현되는가를 조명함으로써 교육의 본질과 기능에 대한 의문을 풀어 나가고, 이를 통해 인간에 대한 이해를 확장해 가는 학문이다.

교육인류학자들은 타문화에서의 교육실행에 대한 내부자적 논리를 파악하고 맥락적 이해를 추구하는 것뿐만 아니라 자문화의 타자화(他者化; Othering)를 통해 교육현상을 다원적으로 검토하고 정교하게 그려내려는 노력을 해왔다. 이러한 가운데 교육인류학은 기존의 교육학에서 쉽사리 다루지 못하는 교육현장 구석구석의 빈틈에서 건져 올린 신선한 주제와 이에 대한 통찰을 종종 제공하고 있다. 교육의 장(場)을 창구로 삼아 때로는 일상화된 관행의 타성을 지적하기도 하고 때로는 사회의 치부를 가감 없이 드러내어 직시하도록 한다. 실천적인 측면에서 문화라는 토양 위에 교육 행위가 이루어져 왔고, 기능적인 측면에서 교육을 잘 수행하기 위한 사회적 합의하에 그 체제가 이루어져 왔다. 교육을 하나의 문화적 행위 또는 과정으로 보았을 때, 교육에 대해 인류학이 갖는 학문적 당위성과 유용성을 떠올릴 수 있다.

'교육인류학'이라는 용어는 Montessori에 의해서 1913년 출간된 『Pedagogical Anthropology』라는 저서에서 처음 사용되었다(이종각, 2011). 초창기 비교교육학이 동질적인 문화권역 내에서의 국가 간 비교에 주력한데 비해, 인류학의 태동기인 20세기 초반에는 역사·문화적으로 전혀 생소한 지역에서의 교육현상을 비교문화적 견지에서 접근하려는 시도들이 이루어졌다. 이러한 시도들은 미시적인 현장연구를 통해 직접 현지인들과의 만남의 경험을 중심으로 체득한 직관과 통찰을 기반으로 한다는 점에서 거시적이고 구조기능적인 비교방식과는 방법론적 철학이 매우 다르다. 이 시기의 인류학 연구들은 기존 교육체제를 보완·개선하려는 전제에서 출발하지 않았기 때문에 체제보다는 문화에 주목함으로써 문명비평에 가까운 성찰의 기회를 제공하려는 의도가 엿보인다. 1928년에 출간된 Margaret Mead의 『사모아에서 성년 되기(Coming of Age in Samoa)』가 대표적인 예인데, 20세기 초 급격한 산업화의 와중에 구축된 미국 공교육이 질풍노도의 시기를 겪는 청소년들에게 미치는 억압적인 영향과 극명하게 대비되는 사모아의 십대소녀들의 자유분방한 성장경험을 가감 없이 보여줌으로써 우회적으로 문명비판의 함의를 제시하고 있다.[5] 또 Ruth Benedict가 제2차 세계대전 중인 1944년 미국 국무부의 요청으로 참여했던 국민성 연구(National Character Studies)의 결과물로 집대성한 1946년의 저술 『국화와 칼(The Chrysanthemum and the Sword)』에서는 일본인들의 양육방식이 국민성에 영향을 미치는 과정을 그려내고 있다. 이 저술에서는 현장 연구가 아닌 문헌자료에 의존하여 당시 적국이었던 일본을 일본인의 나라답게 만드는 것이 무엇인가를 다루고 있다. 그런데 이처럼 20세기 전반기까지는 인류학자가 연구 대상인 문화집단을 두루 탐구하기 위한 방편으로 교육과 관련된 철학과 행위에 관심을 보였으나 온전하게 교육을 핵심주제로 삼은 문화기술지는 발견하기 어렵다. 교육현장 자체를 주제영역으로 집중적으로 다루기 시작한 것은 교육인류학이 본격적으로 등장한 1950년대 이후이다. 교육인류학이 인류학의 세부적인 학문영역으로 자리 잡게 된 시점은 Stanford 대학교의 George Spindler를 비롯하여 인류학자들이 학교 현장연구에 대거 참여하면서 부터이다. 구체적으로는 1969년에 이르러 교육인류학협의회(Council on Anthropology and

5) 이 저술은 문화인류학의 고전이자 페미니즘의 인류학적 시발점이 되었다. 그러나 Mead의 현장연구는 약 20년 후 사모아에서 연구를 진행한 뉴질랜드 인류학자 Derek Freeman(1983)에 의해 제기된 Mead의 제보자들의 부적절성과 허구적 진술에 대한 논란으로 인해 본래의 가치가 크게 훼손되었다.

Education)가 미국인류학회(American Anthropological Association) 산하에 공식적으로 발족되면서 인류학의 주요 분과영역으로 교육인류학이 비로소 온전한 모양새를 갖추게 되었다.

1980년대 이후, 미국의 교육인류학은 급격히 확산되기 시작했다(이용숙, 2005). 인간 대상연구를 자연과학적인 측정방법을 차용해서 하는 데 대해 학계에서 본격적으로 문제제기를 시작한 시점이 1980년대에 들어와서임을 감안할 때, 이는 우연의 일치가 아니다. 그 배경으로 주목되는 것은, 20세기 말 사회과학 전반에 걸쳐 변화를 가져온 포스트모더니즘의 영향이다. 인류학 역시 포스트모더니즘의 도래와 함께 큰 전환기를 겪으면서 연구철학, 연구방법론, 주제선정, 재현(representation)의 방식 등에 있어서 다채롭고 파격적인 시도들이 자연스럽게 이루어지게 되었다.[6] 그 가운데 문화기술지 연구(ethnographic research)로 집약되는 인류학의 방법론적 지평의 확장 또한 간호학, 교육학, 경영학, 사회학, 문화학, 역사학 등 여러 학문영역에서 목도되었다. 교육인류학자들 사이에서도 포스트모더니즘의 전환점을 기하여 교육현장 연구에 있어서 참신한 주제선정과 새로운 문화기술적 시도들이 소개되고 공유되었다. 특히 계량적으로 가늠하기 어려운 학교문화, 다문화적 교육상황, 교육주체 간 소통방식, 교수자와 학습자의 주관적인 체험, 교육소외자에 대한 이해 등 질적 탐구의 영역에서 교육인류학이 선도적으로 문화적 과정으로서의 교육(education as a cultural process)의 모습을 의미 있게 담아내는 역할을 해왔다.

포스트모더니즘의 영향은 오늘날 학계 전반에 스며들어 있지만, 사실 교육계에서는 그 영향을 대체로 부정적인 시각에서 바라보았다. 그 이유는 기존 교육의 이론과 실천이 근본적으로 모더니즘적 사고와 담론을 토대로 하고 있기 때문이다. 즉, 전통적으로 교육이 추구해 온 바는 세상에 대한 객관적 지식과 보편적 가치이며 이를 다음 세대에

6) 이러한 시류는 인류학계 전반에 빠르게 확산되었는데 인류학자(참고: Marcus & Fischer, 1986; Peacock, 1986; Rabinow, 1977)와 교육인류학자(참고: Levinson & Borman, 2000; McLaren, 1999; Spindler, 1982, 1987; Walford, 2008; Willis, 2000)의 현장연구에서 다양한 방식으로 반영되었다.

게 온전하게 전수하는 것이다. 이와 같은 생각은 학생들이 교육을 통해 세계관을 형성하고 세상을 객관적으로 이해할 수 있게 된다는 믿음에 근거한 교육적 사명의 원천이 되기도 한다. 교육이 자율적이고 이성적인 개인을 양성하고, 풍요롭고 진보된 사회를 만들어 낼 수 있다는 계몽주의적 이상은 교육을 수행하는 주체들의 공고한 신념이었다. 또 한편으로는 교육학자들 스스로에 의해 포스트모더니즘에 대한 회의론이 제기되기도 하였다. 예컨대 Martin Carnoy(2006)는 포스트모더니즘에서의 진리에 대한 의구심이나 진리탐구에 대한 회의는 연구의 초점을 연구 대상에서 연구자 자신으로 돌리기 때문에 학문적 나르시시즘에 쉽게 빠지게 한다고 주장한다.

이러한 저항에도 불구하고 1990년대 이후 교육인류학자들의 연구 활동을 통해 짚어 낼 수 있는 교육에서의 포스트모더니즘의 영향은 자명하다. 포스트모더니즘의 관점에서 보면, 학교에서 가르치는 지식이나 신념 체계는 국가 또는 사회문화적 맥락에서 정치적 의도가 개입되어 구성된 것이므로 세상에 대한 순수하고 객관적인 이해방식이 될 수 없다. 오늘날 교육인류학은 이러한 지식의 객관성과 보편성, 이성의 순수성과 자율성에 대한 가정을 바탕으로 한 전통적인 교육 관념에 대해 의구심을 품는다. 또한 다양한 문화기술적 사례를 통해 주어진 교육 현실의 총체적인 의미를 추구하고 대안을 모색한다. 교육인류학자들은 지식의 구성과 전수방식에 대한 의도를 드러나게 하는 효과적인 방편으로 문화기술지를 통해 교육현장의 생생한 민낯을 직시하게 해왔다. 교육인류학의 강점인 현장연구는 심층면담과 참여관찰을 통해 연구 대상 집단의 문화적 과정을 다양한 층위에서 해석해낼 수 있게 한다. 이는 학교교육에서 신봉되는 표준화된 지식들은 특정한 계층이나 인종 또는 성의 관점에서 쓰인 것에 불과하다는 것을 상대주의적 통찰을 통해 일깨워주는 과정이기도 하다. 지식의 상대성에 주목하고 지식 습득의 다양한 방법을 탈(脫)국가적인 맥락에서 보여주는 데 있어서 교육인류학의 공헌은 지대하다. 이러한 업적들은 교육을 역동적이며 변화무쌍한 과정으로 이해하고 고정된 준거가 아닌 연구자의 체험을 통해 내부자적 논리를 찾아가는 과정을 통해서 이루어지는 데 기인한다.

지난 20세기 대부분을 지식의 객관성을 추구한다는 명분하에 지식의 성격과 본질을 왜곡하지는 않았는지에 대해 21세기 교육자들의 성찰이 요구되는 시점이다. 인류학은 그동안 객관주의적 지식관의 포로가 되어 연구하고자 하는 현상이나 대상을 손쉽게 분해하고 재조립할 수 있는 조작 가능한 물체로 인식해 온 연구관행에 대한 비판적 성찰의 목소리를 내는 데 앞장서왔다. 절대적 객관성을 전제한 논리실증주의나 과학주의의 영향을 받은 지식관은 정작 인식주체의 역할을 배제하거나 약화시킨다. 연구 대상이 몸담고 있는 특정 맥락에서 의도적인 매개자로서 관여하는 연구자의 주관이 반영되지 않는 실증적 접근은 대상의 본질과 동떨어진 도구적 독선이나 인식론적 협소함에 빠질 위험성을 내포한다. 이처럼 상황적 맥락이나 연구자의 주관성이 보충적 주석에 불과하게 다루어질 때 객관주의적 지식관은 실재를 제대로 반영하지 못하고 교육학적 논점의 본질을 흐릴 소지가 다분하다. 이러한 지식관은 교육에 대해서도 자칫 추상화된 명제나 이론적 지식만을 전달하는 것으로 단순화할 소지가 있다. 교육인류학은 이러한 단순화의 오류를 경계하면서 교육이라는 관심영역에서 구성원들과 관계맺음을 통해 그들의 행동이 이해될 수 있는 맥락과 의미 체계를 파악하기 위해 문화집단으로의 입문을 전제로 하는 학문이다.

인류학이 추구하는 개방적인 사고와 다원적인 관점을 통해 세상을 바라보는 학문방식은 포스트모더니즘 및 포스트 정초주의의 시류와 함께 오늘날 만개하고 있다. 교육인류학자가 현장연구에 투신하는 정신과 마음가짐은 지식의 오만함에 휘둘리지 않고 연구 대상과의 거리를 두지 않은 채 '앎(knowing)'과 '삶(living)'을 동일시하는 일련의 과정이다. 즉, 표현의 층위와 내용의 층위를 두루 섭렵하기 위해 연구자는 연구 대상 문화집단에 대한 온전한 참여를 전제함으로써 이론적 자양분을 제공해 줄 수 있게 된다. 문화기술지로 대변되는 교육현장연구에 있어서 구성원들의 행동이나 사고가 이해될 수 있는 맥락을 부여하는 서술적 이야기나 관찰 노트는 평범하고 일상적이지만 가르침과 배움이 일어나는 모든 문화적 과정을 담아내는 필수적인 요소이다. 이를 통해 교육현장의 잠재적 교육과정이나 교육체제의 묵시적인 의도를 드러나게 하거나, 교육실행에 있어서 정의롭지 못한 요소들을 짚어내는 것도 중요하지만 궁극적으로는 인간에게 있어서 교육이 어떤 의미와 영향력을 갖고 있는지를 알아가는 것이 교육인류학의 존재 이유이다.

2절 비교교육학과 교육인류학의 과제: 접점과 상호보완 가능성

그동안 교육인류학자들은 지구촌 곳곳의 교육현장에서 다양한 교육의 실천방식을 접하면서 교육에 대한 통찰의 깊이를 더해왔다. 이와 더불어 교육관련 난제들에 대한 해법을 찾는 데 있어서 기존의 방법론적 한계를 극복하려는 파격적이고 창의적인 연구 방법과 주제선정을 끊임없이 시도해왔다. 그러나 교육인류학계에서 최근에 시도된 파격적인 연구들은 여전히 대중적으로 발표되지 않고 인류학을 하는 학문공동체 내에서만 제한적으로 공유되는 경우가 많았다. 특히 인류학이라는 학문이 한국의 사회과학계 전반에 수용되면서 양적 확대는 이루어졌으나 교육학이 여전히 실증주의적 관점에 경도된 경우가 적지 않아 교육인류학 연구의 과정과 그 성과의 실천적 효과에 대한 공개적 논의 또한 충분하지 못했다. 계량적 지표만을 과학적인 것으로 인정하려 하는 지적(知的) 횡포에 대해 너그러운 우리나라 학계 풍토에서 교육인류학이 그 외연을 확장하고 대중적으로 주목받기 위해서는 인접 분야와의 소통과 협업이 그 어느 때보다도 절실하다.

이러한 면에서 교육인류학은 비교교육학과 의미 있는 접점을 찾을 수 있으리라 본다. 교육인류학에서의 연구들이 실천적 효과로서 단순히 '공감'을 불러일으키는 데 그치지 않고 교육현장의 실천을 '개선'하고 이를 통해 '변화'를 도모하기 위해서는 미시적인 접근으로 생성된 결과물이 분절된 지식으로 머무르지 않도록 해야 한다. 이 점에서 비교교육학에서 중요시하는 거시적인 조망과 실증적인 비교 분석을 토대로 한 담론

생성의 논의과정은 교육인류학의 학문적 기여 가능성을 극대화하는 데 도움이 될 것이다. 교육인류학에서는 거대이론(grand theory)을 전반적으로 경계하지만, 미시적 관점에서의 발견이 구조나 체제와 어떻게 연결되고 개인이나 집단의 선택이 어떤 변화로 이어질 수 있는지를 예견하는 데는 비교교육학적 접근이 또 다른 통찰을 제공할 수 있다.

마찬가지로 교육인류학이 비교교육학의 발전에 공헌할 수 있는 점도 짚어볼 수 있다. 교육에 대한 인류학적인 통찰은 해석학적 · 비판적 접근과 더불어 현장연구에 새로운 생기를 불어넣고 있다는 점에서 비교교육학을 방법론적으로 발전시키기 위해 어떤 노력이 필요한지에 대한 논의를 개념적 · 실천적 차원에서 점검해 보도록 할 것이다. 교육인류학이 우리나라 질적 연구의 초기 토양이었고, 이후 질적 연구를 주도하는 견인차 역할을 해온 점(조용환, 2012)을 감안할 때 이는 충분히 현실적인 기대이다. 실제로 간문화연구[7]에서는 가설검증을 위해 인류학자들이 지역별로 수집한 자료를 설정한 준거에 맞추어 분류하고 비교 분석을 통해 결론을 이끌어내는 경우가 있는데(Anderson, 1961; Ember & Ember, 2001; Foster, 1960; Levinson & Malone, 1980; Noah, 1974) 이러한 방식은 아직 비교교육학에서는 활성화되지 않고 있다.

끝으로 인류학이 교육을 상호주관적(inter-subjective) 맥락의 차원에서 바라볼 수 있게 해 준다는 점을 주목할 필요가 있다. 교육이 진공상태가 아닌 문화적 맥락에서 이루어진다고 전제했을 때, 교육연구에 있어서 중요한 것은 교육장면을 둘러싼 환경과 구성원들의 역동을 파악하는 것이다. 교육에서 일반적인 관심사가 학습효율 또는 학업성취도에 미치는 요인분석과 같은 주제에 많은 노력을 할애했다면, 인류학적 관심사는 전반적인 학습환경, 구성원 간의 상호작용, 학교풍토와 전통 등을 눈여겨보면서 상호주관적인 맥락학습에 관심을 둔다. 특히 교육인류학은 교육을 지식전달이라는 일방향적 과정이 아닌 동등한 교육의 주체-객체 간의 역동적인 상호작용으로 이해하도록 하는 데 일조한다. 아울러 인간의 교육행위를 이해하기 위해서는 잘 드러나지 않은 권력구

7) 여기서는 cross-cultural research 또는 holocultural research를 일컫는다.

조나 그 현상 이면에 스며들어 있는 동기나 논리를 찾는 것이 중요하다. 비교교육학에서 미시적이며 총체적인 비교연구가 필요한 것도 이러한 이유에서이다. 이처럼 교육인류학에서의 '비교'란 여러 가지 열린 가능성을 탐색하는 자세에서 비롯되고, 비교의 준거를 몇 가지에 국한시키지 않으며 다원적 · 절충적 · 개방적 과정으로 바라볼 수 있게 해 준다는 점에서 비교교육학과의 소통과 융합이 가능하고 필요하다.

참고문헌

이용숙(2005). 교육인류학: 연구방법과 사례. 서울: 아카넷.

이종각(2011). 교육인류학의 탐색. 서울: 도서출판 하우.

조용환(2012). 교육인류학과 질적 연구, **교육인류학연구**, 15(2).

Anderson, C. A. (1961). Methodology of comparative education. *International Review of Education* 7:1.

Arnove, R. F. & Torres, C. A. (Eds.). (1999). *Comparative education: The dialectic of the global and the local*. Lanham, MD: Rowman & Littlefield.

Carnoy, M. (2006). Rethinking the comparative and the international. *Comparative Education Review* 50:4.

Crossley, M. & Watson, K. (2003). *Comparative and international research in education: Globalisation, context and difference*. New York, NY: RoutledgeFalmer.

Ember, C. R. & Ember, M. (2001). *Cross-cultural research methods*. Lanham, MD: AltaMira Press.

Epstein, E. H. (2008). Setting the normative boundaries: Crucial epistemological benchmarks in comparative education. *Comparative Education,* 44:4.

Freeman, D. (1983). *Margaret Mead and Samoa: The making and unmaking of an anthropological myth*. Cambridge, MA: Harvard University Press.

Foster, P. J. (1960). Comparative methodology and the study of African education. *Comparative Education Review* 4:2.

Kazamias, A. & B. G. Massialas. (1982). Comparative education. *In Encyclopedia of educational research*, ed. H. E. Mitzel, 309-317. 5th ed. New York: Free Press.

Kubow, P. K. & Fossum, P. R. (2007). *Comparative education: Exploring issues in international context*. 2nd ed. Upper Saddle River, NJ: Pearson Education Inc.

Levinson, B. A. & Borman, K. M. (2000). *Schooling the symbolic animal: Social and cultural dimensions of education*. Rowman & Littlefield Publishers.

Levinson, D. & Malone, M. J. (1980). *Toward explaining human culture: A critical review of the findings of worldwide cross-cultural research*. New Haven, CT: HRAF Press.

Marcus, G. E. & Fischer, Michael M. J. (1986). *Anthropology as cultural critique*. The University of Chicago Press.

McLaren, P. (1999). *Schooling as a ritual performance: Towards a political economy of educational symbols and gestures*. Routledge & Kegan Paul.

Noah, H. J. (1974). Fast fish and loose fish in comparative education. *Comparative Education Review* 18:3.

Noah, H. J., & Eckstein, M. A. (1998). *Doing comparative education: Three decades of collaboration*. Hong Kong: Comparative Education Research Centre.

Peacock, J. L. (1986). *The anthropological lens*. Cambridge University Press.

Rabinow, P. (1977). *Reflections on fieldwork in Morocco*. University of California Press.

Spindler, G. D. (1987). *Education and cultural process: Anthropological approaches*. Waveland Press.

Spindler, G. D. (1982). *Doing the ethnography of schooling: Educational anthropology in action*. New York, NY: Holt, Rhinehart and Winston.

Trethway, A. R. (1976). *Introducing comparative education*. Elmsford, NY: Pergamon Press.

Walford, G. (2008). *How to do educational ethnography*. London, UK: The Tufnell Press.

Willis, P. (2000). *The ethnographic imagination*. New York, NY: Wiley.

3 CHAPTER 비교교육학과 교육사학

1절 교육사학의 학문적 성격

'교육사학'은 '교육철학'과 함께 교육학의 기초과목 중 핵심을 이루고 있는데, 그중에서도 교육사학은 시간의 궤적을 통해 인류의 교육적 예지를 기록으로 남기는 학문이다. 일반적으로 교육사는 교육에 관한 역사적 기술을 지칭하는 것이며, 교육사학은 바로 이러한 교육사를 학문적 대상으로 삼아 연구하는 교육학의 하위 학문영역의 하나이다(한용진, 2011: 153). 비교교육학과 교육사학의 관계를 올바로 이해하기 위해서는 먼저 교육사와 교육사학의 학문적 성격과 구조를 이해할 필요가 있다.

먼저 이만규(2010: 41)는 교육사의 개념에 관하여 "문명사의 일종으로 특히 교육에 관한 역사의 기술"이라 하였다. 그리고 이어서 교육사의 범위는 "교육의 일반 상황과 학제연혁, 그리고 교육대가의 전기와 그들의 사상과 학설 따위를 기술하고 그밖에 광범위한 교화사업도 포함하는 것"이며, 그런 의미에서 "교육사는 인문의 진보를 거슬러 찾고 사상의 변천을 연구하며 교육사업과 교육학설의 진보·발전한 상태와 이유를 찾는 데 필요한 것이며, 전(前) 시대가 후(後) 시대에 또는 한 나라가 다른 나라에 주는 효과와 영향을 아는 데 필요한 것"(이만규, 2010: 41)이라 하였다.

한편 한기언(1987: 12-14)은 "우리가 현재도 널리 사용하고 있는 '교육사'란 사실적 기술로서의 교육사를 가리키는 말이고, '교육사학'은 학문분류의 틀을 의미한다."고 하였다. 1966년 한국교육학회 교육사연구회 창립 20주년 기념 학술연차대회의 기조강연으로 발표된 한기언의 "교육사학의 이론과 전망: 교육사학의 학문적 구조"에서는 [그림 3-1]과 같이 교육사학의 구조를 설명하고 있다. 이때 '교육학사'는 교육사학의 한 영역으로, 교육학 이론이나 학설의 발전과정을 역사적으로 살펴보는 것을 말한다. 이 구조도는 크게 타원형 내부의 '교육사학의 제 영역'과 타원형 외부의 주위 사방을 둘러 싼 '교육사학의 접근방법의 유형'이라는 두 부분으로 나누어 살펴볼 수 있다.

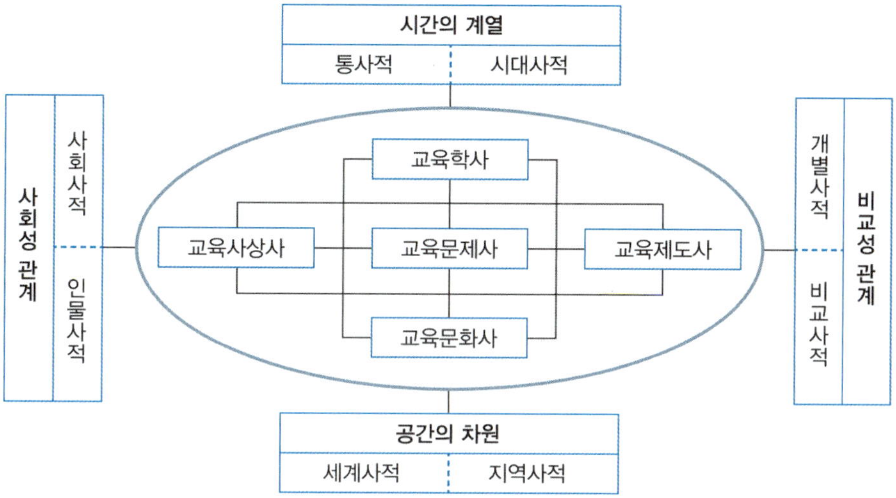

[그림 3-1] 교육사학의 구조도

출처: 한기언(1987: 31).

일반적으로 교육사 과목은 '이상(理想)'을 추구하는 교육사상사와 '현실(現實)'을 반영하는 교육제도사가 주로 서술되어 왔다. 박봉목(1983: 160)은 "대체로 교육조직의 역사를 교육사"라고 하였지만, 교육사는 교육조직만이 아니라 교육사상이나 교육문화, 그리고 교육학 자체의 역사도 다루어질 수 있다고 하였다.[1] 최근의 교육사 연구동향을 보면, '주제' 중심의 교육문제사나 '생활' 중심의 교육문화사에 대한 논의도 활발해 지고 있다(한용진 외, 2010). 그리고 외곽을 둘러 싼 네 가지 접근방법을 보면 상하로는 '시간의 계열'과 '공간의 차원'을, 또 좌우로는 '사회성 관계'와 '비교성 관계'를 배치하고 있다. 교육사학의 접근방법으로 네 가지 유형을 제시하였지만, 크게 보면 교육사학은 통사적 · 시대사적인 '시간적 접근'을 하고 있으며, 비교교육학은 세계사적 · 지역사적인 '공간적 접근'을 기본적으로 하고 있음을 알 수 있다.

1) 교육사에서 교육제도사를 강조하는 경향은 미국 역사학의 과학주의로부터 영향을 받은 것으로 보이며(한일조, 1993: 270-271; 한용진, 2011: 154), 미국 교육학의 영향을 받은 일본의 경우에도 교육사의 출발이 학제나 교육법령, 학교교육 등 교육제도사 중심으로 이루어졌기에 지금까지도 일본에서는 교육사상사보다 교육조직의 역사, 즉 교육제도사를 교육사의 중심에 놓는 경향이 있다(韓龍震, 2017 참조).

결국 교육학사는 교육사학의 구조 속에서 교육학설 혹은 교육이론 변천의 역사를 지칭하는 것이며, 교육학이 성립되는 시기부터 현재까지 나타나는 다양한 주장과 이론들을 그 대상으로 연구하는 것이다. 교육학의 학문적 구조를 보는 입장은 다양할 수 있지만, 교육학의 하위영역으로 존재하는 각각의 학문들은 각각 교육철학사, 교육사학사, 교육심리학사, 비교교육학사, 교육과정학사, 교육평가학사, 교육행정학사 등으로 구성되며, 교과교육학 분야에서도 국어과교육학사를 비롯하여 영어과교육학사, 수학과교육학사 등을 구성할 수 있다. 다만 교육학사는 교육학의 성립시기를 언제로 보는가에 따라 그 출발점이 달라질 수 있으며, 마찬가지로 비교교육학사도 비교교육학의 탄생을 언제로 보는가에 따라 달라질 수 있을 것이다.

먼저 교육학의 성립 시기와 관련하여, 일반적으로 학문으로서 교육학의 탄생은 1779년 할레대학의 E. C. Trapp에 의해서 교육학강좌가 창설된 것을 근거로 말하고 있다(한기언, 1982: 2). 물론 한기언은 '사상으로서의 교육학'과 '이론으로서의 교육학'을 구분하여, 18세기 말 혹은 19세기 초에 등장하는 '과학으로서의 교육학'보다 앞서 '사상으로서의 교육학'을 전제하였다. 조무남(2004: 11) 역시 『교육학론』이라는 책의 제1장 '서론으로 쓰는 교육학사'에서 "교육학의 역사를 일천하다고 보는 사람들은 교육학의 출발을 코메니우스의 『대교수학』이나 헤르바르트의 『일반교육학』으로 한정하지만, 교육학의 시작은 이 책들이 나타난 시대에서 훨씬 더 거슬러 올라간다."라고 선언하였다. 그는 교육학은 "오늘날 '철학'이라고 부르는 학문의 원형이었거나, 아니면 그것과 동일한 것이었다고 생각한다. 그것은 동양에서 신유학 이전의 선진유학을 가리킨다."(조무남, 2004: 12)고 하여, 학문으로서 교육학의 출발을 고대 그리스와 동양의 춘추시대로 보고 있다. 동양에서는 '배움의 학'으로, 그리고 고대 그리스에서는 '지혜의 사랑(philos+sophia)'에 관한 학(學)으로 출발한 교육학은 철학을 낳았고, 철학과 함께 방법론을 공유하며 발전해 왔다는 것이다. 이러한 관점에서 본다면 교육학사의 출발은 단지 18세기 후반이나 19세기 초가 아니라, 기원전 4~5세기의 추축시대로부터 기원하는 것이 될 수 있다.

〈표 3-1〉 교육학의 성립 시기

한기언(1982)	조무남(2004)
• '사상(思想)'으로서의 교육학: 학문으로서 교육학이 생겨나기 이전부터 위대한 교육사상가들에 의해 전개되던 교육학	• 고대 그리스: '지혜의 사랑'에 관한 학(學) • 동양의 춘추시대 공자의 '배움의 학'
• '이론(理論)'으로서의 교육학: 헤르바르트에 의해 교육의 목적과 방법 정리(1832), 트랍프에 의해 할레대학에 「교육학강좌」가 개설된 시점(1779)도 중시	• 헤르바르트(1832), 『교육학강의개요』 서문: "과학으로서 교육학은 교육의 목적과 방법으로 구성되며, 목적은 윤리학에 방법은 심리학에 의존한다."
• '이론과 실천'으로서의 교육학: 학교교육뿐만 아니라 평생교육적 입장에서 전생애에 걸쳐 진행되는 교육현상의 학문	• 20세기 규범과학적 방법론에서 벗어나려는 경향

2절 비교교육학과 교육사학의 관계

1. 비교교육학의 역사: 비교교육학사

비교교육학이라는 학문은 언제부터 시작되었으며, 어떻게 발전해 왔을까? 어떤 전공이라도 자신의 전공에 대한 학문적 발자취, 즉 학사(學史)를 이해하는 것은 필수적이라 할 수 있으며, 이는 학문 자체의 발전을 위해서도 반드시 필요한 작업이라 생각된다. 어떤 전공이든 학문적 정체성을 확인하기 위한 학사적 정리를 하는 데 가장 적합한 학문적 방법론은 사학이며, 교육학 분야에서 사학적 접근을 하는 학문은 교육사학(教育史學)이다. 그런 의미에서 교육사학의 관점에서 비교교육학이라는 학문을 조명할 때 '비교교육학사(比較教育學史)'라는 새로운 학문영역을 생각해 볼 수 있다. 비록 비교교육학사라는 용어가 매우 낯설겠지만, 모든 학문에는 그 학문의 역사가 있으며, 이를 정리하는 작업이 바로 'ㅇㅇ학사'라 할 수 있다.

그렇다면 비교교육학사는 누가 연구하여야 할 것인가? 예를 들어 '과학사(科學史)'는

'과학'의 역사이니 과학자가 정리할 것인가, 아니면 과학의 '역사'이니 역사학자가 정리해야 할 것인가? 바람직하기는 과학을 잘 아는 역사학자가 하는 것이 좋겠지만, 현실적으로는 역사학자라고 모든 학문영역을 잘 아는 것이 아니므로, 역사적 연구방법론에 익숙한 과학자가 맡거나 과학자와 역사학자의 협업에 의해 만들어져야 할 것이다. 마찬가지 논리로 비교교육학사는 비교교육학을 잘 아는 역사학자 혹은 역사학을 잘 아는 비교교육학자가 담당해야 할 것이며, 그런 의미에서 교육사학 전공자 중에서 비교교육학을 잘 아는 사람이 정리한다면 금상첨화일 것이다.

하지만 비교교육학의 학문적 성격이나 방법론의 다양성에 비추어 본다면, 교육사학 전공자라 하더라도 비교교육학사를 혼자 작업하기는 쉽지 않은 일이다. 마침 2017년도에 한국비교교육학회에서는 세 차례의 학술세미나를 통해 비교교육학과 여타 교육학 관련 전공들과의 관계를 탐구하는 작업을 진행하였다.[2] 이러한 작업은 향후 비교교육학의 학사적 정리에 중요한 자료가 될 수 있을 것으로 기대되며, 어쩌면 『비교교육학과 교육학』이라는 이 책 자체가 바로 비교교육학과 교육학의 다양한 학문영역과의 관계를 시간적으로 보여주는 교육사학적 자료가 될 것이다.

2. 학문 명칭의 문제: 실천행위 vs. 학문

그런데 이같이 비교교육학과 교육사학이라는 학문의 관계를 생각해 보고자 할 때, 과연 독립된 학문이란 무엇인가를 고민하게 된다. 일반적으로 우리나라에서 '교육사'는 그 자체가 '교육사학'이라는 학문 명칭과 그다지 구분되지 않고 사용하는 경향이 있다. 특히 '교육사학 전공'이라는 표현보다 '교육사 전공'이 더 편하게 생각되는 사람들이 대부분일 것이다. 이는 실천행위를 기록한 '교육사'와 학문영역으로서 '교육사학'을 엄

2) 한국비교교육학회 학술세미나, 2017년 5월 13일(장소: 연세대), "비교교육학의 학문적 영역과 교육학", "비교교육학과 교육인류학", "비교교육학과 평생교육학" 등 3편; 6월 24일(장소: 충남대), "비교교육학과 교육사회학", "비교교육학과 교육과정학", "비교교육학과 직업교육학", "비교교육학과 교육행정학", "비교교육학과 교육법학", "비교교육학과 교육정치학", "비교교육학과 교육재정 · 경제학" 등 7편; 그리고 12월 2일(장소: 동국대), "비교교육학과 교육철학", "비교교육학과 교육사학", "비교교육학과 교육평가학", "비교교육학과 교육정책학" 등 4편으로 총 14편의 연구가 발표되었다.

밀하게 구분하지 않기 때문이라 하겠다. 어떤 면에서는 교육사학의 학문적 위상이 확고하게 사람들의 인식 속에 자리잡고 있지 못하기 때문일 수도 있다. 마찬가지로 '비교교육'과 '비교교육학'도 그다지 개념적으로 엄밀하게 구분하여 사용되고 있는 것 같지는 않다. 단적인 예로 2017년 현재 한국비교교육학회 25대 임원진 71명 중에서 자신의 전공을 '비교교육학'이라 표기한 사람은 단 한 사람이며, 그나마 '비교교육'이라 적시한 연구자도 다섯 사람에 불과하다(박세훈, 2017). 즉, 한국비교교육학회 임원의 8.5%만이 자신의 전공을 비교교육 혹은 비교교육학이라 적고 있을 뿐이다.

Olivera(1988: 176; Bray et al., 2017: 68 재인용)는 "사회가 사회학이 아니고, 언어가 언어학이 아니고, 동물들이 동물학이 아닌 것처럼"이라 하였는데, 마찬가지로 '교육'은 '교육학'이 아니고, '교육사'는 '교육사학'이 아니다. 따라서 '비교교육'도 '비교교육학'과 동일한 개념이 아닐 수 있다. 그럼에도 이를 동일시하는 것은 실천행위로서 '교육'과 학문으로서 '교육학'이 제대로 구분되지 않기 때문이라 할 수 있다. 어쩌면 '비교교육'과 '비교교육학'은 단지 '학(學)'이라는 한 글자 차이이지만, 학사적 관점에서 보면 '학'이라는 글자는 매우 의미 있는 차이를 갖고 있다. 예를 들어 고려대학교의 경우, 사범대학의 9개 학과 중에서 '학'자가 붙은 과는 '교육학과' 단 하나뿐이고, 나머지 교과교육학 전공 학과들은 여전히 '국어교육과'나 '수학교육과' 등과 같이 별도의 '학'자가 붙어 있지 않다. 그러나 소속 학생들은 학과 행사나 학과 티셔츠에 '학'이라는 글자를 붙여 '국어교육학과'나 '수학교육학과'로 사용하고 있다. 공식적 명칭과 비공식적 활용 간의 간극은 바로 실천행위를 아직 학문적으로 정립하지 못했거나, 혹은 학문적 타성이나 개념적 고민 없이 기존의 명칭을 변경하지 않은 채 사용하고 있기 때문이라 생각된다.

3. 학문분류표와 비교교육학

어쩌면 이는 한국연구재단의 학문분류표에 나타난 학문 명칭과도 밀접한 관련이 있을지도 모른다. 우리나라에서 '국가과학기술표준분류표'라 하여, 국가 공통의 학문분류

체계를 처음 도입한 것은 2006년이다. 「과학기술법」 제27조에 따라 제정된 국가과학기술표준분류는 이후 2009년 9월 4일(제2009-34호)과 2012년 9월 13일(제2012-4호) 수정을 거쳐 현재에 이르고 있다. 전체 33개 분야의 대분류(자연/생명/인공물 16개, 인간/사회/인간과학과 기술 17개)와 369개의 중분류, 그리고 2,899개의 소분류로 구성되어 있다. 그중에서 '교육'은 사회(S) 분야에 속하며, 법(SA), 정치/행정(SB), 경제/경영(SC), 사회/인류/복지/여성(SD), 생활(SE), 지리/지역/관광(SF), 심리(SG), 교육(SH), 미디어/커뮤니케이션/문헌정보(SI) 등 9가지 학문영역 중 8번째에 있다. 비록 국가 수준의 학문분류표에서 교육학에 '학'을 붙이지 않고 있지만, 분류표상 '사회' 분야의 다른 학문들도 대분류에서는 모두 공통적으로 '학'이 빠져있는 것을 보면, 이는 전공이 담당하는 영역이라는 점에서 '학'을 사용하지 않은 것으로 보인다. 이러한 현상은 중분류에서도 보인다. 즉 중분류 9개 분야 중 교육일반(SH01), 학교교육(SH02), 평생교육(SH03), 어문학교과교육(SH04), 자연과학교과교육(SH06)과 같이 '학'을 붙이지 않은 것은 이러한 구분이 학문 '명칭'이기보다는 학문 분류를 위한 '영역'으로 사용되었기 때문으로 보인다.

〈표 3-2〉 국가과학기술표준분류표 중 '교육(SH)'의 중분류와 소분류[3]

중분류	소분류	중분류	소분류
SH01 교육일반	SH0101. 교육철학/사상 SH0102. 비교교육 SH0103. 교육사학 SH0104. 교육법학 SH0105. 교육과정 SH0106. 교수이론/교육방법/교수법 SH0107. 교육공학 SH0108. 교육평가 SH0109. 교육심리 SH0110. 교육행정/경영 SH0111. 교육사회학 SH0112. 교육인류학 SH0113. 교육상담 SH0114. 교육재정/경제 SH0199. 달리 분류되지 않는 교육일반	SH06 자연과학 교과교육	SH0601. 수학 SH0602. 물리 SH0603. 지구과학 SH0604. 화학 SH0605. 생물 SH0699. 달리 분류되지 않는 자연과학교과교육
SH02 학교교육	SH0201. 유아교육 SH0202. 초등교육 SH0203. 중등교육 SH0204. 고등교육 SH0205. 특수교육	SH07 실업 교과교육	SH0701. 기술/실업 SH0702. 환경 SH0703. 가정

3) 국가과학기술표준분류 https://www.nrf.re.kr/biz/doc/class/view?menu_no=322에서 2017.11.2. 인출

	SH0299. 달리 분류되지 않는 학교교육		SH0704. 컴퓨터 SH0799. 달리 분류되지 않는 실업교과교육
SH03 평생교육	SH0301. 평생학습/교육 SH0302. 진로/직업교육 SH0303. 교사교육 SH0304. 성인교육 SH0399. 달리 분류되지 않는 평생교육	SH08 예술/체육 교과교육	SH0801. 음악 SH0802. 미술 SH0803. 체육 SH0899. 달리 분류되지 않는 예술/체육교과교육
SH04 어문학 교과교육	SH0401. 국어 SH0402. 작문 SH0403. 영어 SH0404. 한국어 SH0405. 외국어 SH0499. 달리 분류되지 않는 어문학교과교육	SH99 기타 교육	SH9999. 달리 분류되지 않는 교육
SH05 사회과 교과교육	SH0501. 일반사회 SH0502. 역사 SH0503. 지리 SH0504. 윤리 SH0599. 달리 분류되지 않는 사회과교과교육		

하지만 교육학과 교육사학, 그리고 비교교육학의 학문 명칭에 주목하여 〈표 3-2〉를 살펴보자. 분류표의 소분류에서는 학문 '명칭'과 '영역'에 대한 용어적 일관성이 떨어져 보인다. 즉 교육일반(SH01)의 소분류 15개 학문 중에서 '학'이라는 글자가 붙은 전공은 교육철학/사상(SH0101), 교육사학(SH0103), 교육법학(SH0104), 교육공학(SH0107), 교육사회학(SH0111), 교육인류학(SH0112) 등 6개 영역이며, 일반적으로 '학'을 붙여 부르는 교육심리학이나 교육행정학을 비롯하여 교육과정이나 비교교육 등도 이 분류표에서는 '학'을 붙이지 않고 있다. 소분류에서 '학'이라는 글자가 붙거나 생략되어 있는 것은 철학이나 사학, 법학, 공학, 사회학, 인류학처럼 학문 명칭 자체에 학이 들어 있는 경우를 제외하더라도 교육심리학이나 교육행정학 등에 '학'이 빠진 이유를 적절히 설명하기는 어렵다.

그렇다면 비교교육학의 학문분류 명칭이 〈표 3-2〉의 소분류에서 '비교교육'(SH0102)인 것을 어떻게 보아야 할 것인가. 어쩌면 학문 명칭과 관련해서 영문 표기를 한국어로 번역할 때 나타나는 관례적 현상이 작용한 것은 아닐까. 영어 comparative education

을 직역하면 '비교교육'이 되지만, 이를 번역할 때에는 종종 '비교교육학'이라고 한다. 한국비교교육학회의 영문 명칭은 KCES(Korean Comparative Education Society)이며, 미국이나 영국의 비교교육학 학술지들도 Comparative Education Review나 Comparative Education, 혹은 Compare: A Journal of Comparative Education이다. 이처럼 comparative education은 '비교교육'이면서 동시에 '비교교육학'을 의미하는 것으로 사용되고 있다.

앞서 살펴본 한국비교교육학회 임원 중 5명이 자신의 전공 표기를 '비교교육학'이 아니라 '비교교육'이라 한 것도 이러한 사회적 분위기나 용례와 무관하지 않을 것이다. 결국 '실천행위로서 교육'과 '학문으로서 교육학'이라는 구분이 비교교육(학) 분야에서는 아직 엄밀하게 구분되지 않는 것으로 보아야 할 것이다. 학문 명칭으로서 비교교육과 비교교육학이 혼용되고 있다는 사실은 어쩌면 해당 학문의 학문적 위상이 아직 확고하게 정립되어 있지 않음을 의미하는 것은 아닐까. 그런 면에서 비교교육학과 교육사학은 같은 고민을 안고 있다고 할 수 있을 것이다.

3절 비교교육 연구에서 보는 교육사학적 시각

1. 시기구분론과 학문적 출발점의 이원성

비교교육 연구에서 교육사학의 경향을 가장 명확하게 볼 수 있는 것은 바로 시간적 흐름에 따라 비교교육학이라는 학문을 시기적으로 구분하여 살펴보려는 시도이다. 특히 비교교육학의 학문적 출발점을 언제부터로 볼 것인가의 문제가 가장 중요하다고 하겠다. 앞서 살펴본 교육학의 학문적 출발점에 관한 논의와 마찬가지로 비교교육학도 학문적 출발점을 언제로 볼 것인가의 문제가 남아 있다.

먼저 '과학으로서 교육학'과 마찬가지로 19세기를 비교교육학의 학문적 출발점으로 보려는 입장이 있다. 즉 G. Bereday(1964: 7)는 Comparative Method in Education에서 비교교육의 첫 단계는 '차용의 시기(the period of borrowing)'로, 두 번째 단계는 '예측의 시기(the period of prediction)'로, 그리고 세 번째 단계는 '분석의 시기(the period of analysis)'로 구분하였다(M. Bray et al., 2017: 17-18 재인용). 그리고 차용의 시기의 대표적인 비교교육학자로 프랑스의 M. A. Jullien을 꼽았다.

이에 반해 Noah와 Eckstein(1969: 3-7)은 Toward a Science of Comparative Education에서 비교교육 분야의 발달을 다섯 단계로 설정하였다(M. Bray et al., 2017: 18-19 재인용). 첫 번째 단계는 '여행자 이야기(traveler's tales)', 두 번째 단계는 '교육적 차용(educational borrowing)', 세 번째 단계는 '백과사전식 연구(encyclopaedic work)', 네 번째 단계는 '국가 교육제도를 형성하는 영향과 요인을 확인하려는 시도'였으며, 마지막 단계는 '사회과학 해석의 단계'로 교육과 사회와의 관계를 명확하게 하려 경제학, 정치학, 사회학 측면의 경험적 · 양적 방법을 사용하는 단계이다. 이때 첫 번째의 여행자 이야기 단계는 과학으로 정립되기 이전의 외국교육 사례를 아마추어적 관점에서 소개하는 것이라 하였다. Noah와 Eckstein은 여행자 이야기를 아마추어 단계라 하였지만, 우리나라의 경우 조선통신사가 일본을 돌아보고 와서 작성한 각종 기록물들[4]이나 18세기 말 박지원의 『열하일기(熱河日記)』 등의 사례를 보면 단지 학문적 훈련을 받지 않은 아마추어의 기록이라고만 치부하기 어려운 면도 있다.

Noah와 Eckstein의 '여행자 이야기 단계'가 Bereday의 구분에 없는 것은 바로 비교교육학의 학문적 출발점에 대한 관점의 차이라 하겠다. Bereday의 1단계인 '차용의 시기'는 Noah와 Eckstein의 2~3단계인 19세기에 해당하고, 완벽하지는 않지만 Bereday가 '예측의 시기'와 '분석의 시기'로 구분한 20세기는 각기 Noah와 Eckstein의 4~5단계에 상응

4) 조선통신사는 임진왜란 이후 도쿠가와 막부의 요청에 따라 조선에서 12회차에 걸쳐 일본에 파견하게 되는데, 그때의 관련 기록과 그림들이 2017년 10월 유네스코 세계기록유산으로 한일 공동 등재되었다. 관련기사: "조선통신사 기록 세계유산 된 날, 소설까지 나오다니 기분이 묘해 - 유네스코유산 등재 주역 강남주씨, 조선통신사 다룬 장편소설 내" 「조선일보」 2017.11.01.

하는 것으로 보인다. 두 책에 나온 단계 구분을 비교 · 정리하면, 〈표 3-3〉과 같다.

〈표 3-3〉 비교교육학 시기 구분(M. Bray et al., 2017: 17–19 내용 재구성)

Bereday의 구분(1964)	Noah & Eckstein의 구분(1969)
–	• 1단계 여행자 이야기: 아마추어가 해외 기관과 실제에 대한 폭넓은 설명의 일환으로 자녀 양육의 외국 방식에 대한 정보를 제시하는 방식과 같은 단계
• 1단계 차용의 시기(19세기): 기술 자료를 목록화하는 것에 강조를 두는 것으로, 자료 비교는 한 국가의 우수 사례를 다른 국가에서 모방하려는 의도로 유용하게 활용하게 됨 * 대표자: Marc-Antoine Jullien	• 2단계 교육적 차용: 19세기 시작과 함께 등장 • 3단계 외국에 대한 백과사전식 연구: 국제 이해의 실용적 차원
• 2단계 예측의 시기(20세기 전반): 일종의 이식의 승인이 나기 전의 준비 과정으로, 교육현장 이면의 사회적 요인들에 보다 많은 관심을 기울임 * 대표자: M. Sadler, F. Schneider, F. Hilker, I. Kandel, R. Ulich	• 4단계 다양한 교육/사회 현상 분석: 20세기 초부터 세계 여러 나라에서 관찰된 국가 교육제도 형성 요인과 영향을 설명 • 5단계 교육과 사회와의 관계 규명: 타학문의 다양한 연구 방법 활용
• 3단계 분석의 시기: 이론과 방법의 발전, 그리고 비전의 확장을 위한 비교 절차와 명확한 설계 단계에서의 절차 마련에 강조를 둠	

2. 비교교육학 발전단계의 순차성과 동시성

학문으로서 비교교육학의 출발점을 언제로 볼 것인가의 문제는 '여행자 이야기' 단계를 비교교육학의 학문적 시기 구분에 넣을 수 있는가의 문제이기도 하다. 일본의 비교교육학자 馬越徹(우마코시 도루)는 비교교육학의 발전단계론을 4단계로 정리하면서, 비교교육학 '전사(前史)'라는 표현을 사용하였고, 각 단계별로 구미 각국과 일본의 대표자를 열거하며, 각 단계의 특징을 다음과 같이 설명하였다.

먼저 첫 번째 단계는 '전사(前史)'로서 여행 단계로 보고, 두 번째 단계는 이식을 위한 외국 조사로서 '맹아기', 세 번째 단계는 전문 학술서적이 간행되는 20세기로 '성립기',

네 번째 단계는 학회나 연구소, 학회지 등이 발간되는 학문의 제도화 시기로 '발전기'라 하였다. Bereday가 Jullien으로부터 비교교육학의 출발을 삼고 있는데 반해, Noah와 Eckstein은 '여행자 이야기'를 비교교육학의 1단계로 삼고 있는데, 馬越徹는 이를 비교교육학의 '전사'로 간주하여 단계에 포함시키고 있다. 즉 학문으로서 비교교육학의 '출발점'을 비록 아마추어 수준이라 하더라도 해외 기관과 실제에 대해 교육문제를 언급한 것을 포함하려던 Noah와 Eckstein의 발상을 고려한다면, 비교교육학의 전사에 해당하는 '여행자 이야기 단계'는 단지 18세기에만 한정되는 것이 아니다. 예를 들어 그리스인 Xenophon의 『키루스의 교육(Cyropaedia)』은 페르시아의 왕자 키루스의 교육을 다루고 있으며, 중국인 徐兢(서긍)의 『고려도경(高麗圖經)』은 고려시대 우리나라에는 시골까지도 학교가 왕성하게 운영되고 있었음을 잘 보여주고 있다는 점에서 비교교육학적 저술이라 할 수 있을 것이다. 또한 박지원의 『열하일기(熱河日記)』나 일본에 수신사로 다녀온 김기수의 『일동기유(日東記遊)』, 유길준의 『서유견문(西遊見聞)』(1895, 1889 탈고) 등의 내용 속에도 외국의 교육 관련 기사가 담겨 있다는 점에서 비교교육학의 전사 단계의 저술 사례라 할 수 있을 것이다.

〈표 3-4〉 비교교육학의 성립과 전개(馬越徹, 2007: 11)

지역 발전단계	구미(미영독불) 대표자 및 저술, 사건 등	일본 대표자 및 저술, 사건 등
전사(前史): Traveling 여행 단계 18~19세기 전반	Erasmus(1592~1670) 『세계도회(世界圖繪)』, J. J. Rousseau(1712~1778) 『에밀』	大黒屋光太夫(1751~1829), 『北槎聞略』(桂川甫周編, 1974), 福沢諭吉(1835~1901), 『西航記』
맹아기: Implantation 교육 이식을 위한 외국 조사 19세기 후반	H. Mann(1796~1859) M. Arnold(1822~1888) V. Cousin(1792~1867) M. A. Jullien(1775~1848)	田中不二麿(1845~1909), 『理事功程』(1873), 幣原坦(1870~1953), 『植民地教育』(1912)

성립기: Analysis 전문 학술서의 간행 20세기 전반	I. L. Kandel(1881~1965), Comparative Education (1933), F. Schneider(1881~1974), Triebkräfte der Pädagogik der Völker(1947), N. Hans (1888~1969), Comparative Education(1949)	中島伴次郎(1871~1926), 『獨佛英美・國民教育の比較研究』(1916), 安部重孝, 『歐美學校教育發達史』(1930), 樋口長市, 『比較教育』(1928), 『比較教育制度論』(1936)
발전기: Scientific research 학(學)의 제도화(학회, 연구소, 학회지 등) 20세기 후반	Institute of Education, Univ. of London (1947), Comparative Education Society(미국: CES 1956), Comparative Education Review(미국: 1957), World Council of Comparative Education Society(WCCES, 1970)	비교교육학강좌(九州大學: 1952), 비교교육문화연구시설(九州大學: 1955), 일본비교교육학회 창립(1965), 학회지 『日本比較教育學會紀要』(1975; 현 『比較教育學研究』) 창간, 세계비교교육학회(WCCES) 개최(1980)

그런데 이러한 비교교육학의 단계별 특징은 학문적 발달단계를 손쉽게 이해할 수 있다는 점에서 그 유용성을 인정할 수 있지만, 그렇다고 해서 반드시 다음 단계가 이전 단계를 대체하며 등장한다는 순차적인 단계론으로 볼 필요는 없다. Noah와 Eckstein도 각 단계들은 시간적으로 분리되는 것과는 거리가 멀며, "비교교육에서 이러한 각 단계의 작업유형의 현재에도 유지되고 있으며, 현대 문헌에서도 관찰되고 있다."고 설명했다(M. Bray et al., 2017: 19). 즉 어느 시기라도 외국 교육에 대한 아마추어적인 여행 단계의 견문록이 발표될 수 있으며, 혹은 전문가적인 조사 보고를 통한 '차용'이나 백과사전식 연구, '예측'이나 '분석'이 있을 수 있다는 것이다. 또한 연구방법론상으로도 세계의 모든 지역에서 비교교육학의 각 단계가 균일하게 나타나는 것도 아니며, 경제적 발달단계나 언어·문화적 분포 권역에 따라 상당한 차이가 있을 수 있다는 점을 고려한다면, 이러한 시기 구분 단계는 단순히 시간적 순차성에 고정된 것이 아니라고 할 수 있다.

4절 비교교육학의 발전을 위한 시론적 비교교육학사

1. 비교교육학사의 목차

학문적 지식체계의 시간적 흐름을 '학사(學史)'라고 한다면, 비교교육학사는 비교교육학이라는 학문의 역사이다. 비교교육학의 성립 시기와 비교교육학사의 내용 구성은 맞물려 있는 것이지만, 여기서는 시론적 성격으로 한국에서의 비교교육학사의 구성 가능성을 탐색해 보고자 한다. 이원호(1987)는 교육철학의 학사적 정리란 단순히 사건으로서의 교육철학의 연구 결과나 활동 상황을 역사적으로 나열하는 연대기적인 서지학(書誌學)이나 서적해제(bibliography)는 아니라고 하였다. 따라서 비교교육학사도 단지 비교교육학의 연구 결과나 활동 상황을 연대기적으로 나열하는 것으로 끝나서는 안 될 것이다. 일단 다음과 같이 연구목차 시안을 상정하고, 그중에서 한국의 비교교육학 연구사를 시론적 비교교육학사로 정리해 보고자 한다. 이러한 시도는 비교교육학 발전을 위한 교육사학의 학문의 과제이기도 하다.

■ **비교교육학사 목차 시안(試案)**

제I부 비교교육학의 기초적 이해
제1장 비교교육학의 개념적 정의와 연구목적, 모(母) 학문인 교육학과의 관계
제2장 비교교육학의 연구 주제(영역, 대상)
제3장 비교교육학의 연구 방법(비교 단위 등)

제II부 비교교육학의 연구사(=학문적 연구 동향)
제4장 한국의 비교교육학사(시기별 연구내용, 연구방법, 핵심 연구자 등)
제5장 유럽의 비교교육학사(시기별 연구내용, 연구방법, 핵심 연구자 등)
제6장 미국의 비교교육학사(시기별 연구내용, 연구방법, 핵심 연구자 등)

제7장 동아시아의 비교교육학사(시기별 연구내용, 연구방법, 핵심 연구자 등)
제8장 세계비교교육학회 및 아시아비교교육학회의 역사
제9장 비교교육학의 전망과 과제

이러한 목차에서 제I부는 비교교육학을 기본적으로 이해하는 개론서적 성격의 내용 구성이기에 기존의 비교교육학 서적들과 상당 부분 겹쳐질 수 있을 것이다. 하지만 제II부는 국가별(지역별) 비교교육학의 연구사라는 점에서 비교교육학사의 특징을 가장 잘 보여주는 구체적인 내용들을 학문으로서 비교교육학의 발전을 가장 명확하게 보여주는 학회사로서, 세계비교교육학회 및 아시아비교교육학회의 역사적 발전과정을 정리해 보고, 마지막에 비교교육학의 학문적 전망과 과제를 싣는 방식이다. 이 글에서는 시론적 비교교육학사라는 점에서 제4장 한국의 비교교육학사에 한정하고 앞에서 살펴본 馬越徹의 네 가지 단계론에 맞춰 살펴보면 다음과 같은 구성이 가능할 것이다.

2. 한국의 비교교육학사

첫째는 '비교교육학 전사(前史)'에 해당하는 것으로, 외국의 교육 상황을 기행문이나 문집 등을 통해 우리나라에 소개하는 것이다. 단지 우리나라 사람이 직접 가서 보고 돌아와 작성한 것뿐만 아니라 외국인에 의해 이루어진 것이라도 우리나라에 소개된 것, 그리고 우리나라의 교육상황을 소개한 것 모두 충분히 포함시킬 수 있다. 이때 비교교육학은 비교연구뿐만 아니라 지역연구도 포함하는 개념이다. 예를 들어 서양교육학 소개와 관련하여 중국에서 활동한 예수회 선교사 P. A. Bagnoni의 『동유교육(童幼敎育)』(1620)과 『제가서학(齊家西學)』(1630), G. Aleni의 『서학범(西學凡)』(1623) 등은 청나라를 통해 우리나라에 서양의 교육을 소개해 준 저술들이다(김귀성, 2009; 한용진, 2014).[5] 외국인에 의한 우리나라 교육 현상 소개로는 근대시기 W. E. Griffis의 『은자(隱者)의 나라

5) Bagnoni의 『동유교육』은 김귀성에 의해 『바뇨니의 아동교육론』(2015)으로 간행되었다.

조선』(1882)이나 I. B. Bishop의 『한국과 그 이웃 나라들』(1897) 등이 있다. 내국인의 작업으로는 박지원(1737~1805)의 『열하일기(熱河日記)』, 김기수의 『일동기유(日東記遊)』(1881), 유길준의 『서유견문(西遊見聞)』(1895, 1889 탈고) 등을 들 수 있을 것이다. 이러한 내용을 추적해 보면 이미 고구려의 태학이 중국의 학교제도를 모방하여 세워졌을 것으로 보는 시각이나 7세기 고구려와 백제, 신라 등이 이미 당으로 유학생을 파견하였다는 문헌 기사 등을 고려한다면, 훨씬 더 시기를 거슬러 올라갈 수도 있을 것이다. 특히 교육의 개념을 종교로 확대한다면, 유교나 불교와 관련된 여러 문헌에는 보다 다양한 비교교육적 관점들이 남아 있을 것으로 기대된다.

둘째는 한국 비교교육학의 '맹아기(萌芽期)'이다. 비교교육학이라는 서구적 학문의 수용사적 관점으로 우리나라에 학문으로서 비교교육학이 언제, 어떻게 도입되었는가를 확인하는 작업이다. 한기언(1976: 173)은 고려대학교 민족문화연구소에서 간행된 『한국현대문화사대계』 제II권에서 "교육학"이라는 글을 통해 교육학뿐만 아니라 비교교육학에 대해서도 언급하고 있는데, "한국에서의 비교교육학의 발달은 1950년의 한국전쟁 이후부터 본격적으로 이루어졌다고 볼 수 있다."라고 하였다. 특히 시기 구분으로 제1기는 1953년 한국전쟁 이후부터 1960년대까지로, 이 시기에는 대학에서는 비교교육학 강의가 정식으로 교육학 전공학생을 위한 커리큘럼에 포함되었고, 외국 교육을 시찰한 인사들이 잡지, 신문, 대학논총 등에 발표한 외국 교육제도에 관한 연구물의 예를 들고 있다. 그러면서 이 시기에 가장 중요한 공헌으로는 '비교교육'이라는 과목명으로 대학에서 강의를 한 임한영(당시 연세대 교육학과), 김병화(서울사대), 유형진(당시 숙명여대), 이규환(이화여대), 김종철(당시 중앙대) 등을 열거하고 있다.

보다 구체적인 사례로 이충원(1982: 445)은 연희대학교(지금의 연세대학교)에 교육학과가 설치된 1950년부터 임한영에 의해 비교교육 강좌가 가장 먼저 시작되었다고 하였다. 1950년대에는 서울대학교에서도 비교교육학 강의가 정식으로 시작되었다고 하는데, 1950~1960년 사이에 비교교육학을 담당한 인물과 대학으로는 임한영(연세대), 김병화(서울사대), 유형진(숙명여대), 이규환(이화여대), 김종철(중앙대), 이인기(서울대), 한기언(서울대) 등을 들고 있다(이충원, 1982: 443-444 참조). 학부뿐만 아니라 대학원 수준에서도 누가 · 언제 · 어디에서 비교교육학 과목을 개설하였고, 교수요목은 어떻게 구성되어 있으며, 어떤 책을 교재로 사용하였는지 등을 확인하는 작업을 통해 우리나라 비교교육학의 학문적 맹아기를 확인해 볼 수 있을 것이다.

그러나 서구적 교육학이나 비교교육학이 우리나라에 소개된 것을 해방 이후 대학에서의 과목 개설로 한정하는 것은 한편으로는 타당하지만, 또 다른 관점에서 본다면 맹아기를 좀 더 소급해 볼 수도 있을 것이다. 즉 '비교연구'라는 연구 방법론적 관점에서는 이러한 지적이 타당할 수 있지만, '지역연구'라는 관점에서 비교교육학을 생각해 본다면 어쩌면 서양 각국의 교육학이 우리나라에 소개되는 1880년대부터 비교교육학적 연구의 맹아는 시작되었다고 보아야 하지 않을까. 이미 1881년 조선 정부는 조사시찰단과 영선사를 통해 해외 교육조사와 유학생 파견을 진행한 바 있으며, 1890년대 갑오개혁기에는 해외 공관에 외국의 교육법제에 관한 자료를 수집하여 보내라는 훈령을 내렸다. 이 같은 시도가 비록 비교교육 연구방법론에 의한 학문적 접근은 아니었다 하더라도, 단순히 여행자 단계의 비교교육 연구와는 구분되어야 할 것이다.

게다가 일제 강점기에는 총독부의 교육정책을 통해 우리나라에 상당한 정도로 일본의 교육제도가 이식되었다. 1920년대에 설립된 경성제국대학에서는 교육학 전공자들이 양성되고 있었고, 한글학자로 알려져 있는 최현배는 1915년 일본 히로시마고등사범학교(廣島高等師範學校) 문과에 입학하여 1919년 졸업하고, 1922년 4월에 일본 경도제국대학(京都帝國大學) 문학부 철학과에 입학, 교육학을 전공하여 「페스탈로치의 교육학설」이라는 논문으로 1925년 졸업하고 1926년 4월부터 연희전문학교에서 교수로 근무하였다.[6] 1920년대 후반부터는 양정일이나 문장욱, 오천석, 김활란, 김재원 등 상당수 유학생들이 해외에서 교육학을 전공하고 비교교육적 관점의 논문을 작성하였으며,[7] 우리

---

6) 한국민족문화대백과사전: '최현배' http://100.daum.net/encyclopedia/view/14XXE0057759에서 2018.07.25. 인출.

7) 양정일(1927)의 「社會輔導 면에서 본 교육의 참된 임무 - 한국이 필요로 하는 국민교육체제를 위한 계획추진과 관련하여 공자의 교훈과 존 듀우이 철학의 비교 평가 및 비판」(네브라스카대학 교육학 박사학위), 문장욱(1931)의 「미, 태국 관계 연구」(남가주대학 철학 박사학위), 오천석(1931)의 「민족동화정책으로서의 교육: 한국에 대한 일본의 교육정책연구」(컬

나라 최초의 여성 대학 졸업자인 김활란은 1931년 10월 컬럼비아대학교 대학원 철학연구과에서 『한국의 부흥을 위한 농촌교육(Rural Education for the Regeneration of Korea)』이라는 논문으로 우리나라 여성 최초의 철학박사가 되었다.[8)] 비록 비교교육이라는 표현은 사용하지 않았지만, 학위논문 주제로 본다면 비교교육학의 맹아기를 해방 이전으로 앞당길 수 있는 충분한 이유가 될 수 있지 않을까 생각된다.

셋째는 한국 비교교육학의 '성립기(成立期)'이다. 앞서 살펴본 맹아기의 다양한 논의에도 불구하고 우리나라에서 비교교육학의 학문적 성립기는 각 대학에 비교교육학 전공 교과목의 개설 수준을 넘어, 비교교육 관련 국제기구에 참여하여 활동하거나 비교교육 전문 학술서의 간행 등과 관련하여 생각해 볼 필요가 있다. 먼저 우리나라는 대한민국 정부 수립 다음 해인 1949년에 이미 제1차 UNESCO 성인교육회의(덴마크)에 김두헌이 참석하였고, UNESCO 4차 대회에는 손병식이 참관인으로, 그리고 1950년의 5차 총회(플로렌스 대회)에서는 한국의 회원 가입이 승인되는 등 국제적인 교육관련 기관에 적극 참여하여 외국과 교육문제를 논의하거나 공동 관심사를 연구 · 해결하고 각국의 자료를 이 기구를 통하여 수집하게 되었다. 유네스코의 간행물은 국제 간 비교교육적 안목을 키워줄 수 있다는 점에서 매우 중요하다.

게다가 1950년대 후반부터는 이미 대학에 개설된 비교교육학 과목의 교재와 함께 전문 연구서들이 간행되기 시작하였다. 이 시기의 저술로는 임철순(1956)의 『미국의 대학제도』(화성문화사), 김계숙(1957)의 『구미교육과 철학의 동향—구미시찰을 중심으로』(풍국학원), 문교부(1957)의 『세계 각국의 시학제도 개요』(전국장학관 장학사연구협의회), 성래운(1958)의 『숙희에게(미국과 그 학교)』(중앙교육연구소), 문영한(1959)의 『한국과 세계의 교육(문교통계)』(흡지사), 임한영(1961)[9)]의 『비교교육』(현대교육총서출판사), 임한영(1961)의

럼비아대학 교육학 박사학위), 김재원(1934)의 「한국 근대교육과 일본 동화교육정책」(독일 뮌헨대학 철학 박사학위) 등 (이충원, 1982: 458)

8) 김활란은 1922년에 미국 오하이오주 웨슬리언대학교에 편입하여, 철학 · 교육학 · 웅변학 등을 공부하여 1924년 6월 졸업하였고, 같은 해 10월에는 매사추세츠주 보스턴대학교 대학원 철학과에 입학해, 1925년 6월 석사 학위를 받았다. 한국민족문화대백과사전: '김활란' http://100.daum.net/encyclopedia/view/14XXE0011114에서 2018.07.25. 인출.

『교육사상의 비교연구』(배영사), 홍웅선(1962)의 『세계의 교실』(교학사), 유해인(1962)[10]의 『세계 각국 교육행정—한국교육행정과의 비교—』(어문각), 윤세택(1963)의 『미국대학 리스트』(중앙문화사), 유형진(1964)의 『미국교육과 소련의 교육』(대한교육연합회), 표광호(1964)의 『동남아시아의 교육』(태화), 정태시(1966)의 『세계의 학교』(교학사) 등이 있다.

넷째로 한국에서 비교교육학의 '발전기'는 1968년 한국비교교육학회 성립과 학회지 발간, 그리고 지역연구와 비교연구를 주된 업무로 삼는 다양한 연구소의 설립 등을 생각할 수 있다. 우리나라에서 비교교육학회가 처음 결성된 것은 1968년 2월 24일, 유네스코회관 회의실에서 창립총회가 개최되어 유형진 박사가 초대회장으로 선출되었다(한국교육학회, 1973a: 198; 한국교육학회50년사 편찬위원회, 2003: 273). 1969년에는 당시 피바디대학원에서 연구 중인 김선호 교수가 세계비교교육학회 연합회대회(The World Congress of Comparative Education Societies) 준비위원으로 피선되었으며,[11] 1971년 1월 8일에는 세계비교교육학회 연합회 사무총장인 Katz 박사로부터 한기언 회장이 세계비교교육학회 연합회의 이사로 피선되었다는 통보가 있었다(한국교육학회, 1973a: 198). 특히 한국비교교육학회는 1980년 7월에는 제4차 세계비교교육학회(WCCES) 동경대회에 앞서 대회 전 학술발표회(Pre-Congress)를 서울에 유치하였으며, 1995년 5월 홍콩대학에서 창립된 아시아비교교육학회(CESA) 창설에도 참여하였고, 2001년 7월에는 제11차 세계비교교육학회를 우리나라에서 개최하는 등 눈부신 활약을 펼친 바 있다.

한편 학회의 학술적 면모는 꾸준한 학술발표회와 연구논문을 싣는 학술지를 통해서도 살펴볼 수 있다. 이와 관련된 구체적인 내용은 비교교육학회 홈페이지를 통해 확인

9) 이충원(1982) 책에는 임한영 저서로 되어 있으나, KERIS 검색으로 찾아보면 李寅基 · 林漢永 · 鄭泰時 · 成來運 · 鄭範謨 · 白賢基 · 崔秉七 · 文榮漢 공저로 현대교육총서 제7권으로 되어 있다. http://www.riss.kr에서 2017.11.12. 인출

10) KERIS 검색에서는 유해인 · 황갑손 · 정윤양 · 신두범 공저로 되어 있다. http://www.riss.kr에서 2017.11.12. 인출

11) 한국비교교육학회는 창립 당시부터 세계 교육정보 교류, 세계 교육학자 교류, 한국교육의 세계교육과의 문호 개방이란 설립취지를 살려, 세계비교교육학회(World Council of Comparative Education Societies, WCCES)의 5개 창설학회(유럽, 미국, 캐나다, 일본, 한국) 중의 하나로 지속적으로 활동을 하고 있다(한국교육학회50년사 편찬위원회, 2003: 273). 세계비교교육학회의 영문 약호는 WCCES로 동일하지만, 본문 내용 중 congress가 council로 변경된 것은 1973년 당시의 학회표기법이 달라졌기 때문으로 보인다.

할 수 있다. 다만 주목할 사항은 한국비교교육학회의 창간 당시의 학술지 표제는 『세계문화와 교육』(1971.09.05. 창간)[12]이었다는 점이다. 이러한 표제는 6년 뒤인 1977년에 간행된 제2호[13]까지 유지되었으나, 그 후 제3권 1호부터는 현재의 제호인 『비교교육 연구』로 변경되었다. 학회 학술지는 이미 한국연구재단 등재지로 최근에는 연 6회 발행(국문 4회, 영문 2회)으로 늘어났고, 게다가 한국비교교육학회는 회원 수 750여 명으로 상당히 큰 규모로 성장하였다.

다만 학회사적 관점에서 발달과정을 단계별로 정리해 보면, ① 정초기(1950~60년대), ② 확산기(1970년대), ③ 정착기(1980년대), ④ 내실화기(1990년대), ⑤ 양적 도약기(2000년대), ⑥ 질적 고도화기(2010년~)로 구분할 수도 있다(정일환 외, 2013: 157-162). 단계별 시기 구분은 의미 있는 발전과정을 잘 보여주지만, 학문이 선형적으로 발전하는 것뿐만 아니라 순환적 혹은 동시적 현상이 나타나기도 한다. 그럼에도 불구하고 세계화시대를 맞은 21세기는 비교교육학에 대한 사회적 관심과 수요가 늘어난다는 점에서 '확장기'라고도 할 수 있을 것이다.

3. 글을 맺으며

2018년에 한국비교교육학회는 창립 50주년을 맞게 되었다. 공자의 표현대로라면 30년의 (학문적) 립(立)과 40년의 불혹(不惑)을 거쳐, 드디어 지천명(知天命)의 단계인 50년을 맞게 된 것이다. 그럼에도 현재까지도 국가과학기술표준분류표에서 '비교교육학'은 '비교교육(SH0102)'으로 표기되고 있다. 이는 학문적 정체성의 관점에서 아직 실천행위가 학문으로까지 확립되지 않았거나, 비교교육학에 '학'을 붙이지 않는 관행이 여전히

12) 당시 게재된 논문은 이규환의 "교육개혁의 정치적 요인"(pp.5-14), 김도수의 "일본의 사회교육에 관한 연구"(pp.15-22), 김은산의 "근대화에 대한 태도변천의 고찰"(pp.23-38), 정두용의 "아세아지역의 교육 발전과 한국 교육 발전의 비교연구"(pp.39-54), HAHN Ki Un "Plaidoyer pour le Fondamentalisme"(pp.55-62) 등 다섯 편이다. http://www.riss.kr에서 2017.11.12. 인출

13) 박준희의 "한국과 일본의 지적 성장생태에 관한 비교연구"(pp.5-11), 강상철의 "학교풍토의 사회구조에 관한 연구"(pp.13-29), 박동준의 "사회학적 입장에서 본 교직전문성의 성격과 문제"(pp.31-44), 김인애의 "Open Education에 관한 연구"(pp.45-56), 박동준의 "미국에 있어서의 사회교육"(pp.57-66) http://www.riss.kr에서 2017.11.12. 인출

학문 명칭에 반영되고 있기 때문이라 할 수 있다. 일반적으로 어떤 분야가 독립적인 학문으로서 인정받기 위해서는 그 학문 성립에 필요한 개념적 요소뿐만 아니라 고유한 연구 영역 및 대상, 연구방법, 그리고 이를 연구하는 학자들이 있어야 할 것이다. 이러한 기본적인 요소 이외에도 대학에 해당 전공과목이 개설되어 있는지, 전공 교재 혹은 관련 전문 연구서가 출간되고 있는지, 그리고 관련 학회가 존재하는지 혹은 해당 전공 학자를 대학에서 교수로 초빙하고 대학원에서 후학을 양성하는 체제가 확립되어 있는지 등을 고려해 볼 수 있을 것이다. 최근에는 간학문적 연구가 활성화되며 연구방법론의 고유성은 그다지 문제 삼지 않는 경향이 있지만, 비교교육학 분야에 한정하여 본다면 학회 존재나 대학에서 전공과목 개설, 교재·연구서의 출간 등은 쉽게 확인되지만, 전공 학자를 교수로 초빙하거나 대학이나 대학원에 전공명칭으로 '비교교육학 전공'이 개설된 곳은 찾기 어렵다. 이 글은 비교교육학과 교육사학의 관계를 통해 비교교육학사적 관점을 다음과 같이 정리하는 것으로 맺음말을 가름하고자 한다.

첫째로 비교교육학의 연구방법은 단지 '비교연구'뿐만 아니라 '지역연구'도 중요한 위상을 차지하고 있다. 한때 비교교육학회의 명칭에 '비교(comparative)' 이외에 '국제(international)'라는 용어가 들어가는 것도 비교교육학의 이러한 두 가지 연구 기반을 보여주는 것이라 하겠다. 흔히 교육사학은 '시간성'으로 접근하는데 반해, 비교교육학은 '공간성'으로 접근하는 학문이라 하지만, 비교교육학사는 이러한 공간적 비교교육학에 시간적의 연구를 추가함으로써 그 학문적 깊이와 폭을 확장시켜 주는 작업이다. 특히 Bray와 Thomas가 제시한 비교교육 연구 분석틀이 지리적/지역수준, 비지역적 인구통계 집단, 그리고 교육 및 사회 측면의 세 요소만을 논하는 것으로 보이지만, 실제로는 이들도 이러한 육면체를 활용한 시간 흐름별 비교(Bray et al., 2017: 430)라는 방법을 통해 비교교육학에서의 시간적 흐름의 중요성을 보여주고 있다.

둘째, 비교교육학사의 시기 구분과 관련하여 한국비교교육학사의 시안은 크게 네 단계로 나누어 보았다. 1단계는 '비교교육학 전사(前史)'로 위로는 고구려의 태학이 중국의 학교제도와 관련된다는 전제에서 이미 4세기에 비교교육 현상을 엿볼 수 있으며,

2단계의 '맹아기'는 기존의 해방 이후 혹은 관점에 따라서는 19세기 말의 서구 교육학 이론이 소개될 때에 이미 비교교육학의 학문적 맹아는 싹을 텄다고 할 수 있다. 여행자의 이야기 단계를 넘어 외국의 교육학에 대한 소개와 차용의 시기가 이미 시작되었다고 생각된다. 3단계는 '성립기'로 대학에 비교교육학 전공과목이 개설되고 전문 학술서가 발간된 시기로 대략 1950년을 전후한 시기부터 1960년대 중반까지, 그리고 4단계는 '발전기'로 1968년 한국비교교육학회가 창립되고 세계비교교육학회의 창립 회원으로 참여하는 등 학술적 활동에 매진하며 다양한 연구논문과 연구서가 학술지에 게재되던 시기를 상정할 수 있다. 다만 이러한 시기 구분은 비교교육학사의 논의를 편하게 하려는 하나의 방편에 불과한 것으로, 실제로는 이러한 시기 구분이 절대적인 것은 아니며, 때로는 그 특성이 순차적일 뿐만 아니라 동시적으로도 나타날 수도 있다. 특히 세계화 시대를 맞아 향후 비교교육학의 학문적 가능성은 더욱 커지게 된다는 점에서, 21세기는 비교교육학의 '확장기(양적 도약과 질적 고도화)'라는 표현을 추가해도 좋을 것이다.

셋째, 비교교육학의 정체성 확보를 위해서도 비교교육학 전공자라면 '비교교육학사'를 우선 학습할 필요가 있다. 그동안 비교교육학의 전공 학습이 개념적 정의나 연구목적보다 연구방법에 더 주목하였다면 앞으로는 해외 및 한국의 비교교육학 학문적 동향이나 추세 변화를 함께 살펴보며, 향후 비교교육학이 어떻게 발전할 것인가에 관한 역사적 안목을 확보하여야 할 것이다. 이는 자신의 전공 관심도를 높여줄 뿐만 아니라 전공 분야의 향후 전망을 가능하게 해 주기 때문이다. 실제로 기존의 상당수 비교교육학 전공 서적들은 이러한 내용을 포함하고 있는 것으로 보이지만, 명목적으로도 '비교교육학사'라는 용어를 사용함으로써 더욱 분명하게 학습자들이 전공과목에 대한 인식을 명확히 할 수 있을 것이다. 어쩌면 '비교교육학'이 대학에서 하나의 확고한 전공영역으로 확립되고 이에 필요한 교수를 초빙하는 단계로 나아가기 위한 발판이 되기 위해서라도, 비교교육학에 관한 교육사적 안목, 즉 비교교육학사는 필요할 것이다. 그리고 이러한 결과를 얻을 수 있도록 비교교육학사를 정립하려는 노력이 바로 비교교육학 발전을 위한 교육사학의 과제라 할 수 있을 것이다.

참고문헌

김귀성(2009). P.A. Vagnoni 저『童幼教育』에 나타난 아동교육론. 교육문제연구, 35, 21-42.

김귀성(2015). 바뇨니의 아동교육론. 서울: 북코리아.

박봉목(1983). 교육과 철학–한국교육철학의 학사적 정리. 서울: 문음사.

박세훈(2017). 비교교육학에서 교육행정학의 위상. 한국비교교육학회 2017년도 2차 학술대회 자료집(2017.06.24.).

이만규(2010). (다시 읽는) 조선교육사. 서울: 살림터.

이원호(1987). 한국교육학사의 이론과 전망. 한국교육사학, 9, 127-139.

이인기 · 임한영 · 정태시 · 성내운 · 정범모 · 백현기 · 최병칠 · 문영한(1961). 비교교육(현대교육총서 제7권). 서울: 현대교육총서출판사.

이충원(1982). 비교교육의 이론과 실제. 서울: 동아학연사.

정일환 외(2012). 비교교육학: 이론과 실제. 서울: 교육과학사.

정일환 · 권동택(2017). 비교교육학의 학문적 영역과 교육학, 한국비교교육학회 2017년도 1차 학술세미나 자료집(2017.5.13.), 1-13.

정일환 · 이병진 · 권동택(2013). 한국에서의 비교교육 연구 성과와 과제, 비교교육 연구, 23(4), 155-172.

조무남(2004). 교육학론. 서울: 학지사

한국교육학회 편(1973a). 비교교육학 연구회. 한국교육학회20년사. 198-212.

한국교육학회 편(1973b). 제5장 비교교육학. 한국교육학회연구사. 173-217.

한국교육학회50년사편찬위원회 편(2003). 5. 비교교육 연구회 35년사. 한국교육학회50년사. 서울: 원미사. 272-291.

한기언(1976). 교육학, 한국현대문화사대계III. 서울: 고려대학교 민족문화연구소.

한기언(1978). 한국비교교육학의 발전과정. 사대논총, 17, 서울대학교 사범대학, 1-28.

한기언(1982). 교육원리 –교육철학개설–. 서울: 박영사.

한기언(1987). 교육사학의 이론과 전망–교육사학의 학문적 구조. 한국교육사학, 9, 한국교육학회 교육사연구회, 9-33.

한용진(2007). 교육학사 서설. 교육문제연구, 29, 23-43.

한용진(2011). 교원양성과정에 있어서 교육사의 가치와 위상. 한국교육사학, 33(2), 151-169.

한용진(2014). 근대 교육 개념의 수용에 관한 개념사적 고찰. 교육사상연구, 28(1), 337-359.

한용진 · 정은정 · 권혜정 · 박주희(2010). 학회지 분석을 통한 한국의 교육사 연구 동향. 교육사학연구, 20(2), 155-179.

한일조(1993). Cubberley 교육사학의 배경과 기본주제. 교육철학, 11, 261-296.

馬越徹(2007). 比較教育學: 越境のレッスン. 東京: 東信堂.

徐兢(2005). 고려도경: 중국 송나라 사신의 눈에 비친 고려 풍경[高麗圖經]. (조동원 · 김대식 · 이경록 · 이상국 공역). 서울: 황소자리.

石附實(1996). 比較國際教育學. 東京: 東信堂.

韓龍震(2017). 21世紀の時代診断と教育史研究の方向. 日本の教育史學, 60, 107-111.

Bray M, Bob Adamson, Mark Mason(2017). 비교교육학: 접근과 방법[Comparative Education Research: Approaches and Methods]. (한국비교교육학회 공역). 서울: 교육과학사.

Herodotos(2007). 헤로도토스 歷史[Historial]. (박광순 옮김), 서울: 범우사.

Jones, P. E. (1980). 비교교육학[Comparative Education – Purpose and Method]. (이충원 역). 서울: 형설출판사.

Kubow, Patricia K, Fossum, Paul R. (2004). 비교교육학 : 국제적 맥락 속의 조명[Comparative education: exploring issues in international context]. (김동위 · 이영선 공역). 서울: 교육과학사.

Moehlman, A. H. (1981). 비교교육제도론[Comparative Educational System], (이충원 역). 서울: 배영사.

Schriewer, Jürgen(2000). 比較教育學の理論と方法. (馬越徹, 今井重孝 共譯). 東京: 東信堂.

Ulich, R. (1965). 비교교육학[The Education of Nations]. (유형진 역). 서울: 을유문화사.

Xenophon(2015). 키루스의 교육[Cyropaedia]. (이동수 · 정기문 옮김). 서울: 한길사.

국가과학기술표준분류 https://www.nrf.re.kr/biz/doc/class/view?menu_no=322에서 2017.11.2. 인출.

한국교육학술정보원 http://www.riss.kr에서 2017.11.12. 인출.

한국민족문화대백과사전: '김활란' http://100.daum.net/encyclopedia/view/14XXE0011114에서 2018.07.25. 인출.

한국민족문화대백과사전: '최현배' http://100.daum.net/encyclopedia/view/14XXE0057759에서 2018.07.25. 인출.

이 글은 한용진(2017. 12) 비교교육학과 교육사학: 비교교육학사 서설, 2017 한국비교교육학회 연차학술대회 자료집, 13-27.; 한용진(2018. 6). 비교교육학과 교육사학: 비교교육학사 서설, 비교교육연구, 28(3). 243-263.를 토대로 보완 · 작성한 것임.

CHAPTER 4

비교교육학과 교육철학

1절 • 교육철학의 학문적 성격
2절 • 비교교육학과 교육철학의 관계
3절 • 비교교육학과 교육철학에서의 비교교육철학 동향
4절 • 비교교육학과 교육철학의 상생: 비교교육철학의 지향

1절 교육철학의 학문적 성격

비교교육학도 교육학의 한 분과학문이다. 교육학의 하위학문이라는 점에서 비교교육학과 여타의 분과학문은 모종의 관련이 있다. 그러므로 비교교육학이 교육학의 다른 분과학문과 어떤 관련이 있으며, 지난 50년간 다른 교육학의 영역에서 비교교육학에 관련된 연구들이 얼마나 축적해 왔는지를 살펴보고, 인접한 학문 간의 발전 방향을 논의하는 것은 의미 있는 일이다. 이 점에서 교육철학의 영역과 입장에서 비교교육학의 동향을 살펴보고 향후 발전 과제를 논의하는 것은 비교교육학과 교육철학의 발전을 가져다 줄 수 있을 것이다.

그런데 '비교교육학과 교육철학'이라는 제목은 적어도 모더니즘의 세례를 받은 사람들에게는 학문의 성격 측면이나 연구 측면에서 볼 때 다소 낯선 주제이다. 모더니즘은 학문의 성격이나 논리에 따른 분화(differentiation)와 구분(distinction)을 중시한다. 모든 학문은 내적 논의를 거쳐 각 학문의 독특한 개념과 논리, 서로 다른 진리검증 방식을 발전시켜왔다. 교육철학은 교육개념, 교육이론, 교육실천을 철학적 방법으로 논의하는 학문으로서 오랫동안 정립되고 실천되어 온 독특한 내용과 방법이 있다. 이에 비해, 비교교육학은 비교적 최근에 확립된 신생 학문일 뿐만 아니라 비교교육학이 기댈 수 있는 체계화된 '(모)학문'이라는 것이 없다. 비교교육학은 각국의 교육이론이나 교육실천의 여러 문제를 다양한 방식으로 '비교'하는 학문이다.

교육철학과 비교교육학의 성격에 비추어 보면, 두 학문은 같은 성격을 가진 학문이라 보기 어렵고, 비교교육학은 교육철학에 비해 상대적으로 학문적 성격이 불분명하다. 그러므로 교육철학자들이 비교교육학에 관심을 가지거나 비교교육학자들이 교육철학 주제에 관심을 가지는 것이 드문 것은 어쩌면 당연하다. 아닌 게 아니라, 교육철학 연구지에 게재된 비교교육학적 연구나 비교교육학지에 게재된 교육철학에 해당하는 연구라고 할 만한 것이 상대적으로 적다. 심지어 비교교육학회지에 게재된 교육철학자들의 논문이라고 할지라도, 그것이 비교교육철학 논문이라고 할 수 있는 경우는 매우 드문 형편이다.

다양성, 상대성, 주체성을 특징으로 하는 포스트모더니즘이 학계를 지배하면서 지금까지 엄격하게 구획되어 온 기존 학문의 경계가 점차 무너지고 학문의 성격도 모호하게 되었다. 포스트모더니즘의 영향은 비교교육학의 성격과 정체성을 더욱 혼미하게 만든 측면이 있지만, 다른 한편으로 다양한 학문의 관심과 방법론의 유입을 자유롭게 함으로써 비교교육학 영역에 풍성한 학문적 논의를 할 수 있는 계기를 제공하였다. 그 결과 비교교육학이 전형적으로 각국의 교육제도를 비교하는 것에 머물러 있던 것에서 그 범위가 교육학의 모든 영역으로 확대되었고, 접근방식도 다변화되었다. 그리하여 비교교육학은 교육행정학을 비롯한 교육철학, 교육사, 교육과정, 교육심리학, 교육공학, 교육사회학, 교육평가 등 다양한 교육학의 각축장 혹은 축소판이 되어가고 있다.

이 글은 교육철학과 비교교육학은 성격상 별개의 것이라는 입장에서 벗어나, 비교교육학의 발전과 확장을 위해 교육철학과 비교교육학의 관계가 어떠해야 하는지, 교육철학이 비교교육학에 어떻게 기여해야 하는지를 논의하기 위한 것이다. 이러한 목적을 위해 먼저 교육철학과 비교교육학이 어떻게 상호 관련되어 있는지를 살펴보고, 다음으로 서양과 한국의 비교교육학에서의 주요 교육철학 동향과 교육철학에서의 비교교육학 동향을 고찰하며, 마지막으로 비교교육학의 발전을 위해 교육철학이 나아가야 할 방향을 탐색한다.

2절 비교교육학과 교육철학의 관계

교육철학자들은 비교교육학에 대해 학문적 엄밀성을 갖추지 못하고 정체성도 불분명한 학문으로 과소평가하는 경향이 있는 반면에, 비교교육학자들은 교육철학이 교육

실제에 기여하지 못하고 현학적인 사변만을 일삼는 무용한 학문으로 취급하는 경향이 있다. 비교교육학에는 명시적이든 암묵적이든 다양한 방식으로 철학이 함의되어 있음에도 불구하고, 비교교육학자들은 그러한 철학적 고려사항들을 간과하는 경향이 있으며, 따라서 비교교육학에서 철학의 역할은 관심의 대상이 되지 못하고 있다(McLaughlin, 2004: 471). 그러나 교육철학과 비교교육학은 적극적이고 실질적인 학문적 교류가 별로 없었지만, 서로 무관한 학문이 결코 아니다. 오히려 어느 편인가 하면, 두 학문은 성격이 다르기는 하지만 모두 교육학의 한 분야를 이루고 있으며, 따라서 교육학에 대한 철학적 접근과 비교학적 접근은 상호 관련되어 있을 뿐만 아니라 상호협력이 요청된다.

교육철학과 비교교육학은 어떻게 관련되어 있는가? 교육철학과 비교교육학의 관련성은 다음 두 가지 명제를 검토하는 과정에서 드러날 것이다(McLaughlin, 2004: 471).

(1) 교육철학은 비교학적 차원이 필요하다.

(2) 비교교육학은 철학적 차원이 필요하다.

이 명제를 검토하기 위해서는 '교육철학'과 '비교교육학', '철학적 차원'과 '비교학적 차원'을 무엇으로 보아야 하는지에 대해 간단히 언급할 필요가 있다. 교육철학은 지역적으로 영 · 미 교육철학, 유럽 교육철학, 동양 교육철학 등으로 구분되며, 그 성격도 상이하다. 영미철학은 그 역사적 변천에 따라 1960년 이전의 전통적 교육철학, 1960~1980년의 분석적 교육철학, 1980년 이후의 사회 · 정치적 교육철학으로 나누기도 하며(유재봉, 2004), '교육철학'이라는 말의 일상적 언어분석과 각 교육철학이 부각된 시기에 따라 철학적 교육철학, 규범적 교육철학, 분석적 교육철학, 실제적 교육철학으로 구분하기도 한다(신차균 · 안경식 · 유재봉, 2016). 여기서는 전통적 교육철학, 분석적 교육철학, 실천적 교육철학으로 나누어 간단히 살펴본다.

전통적 교육철학은 철학적 교육철학과 규범적 교육철학을 포괄하는 것이다. 철학적 교육철학이 철학 이론이나 철학 지식을 교육에 적용하는 것이라면, 규범적 교육철학은 위대한 사상가의 교육관을 탐구하여 가치를 제시하는 일이다(Peters, 1983; Hirst & White,

1998). 이러한 전통적 교육철학은 교육철학의 주요 임무를 교육의 이론체계를 형성하거나 교육의 가치를 처방하는 것으로 본다.

교육이론이나 사상체계의 형성에 관심을 가지거나 교육관 혹은 교육 가치를 적극적으로 제시하는 전통적 교육철학과는 달리, 분석적 교육철학은 철학적 탐구행위 혹은 방법을 강조한다. 분석적 교육철학은 학자에 따라 다소 상이할 수 있지만, 개념분석 방법을 통해서 교육의 주요 개념이나 의미를 명료히 하는 일, 다양한 교육적 주장과 논의에 들어 있는 논리적 가정과 함의를 드러내는 일, 나아가 교육의 주요 가치들을 정당화하는 일에 관심이 있다는 점에서 공통적이다.

전통적 교육철학과 분석적 교육철학은, 그것이 철학 이론과 철학 지식이나 교육사상 혹은 교육목적에 관심이 있느냐 아니면 교육개념과 논리에 관심이 있느냐의 차이는 있지만, 공통적으로 이론적 · 추상적 논의에 그치고, 교육이 당면한 문제나 교육현장에서 일어나는 실천적 문제에 대해 답변을 제시하는 일을 간과해 왔다. 실천적 교육철학은 이러한 문제의식에서 교육실천이나 교육정책 등 교육 실제의 문제를 철학적으로 논의하고 처방해야 한다는 점을 강조한다. 실천적 교육철학의 중요성은 최근 W. Carr, P. H. Hirst, J. Dunne 등에 의해서 활발히 논의되면서 부각되고 있지만(Carr, 2005; Hirst & Carr, 2005), 이전에 이미 J. Dewey가 철학이론이 교육문제 해결에 도움이 되지 않으면 무의미하다고 하면서 '철학은 교육의 일반이론(the general theory of education)'이라고 언명할 때부터 시작된 것으로 볼 수 있다(Dewey, 1916: 383). 그렇다면 교육철학은 무엇으로 보아야 하는가? 교육철학은 전통적 교육철학, 분석적 교육철학, 실천적 교육철학의 어느 하나에 속하는 것이라기보다는 다원적인 성격을 가진 학문이라고 할 수 있다.

비교교육학이 무엇인지에 대해서도 다양한 입장이 존재하며, 비교 대상과 비교방법을 어떻게 규정하는지에 따라 달라질 수 있다. 여기서는 교육철학과 비교교육의 관련성을 이해하는 데 필요한 일반적인 비교교육학의 정의를 제시하는 것으로 충분하다. 그것은 교육 현상이나 문제에 대해 두 개 이상의 국가 또는 지역의 교육개념, 교육사상, 교육현상, 교육제도, 교육문제, 교육활동 등을 역사적 · 철학적 · 사회과학적인 방법을 사용해 체계적으로 비교 · 규명함으로써 (자국과 세계의) 교육을 폭넓게 이해하고자 하는 학문이라고 할 수 있다.

교육철학의 패러다임은 전통적 교육철학에서 분석적 교육철학을 거쳐 점차 실천적 교육철학으로 변화되고 있다. 그럼에도 불구하고 분석적 교육철학은 그 영향력이 비록 예전만큼 못하고 많은 다양한 철학의 도전을 받고 있지만, 여전히 영미 교육철학을 대표하고 있다고 볼 수 있다. 그러므로 이하에서는 분석철학의 관점에서 비교학적 차원이 어떻게 요구되고, 비교교육학은 철학적 차원이 요청되는지를 검토해 본다.

먼저, (1) "교육철학은 비교학적 차원이 필요하다."는 명제를 검토하기 위해서는 분석철학의 전통에서 교육의 주요 관심사가 무엇이고, 그것이 어째서 비교학적 차원이 필요한지를 논의해야 한다. 분석적 교육철학의 주요 역할은 교육의 주요 개념을 명료히 하고, 교육적 주장 속에 들어 있는 함의나 논리적 가정 등을 분명히 하며, 교육적 가치를 정당화하는 일이다. 그러므로 교육철학에 비교학적 차원이 필요하다는 것을 밝히기 위해서는, 이러한 교육철학적 작업에 비교학적 차원이 개입될 가능성이 있는지를 검토할 필요가 있다.

첫째, 교육철학의 역할은 교육의 주요 개념과 주장을 명료히 하는 일이다. 이 일에는 두 가지가 포함된다. 하나는 교육적으로 중요한 용어나 개념을 명료하게 하는 일로서, 여기에는 개념이나 용어를 분석하고, 그것의 다양한 사용법과 의미를 밝히는 것이 포함된다. 다른 하나는 교육에 관한 주장들 속에 숨겨진 가정이나 모호함 또는 모순을 드러내는 일이다. 교육의 주요 개념과 주장을 명료히 하는 일은 흔히 논리적 분석의 대상이라고 생각하는 경향이 있으나 이 일에도 비교학적 차원이 요청된다. 교육의 주요 개념들은 시간적 · 공간적 맥락을 가지고 있으며, 그 개념들은 사회적 · 지리적 · 역사적 진공 상태에서 결코 이루어질 수 없기 때문이다. 그러므로 교육의 주요 개념을 분석하고 교육적 주장을 명료하게 하려면 철학적 분석에 요구되는 사회적 맥락의 정보가 충분히 제공되어야 하며, 그러기 위해서는 비교학적 차원이 필수적이다.

둘째, 교육철학의 역할은 교육의 주요 개념과 주장을 명료하게 하는 일을 넘어서 교육적 가치를 정당화하는 일이다. 가치를 정당화하는 방식에는 개념적 · 논리적 · 내재적 정당화뿐만 아니라 사실적 · 실증적 · 외재적 정당화도 존재한다. 그리고 가치를 정당화하는 일에는 전문적 · 학문적 담론 혹은 대중적인 담론 속에서 그 용어가 가지고 있는 잠재적 · 논쟁적 결과들을 밝히는 것과 교육의 원리, 실천, 제도에 비추어 비판적으로 평가하는 것을 포함한다. 이 일을 제대로 하기 위해서는 가치를 정당화하거나 정당한 판단을 내리는 데 요구되는 합리적 기준에 대한 검토가 요청된다. 합리적 기준을 마련하기 위해서는 그 기준에 대한 각국의 비교학적 관점을 도입하는 것이 유용하다. 나아가 비교학적 차원은 교육실천이나 원리 등에 대한 철학적 · 비판적 평가를 하는 일에도 다양한 사실적 정보를 제공해 줄 수 있다. 그러므로 비교학적 차원은 추상적이고 이론적 성격의 교육철학적 논의에 구체적이고 실질적인 내용을 제공해 주는 것이다(McLaughlin, 2004: 474-475 참조).

다음으로 (2) "비교교육학은 철학적 차원이 필요하다."는 명제를 검토해 보자. 이 명제는 어째서 교육철학적 접근이 비교교육학 연구에 유익한지를 보여줌으로써 가능하다. 비교교육학에서 핵심적인 것은 '비교'이고, 비교를 어떻게 보느냐에 따라 비교교육학의 성격이 분명해지기도 하고 그렇지 않기도 한다. 비교학적 차원에 포함되는 구성요소는 크게 4가지이다. 그것은 ① 비교 대상: 무엇과 무엇이 비교되어야 하는가?(예컨대, 상이한 문화, 국가, 지역적 맥락에서의 교사, 학생, 교수방법, 교육체계), ② 비교의 평가적 토대(예컨대, 비교하는 데 요구되는 규범과 원리), ③ 비교 이유와 동기(예컨대, 하나의 맥락에서 다른 맥락에 적용된 통찰에 대한 탐구 등), ④ 비교 방법(예컨대, 자연과학, 사회과학, 해석학적 전통에 기반한 방법) 등이다(McLaughlin, 2004: 475). 비교교육학은 철학적 차원이 필요하다는 점을 밝히기 위해 비교교육학의 구성요소들이 어떻게 철학적 차원을 요청하는지를 살펴본다.

첫째, 비교 대상은 두 가지 측면에서 철학적 차원이 요청된다. 하나는 비교교육학의 주요 대상인 교육적 사고, 정책, 실천의 부분들이 상당수 철학적 관심사를 포함하고 있다는 점이다. 세계화, 토착화, 민주주의, 시민성 등의 비교 주제들은 대부분 교육적 성격을 지니기 때문에 그러한 비교 대상에 대한 개념적 이해, 나아가 비교교육 이론을 정교화하거나 이론적 틀을 발전시키는 과정은 철학의 도움이 요청된다. 말하자면, 교육철학은 비교 대상과 그 개념을 명확하게 이해하는 데만 아니라 비교교육학의 학문적 성격을 엄밀히 논의하는 데도 도움을 줄 수 있다. 다른 하나는 교육적 현상들을 비교할 때, 우리는 그러한 현상들이 나오게 된 다양한 맥락(contexts)을 검토할 필요가 있다. 그러한 맥락에는 문화적 · 인류학적 · 정치학적 · 철학적 · 종교적 등의 다양한 측면을 포함하며, 철학도 그 한 측면일 수밖에 없다.

둘째, 비교의 평가적 토대와 관련하여, '평가(evaluation)'라는 용어는 개념의 명료화뿐만 아니라 가치의 정당화 문제를 포함하고 있다. 평가를 하기 위해서는 먼저 평가 기준을 명확히 해야 하고, 비교 대상의 개념 기준을 밝히는 일이 다름 아닌 평가 기준을 제시하는 일이다. 이러한 평가 기준과 원리를 밝히고 제시하는 일, 그리고 규범과 가치를 판단하는 일들은 교육철학의 핵심적 역할이다.

셋째, 비교의 이유 혹은 동기와 관련하여, 교육철학이 가지고 있는 성찰적 성격은 연구자의 비교 동기에 대해 부단히 질문함으로써 연구자에게 비교하고자 하는 내용에 대해 분명한 문제의식을 가지게 한다. 나아가 이러한 교육철학의 성격은 비교교육 연구자들이 수단적 동기가 아닌 내재적 동기를 가지고 연구하도록 도전한다.

넷째, 비교방법과 관련하여, 철학은 특정 연구방법에 들어 있는 사상, 가치, 한계 등에 대한 총체적 이해와 비판적 관점을 추구한다. 그러므로 비교방법에 있어서 철학은 비교교육학자에게 한편으로는 특정 방법을 피상적 · 기계적으로 사용하는 것에서 벗어나게 하고, 다른 한편으로 연구목적이나 내용보다는 방법론에만 몰두하는 '방법론 지상주의(methodolatry)'에서 벗어날 수 있게 해 준다(McLaughlin, 2004: 475-476 참조).

이상에서 보았듯이, 교육의 주요 개념과 주장을 분명히 하거나 가치를 정당화하는 교육철학 작업에서 비교학적 차원은 다양한 맥락적인 정보를 제공해 줌으로써 실질적이면서 풍성한 논의를 가능하게 한다. 다른 한편, 철학적 차원은 비교교육학이 수행하는 비교 대상, 비교의 평가적 토대, 비교 이유 혹은 동기, 비교 방법 등을 명료히 하는 일에 기여한다. 그러므로 비교교육학과 교육철학은 서로 관련되어 있으며, 두 학문은 비교학적 논의를 엄격하게 하거나 풍성하게 할 수 있다.

3절 비교교육학과 교육철학에서의 비교교육철학 동향

교육철학과 비교교육학이 상호 관련되어 있다면, 교육철학과 비교교육학의 영역에서 상호 관련된 연구들이 실재로 얼마나 있었으며, 주목할만한 연구들은 어떤 것이 있었는지를 살펴볼 필요가 있다. 이미 앞에서 암시되어 있듯이, 서양이나 우리나라나 할 것 없이 교육철학 영역에서 비교교육을 주제로 출판된 저서 혹은 논문이나, 비교교육 영역에서 교육철학적 주제를 논의하거나 교육철학적 접근을 취하고 있는 저서나 연구는 매우 드문 편이다. 이 점은 비교교육학이 교육철학자의 관심 주제가 되지 못했고, 교육철학은 비교교육학자들의 관심의 대상이 되지 못했다는 것을 의미한다. 이 절에서는 서양과 한국에서 교육철학적 관점에서 주요 비교교육 연구나 논의의 동향을 살펴보고자 한다.

1. 서양의 비교교육철학 동향

교육철학자들이 비교교육학에 관심을 가지거나 통찰을 전혀 주지 않은 것은 아니다. 서양에서는 Dewey(1916)의 교육철학 이래로 Walter Feinberg(1989), Timothy Regan (2005), Michael Merry(2007), Barbara Thayer-Bacon(2008) 등이 명시적이거나 암묵적으로 비교교육과 관련된 논의를 하였다(Milligan, Stanfill, Widyanto & Zhang, 2011: 53). 비교교육학 영역에서 교육철학적 논의가 이루어진 서양의 대표적인 연구는 아마 2004년 Comparative Education(40-4)에서 '철학, 교육, 그리고 비교교육(Philosophy, Education and

Comparative Education)'이라는 주제의 특집호일 것이다. 이 특집호에는 교육철학의 관점에서 9편의 비교교육학 논문이 게재되어 있다. McLaughlin은 '교육, 철학, 그리고 비교학적 관점(Education, philosophy and the comparative perspectives)'에서 지금까지 비교교육학에서의 철학의 역할이 미비했다는 점을 반성하면서, 철학이 비교교육학에 기여할 수 있고 또한 기여해야 한다는 점을 논의하고 있다. 그는 교육에 대한 비교학적 접근이 철학적 차원을 필요로 한다는 점, 그리고 철학적 논의가 비교교육학을 발전시키고 풍성하게 할 수 있다는 점을 주장하고 있다. McLaughlin이 보기에, 서구 교육철학에서 지배적인 자유(교육)의 가치가 위협받고 있는 현시점에서 비교학적 관점이 교육철학의 성격과 영역에 대한 이해를 풍성하게 할 수 있다.

교육철학과 비교교육학의 관련성에 관한 McLaughlin의 논의에 이어, 이 특집호에서 다루고 있는 교육철학적 관점에서 비교교육에 관한 논의는 크게 두 가지 측면으로 나누어 볼 수 있다. 하나는 일반적 수준에서 교육철학 내에서의 비교학적 관점이고, 다른 하나는 상이한 지역과 맥락의 교육철학에 대한 비교학적 관점이다.

먼저, 일반적 수준에서 교육철학에 대한 비교학적 논의에 관한 것이다. 이러한 논의에는 서양 교육철학에서 오랫동안 지배적인 관점으로 받아들여져 온 분석적 교육철학과 자유교육에 대해 세 가지 비판 내지 도전을 포함하고 있다. 분석적 교육철학과 자유교육에 대한 첫 번째 도전은 포스트모더니즘 혹은 대륙철학 사상이다. Paul Standish는 '유럽, 대륙철학, 그리고 교육철학(Europe, Continental philosophy and the philosophy of education)'이라는 논문에서 포스트모더니즘의 근원인 초기 대륙 철학자들, 가령 Levinas, Nietzsche, Lyotard, Derrida를 추적해 감으로써 유럽철학이 주는 긍정적 함의를 제시하고 있다. 분석적 교육철학과 자유교육의 헤게모니에 대한 두 번째 도전은 다문화주의와 (급진적) 페미니즘이다. Penny Enslin와 Mary Tjiattas는 '자유주의적 페미니즘, 문화적 다양성과 비교교육(Liberal feminism, cultural diversity and comparative education)'이라는 논문에서, 전통적 신념과 가치를 보존하고자 하는 소수 문화의 권리와 그러한 문화에 부과된 제약으로부터의 자유를 주장하는 여성의 권리 사이에 긴장이 존재한다는 점을 인정한다. 그러나 그들은 페미니즘이 자유주의적 다문화주의와 공존 가능할 뿐만 아니라 비교교육과 자유주의적 페미니스트 철학 지지자들 사이에 풍성한 대화도 가능하다고 주장한다. 분석적 교육철학과 자유교육의 헤게모니에 대한 세 번째 도전은 근본주의 종교교육론이다. Mark Halstead는 '이슬람의 교육개념(An Islamic concept of education)'에서 이슬람의 교육관을 검토한다. 그에 따르면, 교육철학이 이슬람 교육의 원리들을 크게 규제하는 것은 아니지만, 교육목적으로서의 인격적 · 도덕적 자율성과 교육과정에서의 계시 지식(revealed knowledge)의 무비판적 수용 등에 대해 무슬림과 자유주의자들 사이에는 갈등이 존재한다. 근본주의 종교교육론은 특정 종교적 신념과 가치의 전수를 강조하기 때문에, 이에 소극적인 자유교육에 대해 비판적 입장을 견지한다.

다음으로 특정 지역과 맥락의 교육철학을 비교학적 관점에서 논의하는 것이다. David Bridges, Amare Asgedom, Setargew Kenaw는 '아프리카 교육철학은 존재하는가?'라는 질문을 제기하고, 이에 대해 에티오피아 토착 철학이 서구 자유주의 교육철학에 대한 대안이 될 수 있다는 점을 논의하고 있다. 그들에 따르면, 에티오피아는 신앙에 토대를 둔 '심층 지식(deep knowledge)', 17세기 Zara Ya'eqob이 발전시킨 비판적 논의, 에티오피아 정통 교회의 교육적 전통, 토착 마을교육 등 에티오피아의 고유한 자원 안에 내재하는 실천들이 있다는 점에서 토착 철학이 존재한다고 할 수 있으며, 그것이 자유주의 철학의 대안이 될 수 있다고 본다. 이와 달리, Penny Enslin과 Kai Horsthemke는 우분투(ubuntu)[1]라는 토착이념이 남아프리카의 민주주의와 시민교육을 위한 하나의 모형이 될 수 있다는 주장을 비판적으로 검토하면서, 그 대신 보편적인 자유 민주주의 원리를 옹호한다.

이 외에도 이 특집호에는 교육철학의 영역에서 서구 영향과 고유한 전통 사이에 상호작용을 비교학적으로 논의하고 있다. Rafal Godon, Palmira Juceviciene, Zdenko Kodelja는 동유럽 사회의 문화, 국가적 정체성, 종교, 교육 등에 대한 서구 규범의 '대량

1) 우분투(ubuntu)는 다양한 의미를 포괄하고 있는 남아프리카의 토착적 개념이어서 번역이 어려우나, 대체로 '자비와 용서의 실천'의 의미를 가지고 있다.

동화현상(Wholesale assimilation)'에 대해 비판적으로 논의하고 있다. Jin Shenghong과 Jau-wei Dan은 중국과 대만에서 서구 철학, 마르크스 이론, 전통 중국철학, 유교, 도교, 불교가 교육철학을 발전시키는 데 중요하므로, 중국과 대만에 유입된 주요 사상들 사이의 대화뿐만 아니라 일반철학과 교육철학 사이의 대화도 필요하다는 점을 밝히고 있다. 그리고 Naiko Satio와 Yasuo Imai는 지난 60년간 일본 교육철학이 서구 철학을 어떻게 수용해 왔는지를 역사적으로 기술하고 있다(Halstead & McLaughlin, 2004: 467-470).

교육학회지에서 비교교육철학에 관한 대표적인 연구로는 Milligan, Stanfill, Widyanto, Zhang 등이 2011년에 Educational Studies에 게재한 '국경 없는 철학자? 비교교육철학을 지향하며(Philosophers without borders? Toward a comparative philosophy of education)'를 들 수 있다. 이 논문에서 저자들은 철학을 흔히 유럽 · 영미 지적 전통(Euro-American intellect tradition)과 동일시하면서 토착적인 교육사상을 무시하는 경향에 대해 비판하면서, 오히려 정신적/문화적 식민지에서 벗어나야 한다고 주장한다(Libbrecht, 2007). 지금까지 전통적 비교철학은 동서양 사상의 비교에 초점을 두면서, 서구적인 시각으로 비서구적인 언어, 문화, 역사를 보려는 경향이 존재해 왔다. 그러나 오늘날 비교철학에 따르면, 어떤 문화나 전통도 특권적인 지위를 가질 수 없으며, 다양한 문화 상호 간에 대화와 번역이 요구된다. 비교철학은 국경을 자유롭게 넘나들면서 다양한 전통과 사상에 대해 개방적이고 소통하고자 하는 대화적 자세를 견지해야 한다. 그럴 때 상호 경쟁적이거나 충돌하는 담론들 사이의 이해와 조정이 가능할 뿐만 아니라 상호 발전도 가능한 것이다. 이러한 전제하에 Milligan 등은 캄보디아, 파키스탄, 중국 세 나라의 문화적 맥락들을 검토하면서, 비교교육철학에 대한 상이한 관점들이 줄 수 있는 잠재적 공헌과 차이를 넘어서는 의사소통을 위한 노력을 여실히 보여주고 있다.

2. 한국의 비교교육철학 동향

서양과 마찬가지로, 우리나라의 비교교육학에 대한 교육철학자의 연구도 상대적으로 적은 편이다. 교육철학자들의 비교교육학에 관한 저서로는 목영해(1992)의 『동서철학의 비교』와 목영해(2003)의 『동서사상의 비교와 교육』, 고요한(2005)의 『비교교육철학』 등을 들 수 있다. 목영해는 『동서철학의 비교』에서 중용인관에 대한 자사(子思)와 Aristoteles의 관점을, 이상사회관에 대한 맹자와 Plato의 관점을, 지식관에 대한 주희와 Aristoteles의 관점을, 도덕관에 대한 퇴계와 Kant의 관점을 비교하고 있다. 또한 그는 『동서사상의 비교와 교육』에서 양자이론과 동양사상, 급진적 구성주의와 양명학적 구성주의, 인격교육론과 유학적 도덕교육론, 배려윤리와 유교윤리, 포스트모더니즘과 동양사상, 디지털정보화와 동양사상을 비교하고 있다. 고요한은 『비교교육철학』에서 유가의 교육사상, 불교의 교육사상, 기학주의 교육사상, 예학주의 교육사상 등의 동양교육사상을 기술하고, 이어서 범 교육사상, 해체주의, 포스트모던 교육사상, 미래주의 교육사상 등 서양의 교육사상을 설명하고 있다. 목영해가 특정 주제에 대해 동양 교육사상과 서양 교육사상을 직접 비교하고 있다면, 고요한은 마지막 장에서 동서양 교육개혁 동향을 비교한 부분을 제외하고는 대체로 동양과 서양의 사상을 직접 비교하는 방식보다는 동서양의 각 사상을 병렬적으로 기술하는 방식을 취하고 있다.

교육철학자의 비교교육에 관한 논문도 부족하기는 마찬가지다. 이 점은 교육철학지에 게재된 비교교육 논문과 비교교육학지에 게재된 교육철학자의 논문을 확인해 보면 알 수 있다. 교육철학자들은 외국 교육사상의 맹목적 수용에 대한 비판적 · 반성적 의식이 싹트기 시작하면서 비교교육에 대해 일시적으로 관심이 있었으나, 전반적으로 볼 때 교육철학자의 비교교육에 관한 연구는 간헐적으로 이루어져 왔다고 할 수 있다. 교육철학 학술지에서 비교교육에 관한 연구로 한 가지 주목할 만한 것은 1978년 발간된 『교육철학(현 교육철학연구)』 2권이다. 이 학술지에는 '동서교육사상의 갈등과 초극 –민족교육의 과제와 전망–'이라는 주제 아래 학술대회 발표논문 6편이 게재되어 있다. 손인수의 '동서교육사상의 갈등과 진단 ―한국교육의 과제와 전망을 위한 갈등의 진단―', 한기언의 '동서교육사상의 갈등과 초극 ―「초극의 전망」을 중심으로―', 김재만의 '동서교육사상의 갈등과 초극 ―민족교육의 과제와 전망―', 손규복의 '한국 여성 교육 사상에 관한 연구 (1) ―유학자의 여성관을 중심으로―', 정길수의 'William James의 종교사상', 전영배의 '한국 가정의 교육 이념 연구 ―가훈을 중심으로―' 등이다. 그리고 1980년대 초에는 한국교육학과 외국교육학의 관계에 대한 관심이 부각되면서 보편성과 특수성에 관한 논쟁이 일어나기도 했다(유재봉, 2003). 여기서 한 가지 주목할 점은 교육철학자의 비교교육에 관한 관심이 지금보다는 오히려 교육철학과 교육사학이 분화되기 이전인 초기에 많았다는 사실이다.

비교교육학 학술지에 게재된 교육철학 논문도 적은 편이다. 권동택 · 김정희(2010)에 의하면, 1971~2009년까지 비교교육 연구에 게재된 교육사 및 교육철학 논문이 30편에 불과하다. 이것은 교육사 및 교육철학 논문이 1년에 1편도 채 게재되지 않았다는 것을 의미하고, 그마저도 교육사 논문을 제외하면 교육철학 논문은 매우 적은 편에 속한다. 『비교교육 연구』에 게재된 교육철학 논문이 적었다는 것은 비교교육에 관심을 가진 교육철학자가 소수라는 것을 말해 준다. 아닌 게 아니라, 2017년 11월 현재 『비교교육 연구』에 3편 이상의 논문을 게재한 교육철학자는 정기섭(8편), 팽영일(7편), 손승남(4편), 유재봉(4편), 정진곤(3편) 등 소수에 그치고 있다. 비교교육에 관심을 가지고 꾸준히 연구하고 있는 교육철학자들은 주로 정기섭, 손승남 등 독일에서 교육철학을 공부한 사람들이며, 그들은 주로 독일 교육학자의 이론이나 독일교육 정책이나 동향을 제시하고 있다. 영미 교육철학을 공부한 학자로는 유재봉, 정진곤 외에는 거의 없으며, 이 논문들도 교육철학적 접근을 한 연구라기보다는 주로 영국과 미국의 교육 동향과 교육 실제에 관한 연구이다. 그리고 팽영일은 우리나라에서 거의 소외되어 온 러시아 교육학자들의 교육사상과 교육론을 지속적으로 소개하고 있다.

이상에서 보았듯이, 비교교육학자의 교육철학적 논의는 말할 것도 없고 교육철학자들의 비교교육에 관한 연구도 양적으로 매우 적다. 더구나 교육철학적 방법과 비교교육학적 특성을 균형적으로 갖춘 논문은 극소수에 불과하다고 할 수 있다. 그러므로 양적으로나 질적으로 교육철학자들의 비교교육에 대한 기여는 매우 낮다고 평가할 수밖에 없다.

4절 비교교육학과 교육철학의 상생: 비교교육철학의 지향

이 절은 교육철학자의 관점에서 지금까지 교육철학이 비교교육학의 발전에 어떻게 기여해 왔는지를 반성적으로 검토하면서 비교교육학과 교육철학의 상생 방안을 모색하기 위한 것이다. 이러한 목적을 위해 교육철학과 비교교육학은 서로 관련되어 있을 뿐만 아니라 상호 필요로 한다는 점을 보여주고, 교육철학과 비교교육학 영역에서 관련된 연구들의 동향을 제시하였다. 이제 결론을 대신하여 이 절에서는 비교교육학과 교육철학이 어떻게 하면 상생할 수 있는지 논의한다.

교육철학은 비교학적 접근을 통해 교육실천과 그에 관련된 논의를 풍성하게 할 수 있으며, 비교교육학은 교육철학을 통해 학문적 엄밀성을 확보할 수 있다는 점은 다소 분명하다. 여기서는 교육철학과 비교교육학의 상생을 위한 방법을 두 가지 측면에서 살펴본다. 하나는 일반적인 관점에서 교육철학자와 비교교육학자의 태도와 노력이고, 다른 하나는 교육철학적 관점에서 학문적으로 비교교육학에 대해 기여할 수 있는 방식이다.

먼저, 일반적인 관점에서 교육철학과 비교교육학이 가져야 할 태도와 노력이다. 교육철학과 비교교육학이 어떤 식으로든 서로 관련되어 있다는 점은 분명하나, 두 학문을 어떤 방식으로 연구하는 것이 각 학문을 발전시키고 지평을 넓히는가에 대해서는 다른 견해가 존재할 수 있다. 비교교육학의 관점에서 보면, 3절에서 언급한 서양과 한국교육철학자들의 비교교육 연구들이 비교교육학인지에 대해 의문을 제기할 수 있다.

설령 그것이 비교교육학이라고 부를 수 있다고 하더라도, 바람직한 비교교육(철)학 연구인지에 대해서는 여전히 회의적일 수 있다. 실제 이득기(1997)는 '존 듀이와 루소의 교육이념 비교'는 비교방법을 적용했다고 하더라도 비교교육학보다는 교육철학연구라고 주장한 바 있다.

그러므로 교육철학적 비교교육학의 활성화를 위해서는 먼저 교육철학자와 비교교육학자들 사이의 대화가 필요하다. 이 대화에는 각 학문의 성격과 방법에 대한 이해와 유연한 태도, 그리고 이를 위한 실질적인 학문적 노력을 하는 것이 포함된다. 교육철학자들과 비교교육학자들은 상대의 학문 주제나 방법론에 해박하지 않다는 점을 인정하고, 다른 학문에 대해 배타적인 태도를 취하기보다는 상대의 학문을 존중함으로써 이해의 폭을 넓히는 태도가 요청된다. 나아가 교육철학자와 비교교육학자는 상호 중첩되는 연구 관심사와 주제들을 개발하고, 그러한 관심사와 주제에 대해 공동으로 연구할 필요가 있다. 가령 공통관심 주제에 대해 공동학술대회를 개최하여 그 결과를 특집 논문으로 혹은 저서로 출판하는 방식을 생각해 볼 수 있다. 이러한 노력을 통해 비교교육학은 한편으로는 정체성을 분명히 하면서, 다른 한편으로 타 학문과의 대화를 통해 외연을 확대함으로써 자생력과 경쟁력을 갖춘 학문으로 발전할 수 있다.

다음으로 이 글의 주 관심사인 교육철학적 관점에서 학문적으로 비교교육학에 기여하는 방식이다. 교육철학자들은 비교교육학의 지평을 넓히기 위해 교육철학적이면서 비교교육학적인 연구를 많이 해야 한다. 여기서 '교육철학적'이라는 것은 두 가지 측면에서 생각해 볼 수 있다. 하나는 교육문제에 대해 '철학적 방법'으로 접근하는 것이고, 다른 하나는 '교육철학적 주제'를 논의하는 것이다. 철학적 방법에는 사상적 · 분석적 · 현상학적 · 해석학적 방법 등이 있으며, 교육철학적 주제로는 교육가치(도덕, 윤리, 미학), 교육의 개념과 목적, 지식교육, 교육사상이나 사조 등이 있다. '비교교육학적'이라는 것은 특정 교육적 주제에 대해 두 국가 이상을 직접적 · 적극적으로 비교하는 방식과 특정 국가의 교육주제에 초점을 두어 연구한 후 한국교육에 주는 함의 등을 밝히는 간접적 · 소극적으로 비교하는 방식이 있다. 그리고 비교단위 혹은 대상으로는 장소,

교육체제, 시간, 인종 · 계급 · 젠더, 문화, 가치, 정책, 교육과정, 혁신적 교육방법, 학습방식, 교육성취 등을 들 수 있다(Bray, Adamson & Mason, 2014).

교육철학적 관점에서 비교교육학에 학문적으로 기여하는 바람직한 방식 중의 하나는 '비교교육철학'을 지향하는 것이다. '비교교육철학'이라는 것은 교육철학적 방식으로 비교교육학을 하는 것이다. 물론 '비교교육을 철학화하는 것이 바람직하고 필요한가?'라는 근본적 질문을 제기할 수 있다. 이 질문에 직접 대답하는 대신 비교교육철학을 지향해야 한다고 말할 때, 불필요한 오해를 방지하기 위해서 세 가지 짚고 넘어가야 할 점을 제시하겠다. 첫째, 비교교육철학은 비교교육학을 철학화하거나 철학적 관점에서 비교교육학을 보는 것이기는 하지만, 이 일이 교육철학자의 전유물은 아니라는 점이다. 비록 익숙한 방식은 아닐지라도, 비교교육학을 하는 사람도 누구나 할 것 없이 연구의 성격에 따라 얼마든지 철학적 논의를 할 수 있다. 둘째, 비교교육학의 철학화가 언제나 비교교육학의 핵심이 되어야 한다거나 반드시 바람직하다는 것을 의미하는 것은 아니라는 점이다. 비교교육의 철학화는 (비교)교육에서 비철학적인 부분과 실천적인 부분을 소홀히 할 수 있다. 그리고 비교교육철학의 추구는 당위론적으로는 바람직하나 현실적으로는 수행하기 쉽지 않은 측면이 있을 수 있다. 셋째, 비교교육철학의 추구는 교육철학자의 관점에서 교육철학의 정체성을 유지하면서 동시에 비교교육학의 발전에 기여하기 위한 것이지만, 이것이 비교교육학 연구의 유일한 방식은 아니라는 점이다. 그럼에도 불구하고 교육철학자는 비교교육철학을 지향하려고 꾸준히 노력할 필요가 있다.

비교교육철학이 무엇인지에 대해서는 학자마다 다양할 수 있다. 비교교육철학의 다양한 스펙트럼을 제시하면 [그림 4-1]과 같다.

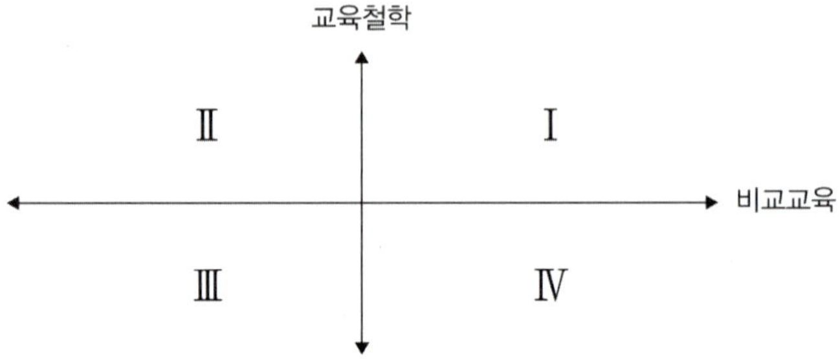

[그림 4-1] 비교교육철학의 유형

[그림 4-1]에서 보듯이, 교육철학과 비교교육학을 조합할 수 있는 방식은 형식적으로는 4가지 유형이 존재할 수 있다. 교육철학적이지도 않으면서 비교교육학적이지도 않은 Ⅲ유형을 제외하고 나면, 비교교육철학이라고 불릴 수 있는 것은 Ⅰ, Ⅱ, Ⅳ의 세 가지 유형이 존재하는 셈이다. 그러므로 이하에서는 세 가지 비교교육철학 유형의 성격과 과제를 제시하겠다.

Ⅰ유형은 교육철학적이면서 동시에 비교교육학적인 성격을 지닌 것으로서, 가장 이상적이고 전형적인 비교교육철학으로 볼 수 있다. Ⅰ유형의 연구는 교육철학과 비교교육학의 정체성을 유지하면서 동시에 두 학문영역의 외연을 확대할 수 있다. 물론 Ⅰ유형 내에도 '강한 의미'의 교육철학과 '강한 의미'의 비교교육학의 결합방식에서부터 '약한 의미'의 교육철학과 '약한 의미'의 비교교육학의 결합방식에 이르기까지 다양한 수준의 결합방식이 가능하며, 어떤 형태의 결합방식을 취하느냐에 따라 다양한 스펙트럼이 존재할 수 있다. 지금까지 교육철학자들에 의해 이루어진 Ⅰ유형의 연구는 주로 특정 교육사상이나 사조의 비교연구에 편중되어 있었다. 그러나 비교교육학의 발전을 위해서 주제를 보다 다변화할 필요가 있다. 예컨대, '영국과 미국의 분석적 교육철학의 성격과 양상 비교', '영국과 미국의 자유교육과 교양교육의 성격 비교', '미국과 유럽의 시민교육 비교' 등의 주제가 가능하며, 이러한 주제는 교육철학에서 주로 다루는 주제이지만 비교교육학적으로도 의미 있는 주제이다.

Ⅱ유형과 Ⅳ유형은 비교교육철학의 조건을 온전하게 갖춘 것이라고 보기 어려운 경우이다. Ⅱ유형은 교육철학적이기는 하지만 비교교육학적이라고 보기 어렵다. Ⅱ유형의 연구는 교육철학자들에게는 심리적 만족을 줄지 모르나, 비교교육학 자체의 발전에는 실질적으로 기여하지 못하는 한계를 가지고 있다. Ⅱ유형과 반대로, Ⅳ유형은 비교교육학적이기는 하지만 교육철학적이라고 볼 수 없는 경우이다. 이러한 유형의 연구는 비교교육학의 학문적 발전에는 기여할 수 있으나, 교육철학 연구로서의 정체성이 불분명하다는 한계가 있다. 『비교교육 연구』에 게재되어 있는 우리나라 교육철학자들의 논문은 대체로 Ⅱ유형과 Ⅳ유형의 수준에 머물고 있는 형편이다.

그러면 우리나라의 현실에서 비교교육학과 교육철학의 발전을 위해서 교육철학자는 어떻게 해야 하는가? 바람직한 비교교육철학을 지향하기 위해서는 두 가지 과제가 요청된다. 하나는 소극적 과제로서, 교육철학자는 교육철학적이거나 비교교육학적인 것에 편중되어 있는 Ⅱ유형과 Ⅳ유형의 유혹에서 벗어나거나 그 한계를 극복할 필요가 있다. 다른 하나는 적극적인 과제로서, 교육철학자는 무엇보다 철학적 정체성을 유지하면서 동시에 비교교육학의 지평을 확대하고 외연을 넓히는 Ⅰ유형의 방식의 연구를 적극적으로 수행하고 촉진하는 것이다. 이 유형의 비교교육철학에도 교육철학과 비교교육학을 산술적으로 통합하거나 기계적으로 통합하는 방식에서부터 유기적으로 통합하는 방식에 이르기까지 다양한 스펙트럼이 존재할 수 있다. 교육철학과 비교교육학의 상호발전을 위해서는 Ⅰ유형처럼 엄밀한 교육철학과 비교교육학적 성격을 동시에 충족시키는 연구가 가장 바람직하다. 그러나 교육학의 분과학문 사이에는 여전히 장벽이 존재하고, 융복합적 연구가 제대로 이루어지고 있지 않은 우리나라의 현 상황에서는 그러한 분위기가 조성될 때까지 비교교육학의 학문적 발전과 지평을 넓히기 위해서는 현실적으로 Ⅱ유형과 Ⅳ유형의 비교교육철학연구에 대해서도 다소 유연한 태도가 요청된다.

참고문헌

고요한(2005). **비교교육철학**. 서울: 학지사.

목영해(1992). **동서철학의 비교**. 서울: 교육과학사.

목영해(2003). **동서 사상의 비교와 교육**. 부산: 신라대학교출판부.

신차균 · 안경식 · 유재봉(2016). **교육철학 및 교육사의 이해**. 서울: 학지사.

유재봉(2003). 한국교육학의 자생성에 관한 논쟁 검토. **한국교육사학**, 25(2), 29-51.

유재봉(2004). 영 · 미 교육철학의 동향에 나타난 교육철학의 성격과 방법 탐색: 분석철학적 전통을 중심으로. **교육철학 제31집**, 87-110.

유재봉(2018). 비교교육과 교육철학: 비교교육철학을 지향하며. **비교교육 연구**, 28(1), 113-129.

이득기(1997). 비교교육의 연구방법 탐구와 적용연구: 국제비교. **비교교육 연구**, 7(1), 69-105.

Bray, M. Adamson, B. & Mason, M. (2014). *Comparative Education Research*. Hong Kong: Springer.

Dewey, J. (1916). *Democracy and Education*. NY: Macmillan.

Enslin, P. & Tjiattas. (2004). Liberal feminism, cultural diversity and comparative education. *Comparative Education, 40*(4), 503-516.

Halstead, J. M. & McLaughlin, T. H. (2004). Philosophy, education and comparative education. *Comparative Education, 40*(4), 467-470.

Halstead, J. M. (2004). An Islamic concept of education. *Comparative Education, 40*(4), 517-529.

Hirst, P. H. & Carr, W. (2005). Philosophy and education- a symposium. *Journal of Philosophy of Education, 39*(4), 615-632.

Hirst, P. H. & White, P. A. (1998). Philosophy of education: the evolution of a discipline, in P. H. Hirst & P. A. White (Eds.), *Philosophy of Education: major themes in the analytic tradition*. London: Routledge. 1-12.

Hirst, P. H. (1998). Philosophy of education: the evolution of a discipline. in G. Haydon(ed.). *50 Years of Philosophy of Education: progress and prospects*. London: Institute of Education, University of London.

Libbrecht, U. (2007). *Within the Four Seas: Introduction to Comparative Philosophy*. Leuven: Peeters.

McLaughlin, T. H. (2004). Education, philosophy and comparative perspective. *Comparative Education, 40*(4), 471-483.

Milligan, J. A. Stanfill, E. Widyanto, A. & Zhang, H. (2011). Philosophers without borders? Toward a comparative philosophy of education. *Educational Studies,* 47. 50-70.

Peters, R. S. (1983). Philosophy of education, in P. H. Hirst(Ed.), *Educational Theory and Its Foundation Discipline*. London: Routledge and Kegan Paul. 30-61.

Standish, P. (2004). Europe, Continental philosophy and the philosophy of education. *Comparative Education, 40*(4), 485-501.

이 글은 유재봉(2017. 12). 비교교육학과: 비교교육철학을 지향하며, 2017년도 한국비교교육학회 연차 학술대회 자료집, 1-11.; 유재봉(2018. 3), 비교교육학과 교육철학: 비교교육철학을 지향하며, 비교교육연구 28(1), 117-133.를 토대로 보완 · 작성한 것임.

CHAPTER 5

비교교육학과 교육과정학

교육학 내 하나의 분과 학문으로서의 교육과정학은 비교교육학과 다소 유사한 학문적 성격을 지니고 있다. 무엇보다도 교육과정학은 비교교육학과 마찬가지로 분명한 모학문이 없다는 특징이 있다. 이에 따라 '교육과정학'은 오랫동안 '교육과정'이라는 이름으로 불렸으며, 지금도 '교육과정학 연구'라는 명칭보다는 '교육과정 연구'라는 용어가 더 많이 사용되고 있는 편이다. 이는 '비교교육학'이 '비교교육'이나 '비교교육 연구'라는 이름으로 더 많이 불린 것과 마찬가지이다. 교육과정이나 비교교육에 '학'이라는 명칭이 추가된 것은 비교적 최근의 일이다.

이와 같이 교육과정이나 비교교육 연구는 모두 특정 학문에 토대를 두고 출발한 것이 아니다. 말하자면 분명한 학문적인 토대가 없는 상태에서도 '교육과정'을 처방하기 위한 연구나 '비교교육'을 위한 연구가 오래전부터 행해져 온 것이다. 그러나 교육과정이나 비교교육과 관련한 연구들과 연구자들이 풍성해지면서, 최근 들어 이들 분야를 좀 더 학문적 체계와 고유성을 갖춘 연구 분야로 정립하고자 하는 노력이 이루어지고 있다.

이 장에서는 서로 비슷한 학문적 위상을 지니고 있는 교육과정학과 비교교육학 간에 상호 교섭적인 연구 관계를 검토해 보고자 한다. 이를 위해 먼저 교육과정학의 학문적 성격을 검토하고, 이러한 교육과정학이 비교교육학과 어떻게 관계를 맺을 수 있는지를 살펴본다. 이어서 비교교육 연구 차원에서 이루어져 온 국내 교육과정 연구의 동향을 분석하고, 이를 토대로 비교교육학 발전을 위한 교육과정 비교연구의 과제를 제시한다.

1절 교육과정학의 학문적 성격

하나의 학문 분야로서의 교육과정학은, 그 명칭만을 보면 연구의 대상이 분명해 보인다. '교육과정'이 곧 연구 대상인 것이다. 그러나 교육과정학의 연구 대상인 '교육과정'이 지칭하는 바는 생각보다 분명하지 않다. 이는 '교육과정'이라는 용어가 우리 주변의 다양한 맥락에서 사용되고 있기 때문이다(소경희, 2017). 교육과정은 흔히 우리나라 초중등교육을 위해 국가 수준에서 개발하여 고시한 국가교육과정 및 이에 토대를 두고 개발된 시·도 혹은 학교 수준의 교육과정 문서를 지칭할 때 사용된다. 대학 수준에서는 단과 대학별 혹은 학과별 과목의 이수 체계를 지칭할 때 교육과정이라는 용어를 사용한다. 학교 밖의 여러 형식적·비형식적 교육기관에서 제공하는 프로그램도 교육과정이라는 이름으로 제시되곤 한다. 교육과정은 또한 대학원의 독립된 전공 분야로 자리함으로써 하나의 학문 혹은 연구 분야로도 지칭되고 있다.

이와 같이 교육과정은 초·중등학교와 대학을 포함한 모든 교육기관에서 다루는 교육내용을 지칭하기도 하고, 하나의 학문 분야를 나타내는 용어이기도 하다. 더군다나 우리나라에서 교육과정이라는 용어는 국가와 같은 중앙의 거시적 수준에서부터 개별 학교와 같은 좀 더 지역적이고 미시적 수준에 이르기까지 다양한 수준과 맥락에 걸쳐서 활용되고 있다. 이 점은 교육과정학의 연구 대상이 매우 광범위함을 보여주는 것이기도 하나, 다른 한편으로 보면 그 연구 범위가 명료하지 않음을 드러내는 것이기도 하다.

사실 교육과정에 대한 학자들의 관심은 아주 오래 전부터 있었다. 어느 시대든지 교육과정이 없는 교육기관을 상상할 수 없기 때문이다. 서구의 그리스-로마시대이든, 우리나라의 삼국시대이든 교육기관이 있는 곳이면 가르치고 배우는 내용, 즉 교육과정이 있어야 했다. 말하자면 교육과정에 대한 관심은 학문적인 탐구 분야로 논의되기 이전부터 교육의 실천적인 장면에 이미 존재해 있었다. 따라서 교육과정 연구는 학문적인 관심사보다는 교육기관에서 수행해야 할 실천적이고 규범적인 활동의 필요 때문에 등장한 것이라고 할 수 있다(소경희, 2017). 이러한 출현 배경 때문에, 교육과정 연구는 오랜 역사적 배경을 가지고 있음에도 불구하고 모학문에 기반을 두고 성립된 교육학의 다른 하위 학문들과 달리 학문적인 탐구 분야로서의 체계나 특징이 약한 편이다.

교육과정이 학문적인 탐구 분야로서 다루어지기 시작한 것은 20세기 초에 이르러서다. 교육과정에 대한 학문 공동체의 관심이 비교적 늦게 시작되었지만, 이제 교육과정은 엄연히 교육학계 내에 하나의 학문 분야로서 자리하고 있다. 미국의 대학원 과정에서 흔히 볼 수 있는 'Department of Curriculum and Instruction'(일명 C & I)은 교육학과를 대표하는 전공이며, 우리나라에도 교육과정 전공이 대학원에 자리한다. 우리나라에서 교육과정학의 학문적 성장은 1967년에 설립된 '한국교육과정학회'를 통해서도 확인된다. 교육과정을 연구하고 실천하고 있는 많은 사람이 이 학회에 소속되어 있으며, 이들은 교육과정에 관한 이론과 실제의 문제를 연구함으로써 이 분야의 학문적 발전은 물론 우리나라 교육 현실을 개선하는 데 기여하고 있다.

이와 같이 교육과정학은 당초 학문 분야로서 출발한 것은 아니지만, 오늘날 하나의 학문 분야로서 풍부한 연구물을 쏟아내고 있다. 그러나 교육과정학의 학문적 성격은 교육학의 다른 분과 학문들과는 다소 다르다고 할 수 있다. 이것은 앞에서 언급한 바 있는, 교육과정학은 모학문이 없다는 점과 관련된다. 교육과정학은 특정학문에 의존하기보다는 교육학 내의 여러 분과의 학문적 성과를 모두 고려한다는 점에서 '종합적인' 성격을 지닌다. 또한 교육과정학은 그 연구 결과가 실제 교육현장에 직접적인 영향을 미칠 수 있다는 점에서 매우 '실천적인' 성격을 지닌다고 할 수 있다.

이렇게 볼 때 교육과정 연구자들은 교육과정에 관한 '이론'과 '실제'의 문제를 탐색하는 사람들이라고 할 수 있다. 교육과정 '이론'에 관심을 갖는 사람들은 교육현장에서 무엇을 왜 가르쳐야 하는가를 이론적으로 탐색한다거나 실제 학교 현장에서 교수-학습되고 있는 것을 다양한 이론적 관점을 가지고 비판적으로 해석하고 이해하고자 한다. 반면 교육과정 '실제'에 관심을 갖는 사람들은 실제 교육현장에서 사용될 수 있는 교육과정을 만들어 내거나 이를 실행하는 방안에 관심을 갖는다. 그러나 교육과정 연구에 있어서 이론과 실제는 밀접히 관련된 것으로, 교육과정에 대한 이론적 연구는 교육과정 실제에 영향을 미치고, 교육과정 실제는 교육과정 이론을 위한 탐구 대상이 될 수 있다. 말하자면 교육과정학은 어떤 형태의 교육기관이든 그 핵심이라고 할 수 있는 '교육과정'을 둘러싼 이론적이고 실제적인 문제들을 탐색하는 데 주된 관심을 갖는 분야라고 할 수 있다.

2절 비교교육학과 교육과정학의 관계

비교교육학은 전 세계에 걸친 교육의 다양성을 존중하고 이해하는 데 관심이 있는 학문이다. 따라서 비교교육학은 교육 문제와 관련하여, 국제적으로 포용될 수 있는 공통적인 관심사뿐만 아니라 서로 다른 국가의 가치, 관행, 역사, 체제 등을 드러내고 이를 존중한다는 점에서 교육학의 다른 분야와 차별된다고 할 수 있다(Takayama, Sriprakash & Coonnell, 2017). 1970년대에 설립된 세계비교교육학회(World Congress of Comparative Education Societies, WCCES)는 비교교육학의 이러한 학문적 특성을 잘 보여주는 것으로서 서로 다른 언어, 지역, 국가 기반을 가진 세계 전역의 약 40개 회원국의 다양한 제도적 역사와 지적 전통을 강조하고 알리는 것을 목표로 하고 있다.

사실 비교교육학은 학문의 성립 초기부터 '다른 것' 혹은 '타자'에 대한 존중에 관심이 있었다. 이 분야의 창립자 가운데 한 사람인 Kandel(1933)은 "특정 국가의 교육체제의 진정한 의미를 이해하고 평가하기 위해서는, 그 국가의 역사와 전통, 사회 조직을 지배하는 요인과 태도, 발전에 영향을 주는 정치적 · 경제적 조건 등을 아는 것이 필수적이다"(p. xix)고 함으로써, 비교교육 연구에서 여러 국가의 교육에 대한 충분한 맥락적 지식을 제공하는 것이 중요함을 역설한 바 있다. 비교교육의 맥락에서 어떤 나라의 교육도 그것의 사회적 · 문화적 환경과 분리해서는 충분히 이해할 수 없다는 이러한 주장은, '국가적 특성'의 이해가 비교교육의 중요한 방법이어야 함을 시사한다. 따라서 전통적으로 비교교육은 세계 여러 나라에 걸쳐 국가적으로 독특한 교육체제의 성격을 이해하는 데 초점을 두어 왔으며, 이러한 다른 나라에 대한 비교연구가 자신의 나라의 교육을 이해하거나 발전시키는 데 기여할 것으로 간주되었다.

비교교육학이 가지고 있는 학문적 특성, 즉 세계 여러 나라의 교육을 비교하는 일은, 특히 좀 더 나은 교육과정을 개발하는 데 관심이 있는 교육과정 연구자들의 관심과 맞물려 왔다. 이들의 관심은 교육과정에 초점이 있긴 하나, 세계 여러 나라의 교육을 비교하는 데 관심을 둔다는 점에서 비교교육학과 학문적으로 접속된다. 오늘날 교육과정 개혁은 세계 어느 나라에서나 정기적으로 일어나고 있으며, 이 과정에서 다른 나라의 사례를 검토하는 것은 범례화되고 있다. 따라서 교육과정에 관한 국가 간 비교는 늘 일어난다고 할 수 있으며, 실제로 교육과정 비교연구는 매우 활발한 편이다.

교육과정학에서 비교연구는 매우 다양한 주제와 방법으로 이루어지고 있다. 이것은 앞서도 언급한 바 있듯이, '교육과정'이라는 용어에 함의된 복잡하고 다면적인 의미 때문이라고 할 수 있다. 따라서 Adamson과 Morris(2014)는 교육과정 비교연구를 할 때는 연구의 목적이나 초점, 분석 대상을 먼저 밝힐 필요가 있다고 주장한다([그림 5-1] 참조). 교육과정 비교연구는 그 목적이 무엇인지, 교육과정의 어느 측면에 초점을 두는지, 그리고 분석 대상을 무엇으로 할 것인지에 따라 다양한 형태의 연구물을 산출할 수 있는 것이다. 이를 차례로 제시해 보면 다음과 같다.

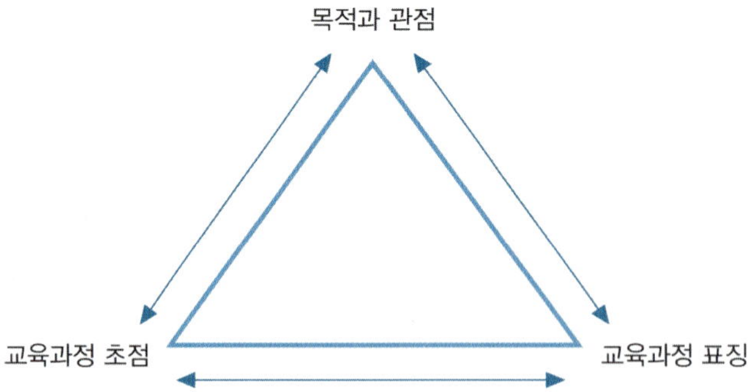

[그림 5-1] 교육과정 비교연구를 위한 틀

출처: Adamson & Morris(2014), p. 316.

먼저, 교육과정 비교연구를 위한 목적으로는 평가적 · 해석적 · 비판적 관점이 있을 수 있다. '평가적' 관점은 교육과정에 대한 정책적 결정을 내리기 위한 증거를 찾는 데 연구의 목적을 두는 것이다. 교육과정 개혁을 추진하고 합법화하기 위해 다른 나라의 교육과정 정책이나 실제, 혹은 세계은행이나 유네스코와 같은 국제기구의 표준화된 글로벌 개혁 의제를 차용하는 연구가 이에 해당한다. 예컨대 PISA에서 행한 학생 수행에 대한 국제비교연구는 그 결과가 교육과정과 관련된 정책결정에 활용된다는 점에서 평가적 관점의 연구다. '해석적' 관점은 특정 교육과정 현상을 분석하고 설명하려는 데 연구의 목적을 둔 것이다. 예컨대 여러 나라의 초등학교 교실에서 수행된 교수법을 수업 구조나 상호작용 등의 측면에서 비교하면서 이것이 각 나라의 문화를 어떻게 반영하고 있는지를 분석한 연구가 이에 해당하다. '비판적' 관점은 바람직하거나 바람직하지 않은 것으로 인식될 수 있는 교육과정의 특징을 드러내는 것에 연구의 목적을 둔 것이다. 이 경우에 연구자는 특정한 입장, 예컨대 탈식민주의나 페미니즘과 같은 미리 정한 틀을 가지고 교육과정을 검토한다. 이 관점의 연구로는 교과서 내용에 대한 분석이 많이 이루어지고 있는 편으로, 예컨대 미국의 사회, 언어, 과학, 수학 등의 교과서에 제시되어 있는 인종, 계층, 성(性), 장애에 대한 묘사를 비판적으로 분석한 연구(Sleeter & Grant, 1991)가 이에 해당한다.

다음으로, 교육과정 비교연구를 위한 초점으로는 계획된 것, 실천된 것, 경험된 것 등 여러 측면의 교육과정이 고려될 수 있다. 교육과정이라는 용어는 공식적으로 계획된 문서나 실천으로부터 계획되지 않은 경험에 이르기까지 여러 측면의 교육과정을 모두 지칭할 수 있다. 대부분의 교육과정 비교연구는 이러한 여러 측면의 교육과정 가운데 비교를 위한 분명한 초점을 두게 된다. 예컨대 교육과정 개혁 동향이나 교육과정 내용 체계 등을 비교하는 것은 계획된 교육과정에 초점을 둔 연구이며, 교육과정 실행을 비교하는 것은 실천된 교육과정에 초점을 둔 연구이다.

마지막으로, 교육과정 비교연구를 위한 분석 대상으로는 교육과정으로 언급될 수 있는, 즉 교육과정 표징이 될 수 있는 다양한 자료들이 활용될 수 있다. 앞서도 언급한 바 있듯이, 교육과정은 계획된 문서만이 아니라 교수–학습 현장에서 실천되고 경험되는 모든 것을 지칭할 수 있다. 따라서 국가나 지역 수준의 교육과정 문서나 관련 정책 문서, 수업 자료, 교사와 학생 행위, 교실 상호작용, 학생 태도 등이 교육과정을 나타내는 표징이 될 수 있으며, 이들이 연구를 위한 분석 대상이 될 수 있다.

이와같이 교육과정학에서는 연구의 목적, 초점, 분석 대상을 달리하면서 교육과정에 대한 다양한 형태의 비교연구를 행할 수 있다. 실제 우리나라의 교육과정학에서도 연구 관심과 초점을 달리하면서 다양한 형태의 교육과정 비교연구가 활발히 이루어져 왔다. 다음 절에서는 이에 대해 살펴본다.

3절 교육과정학의 비교교육 연구 동향

우리나라는 국가교육과정의 잦은 개정으로 인해 교육과정에 대한 국제비교연구가 무척 활발한 편이다. 이를 반영하듯이 국내 『비교교육 연구』 학술지에는 '교육과정' 관련 논문이 교육행정 영역에 이어 두 번째로 많이 게재되어 있다(권동택 · 김정희, 2010). 교육과정 관련 논문이 『비교교육 연구』에 처음 등장한 것은 1995년이다. 따라서 이 절에서는 1995년부터 2016년까지 『비교교육 연구』에 게재된 교육과정 관련 논문 총 61편을 분석한 결과를 제시함으로써 교육과정학에서 이루어지는 비교교육 연구의 동향을 제시해 본다.

분석 대상으로는 앞서 제시한 바 있는 교육과정 비교연구의 틀([그림 5-1] 참조)을 준수하되 한국 이외의 나라를 포함하고 있는 논문으로 한정했으며, 사업(예: 교과서 보급사업)이나 특정 프로그램의 개발(예: 장애 유아를 위한 프로그램 개발)의 성격을 지닌 것은 제외하였다. 비교교육 연구동향은 흔히 연구 주제, 연구 대상 국가, 연구 방법의 측면에서 분석되는(임수진, 2016) 경향이 있다. 따라서 이하에서도 교육과정 비교연구 동향을 연구 주제, 연구 대상국, 연구 방법 측면에서 차례로 제시한다.

1. 연구 주제

우리나라에서 교육과정 비교연구는 유아부터 대학 교육에 걸쳐 연구의 초점과 주제를 달리하면서 다양하게 이루어지고 있는 것으로 나타났다(〈표 5-1〉 참조).

〈표 5-1〉 교육과정 관련 비교교육 연구의 연구 주제

<table>
<tr><th colspan="2">연구 주제</th><th>하위 주제</th><th>빈도(%)</th></tr>
<tr><td rowspan="4">초·중등 교육과정</td><td>국가/주 수준 교육과정 총론</td><td>• 국가/주 수준 교육과정 개정 및 개발
–교육과정 개정 방식/절차
–교육과정 개발 과정
–교육과정 개정 정책
• 국가/주 수준 교육과정 개혁 동향
–교육과정 개혁 동향
–새 교육과정 소개, 설계 방식
• 국가/주 수준 초·중등 교육과정 구조
–초·중등 교육과정 편제
–초등 통합 교육과정
–교육과정 문서 체제</td><td>20(32.8)</td></tr>
<tr><td>교과서</td><td>• 교과서의 내용
• 교과서 정책</td><td>12(19.7)</td></tr>
<tr><td>국가/주 수준 교과 교육과정(각론)</td><td>• 교과 교육과정 내용
• 교과 교육과정 문서 체제
• 교과 교육과정 개발</td><td>8(13.1)</td></tr>
<tr><td>학교 수준 교육과정</td><td>• 교육과정 편성과 운영
• 특별활동 교육 운영 사례
• 교실의 교육활동
• 지리과목 야외조사 활동
• 핵심역량 교육과정 실천 사례</td><td>7(11.5)</td></tr>
</table>

대학 교육과정	• 대학 교양교육과정 • 대학 교육과정 개혁 • 신입생 교육과정 실행 • 직업교육훈련 교육과정 • 초등교사양성 교육과정	9(14.7)
유아 교육과정	• 유아 교육과정 내용 • 유초 교육과정 연계성	5(8.2)
계		61(100)

〈표 5-1〉에 제시된 바와 같이, 교육과정 비교연구는 초·중등 교육과 관련하여 가장 많이 이루어졌으며(77.1%), 그 다음으로는 대학(14.7%), 유아(8.2%) 교육에 관한 순으로 이루어졌다. 초·중등 교육과 관련된 연구 주제로는 '국가나 주 수준의 교육과정 총론'(32.8%), '교과서'(19.7%), '국가나 주 수준의 교과 교육과정'(13.1%) 등이 많이 다루어졌다. 좀 더 세부적으로 보면, 가장 많이 연구된 '국가나 주 수준의 교육과정 총론'과 관련해서는 교육과정 개정 및 개발, 교육과정 개혁 동향, 교육과정 구조 등이 주로 비교연구되었다. '교과서'와 관련해서는 교과서 내용에 대한 분석과 교과서 정책에 대한 비교가 많이 이루어졌다. 또한 '국가나 주 수준의 교과 교육과정(각론)'과 관련해서는 각 교과 교육과정의 내용이나 문서 체제, 개발 등에 대한 비교연구가 이루어졌다. 그러나 '학교 수준 교육과정'에 대한 비교연구는 7편(11.5%) 정도로 다른 연구에 비해 상대적으로 적었다. 이들 연구로는 개별 학교의 교육과정 편성과 운영, 특별활동 교육 운영 사례, 교실 교육활동, 지리과 야외조사 활동, 핵심역량 교육과정 실천 사례 등의 주제가 다루어졌다.

한편, 대학 교육과 관련해서는 대학의 교양교육과정에 대한 연구가 많이 이루어지고 있었으며, 대학 교육과정 개혁, 신입생·직업교육훈련·교사양성 교육과정 등의 연구도 이루어지고 있었다. 유아 교육과 관련해서는 유아 교육과정 내용을 분석한 연구가 가장 많았으며, 유치원과 초등학교 교육과정의 연계를 검토한 연구도 있었다.

교육과정학에서 비교연구의 주제로서 국가나 주 수준의 교육과정이나 교과서에 대한 것을 많이 다루고 있는 것은, 우리나라의 잦은 국가교육과정 개정과 무관하지 않다. 우리나라는 정권이 바뀔 때마다 국가교육과정이 개정되는 경향이 있었으며, 그때마다 개정의 논리와 절차를 합리화하고 새로운 그 무언가를 탐색하기 위한 논의가 활성화되었다. 이 경우 교육과정학에서는 다른 나라의 사례에 대한 소개나 비교연구에 눈을 돌렸다. 잦은 국가교육과정 개정이 비교연구를 끊임없이 생산할 계기를 제공해 온 것이다.

그러나 국내 교육과정 비교연구는 주로 평가적 관점에서 이루어지고 있는 것으로 보인다. 왜냐하면 다른 나라의 교육과정에 대한 비교연구는 대부분 우리나라 교육과정 관련 정책이나 쟁점에 주는 시사점을 탐색하기 위한 목적으로 이루어지고 있기 때문이다. 캐나다 현지에서 초등학교 교실의 교육활동을 연구한 논문(정광순, 2006)과 미국의 교육과정 개혁을 비판적으로 분석한 논문(조영태, 1995) 정도가 각각 이해적 관점 및 비판적 관점에 그나마 가까운 것이라고 할 수 있다. 이러한 분석 결과는 교육과정 비교연구의 관점이나 목적이 평가적 관점이라는 제한된 틀에서 벗어나 해석적 혹은 비판적 관점을 활용한 형태로 좀 더 확대될 필요가 있음을 제시한다.

2. 연구 대상국

교육과정 비교연구에서 분석 대상으로 등장했던 해외 국가들은 12개였다. 논문마다 분석 대상국의 수가 다르긴 하나, 총 61편의 논문 가운데 한꺼번에 10개 이상의 국가를 비교한 4편을 제외하고는, 대부분이 5개국 이하를 분석 대상으로 하였다. 어느 나라가 얼마나 많이 연구되었는지를 제시하면 [그림 5-2]와 같다.

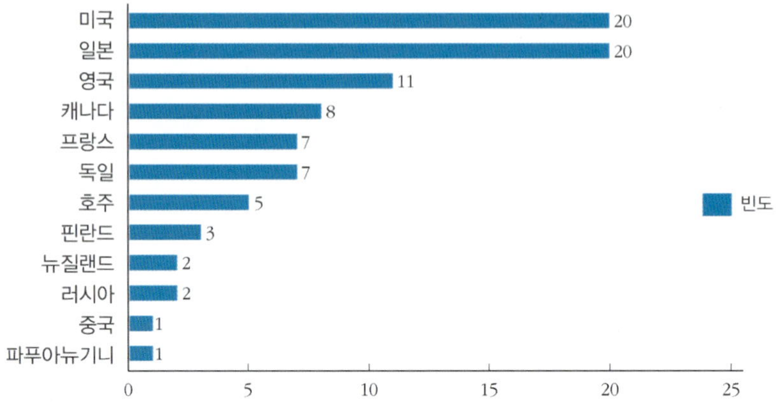

[그림 5-2] 교육과정 비교연구의 대상국

[그림 5-2]에서 볼 수 있듯이, 가장 많이 연구된 나라는 미국과 일본으로 두 나라 모두 20편의 논문에서 분석되었다. 미국과 일본 다음으로는 영국, 캐나다, 프랑스, 독일, 호주, 핀란드, 뉴질랜드 등 영국의 식민 지배를 받은 나라나 유럽의 선진국들이 분석되었다. 일본을 제외한 아시아 대륙에서는 중국만이 한번 연구되었다. 시기별로 이들 연구 대상국이 언제 주목되어 왔는지를 분석해 보면 [그림 5-3]과 같다.

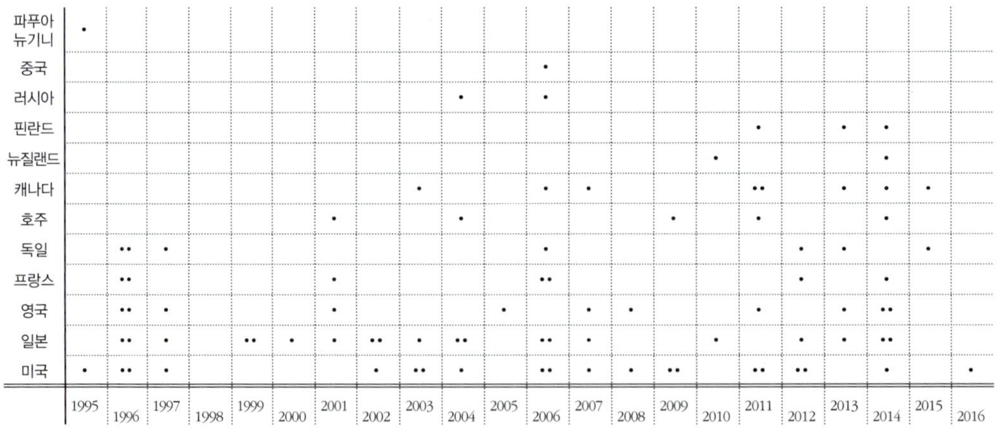

[그림 5-3] 시기별 교육과정 비교연구의 대상국

[그림 5-3]에 따르면, 미국, 일본, 영국, 프랑스, 독일 등은 1990년대부터 꾸준히 연구되어 오고 있는 것으로 나타난다. 이는 미국과 일본뿐만 아니라 유럽 선진국들의 교육과정이 우리나라 교육과정 정책을 위해 지속적으로 벤치마킹되고 있음을 보여준다. 2000년대에 들어서서야 호주, 캐나다, 뉴질랜드가 주목되며, 핀란드는 국제적인 학업성취도 평가인 PISA에서 보인 높은 성취도 때문에 최근에 관심을 얻고 있는 경향을 보인다. 러시아, 중국, 혹은 파푸아뉴기니에 대한 연구는 북미와 유럽 지향적인 연구들과는 다른 흐름을 보여준다는 점에서 의미 있다고 할 수 있으나, 최근에는 이러한 지역에 대한 연구를 찾아보기 힘들다.

한편, 연구 주제별로 비교연구된 국가들을 제시하면 〈표 5-2〉와 같다.

〈표 5-2〉 연구 주제별 분석 대상국

<table>
<tr><th colspan="2">연구 주제</th><th>하위 주제</th><th>분석 대상국</th></tr>
<tr><td rowspan="9">초중등교육과정</td><td rowspan="3">국가/주 수준 교육과정 (총론)</td><td>교육과정 개정 및 개발</td><td>독일(2), 호주(2), 일본, 영국, 프랑스, 파푸아뉴기니</td></tr>
<tr><td>교육과정 개혁 동향</td><td>미국, 캐나다, 뉴질랜드, 러시아, 일본, 영국, 호주</td></tr>
<tr><td>교육과정 구조</td><td>캐나다(4), 핀란드(2), 미국, 영국, 일본, 캐나다, 프랑스</td></tr>
<tr><td rowspan="2">교과서</td><td>교과서의 내용</td><td>미국(사회3, 수학2, 국어), 일본(수학2, 국어, 초등통합, 사회, 도덕), 영국(수학, 국어, 초등통합, 사회), 프랑스(수학2, 국어), 독일(수학, 국어, 초등통합), 핀란드(과학), 러시아(역사)</td></tr>
<tr><td>교과서 정책</td><td>미국(2), 일본</td></tr>
<tr><td rowspan="3">국가/주 수준 교과 교육과정 (각론)</td><td>교육과정 내용</td><td>미국(사회, 역사), 일본(통합교과, 정보교과), 호주(진로교육, 역사)</td></tr>
<tr><td>교육과정 문서 체제</td><td>미국(과학), 영국(과학)</td></tr>
<tr><td>교육과정 개발</td><td>영국, 캐나다, 독일</td></tr>
<tr><td colspan="2">학교 수준 교육과정</td><td>일본(3), 영국(2), 뉴질랜드(2), 캐나다(2), 미국, 프랑스, 독일, 중국</td></tr>
<tr><td colspan="3">대학 교육과정</td><td>미국(6), 일본(2)</td></tr>
<tr><td colspan="3">유아 교육과정</td><td>일본(4), 프랑스</td></tr>
</table>

※ 분석 대상국의 ( ) 안의 숫자는 해당 논문이 2편 이상인 경우의 빈도를 의미함

〈표 5-2〉에 따르면, 초 · 중등 교육과정은 여러 나라가 연구 대상이 되고 있으나, 대학 교육과정은 미국과 일본, 특히 미국의 교육과정이 많이 연구되고 있는 것으로 나타났으며, 유아 교육과정은 일본이 주로 연구되었다. 초 · 중등 국가나 주 수준의 교육과정 총론과 관련해서는 캐나다, 호주, 핀란드, 독일을 연구한 경우가 많은 것으로 나타났다. 이들 나라들은 모두 최근 들어 역량 중심으로 교육과정을 개혁한 나라들로, 정책적으로 역량 중심 교육과정을 표방한 2015 개정 교육과정을 앞두고 주목된 나라들이라고 할 수 있다. 또한 통일 전후 독일의 교육과정 개편에 관한 연구(강구섭, 2012; 김진숙 · 김창환, 2015)를 볼 수 있는데, 이 또한 남북한 통일 이후 교육에 대한 정책적 관심에 따른 것이라고 할 수 있다.

한편 교과교육과 관련해서는 수학, 사회, 국어, 초등통합 교과서나 교육과정을 분석한 연구가 많았다. 수학 교과가 가장 많이 연구되었는데, 주로 미국, 일본, 프랑스, 영국, 미국의 교과서 내용이 비교 분석되었다. 사회는 미국의 교과서나 교육과정 내용이 가장 많이 분석되었고, 일본과 영국의 교과서 내용도 연구되었다. 국어 교과의 경우는 미국, 일본, 영국, 프랑스, 독일 등의 교과서 내용이 연구되었으며, 초등통합 교과는 일본, 영국, 독일의 것이 소개되었다.

전체적으로 볼 때, 교육과정 비교연구는 총 12개국을 대상으로 이루어졌으나 이 가운데 미국과 일본이 압도적으로 많은 것으로 나타나고 있다. 이것은 우리나라가 일본의 식민 지배와 미국의 군정 지배를 받은 것과 무관하지 않다고 할 수 있다. 일본의 35년간의 식민 지배로 학교 현장에는 일제의 잔재가 여전히 남아 있으며(김복영, 2004), 교육과정도 예외가 아니어서 우리나라의 교육과정 비교연구는 유사한 체제를 갖고 있는 일본의 것을 빈번하게 벤치마킹해 오고 있다. 또한 해방 후 급속도로 진행된 미국 교육의 이식과 더불어 미국 유학을 다녀온 교육학자들의 증가로 인해 우리 교육계에 만연한 미국 중심적 가치와 태도들이 교육과정 비교연구에도 반영되고 있는 것으로 보인다.

그러나 주목해야 할 것은 우리나라가 2000년대 들어 다문화 사회로 급속히 변모하고 있음에도 불구하고 우리나라에 거주하는 외국인들의 나라에 대한 관심이 거의 없다는 점이다. 2015년 말의 인구주택총조사(행정자치부 · 통계청, 2016)에 따르면, 우리나라에 거주하는 외국인 주민 수는 171만 명으로, 총 인구 대비 3.4%에 해당한다. 외국인 주민의 국적은 중국이 52.8%로 절반을 넘으며, 다음으로는 베트남(12.6%), 인도 · 파키스탄 · 방글라데시 · 스리랑카 등의 남부아시아(5.7%), 태국(4.9%), 필리핀(4.8%), 미국(3.9%), 카자흐스탄 · 우즈베키스탄 · 키르기스스탄 등의 중앙아시아(3.1%), 캄보디아(3.1%) 순이다. 그러나 미국과 중국을 제외한 이들 나라들 대부분은 교육과정 비교연구의 대상에 포함되어 있지 않으며, 중국도 1편의 논문에서만 연구되었을 뿐이다. 이러한 연구 결과는, 비교교육학이 세계 각국의 교육을 이해하는 학문이라는 점 때문만이 아니라 우리 사회에 함께 살아가는 외국인들과의 공존을 위해서도 비교교육 연구의 대상국이 좀 더 확대될 필요가 있음을 보여준다.

3. 연구 방법

국내 교육과정 비교연구에서는 여러 방법이 사용되고 있으나, 교육과정 관련 문헌이나 자료에 대한 분석 연구(90.2%)가 압도적으로 많은 것으로 나타났다(〈표 5-3〉 참조). 이 경우에 1차 자료를 활용한 연구가 더 많긴 하나 2차 자료를 활용하는 경우도 있었다. 문헌 분석과 더불어 현지에서의 관찰이나 면담을 함께 활용하는 연구도 부분적으로 있었으나, 현지 연구만을 주된 연구 방법으로 활용한 논문은 1편에 불과했다.

〈표 5-3〉 교육과정 관련 비교교육 연구의 방법

연구 방법	빈도(%)
문헌 분석(1차 자료 활용)	41(67.2)
문헌 분석(2차 자료 활용)	14(23.0)
문헌 분석(1차 자료 활용) + 현지 연구(관찰, 면담 등)	4(6.6)
문헌 분석(2차 자료 활용) + 면담	1(1.6)
현지 연구(관찰, 인터뷰, 현지자료 등)	1(1.6)
계	61(100)

해외 단일 국가만을 집중적으로 연구한 논문은 총 43편이었으며, 나머지는 해외 2개국 이상을 비교하는 방식을 활용했다. 이러한 다른 나라를 연구할 때 우리나라를 동등하게 포함시켜 병치 비교하는 경우는 21편의 논문에서 발견되었다. 어떤 경우든 대부분의 연구는 비판적인 논의나 해석보다는 우리나라에 주는 시사점을 끌어내는 것으로 귀결되는 특징을 보였다.

이미 언급한 바 있듯이 교육과정을 나타내는 표징은 매우 다양하다(Adamson & Morris, 2014). 교육과정 문서나 교과서와 같은 문헌적 자료 이외에도 교사와 학생의 교육과정 실천, 교실의 상호작용, 학생 태도 등이 교육과정의 표징이 될 수 있다. 그러나 앞서 본 바와 같이, 국내 교육과정 비교연구는 주로 문헌자료 분석에 의존하는 특징을 보이고 있다. 물론 문헌 자료도 교육과정 비교연구를 위한 의미 있는 자료이다. 그러나 문헌 자료에만 의존하는 연구는 교육과정의 공식적이고 계획된 측면만을 보게 할 가능성이 있다. 말하자면 실제 교육현장에서 실행되고 경험되는 교육과정이 제대로 연구되지 않을 가능성이 있으며, 이로 인해 특정 나라의 교육과정을 그 나라가 처해 있는 문화적 맥락과 무관하게 이해하게 할 가능성이 있다. 나라 간 교육과정의 차이는 각 나라가 처해 있는 문화나 맥락을 알지 못하고는 올바로 이해하기 어렵다. 따라서 비교교육 연구가 갖는 강점을 살리고, 그 연구의 결과로부터 의미 있는 함의를 얻기 위해서는 현지에서 실행되고 경험된 교육과정에 대한 연구가 좀 더 활성화될 필요가 있다.

4절 비교교육학 발전을 위한 교육과정학의 과제

앞서 제시한 바 있듯이, 비교교육학은 전 세계에 걸친 교육의 다양성을 존중하고 이해하는 데 관심이 있는 학문이다. 그러나 세계비교교육학회나 비교교육학 창립자들이 내세운 '차이'나 '다름'에 대한 존중에도 불구하고, 그동안 비교교육 분야에서 수행되어 온 연구의 지형은 북미와 유럽 중심의 교육 연구로부터 크게 자유롭지 못한 편이다. 비교교육 저널이나 교재에 게재된 문헌들이 여러 나라의 다양한 제도적 역사와 지적인 전통을 병치 비교하는 방식으로 제시하고 있다거나, 제3세계 국가에 대한 연구를 얄팍하게 포함하는 정도에 그치고 있다는 지적(Takayama et al., 2017)은 이를 잘 말해 준다. 이는 우리에게도 해당되는 것으로, 우리나라에서 행해져온 비교교육 연구도 여러 나라 교육과 관련된 정보와 사실들을 나열하거나 서구 선진국의 사례를 소개하는 정도에 머물러 있는 경향이 있다(강순원, 2016; 정일환 · 이병진 · 권동택, 2013). 비교교육 연구의 이러한 동향은 비교교육 분야의 지식의 생산과 분배에 있어서 국가 간 불균등한 권력 관계를 야기할 수 있다는 점에서 문제가 있다. 이 절에서는 이러한 문제점을 극복하기 위한 비교교육학의 발전 방향과 이를 위한 교육과정 비교연구의 과제를 제시해 본다.

1. 비교교육학의 발전 방향: 탈식민주의를 향하여

일찍이 미국의 비교교육 분야의 대표적인 학회인 비교국제교육학회(Comparative and International Education Society, CIES)의 회장이었던 Arnove(2001)는, 세계 여러 지역에 대한 문헌들이 증가할 때 비교교육의 이론적 · 개념적 틀이 확장되고 북미와 유럽 중심 연구의 헤게모니가 상쇄될 것이라고 하면서 전 세계에 걸친 다방면의 연구를 요청한 바 있다. 그러나 지난 20여 년간 이 분야의 연구는 가속화된 세계화의 흐름에도 불구하고 오래된 북미와 유럽 중심적인 내러티브로부터 크게 벗어나지 못하고 있다. 북미와 유럽 중심의 인식론과 방법론이 비교교육학을 지배하고 있는 것이다.

비교교육학이 이와 같이 유럽 중심의 인식론적 틀에 지배되고 있는 것은 이 분야의 성립 및 발달 과정과 무관하지 않다. 왜냐하면 비교교육학의 탄생은 식민지 교육으로부터 비롯되었다고 볼 수 있기 때문이다(Crossley & Tikly, 2004; Takayama et al., 2017). 식민지 시대에 교육은 식민 통치의 핵심적인 기제였기 때문에 식민 제국은 식민지에 본국의 교육을 이식하고자 했다. 이에 따라 19세기 후반부터 교육이나 교육 정책의 해외 전수에 전문성을 갖춘 사람들, 즉 비교교육 학자들이 식민지의 교육체제를 수립하는 데 중요한 역할을 했다. 말하자면 식민지 교육을 설계하고 개혁하는 데에 비교교육 연구가 널리 활용되었으며, 이는 비교교육의 “어두운 면”(Hayhoe & Mundy, 2008: 5)으로 지적될 수 있는 부분이기도 하다. 이렇게 볼 때 식민지 교육을 위한 비교연구가 비교교육학의 기초가 되었음을 부인하기는 어렵다.

물론, 앞서도 언급한 바 있었던 비교교육학의 창립자 가운데 한 사람인 Kandel(1933)은 식민지 교육에 있어서 식민 제국의 교육체제를 식민지에 그대로 이식시키기보다는 이를 식민지의 문화와 필요에 맞게 적응시킬 것을 강조했다. 즉, 그는 식민지 교육에 있어서 개별 국가가 갖고 있는 국가적 특성이나 문화적 차이를 존중했다. 그러나 그는 식민 제국과 식민 종속국 간의 상당한 문화적 간극에도 불구하고 식민 종속국에서 식민 제국의 정책이 어떻게 차용되고 있는지를 연구하는 것이 학문적으로 가치가 있다고 보았다. 제국주의 시대가 끝난 1960년대 이후에도 그는 새로 독립한 국가들이 서구의 근대교육체제를 차용하는 것은, “거의 원시적인 수준을 벗어나 20세기의 문명화”(Kandel, 1961: 134)로 옮겨가는 방식이라고 보았다. 이는 서구의 근대교육체제가 스스로 발전할 수 없는 원주민을 돕는 수단이라고 보는 식민지적 세계관을 단적으로 드러낸 것이라고 할 수 있다(Takayama et al., 2017).

비교교육학은 1960년대와 1970년대 냉전 이후 개발도상국의 교육을 지원하면서 더 비약적인 성장을 하게 된다. 특히 이 시기 미국의 비교교육 분야의 연구를 이끌었던 지배적인 패러다임은 근대화 이론이었다. 근대화 이론은 초창기 비교교육학 세대의 식민지 논리처럼, 전통(문명화되지 않은 사회)과 근대화(문명화된 사회)의 이항 대립적 구조에 의존했다. 이에 따라 당시 비교교육 학자들은 문명화되지 않은 개발도상국의 교육체제를 개혁하기 위해 파견될 수 있는 전문가로 간주되었다. 미국의 교육체제 모델을 개발도상국에 이식하는 ‘원조 프로젝트’ 혹은 ‘근대화 프로젝트’가 비교교육 학자들에 의해 수행되었던 것이다. 이 시기 비교교육 학자들은 ‘진보’라는 이름으로 서구 계몽주의의 가치를 합법화하고 확산하는 전문가로서 일했다(Silova, 2012). 이와같이 식민지 시대의 유산, 즉 유럽 중심의 인식론은 비교교육 분야의 지식 형성의 기초가 되어 왔으며, 이는 오늘날에도 여전하다고 할 수 있다.

실제로 비교교육 분야에서 우리는 여러 형태의 식민지적 유산, 즉 교육에 대한 유럽 중심적 사고와 인식틀을 볼 수 있다. 무엇보다도 비교교육 분야에서 가장 광범위하게 사용되고 있는 세계화 이론에 내포되어 있는 유럽 중심적 사고를 들 수 있다. 세계화 이론은 1990년대부터 비교교육 분야에서 널리 주목받은 것으로, 특정의 교육체제가 세계 여러 나라에 어떻게 확산되고 있는지를 드러내는 데 관심이 있다. 그러나 이러한 세계화 이론에서는 전 세계적으로 확산된 개념이나 패러다임이 서구로부터 유래된 것이라고 본다. 예컨대 한국과 싱가포르와 같은 신흥발전국가들의 교육은 유럽 교육의 변종 정도로 이해되고 있는 것이다. 더구나 이 이론에서는 서구 이외의 지역들을 흔히 '나머지(Rest)'로 간주하고, 서구의 특성이 이들 지역에서 보여지지 않을 때 이를 '차이'보다는 '부재'로 설명하는 경향이 있다. 따라서 세계화 이론을 활용한 비교교육 연구는 학교교육에 대한 유럽 중심적인 관점을 유지하면서, 이 관점에서 세계의 '나머지'를 관찰하고 분류하는 데 관심을 둔다(Baker, 2012; Takayama et al., 2017).

비교교육 분야의 학술 활동에 있어서도 식민지적 증후, 즉 북미와 유럽 중심적인 경향을 볼 수 있다. WCCES에 소속된 40개국의 비교교육학회의 존재는 비교교육 연구에서 유럽 중심적인 접근을 벗어날 수 있는 소중한 자원이라고 할 수 있다. 그러나 주요 비교교육 문헌에서는 주로 이들 회원국들의 서로 다른 제도와 지적 전통을 병행적으로 소개하는 정도에 그치고 있다. 이에 대해 일부 선도적인 비교교육 학자들은 "이 분야는 미국, 영국, 캐나다, 호주 등의 영어권 세계의 학자들에 의해 지배된 채로 있다"(Kelly, Altbach & Arnove, 1982: 506)고 우려한 바 있다. Altbach(1991) 또한 CIES 회장 연설에서 이 분야의 주요 저널들이 모두 미국과 영국에 기반을 두고 있고, 지식 관리자들이 주요 영어권 국가들에 소속되어 있어서 이 분야의 지식 기반이 매우 불평등하다고 지적한 바 있다. 실제로 한 분석(Manzon, 2011)에 의하면, 비교교육 분야의 영향력 있는 저널들의 편집팀과 리뷰어는 북미와 영국, 일부 서유럽 비교교육학회 회원들이 차지하고 있으며, 따라서 이들에 의해 비교교육 연구의 이론적·방법론적 의제가 정해지고 있다.

이미 지적한 바 있듯이, 비교교육학의 학문적 독특성이자 강점은 특정 교육 문제가 세계의 여러 나라에서 어떻게 서로 달리 지각되고 경험되는지를 보여주는 것, 즉 차이와 다름을 보여준다는 데 있다. 그러나 북미와 유럽 중심적인 비교교육 연구는 교육에 대한 우리의 이해와 실천, 상상력을 주로 서구 중심적인 사고틀로 제한함으로써 비교교육의 학문적 발전을 가로막을 가능성이 있다. 이에 최근 일부 학자들은 비교교육 이론과 연구의 영역을 확장하고, 비교교육 연구가 교육 정책과 실천에 주는 함의를 좀 더 잘 이해하기 위해 탈식민주의 관점을 도입할 필요가 있음을 제시한다(Crossley & Tikly, 2004; Takayama et al., 2017; Tikly, 1999).

탈식민주의란 오늘날에도 여전히 남아 있는 갖가지 형태의 식민지적 증후를 탐색해서 이를 극복하고자 하는 담론적 실천을 의미한다. 사실 제2차 세계대전의 종전으로 많은 나라가 식민 제국의 통치로부터 벗어났지만, 이들 나라들의 식민지적 상황이 정치적 독립과 더불어 완전히 종결되었다고 보기는 어렵다(김복영, 2004). 지구의 거의 모든 지역에 영향을 미쳤던 식민 지배자들이 문화나 인종을 보는 방식, 특히 서구와 비서구를 이분화하고 서구의 우월성을 합리화하는 인식론적 틀은 식민 지배가 끝난 이후에도 여전히 우리의 인식을 지배하고 있다(주재홍·김영천, 2010; 홍원표, 2010). 탈식민주의는 현재에도 암암리에 자리하고 있는 이러한 서구 중심의 인식론적 틀을 벗어나려는 접근이라고 할 수 있다.

최근 비교교육 분야에서 제기되고 있는 탈식민주의 관점에 대한 관심은, 비교교육학에 식민지 시대의 유산이 남아 있을 뿐만 아니라 이 분야가 이를 확산하는 데 기여해 왔다는 성찰로부터 비롯된 것이다. Tikly(1999)는 일찍이 비교교육 연구에 탈식민주의 관점의 도입을 주장한 바 있다. 그에 의하면, 탈식민주의 관점은 기존의 비교교육 연구의 담론을 재개념화할 수 있을 뿐만 아니라 세계화가 교육에 미치는 영향에 대해

덜 유럽 중심적이면서 더 종합적인 설명을 개발하는 데 기초가 될 수 있다. CIES에서 출간한 비교교육 분야의 가장 영향력 있는 학술지 가운데 하나인 「비교교육리뷰」(Comparative Education Review, CER)에서도 탈식민주의 관점의 필요성이 언급되어 왔다. 예컨대 Crossley와 Tikly(2004)는 2004년 특별호에서 탈식민주의 관점이 비교교육 연구 분야에 주는 다양한 가능성을 논의한 바 있다. 또한 가장 최근에 발표된 CER의 2017년 특별호에서도 비교교육 분야 내의 식민지적 유산을 극복하기 위해 탈식민주의 관점을 활용할 필요가 있다는 점이 논의되었다(Takayama et al., 2017). 이들 학자들은 비교교육 분야를 위한 새로운 방법론을 제시한다기보다는 이 분야에 지속되어 온 식민지적 유산을 인식하고 이에 도전하며, 북미와 유럽 중심의 인식론의 지배를 받지 않는 연구와 실제를 창출하고자 하는 데 관심을 둔다.

이렇게 볼 때 비교교육 분야에서 탈식민주의 관점은 이 분야의 연구 영역을 확장하기 위해서뿐만 아니라 기존 지식의 식민성을 극복하기 위해서 필요하다고 할 수 있다. 이를 위해 비교교육 분야는 지금까지 세계의 '나머지'로 간주되어 오던 곳에서 행해져 온 것들에 관심을 가질 필요가 있으며, 이러한 '나머지'에 관심을 갖는 학자들의 연구를 비교교육 학술 문헌에 '얄팍하게(thin)'가 아니라 '두텁게(thick)' 포용할 필요가 있다(Takayama et al., 2017). 세계의 '나머지'가 북미와 유럽의 틀에 의해 재단되는 것이 중단될 필요가 있으며, '나머지' 자체의 맥락에서 행해져 온 연구들에 더 많은 관심을 둘 필요가 있는 것이다. 이들 '나머지' 지역의 연구는 비교교육 분야의 식민지적 유산을 극복하는 데 기여할 뿐만 아니라, 교육 정책이나 연구에 대한 우리의 상상력을 풍부하게 하는 원천으로도 작용할 수 있을 것이다. 요컨대 비교교육 분야에서 탈식민주의는 기존의 이론적 틀이나 관점에 도전함으로써 이전에 연구되지 않은 영역에 대한 주의를 환기시킬 수 있다(Crossley & Tikly, 2004)는 의의가 있다.

2. 비교교육학의 발전을 위한 교육과정 비교연구의 과제

앞에서 검토해 본 바와 같이, 국내 교육과정 비교연구는 우리를 한동안 지배했던 미국과 일본, 그리고 영국, 프랑스, 독일 등의 유럽 국가들을 중심으로 연구가 이루어진 경향이 있었다. 더구나 이들 나라들의 교육과정에 대한 비교연구는 우리나라 교육과정 관련 정책이나 쟁점에 주는 시사점을 탐색하기 위한 것이 대부분이었다. 그러나 국내 교육과정 비교연구에서 제3세계 국가들에 대한 것은 거의 없었으며, 우리나라에 가장 많이 거주하는 외국인의 국적인 중국에 대한 연구도 1편밖에 없었다.

이러한 국내 교육과정 비교연구 동향에 대한 분석 결과는 우리나라 비교교육학 및 교육과정학에서 생산된 지식의 식민성에 대한 우려를 자아낸다. 교육과정 비교연구는 주로 과거 식민 지배를 받았던 일본뿐만 아니라 북미와 유럽 중심의 서구 국가들의 것을 벤치마킹하는 것으로 이루어지고 있으며, 다문화 사회로의 변화에도 불구하고 우리나라에 거주하는 많은 외국인의 국가들에 대한 연구가 이루어지지 않고 있는 것이다. 이와 같은 연구 동향은 교육과정 비교연구에서 탈식민주의적 전환이 시급히 요구됨을 시사하는 것으로, 이를 위해 필요한 과제를 제시하면 다음과 같다.

첫째, 비교교육의 연구 대상국을 확대할 필요가 있다. 우리에게 친숙한 일본이나 서구 선진국만이 아니라 우리나라에 거주하고 있는 많은 제3세계 외국인들의 나라에 대한 교육과정 비교연구가 필요하다. 이들 나라들에 대한 연구는 우리와 함께 살아가고 있는 제3세계 사람들을 이해할 수 있게 할뿐만 아니라 이들에 대한 편견을 극복하는 데도 도움이 될 수 있을 것이다.

둘째, 비교교육의 식민성을 벗어날 필요가 있다. 국내 교육과정 비교연구는 북미와 유럽 중심적인 사례를 벤치마킹하는 데서 벗어나지 못하고 있다. 우리 교육과정을 북미와 유럽의 인식론적 틀로 재단하고 있는 것이다. 우리 교육과 지식의 식민성을 극복하고 비교교육학의 영역을 확대하기 위해서는 이러한 익숙한 관점에서 벗어날 필요가 있다. 탈식민주의 관점에서 우리나라 교육과정 학계나 교육과정 정책 전반에 퍼져 있는 식민성을 비판적으로 검토할 필요가 있는 것이다.

마지막으로 비교교육 연구자가 된다는 것이 무엇을 의미하는지에 대한 성찰이 필요하다. 탈식민주의에서는 비교교육 연구자가 세계 여러 곳에서 행해지는 다양한 교육에 대해 단순히 아는 것에만 관심을 두는 것을 경계한다. 지구촌적인 비교교육 지식을 산출하는 데 있어, 탈식민주의는 비교교육 연구자들이 어떤 자세로 다른 나라들을 바라보고 이들과의 관계를 어떻게 설정할 것인지에 대해 곰곰이 생각해 볼 것을 요청한다. 탈식민주의는 비교교육 연구자에게 인식론적인 문제만이 아니라 존재론적인 문제에 대해서도 깊이 성찰하도록 요구하고 있는 것이다. 비교교육 연구에서 이러한 존재론적인 성찰은 비교교육학을 본래의 관심사, 즉 세계 각국의 차이와 다름을 온전히 존중하고 이해하는 것으로 되돌리는 데 기여할 것이다.

참고문헌

강구섭(2012). 독일통일 후 동서독 교육통합 사례 연구. **비교교육 연구**, 22(1), 45-69.

강순원(2016). 21세기 유럽 비교교육학의 동향: Euro-centrism 극복의 과제. **비교교육 연구**, 26(3), 1-21.

권동택 · 김정희(2010). 「비교교육 연구(1971-2009)」 게재 논문 내용 분석. **비교교육 연구**, 20(5), 135-156.

김복영(2004). 탈식민주의 이론의 교육적 함의. **한국교육논단**, 3(1), 39-56.

김진숙 · 김창환(2015). 독일의 1990년 통일 전후 과도기의 교육과정 통합. **비교교육 연구**, 25(6), 51-77.

소경희(2017). **교육과정의 이해**. 파주: 교육과학사.

임수진(2016). 미국 비교교육학 연구 동향 분석. **비교교육 연구**, 26(1), 1-33.

정광순(2006). 캐나다와 한국 두 초등학교 교실의 교육활동 비교. **비교교육 연구**, 16(4), 265-291.

정일환 · 이병진 · 권동택(2013). 한국에서의 비교교육 연구 성과와 과제. **비교교육 연구**, 23(4), 155-172.

조영태(1995). 미국의 교육과정 개혁: 국가 표준의 제정과 교육의 재구조화 운동. **비교교육 연구**, 5(1), 159-196.

주재홍 · 김영천(2010). 학교의 국제이해 교육과정에 대한 탈식민주의적 비평. **교육과정연구**, 28(3), 27-55.

행정자치부 · 통계청(2016). 보도자료: 외국인주민수 171만명. 총인구 대비 3.4%.

홍원표(2010). 탈식민주의와 교육과정 연구: 다문화 시대의 새로운 인식론적 기반을 찾아서. **교육과정연구**, 28(1), 47-65.

Adamson, B., & Morris, P. (2014). Comparing curricula. In M. Bray, B. Adamson, & M. Mason (Eds.), *Comparative education research: Approaches and methods* (pp. 309-332). Hong Kong: Comparative Education Research Centre, the University of Hong Kong.

Altbach, P. G. (1991). Trends in comparative education. *Comparative Education Review, 35*(3), 491-507.

Arnove, R. F. (2001). Comparative and International Education Society (CIES) facing the twenty-first century: Challenges and contributions. *Comparative Education Review 45*(4), 477-503.

Baker, M. (2012). Modernity/coloniality and eurocentric education: Towards a postoccidental self-understanding of the present. *Policy Futures in Education, 10*(1), 4-22.

Crossley, M., & Tikly, L. (2004) Postcolonial perspectives and comparative and international research in education: A critical introduction, *Comparative Education Review, 40*(2), 147-156.

Hayhoe, R., & Mundy, K. (2008). Introduction to comparative and international education: Why study comparative education? In K. Mundy, K. Bickmore, R. Hayhoe, M. Madden & K. Madjidi(Eds.), *Comparative and international education: Issues for teachers* (pp. 1-21). New York: Teachers College Press.

Kandel, I. L. (1933). *Studies in comparative education*. London: Harrap.

Kandel, I. L. (1961). Comparative education and underdeveloped countries: A new dimension. *Comparative Education Review, 4*(3), 130-135.

Kelly, G., Altbach, P. G., & Arnove, R. F. (1982). Trends in comparative education: A critical analysis. In P. G. Altbach, R. F. Arnove & G. P. Kelly (Eds.), *Comparative education*(pp. 505-533). New York: Macmillan.

Manzon, M. (2011). *Comparative education: The construction of a field*. Hong Kong: Comparative Education Research Centre, University of Hong Kong.

Silova, I. (2012). Contested meanings of educational borrowing. In G. Steiner-Khamsi & F. Waldow (Eds.), *Policy borrowing and lending in education* (pp. 229-245). New York: Routledge.

Sleeter, C. E., & Grant, C. A. (1991). Race, class, gender and disability in current textbooks. In M. Apple & L. K. Christian-Smith (Eds.), *The politics of the textbook* (pp. 78-110). London: Routledge.

Takayama, K., Sriprakash, A., & Connell, R. (2017). Toward a postcolonial comparative and international Education. *Comparative Education Review, 61*, S1-S24.

Tikly, L. (1999). Postcolonialism and comparative education. *International Review of Education. 45*(5/6), 603-621.

이 글은 소경희(2017. 6). 비교교육학과 교육과정학: 탈식민주의 관점에서 본 국내 교육과정 관련 비교교육 연구 동향, 2017 한국비교교육학회 학술대회 자료집, 9-22.; 소경희(2018. 9). 탈식민주의 관점에서 본 국내 교육과정 관련 비교교육 연구 동향: 『비교교육연구』 학술지에 게재된 논문을 중심으로, 23-44.를 토대로 보완 · 작성한 것임.

6

CHAPTER

비교교육학과 교육평가학

1절 · 교육평가학의 학문적 성격

2절 · 비교교육학과 교육평가학의 관계

3절 · 교육평가학 연구에서 비교교육학 연구 동향

4절 · 비교교육학 발전을 위한 교육평가학의 과제

1절 교육평가학의 학문적 성격

평가(evaluation)는 "특정한 기준을 이용하여 어떤 사물이나 인간의 가치를 결정하는 체계적인 행위"(Scriven, 1991), 즉 대상의 가치나 질에 대한 판단을 의미하며, 교육평가는 교육의 과정에서 가치 판단을 위한 의사결정을 목적으로 행하는 평가로 정의된다. 교육평가는 학생의 학업 성취 정도를 확인하거나 교수-학습 과정에서 어려운 점을 파악하는 데에 사용될 수 있다. 또한 교육의 질 향상, 교육과정과 교수-학습 프로그램 및 교육자료 등의 개선, 정책 구안이나 의사결정을 위한 기초 자료 제공 등의 기능도 한다.

교육평가학은 교육평가와 관련하여 광범위한 영역을 포괄한다(성태제, 2010). 평가의 대상으로는 학생, 교사, 교육행정가와 같은 인적 대상이 있으며, 물적 대상으로 각종 교육기관, 시설, 환경 등의 하드웨어와 교육 프로그램이나 교육과정 같은 소프트웨어가 포함된다. 또한 메타 평가, 즉 평가에 대한 평가도 교육평가학에서 다루는 주요 평가 대상이다.

교육평가는 방법적인 측면에서 양적 평가와 질적 평가로 구분할 수 있다(성태제, 2010). 측정(measurement)이란 "우리가 경험하는 사물 또는 그들 간의 관계에 일관성 있게 숫자를 부여하는 것"을 의미하며(이순묵, 2002: 13), 잠재적인 속성의 측정을 위해 우리는 검사(test)라는 도구를 사용한다. 그리고 검사를 이용한 측정에 의해 객관적 자료를 수집하여 실시하는 평가가 양적 평가이다. 양적 평가만으로는 심층적인 분석이 제한된다는 제한점이 지적되면서 질적 평가에 대한 관심이 증가하고 있으나 수량화된 경험적 자료에 대하여 과학적 방법론을 적용할 수 있다는 장점으로 인해 학문으로서 교육평가는 주로 양적 평가를 대상으로 하고 있다.

따라서 교육평가학은 주로 측정과 관련된 문제들을 다루며, 교육 분야에서 주로 인간의 잠재적 속성을 측정한다는 점에서 심리측정학(psychometrics)의 연구 문제를 다루는 경우가 많다. 잠재적 속성의 측정에 사용되는 도구를 의미하는 검사에 대한 방법론, 즉 검사이론(test theory)이 교육평가학에서도 주요한 연구 영역이며, 검사이론에는 고전검사이론(classical test theory)과 문항반응이론(item response theory) 등이 있다(Crocker & Algina, 1986). 고전검사이론은 피험자로부터 관찰된 점수를 진점수(true score)와 오차(error)의 합으로 규정하여 이를 기반으로 검사의 신뢰도를 추정할 수 있는 근거를 제공해 준다. 일반화가능도이론(generalizability theory)과 같이 수행평가 등 복수의 채점자가 있는 경우에도 적용할 수 있는 이론도 등장하였으나(Brennan, 2001), 20세기 중반 이후 보다 정교한 검사이론인 문항반응이론으로 연구 영역이 빠르게 이동하였다(Embretson & Reise, 2000).

문항반응이론은 문항과 피험자의 능력 간 관계를 이용하여 문항에 답할 확률을 모형화하는 확률모형에 대한 방법론을 말한다(Baker & Kim, 2004). 선다형 등과 같이 문항의 정답 여부만을 판정하는 경우, Likert 척도와 같이 응답 범주가 여러 개인 경우(Andrich, 1978; Masters, 1982), 수행형 평가와 같이 채점자가 복수인 경우(Linacre, 2018) 등에 대한 문항반응이론 모형이 개발되었다. 하나의 독자적인 모형으로 개발되었으나 문항의 정답 여부만을 판정하는 이분문항에 적용되는 모형 중 가장 간단한 문항반응이론 모형으로 간주되는 Rasch 모형에 대해 간단히 설명하면 다음과 같다.

검사를 치를 때 학생들은 직접 관찰은 불가능하지만 간접적으로 측정할 수 없는 잠재적 속성인 구인(construct)을 사용한다. 학생들이 인지적 · 정의적 · 심동적 영역에 해당하는 구인을 이용해 검사를 치른다면 이에 대응하는 검사 문항의 속성으로 난이도가 있다. 인지적 능력을 측정하는 검사에서 문항 난이도가 높을수록 정답을 맞히기 위해서는 높은 수준의 능력이 필요하며, 문항 난이도가 높지 않다면 상대적으로 낮은 수준의 능력만으로도 충분하다. 이렇게 문항의 정답을 맞히기 위해서는 그에 상응하는 수준의 능력이 필요하지만 능력 수준이 높다고 해서 항상 정답이 보장되는 것은 아니며, 문항 난이도 수준보다 학생 능력 수준이 높아질수록 정답을 맞힐 확률이 증가한다. 즉, 문항 난이도와 학생 능력 수준 간 관계는 결정론적인(deterministic) 관계가 아니라 확률적인(stochastic) 관계이다(박찬호, 2013, 2018).

Rasch 모형에서는 피험자의 능력과 문항 난이도 간 비율이 로지스틱 함수로 연결되며, 이를 다음 식 (1)과 같이 표현할 수 있다.

$$P(X_{ni}=1)=\frac{\exp(\beta_n-\delta_i)}{1+\exp(\beta_n-\delta_i)} \qquad (1)$$

즉, n번째 피험자가 i번째 문항의 정답을 맞힐 확률은 n번째 피험자의 잠재 능력 β_n과 i번째 문항의 난이도 δ_i를 이용한 로지스틱 함수로 표현된다. 다음 [그림 6-1]은 잠재 능력의 변화에 따른 정답 확률을 그래프로 나타낸 것이다. 능력 수준이 증가할수록 문항의 정답 확률은 S자 곡선의 형태로 서서히 증가한다. Rasch 모형에서는 정답 확률의 증가 속도가 가장 빠른 지점, 즉 정답 확률 1/2에 해당하는 능력 수준을 문항 난이도로 정의한다. 즉, 문항 난이도와 피험자 능력을 동일한 척도에서 표현함으로써 비교가 가능해지는 것이다(Rasch, 1960).

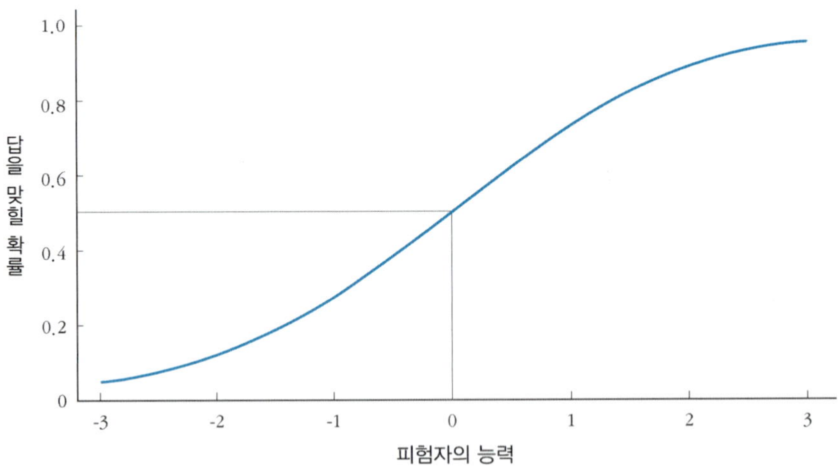

[그림 6-1] Rasch 모형 문항특성곡선

문항반응이론은 문항의 속성을 이용하여 문항마다 고유한 문항특성곡선(item characteristic curve)을 찾아내는 방법론을 말하며, [그림 6-1]은 Rasch 모형에서 난이도가 0인 문항의 예이다. Rasch 모형에서는 이와 같이 문항 난이도, 즉 곡선의 위치만으로 문항특성곡선이 정해진다. 반면 문항특성곡선을 구할 때 문항 난이도 외에 변별도까지 고려하는 모형을 2모수 모형, 추가로 유사 추측도까지 고려하는 모형을 3모수 모형이라 한다(Baker & Kim, 2004; de Ayala, 2009; Embretson & Reise, 2000).

Rasch 모형과 같은 문항반응이론 모형을 이용함으로써 교육평가에서는 보다 과학적인 측정이 가능해졌으며, 이를 기반으로 학문적 연구의 영역이 점차 확장되고 있다. 문항반응이론을 바탕으로 차별적 문항기능(differential item functioning), 검사 동등화(test equating), 컴퓨터화 적응검사(computerized adaptive testing) 등 측정학적인 문제뿐만 아니라 측정 결과를 이용하여 관련 변수들 간 관계를 파악하는 구조방정식모형(structural equation modeling), 측정의 위계적 구조를 반영하는 위계적 회귀분석(hierarchical linear modeling) 또는 다층모형분석(multilevel modeling) 등 연구 범위가 넓어지고 있다. 특히 문항반응이론 모형을 구조방정식모형이나 다층모형의 틀에서 이해함으로써 기존의 벽을 허물고 연구 영역을 새롭게 확장하는 시도가 점차 활발해지고 있다(Fox, 2001, 2007; Mehta & Neale, 2005).

교육평가학은 그밖에도 교육평가와 관련된 제반의 방법론을 다루고 있다. 앞서 언급한 주제 외에도 준거를 바탕으로 평가 결과를 해석하는 준거참조평가를 위한 준거 설정(standard setting), 최근 활용이 증가하는 진단평가를 위한 인지진단모형(cognitive diagnosis model) 등이 교육평가학의 연구 영역에 포함된다(Cizek & Bunch, 2007; Rupp, Templin & Henson, 2010). 또한 물적 평가에 해당하는 프로그램 평가, 기존의 연구 결과를 종합하는 메타 연구, 평가에 대한 평가를 의미하는 메타 평가 등도 교육평가학에서 다루는 방법론적 연구 주제들이다.

교육평가학의 연구는 측정과 관련된 방법론적 주제 외에도 평가의 개념이나 활용과 관련된 주제들을 다루고 있다. 핵심 역량 또는 21세기 역량이 교육의 중심 이슈로 대두되면서 이를 어떻게 평가할 것인가에 대한 이론적이며 실천적인 연구가 이루어지고 있다(Trilling & Fadel, 2009). 특히 핵심 역량은 경제협력개발기구(The Organisation for Economic Co-operation and Development, OECD)에서 실시하는 국제학생평가프로그램(Programme for International Student Assessment, PISA)에서 협동적 문제해결력, 글로벌 역량 등으로 연구되고 있으며 이들에 대한 평가도 이루어지고 있다. 사회의 변화에 대비하는 교육의 노력은 단지 무엇을 어떻게 가르칠 것인가에 그치지 않고 어떻게 평가할 것인가에 대한 고민을 동반해야 한다.

핵심 역량의 교육과 평가는 하나의 국가 또는 지역에 한정되는 문제는 아니다. 이는 세계적으로 공통되는 문제일 뿐만 아니라 국가 또는 지역의 특수성을 고려해야 하는 문제이기도 하다. 그러므로 핵심 역량을 포함한 평가에서 국가 또는 지역 간 비교는 교육평가학에서 중요한 연구 영역이다. OECD의 PISA를 비롯하여 국제교육성취평가협회(International Association for the Evaluation of Educational Achievement, IEA)에서 주관하는 수학·과학 성취도 추이변화 국제비교연구(the Trends in International Mathematics and Science Study, TIMSS), 국제독해력추이연구(Progress in International Reading Literacy Study, PIRLS) 등 다양한 국제비교평가가 실시되고 있다. 국제비교평가는 양과 질 모두 점차 확대되는 추세이다.

국제비교평가는 비교교육학의 관점에서도 중요한 주제이지만 교육평가학에서도 중요한 문제이다. 국제비교평가는 평가에서 포괄하는 내용적·형식적 범위가 넓어 방법론적으로도 정밀하고 과학적이어야 한다. 즉 교육평가학의 지금까지 연구 성과를 집대성해야 하는 영역이다. 그뿐만 아니라 국제비교평가는 다시 교육평가학에 새로운 연구 주제를 제시하기도 한다. 국제비교평가라는 특수한 상황에 알맞은 평가의 내용과 방법을 확보하는 것은 비교교육학과 교육평가학 모두에 해당되는 연구 주제이며, 현재로서는 두 학문 분야 간 연계가 가장 크게 두드러지는 주제이기도 하다.

2절 비교교육학과 교육평가학의 관계

비교교육학은 교육학의 분과 학문이면서 교육학의 다른 분과 학문들을 포괄할 수도 있다는 점에서 독특한 성격을 지닌다. 즉 교육철학, 교육사학, 교육사회학, 교육법학 등의 대부분의 교육학 분과 학문을 비교교육학의 관점에서 다룰 수 있다. 교육평가학 역시 마찬가지로 교육학의 한 분야이지만 비교교육학의 관점에서도 살펴볼 수 있다. 교육학의 분과 학문이면서 다른 학문 분야를 포괄할 수 있다는 비교교육학의 특성은 역으로 비교교육학의 학문적 정체성을 확립하는 데 장애가 될 수도 있다. 비교교육학의 학문적 정체성을 확립하기 위해서는 교육학의 여러 분과 학문과의 관계를 정립하는 것이 필요하며, 이는 교육평가학과의 관계에 대해서도 동일하게 적용된다.

교육평가학은 평가의 내용을 다루기도 하지만 평가 방법론이 연구 영역에 포함된다는 특징을 지닌다. 평가는 양적 평가와 질적 평가로 구분할 수 있으며 각각은 엄밀한 방법론을 필요로 한다. 질적 평가에도 적절한 방법론이 필요하지만, 특히 양적 평가는 심리적 구인에 수를 부여하는 절차, 즉 측정을 기반으로 하므로(Thorndike, 1918) 교육평가학의 전공자 중 다수가 심리측정을 위한 통계적 방법론을 다루고 있다. 평가의 내용은 특정 분야에 한정되지 않기 때문에 교육평가학에서는 평가의 내용보다는 방법론에 집중하는 경우가 많다.

이와 같이 교육학의 다른 분과 학문들과 달리 교육평가학에서는 방법론을 다루고 있어 비교교육학과의 관계 정립이 쉽지 않다. 따라서 이들의 관계를 집중적으로 조망한 선행 연구도 발견하기 어렵다. 비교교육학이 교육평가학을 포괄하는 측면이 있으나 교육평가학에서 다루는 모든 방법론이 비교교육학에 해당한다고 보기도 어렵기 때문이다. 따라서 이 절에서는 비교교육학과 교육평가학의 관계를 전체적으로 조망하여 체계적으로 정리하는 방대한 작업을 시도하기보다 두 학문 분야의 접점을 찾아 이들이 양 분야에서 어떤 의미를 지니는지 살펴보고자 한다. 즉, 비교교육학과 교육평가학의 관계를 정리한다기보다 이들의 관계 정립을 위한 시발점이 되고자 한다.

교육평가학과 비교교육학 간 접점으로는 앞 절에서 언급하였듯이 점차 확대되고 있는 국제비교평가를 들 수 있다. 국제비교평가는 순위경쟁보다는 국가 간 비교 평가를 통하여 각 나라의 교육 정책과 실천을 개선하기 위한 자료를 제공하는 취지로 시행되었으며 단지 학생들의 학업성취도 결과 비교만이 아니라 각 나라의 정치, 경제, 문화를 아우르는 전반적 비교를 위해 실시되고 있다(정영근, 2010). 국제비교평가는 비교교육학에 많은 시사점을 제공할 수 있는 유용한 분야이지만 여러 나라를 포함해야 하는 어려움과 시행의 방대함으로 인하여 매우 복잡한 방법론을 사용하고 있다. 따라서 국제비교평가의 결과를 '비교교육학적으로' 활용하기 위해서는 그 취지와 방법론을 개략적으로라도 이해할 필요가 있을 것이다.

비교교육학에서는 국가 간 비교를 포함하여 집단 간 차이 분석을 요하는 경우가 많다. 국가 간 비교와 같은 대규모 비교의 경우 각 집단이 처한 상황과 입장의 차이가 커서 단일 변수에 대한 일차원적(unidimensional) 분석만으로는 결과 해석에 제한이 많거나 심지어 시도하기 어려운 경우도 존재한다. 따라서 비교교육학, 특히 국제비교연구에서는 단지 집단 간의 평균을 비교하는 t-검정이나 분산분석(analysis of variance, ANOVA)만으로는 분석에 한계가 있어 그보다 정교한 방법론이 종종 요구된다. 따라서 일군의 교육평가학 연구자들이 집단, 특히 국가 간의 차이를 다차원적 · 다층적으로 분석하는 방법론을 연구하고 있고 일정한 성과를 거두고 있다. 그러므로 집단 간 차이 분석에 있어 주의해야 할 점과 복합적인 분석을 위해 사용할 수 있는 비교적 새로운 방법론을 소개하고자 한다.

특히 비교교육학과 교육평가학 간의 소통을 활성화하기 위하여 최근의 국제비교평가와 관련하여 제안되거나 사용된 연구방법들을 소개하고자 한다. 다음 절에서는 교육평가학 연구에서 비교교육학 연구동향을 살핌에 있어, 특히 국제비교평가의 목적과 구조 등을 살펴보고 그 목적과 구조에 맞추어 제안되고 실행된 연구들을 일부 소개할 것이다. 이를 통하여 국제비교연구에서 교육평가학이 거둔 성과를 알리고, 나아가 비교교육학 연구에 이러한 방법론을 적용함으로써 비교교육학이 학문적으로 진일보할 수 있는 발판을 마련하고자 한다.

3절 교육평가학 연구에서 비교교육학 연구 동향

1. 국제비교평가의 역사

국제비교평가는 1964년부터 12개국의 수학 교육을 비교하기 위해 실시된 제1차 국제수학연구(First International Mathematics Study, FIMS)를 기원으로 한다(D. Rutkowski, L. Rutkowski & von Davier, 2014). FIMS에서는 국가들 간의 공정한 비교를 위하여 정교한 연구 설계를 시도하였다. 13세와 중등학교 마지막 학년 등 두 개의 모집단에서 학생들을 표집하였으며 참여국들의 다양한 교육 관련 변인을 측정하기 위한 방안들이 채택되었다. 특히 교육과정 문서에 기록된 의도된 교육과정(intended curriculum)만이 아니라 실제로 학생들이 교실에서 받고 있는 교육을 의미하는 실행된 교육과정(implemented curriculum)과 성취된 교육과정(achieved curriculum)을 모두 다루고 있다.

FIMS는 '12개국 시범연구(Pilot Twelve-Country Study)'의 하나로 시작되었다. 평가 영역은 수학, 독해, 지리, 과학, 비언어능력(non-verbal ability) 등 5개였으며 벨기에, 영국, 핀란드, 프랑스, 독일, 이스라엘, 폴란드, 스코틀랜드, 스웨덴, 스위스, 미국, 유고슬라비아 등 12개국의 학생들을 위해 평가도구가 5개 언어로 제작되었다. 이 평가연구의 결과는 참여국들의 특징을 나타내는 국가 프로파일의 형태로 제시되었으며, 남녀 학생들 간 성차도 함께 보고되었다(Foshay, Thorndike, Hotyat, Pidgeon & Walker, 1962).

12개국 시범연구를 통해 대규모의 국가 간 평가연구가 가능하며 이를 통해 단일 국가 내 연구만으로는 획득하기 어려운 정보를 얻을 수 있음이 확인되었다. 이에 따라 국제비교평가를 전담할 수 있는 기구인 IEA가 1967년에 창설되었다. IEA는 자료분석에 기반하여 교육 결과에 영향을 미치는 변인의 효과를 과학적으로 분석하는 것을 목적으로 하였다. 이는 국가 간 비교를 통하여 단일 국가 내의 분석만으로는 파악하기 어려운 가치 있는 정보를 얻을 수 있다는 여러 나라의 공통된 인식이 반영된 결과이다.

IEA가 설립되면서 국제비교평가는 그 대상과 규모가 확대되었다. 1970~1971년에는 이른바 '6과목 조사(the Six Subject Survey)', 즉 과학, 독해, 문학교육, 외국어로서의 영어, 외국어로서의 프랑스어, 시민교육에 대한 비교연구가 실시되었다. 많은 국가에서 15세까지 의무교육을 실시하고 있어 13세 학생을 대상으로 했던 FIMS와는 달리 14세를 대상으로 바꾸었으며 일부 과목에 대해서는 10세 학생과 중등교육 마지막 해의 학생에 대한 조사도 실시하였다. 학생의 학업성취에 영향을 미치는 변인에 대한 조사도 확대되었다.

이후 정보통신기술이 발달하면서 나라들의 참여가 편리해지고 또한 세계 각국이 자국민의 학력 향상을 위한 책무성 정책을 펼치면서 국제비교평가는 점차 확대되고 있다. 학력 향상을 위해서는 자국의 상대적 위치 파악뿐만 아니라 국제비교평가 연구를 통해 확인된 각종 교육 관련 변인을 활용할 필요가 있기 때문이다. 이에 따라 30개 이상의 국제비교평가 연구가 실시된 것으로 알려지고 있다(Porter & Gamoran, 2002). FIMS는 이후 초기에 별도로 실시되던 과학 평가와 통합되었고 1995년 이후 TIMSS라는 이름으로 4년마다 실시되고 있으며 OECD에서 주관하는 PISA와 함께 대표적인 국제비교평가로 자리매김하고 있다.

국제비교평가는 점차 확대되고 있어 TIMSS는 추가로 기초적인 평가인 TIMSS Numeracy, 고급 수준의 수학과 물리 평가인 Advanced TIMSS, 컴퓨터 기반 평가인 eTIMSS 등으로 확대되고 있다(Mullis & Martin, 2017). 그밖에 PIRLS, 국제컴퓨터정보활용능력연구(International Computer and Information Literacy Study, ICLS), 시민교육연구(Civic

Education Study, CIVED), 국제시민교육연구(International Civic and Citizenship Education Study, ICCS) 등의 국제비교평가가 현재 실시되고 있다.

2. 국제비교평가의 목적과 활용

국제비교평가는 참여국들의 이해관계가 다른 만큼 다양한 목적을 충족시키기 위해 실시된다(신기현, 2006; Heyneman & Lee, 2014; Wagemaker, 2014). 국제비교평가에 참여하는 국가들은 자국의 교육정책, 교육과정, 교수법 등이 교육성취에 미치는 영향을 다각도로 파악하고자 한다. 이러한 다면적인 목적을 충족시키기 위해서 국제비교평가의 결과는 다차원적으로 제시될 필요가 있다. 즉, 국제비교평가의 결과는 다차원적인 진단의 기능을 수행할 필요가 있다(Camilli & Fox, 2015).

국제비교평가에 참여하는 국가들은 평가 결과를 활용하여 다양한 분석을 통해 유용한 결과를 얻고자 한다. 이에 IEA나 OECD 등은 일부를 제외한 평가 문항과 설문 결과 등을 공개하고 있으나 복잡한 설계로 인해 활용에 제약을 받는 경우가 많다. 국제비교평가에서는 여러 나라를 동시에 비교하기 위해 많은 문항이 필요하다(심재호 · 노은희 · 김명화, 2012). 각 응시자에게 수백 개에 달하는 문항을 모두 시행하기 어렵기 때문에 국제비교평가에서는 대체로 응시자에게 일부 문항 블록(block)만을 시행하는 행렬표집(matrix sampling) 기법을 적용한다. 행렬표집은 〈표 6-1〉의 예와 같이 각 응시자에게 일부 문항군만을 제공하는 검사 설계를 말하며, 문항과 학생 모두 표집된다는 점에서 다중행렬표집(multiple matrix sampling)이라고도 부른다(Gonzalez & Rutkowski, 2010). 〈표 6-1〉에서 각 학생에게는 6개의 문항 중 4개의 문항만이 주어지지만 전체적으로 보았을 때 6개의 문항이 모두 사용되고 있다. 또한 각각의 문항은 12명의 학생 중 8명에게만 제공되며 각 학생에게 주어진 문항은 서로 다를 수 있다.

이렇게 다중행렬표집은 국가와 같은 대규모 집단을 비교하고자 할 때 응시자 개인의 부담을 줄이기 위해 사용되므로 이 설계에서 각 학생에게 주어지는 문항은 일부분에 불과하다. 예를 들어 TIMSS의 경우 과목이나 학년에 따라 차이가 있으나 대체로 학생들은 수백 개의 문항 중 20% 미만의 문항만을 배정받으며 각자에게 주어지는 문항 수도 서로 같지 않다. 각자에게 주어지는 문항 수가 서로 달라 맞힌 문항 수만으로 학생들을 서로 비교할 수 없다. 대안적으로 정답 문항의 비율을 고려할 수 있으나 그 역시 문항 난이도가 서로 달라 사용하기 어렵다.

〈표 6-1〉 행렬표집의 예

학생	문항 1	문항 2	문항 3	문항 4	문항 5	문항 6
1	X	X	X	X		
2		X	X	X	X	
3			X	X	X	X
4	X			X	X	X
5	X	X			X	X
6	X	X	X			X
7	X	X	X	X		
8		X	X	X	X	
9			X	X	X	X
10	X			X	X	X
11	X	X			X	X
12	X	X	X			X

X: 학생 시험지에 포함됨을 의미

출처: "Principles of Multiple Matrix Booklet Designs and Parameter Recovery in Large-Scale Assessments," by E. Gonzalez and L. Rutkowski, 2010, Issues and Methodologies in Large-Scale Assessments, 3, p. 127.

국제비교평가에서는 일반적인 평가의 경우처럼 학생들을 서로 비교할 수 있는 능력 추정치를 구하기 어려우며, 따라서 국가들 간 비교할 수 있는 평균값도 산출하기 쉽지 않다. 이렇게 정답 수나 정답 비율과 같이 고전검사이론에 기반한 능력치는 사용하기 어렵고 문항의 수나 난이도에 따라 달라지지 않는(invariant) 능력치를 제공하는 문항반응이론을 고려해야 한다(Baker & Kim, 2004; de Ayala, 2009). 그러나 국제비교평가의 경우 각 학생에게 주어지는 문항이 매우 적기 때문에 문항반응이론을 적용하더라도 각 개인의 능력에 대한 안정적인 추정치는 얻기 어렵다.

국제비교평가 분석의 기본틀로는 문항반응이론이 이용되고 있으나, 다중행렬표집의 문제로 인해 개인의 능력을 먼저 산출하고 국가별로 평균을 구할 수 없기 때문에 국가 수준 평균값 산출을 위해 공변인을 활용하는 다중대체(multiple imputation) 방법인 '그럴듯한 값 방법론(plausible values methodology)'을 일반적으로 사용한다(von Davier, Sinharay, Oranje & Beaton, 2006). 또한 국가 내에서도 평가를 받는 학교와 학급이 단계적으로 표집되는 다단계표집(multistage sampling)을 사용하고 있어 표집방법과 국가별 인구 규모에 따른 편파를 보정하기 위해 단계별로 가중치를 적용해야 한다(Stapleton, 2014).

국제비교평가 결과에 대한 관심이 국가 간 순위에 치우치는 경우가 많다는 데 대한 비판적인 시각이 있다. 즉 국가 수준의 진단적 정보가 부족하다는 것이다(Camilli & Fox, 2015; Stone, Ye, Zhu & Lane, 2010). 문항반응이론을 다차원적으로 확장한 모형(Reckase, 2009)을 이용해 다차원적인 진단 정보를 구하고자 할 수 있으나 다중행렬표집으로 인해 적용에 어려움이 있으며, 각 문항은 국가 간 서로 다른 문화, 교육체제, 교수학습 방법 등으로 인해 차별적으로 기능할 여지가 있다(Glas & Jehangir, 2014).

3. 다집단 분석과 차별적 문항기능

국제비교평가는 여러 나라가 참여하므로 다집단 분석(multigroup analysis)을 적용할 수 있다. 다만 다집단 분석 시 해석 가능성을 고려하여 일반적으로 두 개의 집단만을 대상으로 한다. 또한 다집단 분석은 동일성 검증(test of invariance)을 필요로 하며 해결할 수 있는 연구 문제가 제한적이다.

문항 수준의 다집단 분석방법으로 차별적 문항기능(differential item functioning) 분석이 있다(Holland & Wainer, 1993). 차별적 문항기능의 예로 잘 알려진 것은 미국의 대학입학 시험인 SAT의 유추(analogy) 문항이다. [그림 6-2]에 제시된 이 예는 다음과 같이 strawberry와 red의 관계와 같은 관계를 지니는 쌍을 찾는 문제이다(Shultz & Whitney, 2005: 382).

strawberry: red

(a) peach: ripe (b) leather: brown
(c) grass: green (d) lemon: yellow

[그림 6-2] 차별적 문항기능의 예

[그림 6-2]의 문항은 과일과 그 색을 찾는 문제로 (d)를 정답으로 의도하였다. 그러나 나무에 달려 있는 초록색 레몬에 익숙한 중남미 계열의 학생들은 오히려 (c)를 정답으로 선택한 경우가 많았다. 이와 같이 측정하고자 하는 구인 이외의 요소가 특정 집단에게 차별적으로 작용하는 경우를 차별적 문항기능이라 한다.

차별적 문항기능은 동일한 능력의 피험자에게 측정 구인 이외의 요소로 인해 문항에 다르게 반응하는 경우를 나타낸다. 따라서 국제비교평가의 경우에는 맞힌 문항 개수의 합을 의미하는 총점을 기반으로 하는 차별적 문항기능 분석 방법인 SIBTEST(Shealy & Stout, 1993), Mantel-Haenszel 방법(Holland & Thayer, 1988), 로지스틱 회귀분석 방법(Swaminathan & Rogers, 1990), 그리고 문항반응이론 기반의 분석방법인 Lord의 카이제곱 방법(Lord, 1980), Raju의 면적 방법(Raju, 1988), 가능도검사 방법(Thissen, Steinberg & Wainer, 1988) 등을 모두 적용하기 어렵게 된다.

행렬표집의 문제로 인하여 Park(2017)은 국제비교평가인 TIMSS에 차별적 문항기능

분석을 적용하면서 개별 학생의 능력치 대신 문항 정답률을 기반으로 하는 delta plot 방법(Angoff, 1972)을 적용하였다. 한국, 미국, 일본 세 나라의 8학년 학생들을 대상으로 분석한 결과 한국과 미국 학생들 간에 차별적으로 기능하는 7개의 문항을 발견하였으며 이중 4개의 문항은 미국 학생들에게, 3개의 문항은 한국 학생들에게 유리한 것으로 확인되었다. 흥미롭게도 한국 학생들에게 유리한 3개의 문항은 모두 내용 영역에서 '기하'에 속했으며, 미국 학생들에게 유리한 4개의 문항은 모두 인지 영역에서 '지식'에 속했다. 이는 선행 연구와 유사한 결과이다(K. Tatsuoka, Corter & C. Tatsuoka, 2004; Park & Bolt, 2008). 반면 한국과 일본 사이의 차별적 문항기능 분석은 뚜렷한 양상을 보여주지는 않았지만, 차별적으로 기능하는 문항을 제거하면 한국과 일본의 능력 차이가 감소하여 일본보다 우세한 한국 학생들의 수학 능력은 일부 차별적 문항기능에 기인하는 것으로 확인되었다.

4. 다층모형 분석

교육평가 자료는 대체로 학생이 학교에 내재되고 다시 학교가 상위 집단(예를 들어, 지역)에 내재되는 등의 위계적인 구조를 이루고 있으며(Bock, 1989), 이는 국제비교평가에 더욱 두드러지게 나타난다. 위계적 구조의 예는 다음 [그림 6-3]부터 [그림 6-6]까지에 제시되어 있다. [그림 6-3]은 학생이 학교에 내재되어 있는 위계적 구조를 나타내며, [그림 6-4]는 학생이 여러 시점에 반복적으로 측정되는 위계적 구조를 나타낸다. [그림 6-3]과 [그림 6-4]는 모두 2수준의 위계적 구조를 나타낸다. 이를 확장하면 [그림 6-5]와 같이 [그림 6-3]의 위계적 구조 위에 지역이 존재하거나, [그림 6-6]과 같이 [그림 6-4]의 위에 학교라는 상위 집단이 존재하는 3수준의 위계적 구조도 가능하다.

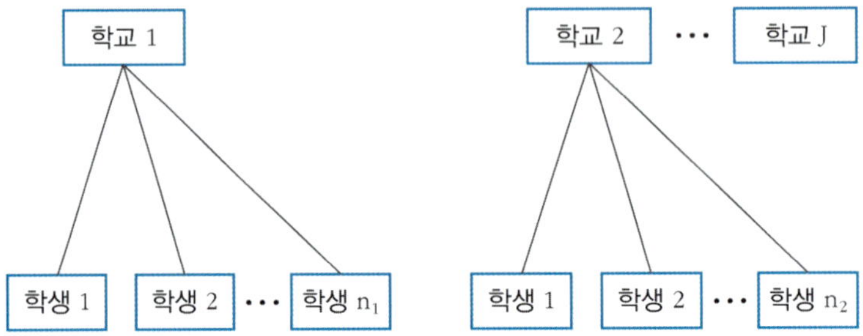

[그림 6-3] 개인이 집단에 내재된 2수준 위계적 구조

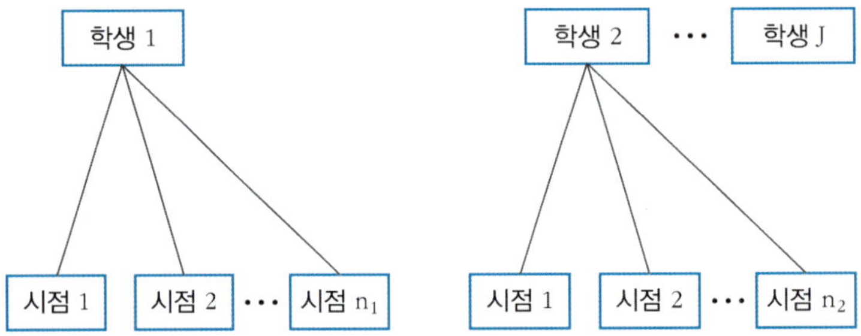

[그림 6-4] 개인이 다시점에 측정된 2수준 위계적 구조

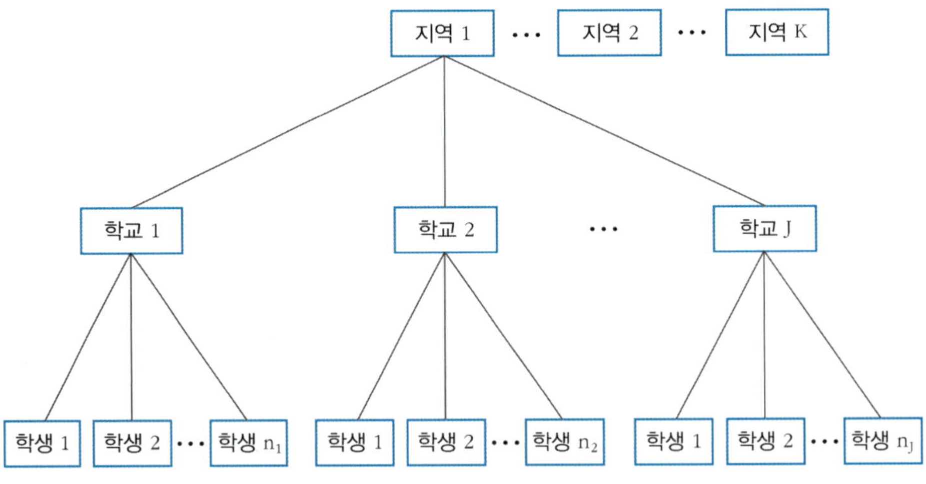

[그림 6-5] 개인과 집단이 상위 집단에 내재된 3수준 위계적 구조

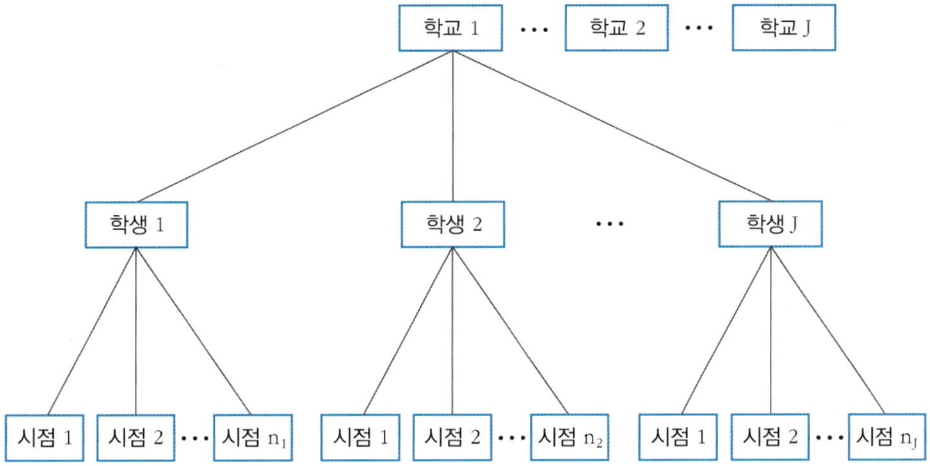

[그림 6-6] 다시점에 측정된 개인이 집단에 내재된 3수준 위계적 구조

국제비교평가의 경우 국가 내에서 학교와 학급을 표집하는 다단계 표집을 사용하고 있어 위계적 구조를 지니고 있으며 집단 간에는 서로 차이를 보이는 경우가 흔하다. 이 경우에는 다층모형(multilevel model) 또는 위계적 선형모형(hierarchical linear model)을 적용하여 분석할 필요가 있다(Raudenbush & Bryk, 2002). 이렇게 자료가 지니는 위계성을 무시하고 분석을 진행할 경우 집단 수준의 분석 결과를 개인에게 적용하는 생태학적 오류(ecological fallacy)나 개인 수준의 분석 결과를 집단에 잘못 적용하는 원자론적 오류(atomistic fallacy)가 발생할 수 있다(Snijders & Bosker, 1999).

전술한 대로 국제비교평가에서는 문항반응이론이 보통 유용하지만 이렇게 학생의 상위집단이라는 위계성이 존재하는 경우에 대하여 전통적인 문항반응이론 대신 다층문항반응이론(multilevel item response theory)이 제기되었다. 다층문항반응이론은 문항반응이론에 위계적 선형모형을 접목한 모형으로 볼 수 있으며(Adams, Wilson & Wu, 1997; Fox, 2001, 2007; Kamata, 2001), 다층문항반응이론이 적절한 경우 이를 무시하고 전통적인 방법으로 분석을 진행하면 정확하지 않은 분석 결과가 산출되는 문제가 발생한다(박찬호, 2013). TIMSS나 PISA와 같은 국제비교평가는 국가를 비교의 대상으로 하므로 다층모형이 유용할 수 있다. 다집단 분석과 달리 다층모형 분석에는 집단의 수에 대한 제약이 적으며 오히려 집단이 많을수록 집단 수준의 분산을 추정하기 수월하다. 다층모형과 문항반응이론이 결합된 다층문항반응이론은 국제비교평가에서 유용하게 활용될 수 있다.

Park과 Bolt(2008)는 다층문항반응이론을 바탕으로 하는 진단평가 모형을 개발하고 제안함으로써 검사의 다차원성에도 불구하고 비교적 쉽게 국가들을 프로파일의 형태로 분석하고 진단할 수 있는 방법론을 제시하였다. TIMSS 2003에 이 방법론을 적용한 결과 한국 학생들이 다른 나라의 학생들과 비교하였을 때 기하 영역에서 강점을 보임을 찾아내는 등(K. Tatsuoka et al., 2004) TIMSS 수학 검사의 내용적 · 인지적 요소별 참여국의 장단점을 프로파일의 형태로 제공하였다. 또한 이 방법은 박찬호 · 신진아 · 김완수(2014) 및 박찬호 · 시기자 · 박인용 · 구남욱(2015)과 박찬호(2017)의 연구에 적용됨으로써 국가 수준 학업성취도 평가와 같이 우리나라의 지역연구에서도 효과적인 분석 도구임을 보여주었다.

또한 박찬호(2018)는 일반화선형혼합모형(generalized linear mixed model)을 이용하여 집단을 상세하게 비교할 수 있는 학교 진단평가 실시 방안을 제시하고 모의실험을 통해 정확한 진단이 가능함을 보여주었다. 이는 국제비교평가와 같이 비교교육의 관점에서 교육평가를 활용할 때 적합한 방법으로서 횡단연구에만 국한되는 기존 연구방법의 한계를 확장한 것이다. 또한 일반화선형혼합모형의 틀을 이용함으로써 분석 시에 사용할 수 있는 컴퓨터 프로그램도 비교적 쉽게 접근할 수 있게 되었으며, 집단 간 차이의 원인을 설명할 수 있는 변인을 추가할 수 있게 되었다는 점도 기존 연구에 비하여 진일보한 것이다.

4절 비교교육학 연구 발전을 위한 교육평가학의 과제

교육평가학에서 다루는 방법론은 비교교육학과의 관계 정립을 어렵게 만드는 요인일 수도 있다. 그러나 최근 교육평가에서 제안된 각종 방법론이 국제비교평가 연구에서 기존의 방법들로는 밝히기 어려운 연구문제들을 해결해 줌으로써 비교교육학의 지평을 넓혀줄 수 있다는 점에서 긍정적인 면도 찾을 수 있다. 수많은 비교교육 연구에서 다루는 국가 간 비교는 학생들의 학업성취도 평가든 정의적 영역에 대한 평가든 국가 간 평균만을 비교하게 되면 분석을 통해 밝혀낼 수 있는 것이 매우 제한적이다. 예를 들어 TIMSS와 같은 학업성취도 평가의 경우 나라마다 정치, 경제, 문화 등이 다르고 직접적으로는 학교의 교육과정이나 교육환경 등도 모두 서로 다르다. 그런데 단지 국가별 평균만을 비교하면서 참여국들의 상대 등수에 집착하거나 정의적 영역에 대한 설문 결과의 차이 검정에 치중하는 것은 비교의 본질을 흐릴 수 있다.

국제비교평가에서는 폭넓은 비교를 위해 다중행렬표집, 표집에 따른 가중치 적용 등을 적용하고 있다. 이로 인해 사용할 수 있는 분석방법에도 제한이 많다. 간단한 예로서, 학생별 점수가 산출되지 않음으로 인해 국가 간 평균 차 검정 시에 t-검정이나 분산분석을 사용할 수 없게 된다. 학생이 국가에 내재된 위계적 구조를 감안하여 위계적 선형모형과 같은 다층모형을 적용할 때도 대첫값(imputation)을 적용해야 하는 어려움이 따른다.

최근 국제비교평가 결과 분석을 위해 문항 수준의 다집단 분석방법이라 할 수 있는 차별적 문항기능 분석에서 학생 개인의 능력치 추정을 전제하지 않는 delta plot 방법을 적용하거나(Park, 2017), 다층모형에 문항반응이론이 결합된 다층문항반응이론 기반의 진단평가 모형을 이용하여 평가문항의 인지적 · 내용적 요소에 대한 국가별 장단점을 프로파일로 제공하는 방법(박찬호 외, 2014, 2015) 등이 제안된 바 있다. 그러나 교육평가학의 연구자들이 보다 정교하고 세밀한 연구 방법론에 몰두하면서 교육평가학과 비교교육학의 간극은 좁혀지지 않고 있다. 즉, 국제비교를 위해 개발된 방법론이 더 복잡해

지면서 그 방법론의 사용자가 되어야 할 비교교육학 연구자들은 오히려 방법론으로부터 멀어지는 모순이 발생하고 있다. 예를 들어, 최근 국제비교연구를 위해 다층문항반응이론을 이용한 다차원적 진단평가 방법은(Park & Bolt, 2008) 방법론적 난해함으로 인해 사용자가 확대되지 못하고 있다.

지역연구와 함께 비교교육학에서 주로 다루는 국가 간 비교는 앞서 언급하였듯 단순한 평균 비교 분석만으로 풍부한 결과를 도출하기 어렵다. 그러나 아무리 우수한 방법론이 만들어진다 하더라도 그러한 도구의 사용자가 확보되지 않으면 그 방법론은 쓸모가 없을 것이다. 결국 비교교육학과 교육평가학 간의 원활한 소통을 위해서는 교육평가 분야에서 제안되는 방법론을 이해하고 활용하려는 비교교육학자들의 노력과 제안하고자 하는 방법론의 가치를 알리기 위한 교육평가학자들의 노력이 동시에 필요할 것이며, 그러한 상호 간의 노력을 통해 비교교육학이 학문으로서 더욱 풍부해질 수 있을 것이다. 즉, 방법론을 쉽게 풀어 널리 알림으로써 연구자가 도구를 손쉽게 사용할 수 있도록 하는 교육평가 학계의 노력과 함께 이러한 도구들을 사용함으로써 보다 정밀하고 정확한 분석을 통해 정책적 시사점을 도출하고자 하는 비교교육 연구자들의 노력이 함께 요구된다.

21세기를 맞아 핵심 역량을 중심으로 교육을 재편하려는 움직임이 거세다. 핵심 역량의 중요한 구성요인 중 하나가 글로벌 역량(global competency)이라는 점은 역량 중심의 교육에서 국가 간 비교를 통하여 많은 시사점을 얻을 수 있다는 것을 의미한다. 국가 간, 지역 간 차이를 객관적으로 이해하고 활용하기 위해서는 평가를 이용한 양적 자료의 수집과 분석이 필요하다. 그러나 평가나 양적 자료의 분석이 단지 피상적인 수준의 분석에 그치거나 비교의 복잡한 맥락을 반영하지 못한다면 비교연구의 결과가 집단의 차이에 대한 심층적인 이해에 도달하지 못할 것이다. 비교교육학과 교육평가학이 서로에게 도움이 될 수 있는 최선의 결과에 다다르기 위해서는 비교교육에서 더 정확한 평가 방법이 적용될 수 있도록 하려는 노력, 교육평가의 결과를 비교교육의 관점에서 더 정확히 이해하고 해석하려는 노력이 모두에게 요구될 것이다.

참고문헌

박찬호(2013). 다층 구조를 이루는 이분문항 자료의 급내상관계수 추정 방안 비교. **교육평가연구, 26**, 459-476.

박찬호(2017). 다층문항반응이론 기반의 TIMSS 수학평가 결과 분석. **열린교육연구, 25**(2), 177-198.

박찬호(2018). 일반화선형혼합모형을 이용한 학교 진단평가 방안. **교육평가연구, 31**(1), 81-100.

박찬호 · 시기자 · 박인용 · 구남욱(2015). 다층문항반응이론 기반의 학교 간 차이 및 연도 간 변화 추이 분석 방안. **교육평가연구, 28**, 1401-1422.

박찬호 · 신진아 · 김완수(2014). 집단수준 진단평가를 활용한 학교 향상도 상승 및 하락 학교 프로파일 분석. **교육평가연구, 27**, 1243-1264.

성태제(2010). **현대교육평가**(3판). 서울: 학지사.

신기현(2006). PISA의 학습 평가틀에 대한 비판적 분석. **열린교육연구, 14**(1), 165-183.

심재호 · 노은희 · 김명화(2012). 국내외 학업성취도 평가의 서답형 문항 특성과 채점 체제 고찰. **열린교육연구, 20**, 159-185.

이순묵(2002). **사회과학을 위한 측정의 원리**. 서울: 학지사.

정영근(2010). 세계화시대 비교교육학 연구의 문제와 과제: 국제교육정책 비교연구의 문제점을 중심으로. **교육의 이론과 실천, 15**(1), 123-142.

Adams, R. J., Wilson, M., & Wu, M. (1997). Multilevel item response models: An approach to errors in variables regression. *Journal of Educational and Behavioral Statistics, 22*, 47-76.

Andrich, D. (1978). A rating formulation for ordered response categories. *Psychometrika, 43*, 357-374.

Angoff, W. H. (1972). *A technique for the investigation of cultural differences*. Paper presented at the Annual Meeting of the American Psychological Association. Honolulu, HI.

Baker, F. B., & Kim, S. H. (2004). *Item response theory: Parameter estimation techniques* (2nd ed.). New York: CRC Press.

Bock, R. D. (1989). *Multilevel analysis of educational data*. New York: Academic Press.

Brennan, R. L. (2001). *Generalizability theory*. New York: Springer.

Camilli, G., & Fox, J. P. (2015). An aggregate IRT procedure for exploratory factor analysis. *Journal of Educational and Behavioral Statistics, 40*, 377-401.

Cizek, G. J., & Bunch, M. B. (2007). *Standard setting: A guide to establishing and evaluating performance standards on tests*. Thousand Oaks, CA: Sage.

Crocker, L., & Algina, J. (1986). *Introduction to classical and modern test theory*. Fort Worth, TX: Holt, Rinehart and Winston.

de Ayala, R. J. (2009). *The theory and practice of item response theory*. New York: Guilford.

Embretson, S. E., & Reise, S. P. (2000). *Item response theory for psychologists*. Mahwah, NJ: Lawrence Erlbaum.

Foshay, A. W., Thorndike, R. L., Hotyat, F., Pidgeon, D. A., & Walker, D. A. (1962). *Educational achievements of thirteen-year-olds in twelve countries: Results of an international research project,*

1959-1961. Hamburg, Germany: UNESCO Institute for Education.

Fox, J. P. (2001). *Multilevel item response theory: A Bayesian perspective on estimating parameters and testing statistical hypotheses* (Unpublished doctoral dissertation). University of Twente.

Fox, J. P. (2007). Multilevel IRT modeling in practice with the package mlirt. *Journal of Statistical Software, 20*, 1-16.

Glas, C., & Jehangir, K. (2014). Modeling country-specific differential item functioning. In L. Rutkowski, M. von Davier, & D. Rutkowski (Eds.), *Handbook of international large-scale assessment: Background, technical issues, and methods of data analysis* (pp. 97-115). Boca Raton, FL: CRC.

Gonzalez, E., & Rutkowski, L. (2010). Principles of multiple matrix booklet designs and parameter recovery in large-scale assessments. *IERI Monograph Series: Issues and Methodologies in Large-scale Assessments, 3*, 125-156.

Heyneman, S. P., & Lee, B. (2014). The impact of international studiesof academic achievement on policy and research. In L. Rutkowski, M. von Davier, & D. Rutkowski (Eds.), *Handbook of international large-scale assessment: Background, technical issues, and methods of data analysis* (pp. 37-72). Boca Raton, FL: CRC.

Holland, P. W., & Thayer, D. T. (1988). Differential item performance and the Mantel-Haenszel procedure. In H. Wainer & H. I. Braun (Eds.), *Test validity* (pp. 129-145). Hillsdale, NJ: Lawrence Erlbaum Associates.

Holland, P. W., & Wainer, H. (Eds.). (1993). *Differential item functioning*. Hillsdale, NJ: Lawrence Erlbaum.

Kamata, A. (2001). Item analysis by the hierarchical generalized linear model. *Journal of Educational Measurement, 38*, 79-93.

Linacre, J. M. (2018). *A user's guide to WINSTEPS*. Retrieved July 15, 2018 from https://www.winsteps.com/manuals.htm

Lord, F. M. (1980). *Applications of item response theory to practical testing problems*. Hillsdale, NJ: Lawrence Erlbaum.

Masters, G. N. (1982). A Rasch model for partial credit scoring. *Psychometrika, 47*, 149-174.

Mehta, P. D., & Neale, M. C. (2005). People are variables too: Multilevel structural equations modeling. *Psychological Methods, 10*(3), 259-284.

Mullis, I. V. S., & Martin, M. O. (Eds.) (2017). *TIMSS 2019 assessment frameworks*. Retrieved July 15, 2018 from Boston College, TIMSS & PIRLS International Study Center website http://timssandpirls.bc.edu/timss2019/frameworks/

Park, C. (2017). A comparative study on TIMSS mathematics assessment of Korea, Japan, and the USA: A differential item functioning approach. *Korean Journal of Comparative Education, 27*(5), 1-19.

Park, C., & Bolt, D. M. (2008). Application of multilevel IRT to investigate cross-national skill profiles on TIMSS 2003. *Issues and Methodologies in Large-Scale Assessments, 1*, 71-96.

Porter, A. C., & Gamoran, A. (Eds.) (2002). *Methodological advances in cross-national surveys of educational achievement*. Washington, DC: National Research Council.

Raju, N. S. (1988). The area between two item characteristic curves. *Psychometrika, 53*, 495-502.

Rasch, G. (1960). *Probabilistic models for some intelligence and attainment tests*. Copenhagen, Denmark: Danish Institute for Educational Research.

Raudenbush, S. W., & Bryk, A. S. (2002). *Hierarchical linear models: Applications and data analysis methods* (2nd ed.). Newbury Park, CA: Sage.

Reckase, M. D. (2009). *Multidimensional item response theory*. New York: Springer.

Rupp, A. A., Templin, J., & Henson, R. A. (2010). *Diagnostic measurement: Theory, methods, and applications*. New York: Guilford.

Rutkowski, D., Rutkowski, L., & von Davier, M. (2014). A brief introduction to modern international large-scale assessment. In L. Rutkowski, M. von Davier, & D. Rutkowski (Eds.), *Handbook of international large-scale assessment: Background, technical issues, and methods of data analysis* (pp. 3-9). Boca Raton, FL: CRC.

Scriven, M. (1991). *Evaluation thesaurus* (4th ed.). London, UK: Sage.

Shealy, R. T., & Stout, W. (1993). A model based standardization approach that separates true bias/DIF from group ability differences and detects test bias/DIF as well as item bias/DIF. *Psychometrika, 58*, 159-194.

Shultz, K. S., & Whitney, D. J. (2005). *Measurement theory in action: Case studies and exercises*. Thousand Oaks, CA: Sage.

Snijders, T., & Bosker, R. (1999). *Multilevel analysis: An introduction to basic and advanced multilevel modeling*. Thousand Oaks, CA: Sage.

Stapleton, L. M. (2014). Incorporating sampling weights into single- and multilevel analyses. In L. Rutkowski, M. von Davier, & D. Rutkowski (Eds.), *Handbook of international large-scale assessment: Background, technical issues, and methods of data analysis* (pp. 363-388). Boca Raton, FL: CRC.

Stone, C. A., Ye, F., Zhu, X., & Lane, S. (2010). Providing subscale scores for diagnostic information: A case study when the test is essentially unidimensional. *Applied Measurement in Education, 23*, 63-86.

Swaminathan, H., & Rogers, H. J. (1990). Detecting differential item functioning using logistic regression procedures. *Journal of Educational Measurement, 27*, 361-370.

Tatsuoka, K. K., Corter, J. E., & Tatsuoka, C. (2004). Patterns of diagnosed mathematical content and process skills in TIMSS-R across a sample of 20 countries. *American Educational Research Journal, 41*, 901-926.

Thissen, D., Steinberg, L., & Wainer, H. (1988). Use of item response theory in the study of group difference in trace lines. In H. Wainer & H. Braun (Eds.), *Test validity* (pp. 147-170). Hillsdale, NJ: Lawrence Erlbaum Associates.

Thorndike, E. L. (1918). The nature, purposes and general methods of measurements of educational products. In G. M. Whipple (Ed.) *National society for the study of educational products: Seventeenth yearbook* (pp. 16-24). Bloomington, IL: Public School Publishing.

Trilling, B., & Fadel, C. (2009). *21st century skills: Learning for life in our times*. San Francisco, CA: Jossey-Bass.

von Davier, M., Sinharay, S., Oranje, A., & Beaton, A. (2006). Statistical procedures used in the National

Assessment of Educational Progress (NAEP): Recent developments and future directions. In C. R. Rao and S. Sinharay (Eds.), *Handbook of statistics (Vol. 26): Psychometrics*. Amsterdam: Elsevier.

Wagemaker, H. (2014). International large-scale assessments: From research to policy. In L. Rutkowski, M. von Davier, & D. Rutkowski (Eds.), *Handbook of international large-scale assessment: Background, technical issues, and methods of data analysis* (pp. 11-36). Boca Raton, FL: CRC.

이 글은 박찬호(2018. 3). 비교교육학과 교육평가학. 비교교육연구, 28(1), 135-151.를 토대로 보완·작성한 것임.

CHAPTER 7

비교교육학과 교육사회학

1절 교육사회학의 학문적 성격

오늘날 인간이 영유하는 활동은 다양화되고 있을 뿐만 아니라 점점 더 복잡한 양상을 띠고 있다. 정치활동, 경제활동, 사회활동, 문화활동 등은 대표적인 인간의 활동이며, 인간은 이러한 활동에 영향을 줄 뿐만 아니라 그러한 활동으로부터 영향을 받고 있다. 즉, 인간과 인간 활동 사이에 상호작용이 존재하고 있는 것이다. 인간의 제반 활동은 다양한 메커니즘(mechanism)을 가지고 있으며 그 나름의 추구하는 다른 목적을 가지고 있다. 비록 이러한 활동이 다른 목적 및 내용을 지니고 이루어지고 있지만 분명한 사실은 이 모든 활동이 사회(society)라는 하나의 커다란 구조 속에서 이루어지고 있다는 것이다. 사회라는 구조를 벗어나서는 인간의 활동은 생각할 수 없으며 또한 아무런 의미가 없다고 할 수 있다.

인간이 추구하는 많은 활동 중 매우 중요한 위치를 차지하고 있는 활동이 교육 또는 교육활동이다. 오늘날의 교육은 과거와는 다른 관점에서 평생 동안 이루어지고 있다고 보고 있다. 즉, 인간은 태어나면서부터 죽을 때까지 교육을 받고 있으며 형식적인 학교 교육뿐만 아니라 비형식적인 교육 모두가 이루어지고 있다. 이러한 교육 및 교육활동은 앞서 언급한 인간의 제반 활동과 마찬가지로 사회라는 큰 구조 속에서 이루어지고 있다. 교육은 한편으로 사회를 깊이 반영하고 사회로부터 구속을 받는다. 다른 한편으로 부분적으로나마 자유롭기도 하며, 사회에 적극적으로 영향을 미치기도 한다(이종각, 2005). 교육과 사회는 서로 영향을 주고받으며 발전을 꾀하고 있고 교육의 제반활동은 사회구조 속에서 이루어지고 있는 것이다.

교육과 사회와의 관계는 크게 세 가지 측면으로 설명할 수 있다(이종각, 2005). 교육은 사회에 대해 기본적 관계, 수동적 관계, 능동적 관계의 세 가지 관계를 가지고 있다. 첫째, 교육의 사회에 대한 기본적 관계란 본질을 의미하는 것으로 교육과 관련된 모든 활동 자체가 사회를 벗어나서는 아무 의미가 없음을 뜻하는 것이다. 둘째, 교육의 사회에 대한 수동적 관계란 교육이 사회로부터 받는 일방적 영향을 말한다. 교육은 우선은 사회의 피구속적인 활동이며 교육은 사회가 만들어 놓은 대로 이루어지는 측면이 강하다. 교사든 학생이든 학부모든 이미 사회에 의해 만들어진 제도와 내용과 방식에 따라 교육을 시키며 받고 있다. 교육의 다양한 측면들이 사회의 제도, 규범, 규칙, 가치 등에 의해 영향을 받고 있음을 나타낸다. 셋째, 교육의 사회에 대한 능동적 관계란 교육이 사회에 미치는 영향으로 혁신적 관계인 것이다. 이것은 주체적인 인간의 형성이 교육을 통해 이루어지고 있고 교육받은 인간이 사회 발전에 영향을 미치고 있는 것이다. 이렇게 볼 때 교육은 사회의 여타 부문으로부터 완전히 구속된 것이 아니라 상대적 자율성을 가진 하위부문이며, 사회와 적극적인 관계를 맺고 있는 것이다.

이처럼 교육과 사회는 불가분의 관계 속에 놓여 있다. 따라서 교육 또는 교육과 관련된 제반 현상이나 문제들을 이해하기 위해서는 그 기저가 되는 사회적 메커니즘을 이해해야만 한다. 이것이 교육에 대한 사회학적 탐구 및 이해 또는 교육사회학에 대한 탐구와 이해가 필요한 까닭이다.

교육의 사회적 탐구와 이해라고 여겨지는 교육사회학(sociology of education)과 사회학(sociology)은 여러 가지 면에서 유사성을 띠고 있다. 교육사회학이란 무엇인가를 물었을 때 흔히 교육학과 사회학을 접목시킨 학문이라고 말한다. 이러한 대답은 교육사회학과 사회학의 구분이 모호하여 교육사회학의 정체성을 상실하게 만든다. 왜냐하면 교육사회학과 사회학은 엄연히 구분되기 때문이다. 따라서 여기서는 교육사회학과 사회학이 어떻게 구분되며, 각각은 어떤 특성을 지니고 있는지에 대한 논의를 통해 교육사회학의 정체성을 탐색해 보고자 한다.

사회학은 19세기 중엽에 프랑스의 실증주의 철학자 Comte가 인간의 집단이라는 뜻을 가진 Socius라는 라틴말과 연구를 의미하는 logos라는 라틴말을 합쳐서 사회학, 즉 Sociology라는 말을 처음 썼다. 사회학은 이때부터 실증적인 과학으로 발전되어 왔으며 인간과 집단의 관계를 연구하는 것이 사회학의 본질로 되어 왔다(차경수 · 최충옥 · 이미나, 2002).

일반적으로 사회학은 집단 상황에서 인간을 연구한다. 이 틀 속에서 사회학은 여러 가지 연구 분야로 나뉠 수 있다. 예를 들면, 사회의 기구나 제도에 대한 연구, 과정에 대한 연구, 집단 관련 상황에 대한 연구 등으로 나뉠 수 있는 것이다. 이러한 연구의 초점 속에서 사회학은 인간과 인간 간의 관계, 집단과 인간의 관계, 인간의 사회적인 상호작용, 거기에서 형성되는 사회구조와 그 변화과정 등에 관한 경험적인 연구를 하는 학문이다. 특히 사회집단, 가족, 학교, 이웃, 지역사회 등과 같이 사회생활의 기본적인 단위에 대한 연구에 사회학자들은 많은 관심을 가지고 있다. 이처럼 사회학은 사회구조의 기본 틀 속에서 사회구조를 형성하고 있는 많은 측면을 연구한다. 그러한 많은 연구는 사회를 이해하기 위한 이론과 실증적인 자료를 축적시켜 왔고 발전을 거듭하고 있다.

사회학에서의 질문의 기본은 인간의 집단 또는 사회관계의 파악에 있다. 사회학적 탐구의 질문은 인간의 집단생활과 그러한 집단생활의 산물에 관련되어 있다. 사회학적 관심은 관습, 제도, 전통, 가치체제들이 어떻게 형성되어 왔으며, 그러한 것들이 집단생활에 어떤 영향을 미치는가에 관심을 갖는다. 즉, 사회학적 질문은 인간이 만들어 낸 사회적 세계에 관한 질문이다(이종각, 2005).

여기서 Berger(1963)가 제시하고 있는 사회학적 질문은 사회학의 전형적인 질문이 무엇인가를 파악하는 데 도움을 준다. 첫째, 인간들은 여기서 서로 무엇을 하고 있는가? 둘째, 인간들은 서로 어떤 관계를 유지하고 있는가? 셋째, 사회제도 속에서 그러한 관계들이 어떻게 조직되어 있는가? 넷째, 인간들과 그런 제도들을 그와 같이 움직이게 하는 집단이념은 무엇인가? 이러한 Berger의 질문은 사회학의 탐구가 인간과 집단 또는 사회와의 관계 속에서 파생되고 있음을 시사하고 있다. 이런 점에서 사회학은 사회질서(social order)에 대한 탐구이며, 인간이 영유하고 있는 모든 측면은 사회학의 연구대상이 될 수 있는 것이다. 결국 사회학의 기본적인 문제의식은 인간(개인)과 집단(사회)과의 관계를 연구하는 데서 출발한다.

비록 교육사회학이 연구방법이나 접근방법에서 사회학과 많은 관련성을 지니고 있지만 그 나름의 독특성을 가지고 있다. 교육사회학에서의 일차적인 관심의 초점은 교육이나 교육과 관련된 측면이다. 즉, 사회 속에서 교육의 의미와 교육활동에 대한 탐구라고 볼 수 있다. 이러한 측면을 이종각(2000: 25-26)은 다음과 같이 진술하고 있다.

> 교육사회학은 교육질서에 대한 학문적 탐구이다. 교육질서는 넓은 의미의 사회질서의 한 측면이다. 교육질서는 인간의 공통체적인 삶에 있어서 성원들의 교육과 관련된 행동이 유형화된 모습을 뜻한다. 교육질서란 교육에 관련이 깊은 다양한 요소들이 관계를 맺는 방식을 말한다.

이러한 진술에서 교육사회학의 기본적인 출발점은 사회와 교육 및 인간의 세 측면으로부터임을 알 수 있다. 이 세 측면이 어떤 상호 관련성을 맺고 있으며 각각이 다른 측면에 어떤 영향을 주고 어떤 영향을 받고 있는지를 탐구하게 되는 것이다. 좀 더 구체적으로 교육사회학에서 다루고 있는 몇 가지 탐구문제를 열거하면 다음과 같다. 첫째, 교육행위자들(교사, 학생, 학부모, 교육행정가 등)은 어떤 교육행위를 하고 있는가? 둘째, 이들 교육행위자들은 서로 어떤 관계에 있는가? 셋째, 교육제도는 이들 교육행위자들의 행위와 관계에 어떤 영향을 미치는가? 넷째, 이러한 것들은 사회제도와 사회이념과 어떻게 관련되어 있는가? 결국, 교육사회학은 사회와의 관련 속에서 교육을 파악하며, 사회적 맥락 속에서 일어나고 있는 개인 또는 집단의 교육행위에 관한 탐색을 목적으로 하고 있고, 그 탐색을 위한 도구로 사회학적 조망을 이용하고 있는 것이다.

앞서 살펴본 것처럼 교육사회학은 그 초점 및 관점에 있어서 사회학과는 구별되는 독립된 학문이다. 교육사회학이 사회학만큼 그 역사에 있어서 오래되지 않았지만 많은 발전을 거듭하여 이제는 하나의 독립된 학문체계를 이루고 있다. 교육사회학의 본질을 알아보기 위해 교육사회학에 대한 다양한 정의나 그 접근방법을 살펴보기로 한다.

교육사회학자들이 교육사회학의 성격과 그 본질을 규명하기 위해 많은 노력을 기울여 왔으나 아직 만족할 만한 성과를 거두지 못하고 있다(차경수 · 최충옥 · 이미나, 2002). 이는 학문으로서의 길지 않은 연한, 사회학과의 구분의 모호성, 연구 영역의 중첩 등에서 기인하는 것으로 볼 수 있다. 하지만 국내 · 외의 여러 교육사회학자들은 교육사회학을 어떻게 규정하고 있는지를 살펴보는 것은 교육사회학의 의미를 좀 더 구체적으로 이해하는 데 도움을 줄 수 있으리라 본다.

Corwin(1965)은 교육사회학은 도덕적 교육사회학으로부터 과학적 교육사회학으로 발전되어 가고 있으며, 과학적 교육사회학의 정립이 앞으로의 과제라고 하였다. Prichard와 Buxton(1973)은 교육사회학은 교육에 대한 사회학적 연구이며, 그것은 사회학의 한 하부영역이라고 주장하고 있다. 그리고 Parelius와 Parelius(1978)는 교육사회학은 사회학의 과학적 연구방법에 의하여 교육현상을 연구하는 것이라고 정의하고 있다. 또한, Bidwell과 Friedkin(1988)은 교육사회학의 가장 중심적인 것은 바로 교육활동에 대한 분석이며, 교육활동의 분석에는 교육의 유형과 내용, 사회구조 속에서의 교육, 개인과 집단의 교육적 성과 등에 대한 분석이 포함될 수 있다고 하였다.

한편, 차경수 · 최충옥 · 이미나(2002)는 교육사회학이란 교육에 대한 사회학적 연구로서 교육체제와 교육의 과정에서 발생하는 집단의 관계를 사회학적인 연구에서 성취된 지식, 기술, 방법 등으로 연구하는 학문으로 규정하고 있다. 이종각(2000)은 교육사회학이란 ① 사회 속에서 차지하는 교육의 의미와 교육질서의 탐구, ② 교육을 사회와의 관련 하에서 파악하며, 사회적 맥락 속에서 일어나고 있는 개인 혹은 집단의 교육행위에 관한 탐색, ③ 개인 · 집단 · 조직 · 문화 · 사회 간의 상호관련성과 교육과의 관계를 탐구하는 학문으로 설명하고 있다.

이처럼 교육사회학의 의미는 학자에 따라, 시대의 흐름에 따라 다양한 각도에서 정의되고 있다. 이것은 교육사회학을 사회학적인 관점을 더 중요시 여기느냐, 교육학적인 관점을 더 중요시 여기느냐에 따라 나타날 수 있는 모습이다. 이러한 정의들을 분석 · 종합하여 교육사회학의 의미를 규정지어보면 다음과 같다. 첫째, 교육사회학의 초점은 교육에 있다. 교육 및 교육현상을 탐구하는 교육학의 많은 영역들처럼 교육사회학의 탐구영역은 교육에 있다. 둘째, 교육사회학은 교육 및 교육현상을 사회적 맥락 속에서 탐구한다. 교육이 이루어지는 모습이나 현상을 탐색하기 위해 집단 또는 사회라는 커다란 구조가 또한 탐색된다. 사회의 제 구조 속에서 교육은 사회로부터 어떻게 영향을 받으며 또한 사회에 어떻게 영향을 주고 있는지를 탐구한다. 셋째, 교육사회학은 교육에 대한 과학적 이해와 설명을 추구하는 동시에 교육을 통해 사회정의를 실현하려는 규범적 가치를 추구하고자 한다. 교육사회학은 교육의 제 현상을 과학적으로 접근하려는 방식과 규범적으로 접근하려는 방식이 동시에 이루어지는 다학문적(multidisciplinary) 접근방식의 성격을 가지고 있다. 넷째, 교육사회학은 교육에 대한 사회학적 연구방법을 통하여 연구가 이루어진다. 교육에 대한 사회학적 연구를 위해 사회학에서 이루어진 지식, 기술, 방법 등이 사용되고 있다.

교육사회학이 하나의 학문으로서 왜 필요하며, 교육을 담당하고 있는 사람들에게 교육사회학에 대한 지식이 왜 필요한지를 알아봄으로써 교육사회학의 학문으로서의 역할이나 가치를 살펴볼 수 있다. 이를 위해 여기서는 이종각(2000)이 제시하고 있는 내용을 중심으로 살펴보기로 한다. 첫째, 교육사회학은 문화적 · 사회적 차이의 교육적 이해를 도와준다. 오늘날의 교육담당자들은 그 어느 때보다도 교육사회학적인 개념이나 이론, 연구결과에 대한 지식을 가지고 있어야 한다. 왜냐하면 다양한 사회계층, 다양한 인종, 다른 민족적 배경, 상이한 가정배경을 가진 학생들을 접할 기회가 과거보다 훨씬 더 많아지고 있기 때문이다. 따라서 교육사회학은 이러한 관련 지식을 교육담당자들에게 제공해 줄 수 있다. 둘째, 교육사회학은 사실과 현상들이 겉으로 나타나 보이는 것과는 다르다는 이해방식을 개발시켜 준다. 교육사회학은 사회적 맥락 속에서 지식전달(광범한 의미의 교육)의 본질이 매우 복잡하다는 것을 파헤쳐 준다. 셋째, 교육사회학은 교육실천가들에게 그들이 일생동안 종사하게 될 교직업무의 총체적 의미를 지속적으로 반성해 볼 수 있는 이론적 · 방법론적 공헌을 한다. 넷째, 교육사회학적 연구는 정책의 결과에 대한 평가를 통해서 실제적인 기여를 하게 된다. 교육사회학은 정책수립에 있어서 교육자에게 어떤 집단에는 적용이 가능하고 어떤 집단에는 적용이 가능하지 않다는 정책적 판단의 준거를 마련하여 준다.

2절 비교교육학과 교육사회학의 관계

교육학의 다양한 하위분야들 중에서 교육사회학은 비교교육학과 가장 관계가 깊다고 할 수 있다. 교육사회학이 교육과 관련된 다양한 실천적 주제(교육제도, 교육정책 등)를 실증적으로 탐구하여 그 실천적 대안을 마련하기 위해 노력하고자 하는 학문 분야이기 때문에 이는 비교교육학이 추구하는 실천적 목적과 매우 부합한다고 할 수 있다.

비교교육학은 국가 간 비교를 통해 다양한 교육정책 및 교육실천에 대한 지식을 체계적으로 탐구한다. 이렇게 탐구된 지식은 교육사회학의 발전에 지속적으로 기여를 한다. 비교교육학과 교육사회학의 관계와 관련하여 비교교육학의 사회학적 분석을 선구적으로 시도한 Cowen(1981)은 역사적으로 비교교육학은 18세기의 실증주의(positivism)와 백과사전적 지식주의(encyclopaedism)에 뿌리를 두고 있으며, 거의 모든 국가에서 교육정책(educational policy)과 실천(practice)은 다른 국가의 교육정책 및 실천의 지식으로부터 정보를 얻는다고 주장하였다.

그리고 Woock(1981)는 비교교육학은 본질적으로 파생적 학문 분야이며, 오늘날 사회학이 중요한 지식원천이라고 주장하였다. 특히 1950년대 중반 및 1960년대 미국의 사회학을 특징짓는 구조기능주의 이론과 사회조사방법이 비교교육학의 발전에 통합되었다고 주장하였다. 이와 더불어 Zelazkiewicz(1981)는 교육사회학과 비교교육학사이의 상호작용과 협력은 3가지 기능의 실현에 도움을 줄 수 있다고 하였다: 기술적(descriptive) · 설명적(explanatory) · 운영적(operative). 그리고 사회학과 비교교육학의 상호작용을 고려하는 이유로 세 가지를 열거하였다: 첫째, 사회학과 비교교육학의 협력은 양 학문에서 탐구 대상에 대한 더 좋은 기술(description)로 이어진다. 이것은 궁극적으로 교육제도 및 사회적 맥락에 대한 연구에서 기술적 힘(descriptive power)을 강화시킨다. 둘째, 사회학과 비교교육학의 협력은 교육의 과정을 지배하는 규칙의 파악 및 검토에 도움을 준다. 셋째, 사회학과 비교교육학의 협력은 진술된 규칙과 채택된 목적에 따라 현실이 영향을 받게 될 수 있고, 변화될 수 있는 방법을 결정하는 데 도움을 준다.

한편, 20세기 후반에 들어서면서부터 비교교육학의 방법은 역사적인 면보다 사회적인 면에 치중하는 경향이 있으며, 이러한 연구자들이 많이 나타나고 있다. 이들에 의하면 역사가 도움이 되기는 하지만, 역사는 본질적으로 시간과 공간에 관계가 깊은 특정한 현상을 취급하기 때문에, 그 가치가 비교교육학자들에게는 많은 제한이 된다는 것이다. 비교교육학자들은 특정한 문화적 배경에서 발췌하여, 시간 혹은 공간의 제한이 없는 체제에 적용될 수 있는 요소를 일반화하고 추리하여야 한다는 것이다.

20세기 후반 사회과학적인 접근방법이 중복되는 면이 있으나 두드러지게 나타난 연구방법은 철학적 접근방법과 문제영역 접근방법이다. 철학적 접근방법은 철학적 국가의 양식, 예컨대 영국의 경험주의, 프랑스의 국가주의 혹은 실존주의, 독일의 이상주의 혹은 낭만주의, 미국의 실용주의 등을 설정하며, 이를 철학적 논의양식과 교육제도와의 관련성을 설정하여 해석할 수 있다는 것이다. 이 접근방법을 사용한 저자의 대표적인 사람이 영국의 Louwerys이다. Louwerys에 의하면 교양교육이 나라에 따라 다른 관념과 실제를 가지게 되는 것은 그 나라마다의 철학적인 논의양식 때문이라는 것이다. 예컨대 교양교육을 미국에서는 일반교육이라고 하지만 영국에서는 자유교육, 프랑스에서는 문화교육이라고 한다. 그러므로 비교교육학자들의 과업은 왜 X라는 견해를 Y나라에서는 받아들이는데 다른 나라에서는 배격하는가를 검토하되, 이러한 것을 위해서는 철학적 · 역사적 · 사회학적 · 심리학적 · 행정적 분석이 포함되어야 한다는 것이다.

문제영역 접근방법은 미국의 Bereday와 영국의 Holmes에 의해서 주장된 연구방법인데, 이 연구방법은 특정한 문제나 화제, 예컨대 고등교육, 우수아동의 문제 등을 들어 그 문제에 한정하고 집중해서 연구 · 분석한다. 이 방법은 시대적으로 문제성이 된 것에만 주안점을 두고 비교 · 연구하는 것이다. 비교교육학의 실제적인 연구방법은 크게는 지역연구와 비교연구로 분류한다. 지역연구는 한 나라 또는 한 지역을 집중연구하고, 비교연구는 많은 나라 또는 많은 지역을 동시에 비교 · 검토한다. 일반적으로 비교교육학의 첫 단계는 지역연구로서 이룩된다고 보겠다.

그러나 다른 시각에서 Saha(2001)의 주장에 따르면 비교교육학과 교육과 발전 사이의 관계는 전통적으로 교육사회학의 부분으로 보지 않았다. 교육사회학자들은 발전과 관련된 교육적 문제에 대해 개발도상국에서 의미 있는 연구를 수행하였다. 그러나 많은 연구는 교육사회학보다는 비교교육학으로 파악되는 경향이 있었다. 따라서 교육사회학과 발전에서의 많은 연구는 교육사회학 저널들(journals)보다는 비교교육학 저널들에서 더 쉽게 발견될 수 있다. 이것은 아마도 지속적으로 일어나게 될 경향이다.

비교교육학은 비교론적 관점에서 국가와 사회를 단위로 다양한 교육현상을 비교하고자 노력한다. 외국의 사례와 비교 분석함으로써 자국의 교육현상을 더욱 분명하게 파악할 수 있으며, 문제에 대한 진단과 더불어 그 해결책을 모색할 수 있으며, 관련 정책의 수립에도 도움을 줄 수 있다. 외국과 자국의 비교 목적은 다양한 교육모형이나 교육정책 사례를 참고함으로써 자국의 교육 발전을 위한 시사점을 얻고자 하는 것이다. 이러한 노력은 교육사회학 분야에서도 활발하게 이루어지고 있다. 선진국에서 비교교육학이 교육사회학 분야에서 차지하는 역할을 보았을 때 비교교육학과 교육사회학은 불가분의 관계가 있고, 양 학문 분야의 탐구 주제를 확대하면 중첩되는 점도 많다(오욱환, 2003). 미국의 많은 대학들이 교육사회학 분야와 비교교육학 분야를 하나의 전공 프로그램으로 운영하는 사례는 이러한 점을 잘 반영하고 있다고 할 수 있다.

전 세계가 더욱 글로벌화되면서 자국의 교육 발전을 위해 외국의 교육실천 및 교육정책 사례로부터 시사점을 얻고자 하는 노력이 더욱 커지고 있다. 특히, 교육사회학 분야 중 연구의 활성화가 높아지고 있는 국제이해교육 등과 같은 분야는 비교교육학의 연구 분야와 매우 밀접한 연관성을 가지고 있으며, 그 강도는 더욱 커질 가능성이 있다. 따라서 향후 교육사회학 분야의 발전과 비교교육학 분야의 상호 발전을 위해서는 더욱 활발한 상호 교류가 이루어질 필요가 있다.

3절 교육사회학 연구에서 비교교육학 연구 동향

비교교육 연구에서 교육사회학의 관점을 갖고 여러 국가나 사회의 교육현상, 제도, 정책 등에서 나타나는 유사성과 상이성을 다각도로 분석하고, 이를 초래한 원인에 대해 이론적으로 설명하는 일은 선택이 아닌 필수이다. 교육은 특정한 국가의 테두리 내에서 이해할 수 있는 현상이 아니며, 기술의 변화와 정치 · 경제 · 사회 변화의 영향을 받기도 하고 또 영향을 미치기도 하면서 지속적으로 변형되고 있기 때문이다. 따라서 사회현상으로서의 교육에 관심을 갖고, 교육을 사회구조와의 관계 속에서 분석하고 설명하려는 교육사회학의 문제의식은 비교교육 연구에서 매우 중요하다. 그럼에도 한국교육학계에서는 주로 선진국의 교육정책이나 제도를 차용하거나 당면한 과제를 해결하기 위한 정보 수집의 목적으로 비교연구를 수행하였다. 이에 따라 한 사회에서 교육제도가 등장, 발달, 전개되는 과정에 대한 충분한 이해 없이 단순히 외국 교육제도의 특징을 피상적으로 살펴보았다는 비판에서 자유롭기 어렵다. 1990년대 이후 세계화의 가속화는 교육학자들에게 특정 국가나 사회의 교육 현실을 이해하기 위해서는 다른 사회와의 비교가 필수적이라는 인식을 더욱 강화시켰다. 교통과 정보통신기술의 발달은 국경이라는 전통적인 비교교육 연구 단위의 경계를 허물었고, 특정 사회의 교육현상과 제도, 정책 등이 그 사회의 특수한 맥락에서 발생한 것이 아닐 수도 있다는 의문을 갖게 만들었다. 서로 다른 사회라 여겼던 곳에서 유사한 교육현상과 문제가 등장하기도 하고, 동일한 교육정책이라 할지라도 특정한 역사사회적 맥락 속에서 다르게 발현되거나 변형되는 현상도 발견되고 있다. 또한 세계화는 세계가 보는 방식과 우리가 세계를 보는 방식을 변화시키고 있으며, 교육의 역할과 기능도 크게 바뀌고 있다. 따라서 이런 현상에 대해 보다 엄밀한 사회과학의 이론과 관점을 활용하여 분석하고 설명하는 일의 중요성도 더욱 높아졌다.

교육사회학은 교육과 관련해서 우리가 당연하게 받아들이는 것들이 실제로는 그렇지 않을 수 있고, 특정한 역사사회적인 맥락 속에서 형성되고 영향을 주고받는 복잡한 관계라는 점을 가르쳐준다. 이런 점에서 볼 때, 비교교육학 연구는 그 자체로 교육사회학 연구여야 하고, 반대로 교육사회학 연구는 반드시 비교교육의 문제의식을 담고 있어야 한다. 그러므로 비교교육 연구에서 교육사회학 연구동향 또는 교육사회학연구에서 비교교육 연구동향을 명확하게 구분해 내기는 어려운 일이며, 어떻게 보면 이러한 구분 자체가 무의미한 시도일 수도 있다. 이에 이 절에서는 2000년 이후에 비교교육 연구에 게재된 667편의 논문 중에서 '1) 한국교육의 특징을 이해하기 위한 연구, 2) 특정 국가나 지역을 이해하기 위한 연구, 3) 전 지구적 사회구조와 교육의 관계에 관한 연구'의 세 가지 주제를 다룬 연구 성과를 점검하며 비교교육학과 교육사회학의 관계에 대해 고찰하였다.

1. 한국교육의 특징을 이해하기 위한 연구

현대 사회에서 교육의 기능과 역할이 무엇인가에 관한 질문은 교육사회학의 중요한 탐구 주제이다. 현대 사회에서 교육은 개인의 잠재 가능성을 발현하는 과정이면서 동시에 그 개인을 사회구성원으로 양성하여 사회적 역할을 수행토록 하는 사회적 과정이다. 어떤 내용을 어떤 방법으로 어떤 환경 속에서 가르칠 것인가 하는 문제는 정치, 경제, 사회, 문화 등 전반적인 사회구조와 복합적으로 관련되어 있다. 이로 인해 교육은 시대와 장소에서 따라 그 모습을 달리하여 발달하며, 오늘날 우리가 경험하는 교육은 이런 과정이 한국 사회라는 구체적인 역사사회적 현실 속에서 형성된 것이라고 할 수 있다. 따라서 오늘날 한국교육의 특징을 제대로 이해하고 설명하기 위해서는 반드시 비교연구가 필요하다. 이러한 연구의 목적은 한국교육이 당면한 문제를 해결하거나 미래 전략을 수립하기 위해 해외의 사례를 참고하려는 도구적 관점이 아니다. 한국교육의 특징이 무엇이고 왜 이러한 모습이 되었는지, 다른 나라와는 무엇이 같고 다른지, 그것이 국제사회에서 차지하는 위치는 어디인지, 그러한 유사점과 상이점을 발생시키는 원인은 무엇인지 등 한국교육에 대한 사회과학적인 설명을 목적으로 한다. 이러한 목적을 갖고 국내 비교교육학계에서도 비교연구를 통해 한국교육의 특징을 이해하고자 노력해왔다.

2000년 이후의 연구에 한정해서 살펴보면, 이영호(2005)의 '유네스코의 평생교육 국제적 보급이 한국 평생교육에 미친 영향'과 '한용진(2006)의 '학제의 비교교육사적 고찰'은 이러한 문제의식을 보여주는 연구이다. 특히 이영호(2005)의 연구는 교육분야의 국제기구인 유네스코가 추진해 온 평생교육의 국제적 보급이 한국의 평생교육 개념 수용과 법령 정비, 교육개혁 등에 어떻게 영향을 미쳤는지를 시기별로 살펴보았다. 비록 교육정책 차용이나 국제기구의 영향력에 관한 비교교육학적 논의를 다루지 못했다는 점, 유네스코의 영향력을 절대적이고 일방향적인 것으로 간주하고 국제적인 교육정책의 확산과 그것을 수용하는 과정에서 드러나는 역동을 드러내지 못했다는 점은 한계로 지적할 수 있다. 그러나 한국 평생교육의 형성과정과 제도적 특징을 국제사회라는 전지구적 사회구조와의 관계 속에서 이해하려고 했다는 시도는 긍정적으로 평가할 수 있다.

국제기구들이 생산하는 다양한 국제비교 데이터를 활용해서 한국교육의 현실을 객관적 맥락에서 파악하려는 시도 또한 교육사회학의 관점을 갖는 비교교육 연구라 할 수 있다. 한국에서는 2000년대 이후부터 국제기구들이 생산하는 다양한 국제비교 데이터를 활용해서 한국교육의 특징을 보다 객관적이고 분석적으로 이해하려는 시도가 증가하였다. 국제기구가 생산하는 다양한 교육통계 자료와 학업성취도 평가를 비롯한 국제비교 데이터의 확대는 전 세계 교육연구자들을 비교연구에 참여하도록 했으며, 비교교육학 연구에서는 연구방법의 차원에서 실증적 연구의 양적인 확대에 기여하였다. 비교교육 연구에도 국제기구의 통계자료를 활용한 연구들이 등장하기 시작했다. 대표적으로 이희수 등(2003)의 연구는 OECD가 실시한 국제 성인 문해조사(International Adult Literacy Surveys, IALS 1994-1998) 도구를 활용하여 자체적으로 조사를 실시하고, 기존 OECD의 조사결과와의 비교를 통해 한국 성인의 문해교육 실태를 파악하고자 했다.

이 연구는 한국 정부가 공식적으로 OECD IALS 조사에 참여한 것이 아니기 때문에, 조사방법이나 자료의 한계가 존재하지만 국제비교 데이터를 활용해서 한국 성인문해교육의 특징과 국제적 위치를 파악하고자 했다는 점에서 의의가 있다.

이후에도 김영화(2007)의 '정치 · 사회적 맥락에서 본 OECD 주요국의 중등 사학에 대한 국가 지원과 통제', 최돈민(2007)의 '생애 학습능력 국제비교 분석', 나민주(2007)의 '한국교육재정의 구조와 특징: 국제비교의 관점' 등 OECD의 국제통계자료를 활용해서 한국교육의 특징을 이해하려는 시도가 나타났다. 그러나 외국의 비교교육 연구가 주로 OECD가 실시한 국제학업성취도 평가(Programme for International Student Assessment, PISA)나 국제교육성취도평가협회(International Association for the Evaluation of Educational Achievement, IEA)의 수학성취도 평가(Trends in International Mathematics and Science Study, TIMSS)나 국제시민교육연구(International Civic and Citizenship Education Study, ICCS) 자료 등을 활용해서 실증적인 분석을 활발하게 진행하는 반면에, 국내 비교교육 연구지에는 이러한 조사 자료를 활용한 실증연구는 소수에 불과하고 주로 거시 통계자료에 의존하는 연구가 게재되었다. OECD의 PISA 자료를 활용한 실증연구 중 비교교육 연구에 게재된 논문은 정봉근의 2009년 'PISA2006 학교 간 과학성취도 차이 국제비교: 학교정책 관련 변수를 중심으로'와 2010년의 '학교별성적공개의 성취도 영향에 대한 국제비교 분석: OECD회원국 PISA2006 과학과목을 중심으로' 2편의 논문뿐이다. 최근에는 국내 교육학계에서도 비인지적 성취에 대한 관심이 높아지면서, 비교교육 연구에도 김태준 등(2015)의 '한국과 핀란드 청소년의 시민 · 사회적 참여 유형 비교: ICCS를 중심으로', 박환보 외(2016)의 '청소년의 세계시민의식에 미치는 영향요인 분석', 김형렬(2018)의 '권위주의적 성향과 부패에 대한 인식이 아시아 청소년의 정치적 신뢰에 미치는 영향에 대한 연구' 등 IEA의 ICCS 자료를 활용한 연구도 등장했지만, 여전히 양적으로 큰 비중을 차지하지는 못하고 있다.

비교교육 연구에 게재된 국제비교조사 자료를 활용한 실증적 연구가 적다는 사실이 곧 국내 교육학계에서 이러한 연구가 활발하지 않음을 의미하는 것은 아니다. 이러한 연구들은 비교교육 연구보다 교육사회학연구를 포함한 다른 교육학 학술지에서 다수 찾아볼 수 있기 때문이다. 북미 비교교육학계의 발전과정과 마찬가지로 국제비교조사 자료의 증가로 인해 국내에서도 많은 교육학자가 비교연구에 참여하고, 연구 방법의 측면에서도 보다 정교한 실증분석이 시도되고 있다는 점은 반가운 일이다. 그러나 다른 한편으로는 비교교육학계가 아니라 다른 교육학 영역에서 이러한 연구들이 활발하게 진행된다는 사실은 국제비교자료라는 자료의 특성만 강조한 나머지 비교교육학의 근본적인 문제의식을 간과할 수 있다는 점에서 우려되는 일이다.

2. 특정 국가나 지역을 이해하기 위한 연구

비교교육학과 교육사회학 연구는 특정한 사회에서 발견되는 교육현상, 제도, 정책 등의 특징이 그 사회의 고유한 특성에서 기인한 것인지, 아니면 어떠한 보이지 않는 힘에 의해 강요된 것인지, 혹은 근대교육이 갖고 있는 공통된 특성인지 등을 설명하는 데 관심이 있다. 이러한 관심에는 한국사회와 교육의 특징을 이해하기 위한 학술적 목적도 있지만, 당면한 교육문제를 해결하는 데 유용한 지식을 얻기 위한 실용적인 목적도 있다. 특히 한국의 비교교육학 연구도 초기 관심사가 선진국의 교육제도나 정책을 차용하는 데 있었기 때문에, 특정한 사회에서 왜 그러한 교육제도나 정책이 등장했는지, 그것이 초래하는 긍정적 혹은 부정적 효과는 무엇인지를 밝히려는 연구가 주를 이루었다. 이러한 연구들은 단순히 외국의 교육제도나 정책을 소개하는 것이 아니라, 교육을 통해 특정 국가나 지역을 이해하려고 시도했다는 점에서 교육사회학의 문제의식을 갖는다고 볼 수 있다. 비교교육 연구에 게재된 학술 논문의 상당수도 미국, 일본, 서유럽 국가와 같은 선진국의 교육제도나 정책에 관심을 갖는 연구이기 때문에, 이러한 연구 성과를 여기에서 일일이 거론하기도 어렵다. 그러나 교통과 정보통신기술이 발달하고 한국의 국제적 위상이 높아짐에 따라 한국의 비교교육학자들이 비교연구의 대상으로 삼는 국가나 지역도 크게 확대되었으며, 특정 국가 내에서도 보다 구체적인 장소나 시간을 다루거나 인종, 계급, 성(性)과 같이 집단을 세밀하게 구분하는 연구도 증가하였다. 이러한 연구의 2000년 이후 동향을 살펴보면, 연구 대상의 측면에서 크게 두 가지 특징적인 경향을 발견할 수 있다.

첫째, 연구 대상의 측면에 있어 우리가 흔히 선진국이라 여기는 국가들의 범주가 미국과 일본, 서유럽 국가(영국, 프랑스, 독일)들에서 점차 북유럽 국가(핀란드, 스웨덴)와 호주, 뉴질랜드 등으로 확대되었다는 점이다. 이에 따라 한국의 교육제도 개선이나 정책 차용의 대상도 미국 일변도에서 벗어나 다양화되는 경향이 나타났다. 세계화의 진전으로 인해 정보와 인적 교류의 범위가 확대되고 OECD의 국제통계와 비교조사 결과가 주기적으로 공유되면서, 다양한 사회에서 나타나는 교육현상과 정책에 대한 국내 비교교육학자들의 관심이 확대된 결과로 볼 수 있다. 특히 2000년대 이후에는 높은 학업성취도뿐만 아니라 복지에 대한 사회적인 요구와 관심이 높아짐에 따라, 스웨덴과 핀란드 교육이 새로운 벤치마킹 대상으로 대두되었다. 비교교육 연구에 게재된 논문 중에서, 오재림 등(2006)의 '한국과 스웨덴의 과학, 기술, 공학교육분야에서의 젠더 문제와 성평등정책 비교 분석', 변종임 · 채재은(2008)의 '스웨덴과 덴마크의 학습 · 노동 · 복지 연계 정책 분석', 성열관(2009)의 '핀란드 교육 성공 요인의 중층 구조 분석' 등이 이러한 문제의식을 잘 보여주고 있다.

둘째, 국제교육개발협력이라는 국제적 교육실천에 대한 관심 확대와 더불어, 아프리카나 동남아시아 지역 등 저개발국가의 교육에 대한 관심이 증가했다는 점이다. 북미와 유럽의 비교교육학계에서는 오래 전부터 교육과 개발의 관계를 이해하기 위한 목적으로 저개발국가의 교육에 관한 다양한 연구를 수행해왔다(北村, 2011). 반면에, 국내 비교교육학계에서는 주로 선진국의 교육제도나 정책에 관심을 갖고 있었기 때문에, 저개발국가에 대한 관심은 부족했다. 일부 중국 교육에 관한 연구들이 진행되었지만, 저개발국가의 교육 발전이라는 실천적인 관심과는 다소 거리가 있었다. 그러나 2000년대 후반부터 공적개발원조(Official Development Assistance, ODA) 재원의 확대와 OECD 개발원조위원회(Development Assistance Committee, DAC) 가입 등을 계기로 교육개발협력에 대한 관심이 높아졌고, 비교교육학계에서도 저개발국가의 교육을 이해하려는 시도가 증가하였다. 대표적으로 유성상(2009)의 '제 삼세계 문해교육의 사회정치적 특성 분석: 브라질과 탄자니아의 사례를 중심으로'는 이러한 문제의식을 잘 보여주는 사례이다. 특히 이 논문의 의의는 단순히 연구 대상을 저개발국가로 확대해서 잘 알려지지 않은 문해교육 사례를 소개했다는 사실이 아니라, 문해교육이 특정한 국가의 사회, 문화, 정치적 맥락 속에서 어떻게 등장하고 운영되었는지를 통해 국제사회의 개발의제로 강조되고 있는 문해교육의 개념적 의미와 실제를 고찰했다는 점이다. 이후에도 채재은(2013)의 'Overcoming the Resource Curse through Educational Development: A Case of Algeria', 박환보(2014)의 '아프리카 나이지리아 초등교원 수급불균형 실태 분석', 유성상 · 박채원(2015)의 'Gaps between National Policy-design and Local Implementations in Education Policy: A Case of Teacher Education/Training Policies in Mozambique', 박환보(2017)의 '말라위 초등교사의 사회정서학습에 대한 인식조사 연구' 등과 같이 저개발국가의 교육을 이해하기 위한 사례연구가 비교교육 연구에 게재되었다.

3. 전 지구적 사회구조와 교육의 관계에 관한 연구

2000년대 이후의 비교교육 연구 동향에서 찾을 수 있는 교육사회학의 문제의식은 급속한 세계화라는 사회구조 변화 속에서 교육을 파악하고 변화의 방향을 모색한다는 점이다. 세계화의 진전으로 인하여 국경을 넘어선 인적 · 물적 교류가 활발해졌을 뿐만 아니라, 정치, 경제, 문화적인 측면에서 상호의존성과 상호연결성도 심화되었다. 교육분야에서도 전지구적인 교육협력, 초국가적 교육정책 행위자의 등장, 학력의 인증과 교류 확대, 교육결과에 대한 측정과 평가, 등 국경의 개념이 모호해졌고, 교육을 매개로 한 협력과 연대가 활발하게 이루어지고 있다. 이에 따라 비교연구의 분석단위도 단일 국민국가 중심에서 국경을 넘어 세계공동체의 제반 교육현상과 제도로 확장되었다. 이러한 변화 속에서 비교교육학계에서도 한국교육의 특징을 이해하거나 한국교육에 도움이 되는 사례를 이해하려는 연구뿐만 아니라, 국경을 넘어 거시적인 사회구조 변화 속에서 교육의 기능과 역할에 대해 근본적인 질문을 던지는 연구들이 등장하였다. 그러나 아직까지 비교교육 연구에 게재된 논문 중에서 이러한 문제의식을 담은 연구는 소수에 불과하다.

비교교육 연구에 게재된 정경순(2006)의 '개방형 고등교육체제의 제도화 동인에 관한 비교연구'는 이러한 문제의식을 잘 보여주는 사례이다. 이전까지 개방형 고등교육체제에 관한 비교연구는 주로 제도 정비나 기술 활용을 위해 해외의 사례를 조사하는 일에 관심이 있었다. 그러나 이 연구는 개방형 고등교육체제의 전 세계적 확산과 제도화를 하나의 현상으로 파악하고, 그러한 현상이 왜 어떻게 나타났는지를 설명하고자 했다. 연구 결과는 개방형 고등교육체제의 팽창이 개별국가의 사회경제적 맥락이나 내적 필요에 의한 것만이 아니라, 세계정치문화체제 내에서 형성된 담론과 이데올로기가 개별 국가에 수용된 결과라는 점을 지적한다. 정경순의 연구는 해외 비교교육학계에서 활발하게 논의되고 있던 세계문화이론(World Cultural Theory)을 활용해서 전 세계적인 교육 현상을 분석하려 했다는 점에서 중요한 의미를 갖는다.

세계체제(World system)라는 구조 속에서 중요한 정책 행위자인 국제기구의 역할과 기능에 관한 연구도 등장했다. 김영화(2015)의 '초국가적 정책 행위자로서 국제기구의 교육부문 사업 동향 비교: OECD와 UNESCO를 중심으로'는 이러한 문제의식을 담은 거의 유일한 연구이다. 이전에도 교육분야 국제기구에 관한 연구가 수행되었지만, 주로 연구 데이터를 활용하거나 국제기구를 활용해서 한국 정부가 무엇을 할 것인지에 초점을 맞추고 진행되었다. 이 연구도 한국 정부의 정책 방향에 대한 시사점을 찾고 있지만, 근본적으로 글로벌 거버넌스에 참여하는 행위자에 착목했다는 점에서 의의가 있다.

또한 국제규범이나 글로벌의제의 영향력과 전파 과정에 주목한 연구도 등장하였다. 대표적으로 김진희(2016)의 '유엔 글로벌 교육의제의 내용 분석과 쟁점: 교육개발협력에의 시사점'과 김진희 · 조원겸(2017)의 '글로벌 교육의제에 반영된 학습 담론에 대한 비판적 고찰'은 글로벌 교육의제의 내용과 그 속에 반영된 담론에 주목하였다. 유네스코의 모든 이를 위한 교육 운동(Education for All, EFA)이나 유엔의 새천년개발목표(Millenium Development Goal, MDGs)와 지속가능발전목표(Sustainable Development Goal, SDGs) 등 글로벌의제는 전 세계 각국의 교육 정책 방향을 결정하는 데 영향력을 행사하고 있다. 따라서 이러한 글로벌의제가 누구에 의해 어떻게 형성되고, 그것이 어떻게 전파되는지를 비판적으로 검토하는 일은 세계 각국의 교육을 이해하는 데 있어 매우 중요하다.

4절 비교교육학(연구) 발전을 위한 교육사회학의 과제

비교교육학 발전을 위한 교육사회학의 과제는 몇 가지 연구 주제를 제안하는 것으로 대신하고자 한다. 무엇보다 한국교육을 객관화하고 이론적으로 설명하려는 비교연구가 필요하다. 한국은 전 세계에서 유례없이 빠른 교육팽창을 경험했을 뿐만 아니라, 교육의 양과 질적인 측면에서 높은 성취를 이룩했다. 이러한 한국의 교육 발전이 경제사회발전의 토대가 되었을 것이라는 점에서 한국 사례는 국제적인 주목을 받고 있다. 그러나 한국의 교육 발전과 경제사회발전의 관계에 대해서는 여전히 논의가 지속되고 있으며, 아직까지 핵심 동인을 충분히 설명하지 못하고 있다. 따라서 급속한 교육기회 확대를 초래한 동인과 그 결과는 무엇이었는지, 팽창의 동인과 전개과정은 전 세계적인 현상으로서 다른 나라의 학교교육 팽창과 어떤 점에서 같고 다른지, 그러한 유사성과 차이를 초래한 원인은 무엇인지 등 한국의 교육 발전에 관한 보다 분석적인 비교연구가 필요하다.

한국의 교육 발전과 관련한 또 다른 주제는 한국교육에 미친 외국 원조의 영향에 관한 비교연구이다. 해방 이후 한국교육은 미국, 일본, 독일 등 선진국으로부터 많은 원조를 받았으며, 이러한 원조는 유 · 초 · 중등교육부터 고등 및 직업교육훈련, 그리고 연구에 이르기까지 한국교육의 거의 모든 분야에 영향을 미쳤다. 한국교육에 미친 외국 원조의 영향에 대해서는 교육 발전의 토대가 마련되었다는 긍정적 평가에서부터 원조로 인해 공여국의 교육체제가 이식되고 학문적 · 문화적 종속 관계가 구축되었다는 비판적 평가까지 다양하다. 그러나 외국 교육원조의 내용이 무엇이었는지, 원조를 통해 바뀐 것은 무엇이고 바뀌지 않은 것은 무엇이었는지, 비슷한 시기에 원조를 받은 다른 수원국과는 어떤 점이 같고 다른지 등에 대한 연구는 아직 부족하다. 원조의 영향에 관한 연구는 한국교육의 특징을 밝히는 데 중요한 시사점을 제공할 뿐만 아니라, 교육정책이 어떻게 전이 혹은 차용되는가에 관한 비교교육학의 전통적인 문제(성열관, 2010)의식을 확장시키는 데도 중요한 주제이다. 이러한 점에서 한국교육에 미친 외국 원조의 영향을 비교교육학의 이론과 방법론을 활용해서 설명하고, 이를 국제사회의 중요한 사례로 위치시킬 필요가 있다.

또한 교육사회학이 갖고 있는 '구조와 행위', '조화와 갈등', '근대교육의 형성', '계급과 젠더' 등의 이론적 논의와 문제의식은 비교교육 연구에서도 그대로 적용되는 연구 주제이다. 비교교육학은 전 세계 각국의 교육제도, 정책, 교육현상 등에서 나타나는 유사성과 차이를 어떻게 이론화할 것인가에 관심이 있다. 이러한 유사성과 차이를 초래한 원인이 특정한 국가의 정치, 사회, 문화, 역사적 특성이나 사회구조적 맥락에만 존재하는 것은 아니지만, 그렇다고 특정한 국가의 테두리 내에서만 찾을 수도 없다. 교육의 원리와 이를 뒷받침하는 가치체계는 세계적인 수준에서 재생산되고 강화되기 때문이다(Baker & LeTendre, 2005). 따라서 교육의 보편적 가치와 이념이 어떻게 확산되는지, 그리고 전 세계 각국에서 어떻게 수용하고 실행하는지, 그 과정에서 어떠한 저항과 합의가 존재했는지, 지역, 국가, 세계공동체라는 다층적인 사회구조와 행위자의 관계 속에서 교육현상을 다각도로 분석하고 이해하려는 노력이 중요하다. 이를 위해서는 비교단위도 국가 단위의 비교 일변도에서 벗어나 지역, 인종, 계급, 젠더 같은 미시적인 집단이나 문화권, 언어권, 생활권과 같은 보다 거시적인 구분 등 다양한 방식으로 접근해야 한다.

연구방법과 관련해서는 국제비교 자료를 활용한 실증 연구가 확대될 필요가 있다. 최근 교육기회, 교육재정, 교육정책, 교사역량, 학업성취도, 시민의식 등 교육에 관해 다양한 정보를 담고 있는 국제비교 자료가 확대되었다. 이러한 자료들은 한국교육을 진단하고 국제적인 위치를 파악하는 데 유용하기 때문에, 교육정책이나 현상에 관심을 갖는 많은 교육학자들이 활용하고 있다. 그러나 국제비교 자료는 자국의 교육현상뿐만 아니라 교육과 사회구조의 관계에서 나타나는 전 세계적인 역동성을 이해하는 데도 도움이 될 수 있다. 예컨대, PISA는 서로 다른 정치, 사회, 문화적 맥락을 갖고 있는 국가 간의 학업성취도를 측정하고, 학업성취도를 높이는 데 어떤 교육체제가 보다 효과적인지, 국가별 차이를 발생시키는 요인은 무엇이고 그 영향력은 어떻게 다른지를 비교분석하고자 한다. 외국의 비교교육학계에서는 이러한 역동을 실증적으로 밝히기 위해 국제비교 자료를 적극적으로 활용하고 있으며, 연구 방법의 측면에서도 보다 정교화하고 있다. 그러나 아직까지 국내 비교교육학계에서는 이러한 자료를 활용한 실증 연구가 양적으로 적은 것이 현실이다. 다양한 국제비교 자료는 국제적인 비교를 목적으로 하기 때문에, 연구자가 비교의 문제의식을 갖고 그것을 제대로 활용할 때 비로소 가치를 발휘할 수 있다. 따라서 국내에서도 비교교육학자들이 비교연구의 문제의식을 갖고 국제자료를 활용한 실증연구를 수행할 필요가 있다.

마지막으로 국제적인 교육협력을 위한 실천적인 연구가 필요하다. 국제사회는 지속가능한 발전을 위해 전 세계 각국이 더욱 긴밀하게 협력할 것을 합의했으며, 한국도 국제사회의 일원으로서 이러한 공동의 노력에 참여하고 있다. 이러한 국제사회의 교육의제와 그 속에 담긴 담론은 무엇이고, 그러한 의제가 누구에 의해 어떻게 형성되고 전 세계의 국제규범으로 확산되었는지를 비판적으로 검토할 필요가 있다. 교육사회학에서 바라보는 교육의 기능은 한 사회의 유지와 변화, 발전에 있으며, 교육과 사회의 관계 속에서 무엇은 왜 유지되고 또한 어떤 것은 왜 변화해야 하는지를 설명하고자 한다(성기선 외, 2014). 한국이 저개발국가의 교육을 지원한다는 것은 해당 사회에서 교육과 개발의 문제에 대한 고민을 요구한다. 따라서 협력 대상국의 교육이 왜 이러한 모습인지에 대한 충분한 이해가 필요하고, 그러한 이해를 토대로 협력의 방향과 전략을 논의할 필요가 있다.

이를 위해서는 교육사회학의 이론과 방법론을 토대로 교육개발협력 사업의 효과를 보다 엄밀하게 분석할 필요가 있다. 교육개발협력 사업의 효과는 특정한 사회맥락적인 조건에 따라 발생 여부가 달라질 수도 있고, 효과의 크기가 변할 수도 있다. 따라서 교육개발협력 사업의 효과에 대한 다양한 사례 연구를 수행하고, 어떤 교육개발협력 사업이 특정 국가에서는 왜 효과가 있었는지 혹은 왜 효과가 없었는지, 사업의 성과에 영향을 미치는 요인은 무엇이고 그것의 영향력은 어떻게 다른지 등을 분석할 필요가 있다. 이러한 실천적인 연구들은 교육의 본질과 작동 원리를 이해하는 데 기여할 뿐만 아니라, 저개발국가들이 직면한 교육문제를 해결하는 데도 유용한 시사점을 제공할 수 있다.

참고문헌

김영화(2007). 정치 · 사회적 맥락에서 본 OECD 주요국의 중등 사학에 대한 국가 지원과 통제. **비교교육 연구**, 17(2), 1-28.

김영화(2015). 초국가적 정책 행위자로서 국제기구의 교육부문 사업 동향 비교: OECD와 UNESCO를 중심으로. **비교교육 연구**, 25(4), 1-34.

김진희(2016). 유엔 글로벌 교육의제의 내용 분석과 쟁점: 교육개발협력에의 시사점. **비교교육 연구**, 26(1), 91-116.

김진희 · 조원겸(2017). 글로벌 교육의제에 반영된 학습 담론에 대한 비판적 고찰. **비교교육 연구**, 27(3), 101-127.

김태준 · 오민아 · 이은경(2015). 한국과 핀란드 청소년의 시민 · 사회적 참여 유형 비교: ICCS를 중심으로. **비교교육 연구**, 25(4), 321-348.

김형렬(2018). 권위주의적 성향과 부패에 대한 인식이 아시아 청소년의 정치적 신뢰에 미치는 영향에 대한 연구. **비교교육 연구**, 28(2), 23-52.

나민주(2007). 한국교육재정의 구조와 특징: 국제비교의 관점. **비교교육 연구**, 17(1), 81-101.

박환보(2014). 아프리카 나이지리아 초등교원 수급불균형 실태 분석. **비교교육 연구**, 24(1), 230-225.

박환보(2017). 말라위 초등교사의 사회정서학습에 대한 인식조사 연구. **비교교육 연구**, 27(4), 73-96.

박환보 · 유나연 · 장세정 · 유혜영(2016). 청소년의 세계시민의식에 미치는 영향요인 분석. **비교교육 연구**, 26(4), 31-53.

변종임 · 채재은(2008). 스웨덴과 덴마크의 학습 · 노동 · 복지 연계 정책 분석. **비교교육 연구**, 18(2), 181-205.

성기선 · 유성상 · 이해주(2015). **교육사회학**. 서울: 한국방송통신대학교 출판부.

성열관(2009). 핀란드 교육 성공 요인의 중층 구조 분석. **비교교육 연구**, 19(3), 179-201.

성열관(2010). 교육정책 전이 및 차용 연구의 종합적 분석틀에 대한 이론적 고찰. **비교교육 연구**, 20(2), 1-24.

오욱환(2003). 교육사회학의 의미와 범위. **교육사회학연구**, 13(1), 161-189.

오재림 · 안재희 · 유숙란(2006). 한국과 스웨덴의 과학, 기술, 공학교육분야에서의 젠더 문제와 성평등정책 비교 분석. **비교교육 연구**, 16(4), 373-401.

유성상(2009). 제 삼세계 문해교육의 사회 · 정치적 특성 분석: 브라질과 탄자니아의 사례를 중심으로. **비교교육 연구**, 19(3), 249-278.

유성상 · 박채원(2015). Gaps between National Policy-design and Local Implementations in Education Policy: A Case of Teacher Education/Training Policies in Mozambique. **비교교육 연구**, 25(5), 145-167.

이영호(2005). 유네스코의 평생교육 국제적 보급이 한국 평생교육에 미친 영향. **비교교육 연구**, 15(3), 219-247.

이종각(2000). **교육사회학총론**. 서울: 동문사.

이종각(2005). **새로운 교육사회학총론**. 서울: 동문사.

이희수 · 박현정 · 이세정(2003). 한국 성인의 문해실태와 OECD 국제비교연구. **비교교육 연구**, 13(2), 193-219.

정경순(2006). 개방형 고등교육체제의 제도화 동인에 관한 비교연구. **비교교육 연구**, 16(4), 179-206.

정봉근(2009). PISA2006 학교간 과학성취도 차이 국제비교: 학교정책 관련 변수를 중심으로. **비교교육 연구**,

19(2), 1-26.

정봉근(2010). 학교별성적공개의 성취도 영향에 대한 국제비교분석: OECD회원국 PISA2006 과학과목을 중심으로. **비교교육 연구**, 20(1), 1-28.

정일환 · 김병주 외(2012). **비교교육학: 이론과 실제**. 파주: 교육과학사.

차경수 · 최충옥 · 이미나(2002). **교육사회학의 이해**. 서울: 양서원.

채재은(2013). Overcoming the Resource Curse through Educational Development: A Case of Algeria. **비교교육 연구**, 23(2), 45-67.

최돈민(2007). 생애 학습능력 국제비교 분석. **비교교육 연구**, 17(1), 145-165.

한용진(2006). 학제의 비교교육사적 고찰. **비교교육 연구**, 28(3), 243-263.

北村(2011). 政策科学としての比較教育学: 教育開発研究における方法論の展開. **教育学研究**, 78(4), 361-373.

Baker, D. P. & LeTendre, G. K. (2005). National Differences, Global Similarities: World Culture and the Future of Schooling. CA: Stanford University Press.

Berger, P. L. (1963). Invitation to Sociology. NY: Anchor Books.

Bidwell, C. E. & Friedkin, E. (1988). The School as a Formal Organization. In J. G. March(Ed.), The Handbook of Organization. NY: Rand McNally.

Corwin, R. G. (1965). A Sociology of Education. NY: Appleton Century Crafts.

Cowen, R. (1981). Sociological Analysis and Comparative Education. *International Review of Education*, *27*(4), 385-395.

Parelius, A. P. & Parelius, R. J. (1978). The Sociology of Education. Englewood-Cliffs, New Jersey: Prentice-Hall.

Prichard, K. W. & Buxton, T. H. (1973). Concepts and Theories in Sociology of Education. Lincoln, Nebraska: Professional Educators.

Saha, L. (2001). The Sociology of Comparative Education. In J. Demaine (Ed.), Sociology of Education Today. London: Palgrave Macmillan.

Woock, R. (1981). Sociological Analysis and Comparative Education. *International Review of Education,* *27*(4), 427-447.

Zelazkiewicz, M. (1981). Sociology of Education, Comparative Education and Social Problems: A Polish Comment. *International Review of Education,* *27*(4), 417-481.

8 CHAPTER 비교교육학과 평생교육학

1절 평생교육학의 학문적 성격

제4차 산업혁명이 도래하는 시점에서 지식과 기술, 정보의 습득 기제는 중요하다. 1990년대 UNESCO, OECD, EU 등 국제기구에서는 미래 사회에 대응하기 위하여 평생학습 시스템을 갖추도록 각국에 권고하였다. UNESCO(1997)는 제5차 '성인교육회의'에서 '함부르크 성인학습 선언'을 채택하여 평생에 걸쳐 교육받을 권리와 학습할 권리를 강조하였다. 학습권은 권리는 읽고 쓸 줄 아는 권리, 질문하고 해석할 권리, 자료에 접근할 수 있는 권리, 개인적 · 집단적인 기술과 능력을 개발하고 사용할 권리로 명시하고 있다(UNESCO, 1997). UNESCO의 Delors 보고서에서도 평생 동안 학습을 하는 것은 21세기를 대비하는 데 핵심적 요소라고 지적하고 생활의 모든 장면에서 학습의 기회를 제공하여 개인의 잠재력을 개발할 것을 권고하였다(Delors, 1997). OECD에서도 1996년 "모든 이를 위한 평생학습"을 공동 목표로 선정된 이후 각국은 요람에서 무덤까지 그리고 학습활동에 참가하고자 하는 학습자의 지식과 능력을 향상시킬 수 있는 모든 의미 있는 학습 활동을 포괄하는 종합적 의미에서 평생학습을 강조하고 전생애 주기에 따른 형식 · 비형식 학습의 전개 양상을 분석하고 학습에의 수요와 공급, 학습기회 등을 다루었다(OECD, 2004).

평생학습을 국가의 교육정책으로 도입하고자 한 것은 30여 년 전 OECD, UNESCO, EC 등 국제기구의 권고에 의하여 시작되었다. 교육기회가 학교교육에 국한되어 대부분 생애 초기와 형식학습에 치중되어 있어 학령기에 교육기회를 갖지 못한 사람들에게 제2의 기회(second chance)를 제공할 필요가 있다는 점을 인식하였다(OECD, 2004).

이러한 흐름에 따라 영국에서는 1998년 교육개혁의 기본 기조로 학습시대(learning age)로 선언하고 다양한 평생학습 시스템을 구축하였다. 학습시대는 안정적이고 지속적인 국가발전을 위해 평생 동안 학습할 것을 권고하고 소수의 엘리트가 아니라 모든 국민을 대상으로 창의성과 진취적 기상과 학식을 갖출 것을 요구하였다(DfEE, 1998).

영국의 학습시대 선언은 전 국민이 평생 동안 학습에 참여하는 학습문화를 조성하여 경쟁력을 갖춘 국가를 건설하는 데 있었다. 학습은 모든 국민의 생활에서 정상적이고 쉽게 접근할 수 있고, 생산적이며, 즐거운 일이어야 하고, 학습이 특정한 장소, 방법, 또는 형식에 한정되는 것은 아니라 학습자가 중심적인 위치에서 접근성이 보장되어야 한다(NAGCELL, 1997).

학교교육을 마친 이후 성인이 다시 학습의 장으로 들어올 수 있도록 평생학습 지원 정책을 수립할 필요가 있다. 평생학습은 "개인이 그들의 삶 전반에 걸쳐 필요한 지식, 가치, 이해 능력을 획득하고, 이를 모든 자신의 역할, 환경, 여건에서 신뢰, 창의성, 취업에 활용할 수 있도록 개인을 자극하고 격려하는 지속적인 지원 과정을 통하여 인간의 잠재 능력을 개발하는 것"이다(Longworth & Davis, 1996: 22). 따라서 성인이 학습에 참여하도록 지원하고 학습한 결과가 학교교육과의 동등한 가치를 부여하는 것이 중요하다. 평생학습은 개인의 능력을 향상하고 공동체 형성으로 사회적 통합을 가져오고 지역사회와 국가의 지속가능 발전을 도모한다.

이상과 같은 동향에서 각국의 평생학습 실태와 지원 정책을 상호 비교하여 각국의 강점과 약점을 분석하여 우리나라 평생학습을 촉진하기 위한 시사점을 도출하고자 한다. 유럽연합(EU)의 2000년 리스본 전략(Lisbon strategy)은 2010년까지 유럽을 세계에서 가장 경쟁력 있고 역동적인 지식기반경제 체제로 만들겠다는 야심찬 목표로 경쟁력과 고용 및 사회통합의 3개 황금축(golden triangle)을 목표로 설정하고 탄력적인 근무제도 도입으로 성인의 평생학습 참여를 증진시키고, 고용주에 의한 훈련 지원, 학습계좌, 바우처, 세금감면 등의 재정적 지원이 필요하다고 지적하였다(European Commission, 2000).

따라서 평생학습의 국제적 비교에서는 평생학습 참여율, 학습성과, 학습지원 인프라, 학습비 지원, 평생학습 결과 인정 등이 주요지표로 인식되고 있다. 평생교육을 비교교육학적으로 분석하는 것은 우리나라의 평생학습의 현재 위치, 강점과 약점을 파악하는 데 중요하다.

2절 비교교육학과 평생교육학의 관계

일반적으로 비교는 두 개 이상을 대상으로 이해를 증진하거나 더 나은 선택을 위하여 수행한다. 비교교육은 교육현상과 문제에 대하여 다양한 해석이나 정의를 도출한다. Adeyinka(1994)는 ① 두 가지 이상의 제도 연구, ② 다른 나라의 교육의 철학, 목적, 목표, 정책과 실제가 특정 국가의 교육정책과 실제, 교육 발전에 어떻게 영향을 주는지에 대한 연구, ③ 시대와 대륙을 초월하여 과거의 교육 발전에 특정 국가의 교육 발전에 어떻게 영향을 주었는지에 대한 연구, ④ 2개국 이상 국가의 학교 시스템을 연구하거나, 다양한 교육 시스템에서 정부 정책을 집행하거나 통제하기 위해 설치된 행정기구에 대한 연구 등 4가지 개념을 비교교육의 개념으로 제시하였다. 서로 다른 국가 간 교육이론과 실제를 비교하는 것을 비교교육이라고 할 수 있다. 비교교육은 지리적 측면에서 한 국가의 경계를 넘어 교육 문제를 이해하고 심화하기 위하여 활용한다(Good, 1962를 인용한 Lawal, 2004).

Bray와 Thomas(1995)는 비교교육 접근을 위한 기본틀을 제공한다. 큐브는 비지정학적 인구통계학 집단, 사회와 교육 측면, 지리적/지역 수준의 세 가지 차원을 포함한다. 첫째, 비 지정학적 인구통계학 그룹으로 여기에는 인종, 연령, 종교, 성별, 다른 그룹, 전체 인구 등이 포함된다. 둘째, 교육과 사회의 측면에서는 교육과정, 교수법, 교육재정, 경영구조, 정치적 변화, 노동시장, 기타가 포함된다. 셋째, 지리적/지역수준에서는 세계 지역/대륙, 국가, 주, 지역, 학교, 교실, 개인이 포함된다.

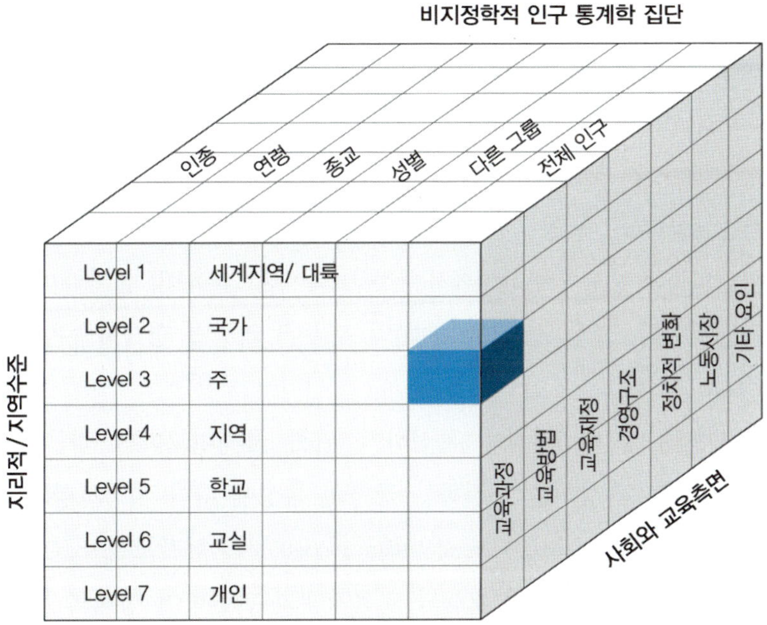

[그림 8-1] 비교교육 분석틀

출처: Bray & Thomas(1995: 475).

Bray, Adamson과 Mason(2007)은 비교 단위로 장소, 시스템, 시간, 인종, 계급, 성, 문화, 가치, 정치, 교육과정, 교육적 혁신, 학습방법, 교육성취 등 11개를 제시하였다. 한편 Awolola(1986)는 비교교육 연구의 접근법을 8종류로 구분하였다. 즉 문제 또는 주제 접근, 사례연구접근, 지역연구 접근, 역사적 접근, 기술적 접근, 철학적 접근, 국제적 접근, 섭생(castronomic) 접근[1]이 그 것이다.

Bray와 Thomas의 비교교육 프로임 큐브를 준거로 평생교육의 비교교육학적 접근 유형을 분석하면 다음과 같다. 먼저 성인 전체를 대상으로 국가별 학습참여 실태를 비교하고, 학습결과로 획득한 역량을 비교하는 것이다. 여기에는 국가별 문해율 조사

1) 이것은 교육의 실제와 관련된 특정 국가의 사람들의 식습관뿐만 아니라 다이어트의 방법. 현대 교육 비교학자들에서 그다지 널리 사용되지 않는다.

도 포함된다. 이러한 유형의 비교학적 접근은 대체로 OECD, UNESCO에서 프로젝트에 의해 수행하고 있다. 둘째, 연령, 성별 집단을 지역별 수준에 따라 교육재정에 관한 비교다. 어느 집단에서 학습비를 누가 어떻게 부담하는가에 관한 문제의 비교를 통하여 효율적인 학습 지원 방안을 모색하는 것이다. 셋째, 소외계층 집단의 개인적 수준에서 정치변화를 도모하고 노동시장에 진입하기 위한 평생학습 제도의 비교가 있다. 이른바 민주시민교육(독일 등 일부 국가에서는 정치교육이라고 부름)의 실태와 시민의식을 조사·분석하는 것이다. 또한 Awolola(1986)의 분류에 의하면 평생학습은 주로 국제적 접근법을 취하고 있다.

각국의 평생학습제도나 정책을 분석하기 위해 국제비교학적 접근이 활용된다. Griffin(1999)은 평생교육정책을 추진하는 국가의 특성에 따라 시장모형(market model), 진보－자유－복지모형(progressive-liberal-welfare model), 사회통제모형(social control model)로 분류하였다. Griffin은 국가가 교육과 교육정책과 관련하여 정책의 목표와 수단을 통제하여 사회적 민주주의적 진보주의(social democratic progressivism)의 중심에 놓여 있다고 주장하였다. Green(2000)은 유럽국가의 평생교육제도의 특성에 따라 프랑스는 국가주도모형(state-led model), 영국은 시장주도모형(market-led model), 독일은 사회협력모형(social partnership model)으로 분류하였다. 국가주도모형은 국가가 평생교육정책과 재정에 관한 결정을 주도하고, 시장주도모형은 국가의 개입이 최소화하고 평생교육의 수요와 공급을 시장 원리에 맡겨 개인이 평생학습 참여를 결정한다. 사회협력 모형은 전문직 단체, 노동조합, 경제단체, 시민단체 등 평생교육에 이해관계가 있는 집단들이 참여하여 정책을 결정한다(Green, 2000: 36-47).

김종서 등(2000)은 Griffin의 모형을 참고하여 교육에 대한 국가 통제의 수준과 국가의 교육비의 부담 정도에 따라 평생교육제도의 모형을 통제모형, 사회주의모형, 시장모형, 복지모형의 4분면으로 분류하였다. Green의 모형에서 국가주도 모형은 평생학습 정책을 국가가 주도하고 평생교육에 드는 비용을 국가가 부담하기 때문에 평생학습을 국가에서 이끌면서 평생교육비를 개인이 부담하는 우리와는 다르다. 여러 나라의 평생교육제도의 특성을 비교하기 위하여 교육활동에 대한 국가 통제 수준과 평생학습에 드는 비용의 부담 주체의 두 축으로 네 유형으로 구분하였다(김종서 외, 2000). 이에 따라 통제모형(강한 통제, 사부담), 사회주의모형(강한 통제, 공부담), 복지모형(약한 통제, 공부담), 시장모형(약한 통제, 사부담)으로 구분된다(김종서 외, 2000). 그러나 이 유형은 이른바 이념적 모형이므로 현실에 바로 적용하는 데는 한계를 지니고 있다. 국가에 따라 한 모형이 존재하기보다는 혼합적 특성에 따라 유형을 띠는 경우가 대부분이다.

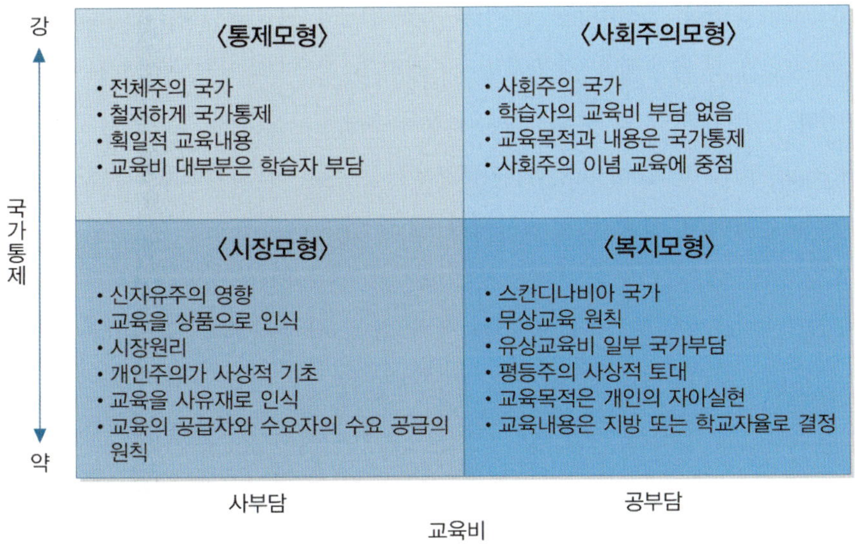

[그림 8-2] 평생학습의 국제비교 모형

3절 평생교육학 연구에서 비교교육학 연구 동향

평생학습의 개념에 대하여 각국은 근본적인 개념은 같으나 사회문화적 특성에 따라 다르다. 평생학습의 국제적 접근은 주로 국제기구에서 실시하고 있는데, OECD에서 비형식교육 참여율, UNESCO, UN 등에서 성인의 비문해율을 조사하고 있다. 특히 OECD에서는 성인의 학습 역량을 비교하는 일련의 프로젝트를 수행하고 있다.

1. 평생학습의 등장

평생교육이라는 용어가 등장한 것은 1965년 12월 UNESCO 성인교육추진국제위원회(International Committee for the Advancement of Adult Education)에서 Paul Lengrand이 영속교육(léducation permanante)이라는 용어를 사용하면서 시작되었다. Lengrand은 교육의 통합성과 종합적 교육체계를 강조하면서 "개인의 출생부터 죽을 때까지 생애에 걸친 교육(수직적 차원)과 개인 및 사회 전체의 교육(수평적 차원)의 통합"이 필요하다고 주장하였다(Lengrand, 1970). Lengrand의 평생교육론은 전통적인 학교교육제도를 비판하고 근본적인 교육개혁이 필요하다는 전제가 깔려 있다.

이 후 Lengrand은 1970년 『평생교육개론(An Introduction to Lifelong Education)』을 UNESCO에서 출판하였다. 이어서 UNESCO에서는 1972년 『생존을 위한 학습(Learning to be)』을 출판하였다. 일명 포르(Faure)보고서에서는 "모든 국가가 평생교육을 교육정책의 기본개념으로 삼아야 한다."고 주장하고 "개인들은 생애동안(lifetime) 학습할 필요와 권리"를 지니고 있다고 천명하여 학습권(right to learn)을 강조하였다. 여기서 평생교육은 인간의 일생이라는 시계열적인 수직적 차원과 개인, 사회 생활 전체에 걸친 수평적 차원의 두 축을 통합할 필요성을 언급하였다.

이에 맞추어 OECD에서도 1973년 『순환교육: 평생학습 전략(Recurrent Education: A Strategy for Lifelong Learning)』을 발간하여 국제 경제에서의 경쟁력을 확보하기 위하여 직업 활동과 개인의 학습이 밀접히 관련을 맺어야 한다고 주장하였다. 학교를 마치고 직장에 나간 사람들이 다시 교육을 받는 순환교육이 중요하다는 것을 확인하였다.

1996년 21세기 UNESCO 보고서 『학습: 내재된 보물(Learning: The Treasure Within)』에서 성공적인 평생학습을 위하여 ① 알기 위한 학습(learning to know), ② 행동하기 위한

학습(learning to do), ③ 존재하기 위한 학습(learning to be), ④ 함께 살아가기 위한 학습(learning to live together) 등 4대 기둥이다. Delors를 위원장으로 하는 21세기 세계교육위원회의 보고서에서 평생학습은 이 세상에 존재하면서 앎의 영역을 확대하고, 다양한 상황에 능동적으로 대처하며 진정한 자신의 삶을 살 수 있도록 하며 또한 다른 사람들과 더불어 사는 방법을 익혀 줄 수 있는 학습이어야 한다는 것이다. 이는 학습을 넓게 그리고 확대된 관점에서 이해하는 것으로 평생학습은 개인으로 하여금 자신의 창조적 잠재력을 발견하고 계발하여 확장시키는 일이며, 곧 자신에게 숨겨진 보물을 드러낼 수 있게 해 주는 일이라고 할 수 있다(최돈민 외, 1998).

우리나라에서 평생교육이라는 용어가 공식적으로 등장한 것은 1973년 8월 UNESCO 한국위원회에서 Lifelong Education을 '평생교육'이라는 용어로 사용할 것을 결정하면서 시작되었다. 1980년 10월 27일 발효된 제5공화국 헌법에서 "국가는 평생교육을 진흥해야 한다."고 명시하여 평생교육의 진흥이 국가의 책무임을 명시하였다. 그러나 평생교육을 진흥하기 위한 구체적인 법안이 마련되지 않았다.

이에 1995년 대통령 자문기구인 교육개혁위원회(1995)에서 1995년 5월 31일 교육개혁 방안으로 신교육체제의 비전으로 '누구나, 언제나, 어디서나 원하는 교육을 받을 수 있는 길이 활짝 열려진 열린 교육사회, 평생학습사회'의 건설을 제시하였다. 1996년 8월 3차 교육개혁 방안에서 열린 학습사회를 위한 평생교육 개혁방안을 위하여 「사회교육법」을 부처 소관 사회교육에 관한 법령을 조정, 통괄할 수 있는 기본법으로 「평생학습법」으로 개정할 것을 제안하였다. 교육개혁위원회(1996)의 「평생학습법」에는 정규학교를 포함한 모든 교육기관 간 이동, 첨단 원격교육기반 시설 확충, 각종 사회단체 및 기관의 사회교육 프로그램의 법적 근거를 마련하여 열린교육체제로의 개편 필요성을 지적하고 사회교육 전문자격제도 신설 및 배치 의무 강화를 통하여 사회교육 운영체제를 개편할 것을 건의하였다.

정부는 교육개혁위원회의 건의를 받아들여 1999년 8월 31일 「사회교육법」을 「평생교육법」으로 전면 개정[2]하였다. 새로 제정된 「평생교육법」에서 '평생교육'을 "학교교육을 제외한 모든 형태의 조직적인 교육활동"으로 규정하였다(교육부, 2000a). 「평생교육법」에서 학교교육을 제외하고 있다. 그러나 교육부의 평생교육법 해설자료에서는 평생교육법의 정의를 원론적인 정의와 법령상 정의를 구분하여 설명하고 있다. 즉 "평생교육의 개념은 실정법상으로는 광의, 협의의 두 가지 범주로 구분할 수 있고, 광의로 평생교육은 학교교육과 학교 외 교육을 포괄하는 개념으로 사용되며 협의로는 정규학교교육에 대비되는 학교 외 교육을 의미"한다고 명시하고 있다(교육부, 2000a). 이는 「평생교육법」이 학교교육을 포함하면 「초·중등교육법」, 「고등교육법」을 포괄하게 되어 법률 간 상충되는 문제가 발생하기 때문에 법제 원칙에 위한되는 법제처의 해석에 따른 것이다.

한편, 2007년 개정된 「평생교육법」에서는 평생교육을 "학교의 정규교육과정을 제외한 학력보완교육, 성인기초문자해득교육, 직업능력향상교육, 인문교양교육, 문화예술교육, 시민참여교육 등을 포함하는 모든 형태의 조직적인 교육활동"이라고 규정하여 평생교육의 6대 영역을 규정하였다.

2. 평생학습의 개념 비교

'평생교육'에서 '평생학습'으로 전환하고 있다. UNESCO의 평생교육은 1996년 유럽 평생학습의 해(Year of Lifelong Learning)를 계기로 평생학습의 개념이 널리 사용되기 시작하였다. OECD는 1996년도에 평생학습 전략으로서 순환교육을 스스로 용도폐기하고 만인을 위한 평생학습을 주창하였으며, UNESCO도 「World Education Report 2000」에서 확대된 개념으로서 평생학습으로의 발전을 제시하였다. 그러므로 국가적 차원의, 공급자 중심의, 제도권 중심의 평생교육관에서 개인적 차원의, 수요자 중심의, 학습자 중심의 평생학습으로 전환하고 있다고 할 수 있다. 이와 함께 평생교육제도 구축보다는

2) 개정된 「평생교육법」의 원안은 「평생학습법」이었으나 「초·중등교육법」, 「고등교육법」과 맥락을 같이 한다는 이유로 국회에서 「평생교육법」으로 그 명칭이 변경되었다.

평생학습문화 형성으로 관심이 이동하고 있다고 할 수 있다.

평생학습은 학습자의 내적인 인지적 과정으로, 교수-학습 과정을 교육자(educator)가 아니라 학습자가 자기 주도적으로 학습한다. 학습에는 매일매일 일상생활에서의 계획되지 않았거나 우연한 학습도 포함한다(Marriam & Brockett, 1997: 6). 평생학습은 개인적 과정으로 학습자 개개인의 측면에 초점이 있는 반면, 평생교육은 사회적 사실이다(Searle, 1995). 평생학습과 평생교육의 개념적 범주 수준의 차이는 〈표 8-1〉과 같다.

〈표 8-1〉 평생학습과 평생교육의 개념 차이

구분	평생학습	평생교육
기초적 범주	개인적 요인과 목표	제도적/사회적 요인과 목표
제정	경험 과정	경험 제공
결과	학습과 발달	사회의 연속성(또는) 변화
이력	개인적 앎과 지식	사회제도, 관습, 규범 및 형식
중재 수단	앎, 개인이 아는 것, 할 수 있는 것과 가치 있는 것을 아는 것	사회세계의 투사
유급노동의 징후	소명적인 직업(vocation)	일거리의 직업(occupation)

출처: Billett(2017: 3).

평생교육/평생학습의 개념은 큰 틀에서 Longworth와 Davis(1996: 22)가 제시한 평생학습의 개념과 일치한다. 즉 그들은 평생학습을 "개인이 그들의 삶 전반에 걸쳐 필요한 지식, 가치, 이해 능력을 획득하고, 이를 모든 자신의 역할, 환경, 여건에서 신뢰, 창의성, 취업에 활용할 수 있도록 하기 위하여 개인을 자극하고 격려하는 지속적인 지원 과정을 통하여 인간의 잠재 능력을 개발하는 것"으로 정의하였다(Longworth & Davis, 1996: 22). 그러나 각 국가의 교육적 현실과 환경에 따라 서로 다른 개념을 사용하기도 한다. 여기서는 OECD의 비교 분석에 따라 각국의 평생학습의 개념을 정리한다(최돈민 역, 2002).

〈표 8-2〉 평생학습에 대한 국가별 접근 방법

<table>
<tr><th>국가</th><th colspan="2">접근방법</th></tr>
<tr><td rowspan="2">캐나다</td><td>맥락</td><td>평생학습은 기술습득, 고용, 보다 높은 수입, 그리고 보다 충만된 삶과 직접적으로 연계되어 있다. 삶의 모든 단계에서의 지식습득은 세계화된 지식기반 경제에서 경쟁력을 유지하는 데 필수적인 것으로 인식되고 있다.</td></tr>
<tr><td>주요 요소</td><td>평생학습은 생애 과정에 걸친 학습을 지칭한다. 연방, 지방, 지역 정부는 조기아동교육 정책을 시작하였으며, 이는 아동발달에 있어 조기아동기의 중요성을 인정하는 것이다. 이러한 정책수단은 평생학습 참여를 위한 탄탄한 기초를 제공할 것으로 기대되고 있다. 캐나다 정부는 계속학습 참여를 증대하기 위한 다양한 지원을 제공하고 있으며, 여기에 포함되는 것은 다음과 같다: 학습기회를 위해 저축하고 투자하도록 유인하는 메커니즘을 도입하고, 성인의 문해력과 같은 기초기술을 향상하고 강화하며, 기술습득 투자에 관한 합리적 의사결정을 지원하고, 국제 간 학문적 이동을 통해서 국제적 능력의 습득을 강화한다.</td></tr>
<tr><td rowspan="2">덴마크</td><td>맥락</td><td>평생학습은 성인에게 적절한 학습기회를 보장하도록 하는 국가의 의무로 인식되고 있다.</td></tr>
<tr><td>주요 요소</td><td>1995년에 채택된 법안은 계속학습에 대하여 견실한 기초를 제공하는 정규교육의 중요성을 언급하고 있다; 이 법안은 산업과의 협동뿐만 아니라 성인의 자유로운 학습 선택 기회를 확대하기 위해 형식교육기관이 학습을 합리화하여 보다 폭넓은 학습 기회를 제공할 것을 강조하였다. 2000년 5월 덴마크 의회는 계속훈련과 계속교육 프로그램을 하나의 일관되고 투명한 성인 교육체제로 묶기 위한 일련의 법안을 채택하였다. 이 개혁은 모든 수준의 성인, 특히 교육수준이 낮은 성인들의 학습에 대한 접근성을 확대하기 위해 설계되었다. 이 개혁은 작업과 삶의 경험을 통하여 습득한 지식과 기술을 확대 인정하는 것을 목적으로 하고 있다.</td></tr>
<tr><td rowspan="2">핀란드</td><td>맥락</td><td>평생학습의 비전을 국가보고서로 발간한 소수의 나라 중 하나이다.
학습의 즐거움: 평생학습 국가전략(The Joy of Learning: a national strategy for lifelong learning, Ministry of Education, 1997)</td></tr>
<tr><td>주요 요소</td><td>1999~2004년 기간의 정부 계획은 다음과 같은 목표를 설정하고 있다: 모든 아동에게 종합학교 이전에 1년의 취학 전 교육을 제공하며; 보다 많은 청소년이 일반 및 직업고교에 지원하고 이수하도록 조장하며; 교육체제의 모든 영역에서 학생들의 학습기법을 개발하고; 정규대학 이외에서 고등교육 제공을 확대하며; 성인의 대학학위 과정의 학습 기회를 확대하며; 성인의 고교 또는 고교 이후 수준의 직업자격 취득을 위한 학습과 계속학습 능력을 증진하기 위한 학습의 기회를 확대하고; 비형식·무형식적 학습 결과를 인정하는 방법을 개발한다.</td></tr>
<tr><td>아일랜드</td><td>맥락</td><td>1999~2004년 기간의 정부 계획은 다음과 같은 목표를 설정하고 있다: 모든 아동에게 종합학교 이전에 1년의 취학 전 교육을 제공하며; 보다 많은 청소년이 일반 및 직업</td></tr>
</table>

		고교에 지원하고 이수하도록 조장하며; 교육체제의 모든 영역에서 학생들의 학습기법을 개발하고; 정규대학 이외에서 고등교육 제공을 확대하며; 성인의 대학학위 과정의 학습 기회를 확대하며; 성인의 고교 또는 고교 이후 수준의 직업자격 취득을 위한 학습과 계속학습 능력을 증진하기 위한 학습의 기회를 확대하고; 비형식·무형식적 학습 결과를 인정하는 방법을 개발한다.
	주요 요소	성인교육의 토대가 되는 3가지 핵심 원칙을 제안하고 있다: 다양한 수준의 교육 제공과 아울러 성인교육 활용에 있어서 초기단계 학교 학습의 질의 중요성을 인식; 접근기회의 형평성; 다양한 학습자의 수용 필요. 정부의 우선순위는 성인을 위한 핵심적 프로그램과 서비스의 탄력성과 공급을 확대하고, 가장 취약한 계층에 대한 수업료 경감에 집중되어야 함을 제안하고 있다.
일본	맥락	일본은 평생학습에 관한 포괄적인 견해를 가장 먼저 표명한 국가 중 하나이다.
	주요 요소	"생애 통합 학습"은 1960년대에 일본의 학교중심 교육체제를 개혁하고, 성인 근로자의 재훈련 기회를 개선하기 위해 도입되었다. 동 개념은 교육체제는 생애를 통하여 스스로 파악한 필요에 따라 개인의 학습을 증진해야 한다는 점을 내포하고 있다. 평생학습은 학습과 학교 졸업장과의 관련성을 적게 하고, 정신적 풍요와 여가 선용을 제공함으로써 학력사회에서 기인하는 문제를 치유하고자 하고 있다. 여기서는 학습자를 중심에 위치시킨다. 평생학습 개념은 또한 지역개발의 도구로 인식되었다.
한국	맥락	국가적 정책과 인프라의 국가적 틀이 필요하다는 것을 인식하고 있다.
	주요 요소	한국에서 평생학습 개념이 철학적으로는 오랫동안 평가되어 왔지만, 실제로는 사치스러운 것으로 인식되어 왔다. 1990년대 후반의 경제위기는 정부가 보다 도구적인 접근을 하도록 요구하였다. 최근에 입법된 「평생교육법」은 고용된 근로자와 미취업자의 직업관련 교육 및 훈련 활동을 확대하고 있다. 동시에 학교에서의 학생 선택을 다양화하고, 언제 어디서나 다양한 매체를 통해 가능한 학습기회를 증대하기 위해 교육개혁이 추진되고 있다. 특히 학습기회는 사람들의 필요에 맞는 시간과 장소에서의 학습이 가능하도록 접근성, 지원 서비스 및 학점 인정을 위한 조치를 개선하도록 하였다.
네델란드	맥락	네덜란드에서 평생학습의 요소들은 오랫동안 채택되어 왔다. 1998년에 구체적인 평생학습 정책을 실시하는 실행 프로그램이 제시되었다.
	주요 요소	1980년대까지는 정규 중등교육 및 제3차 교육의 대안으로서의 시간제 과정, 자발적 부문 등에 의해 운영되는 다양한 성인 교양교육, 특히 통신교육 분야에서의 잘 조직된 민간 부문, 상대적으로 잘 알려지지 않은 현장훈련 등이 있었다. 1990년대 초에는 학교교육 수준이 낮은 성인을 위한 기초교육과 개방대학이 추가되었다. 1980년대 후반부터 1990년대 초까지 미취업자 훈련이 빠르게 확대되었다. 1990년대에는 직업훈련과 산업을 보다 긴밀하게 연계하고, 노동시장 수요를 학교 목표와 교육과정에 보다 잘 반영하며, 비공공부문의 학습시장 참여를 촉진하고, 자격증명 기준 및 형식교육 이 외의 학습의 투명성을 제고하기 위한 노력이 있어 왔다. 1998년의 실행 프로그램

		은 피고용자와 구직자의 고용 가능성, 교수요원의 고용 가능성, 불리함의 방지 및 교육체제의 평생학습 방향으로의 재설정 등에 초점을 두고 있다.
노르웨이	맥락	노르웨이는 1999년에 성인의 능력 개혁(competence reform)을 실행하는 과정을 시작하였다. 이 개혁은 계속 교육 및 훈련과 성인교육에 대한 국가 실행계획의 토대를 마련한다.
	주요 요소	이 개혁은 평생학습을 "무덤에서 요람까지"의 폭넓은 견해에 따라 실시하고 있다. 이 개념은 아동 및 청소년의 기초교육을 포함하여 전 생애기간을 포괄하는 것으로 확대되었다. 이 개혁은 사회 및 작업장에서, 그리고 개인 수준에서 능력에 대한 필요에 부응하도록 돕고자 한다. 우선순위는 건실한 기초교육; 초·중학교 교육; 성인 수요에 보다 부합하도록 적응된 교육 프로그램; 개인의 능력형성을 가능하도록 하는 기본틀의 조직; 산업에서의 참여와 능력형성의 장려; 비형식적 학습의 파악과 평가; 소외를 방지하는 여건 조성; 교육적 선택에 관한 정보의 제공이 포함된다.
스웨덴	맥락	국가교육부(National Agency for Education)는 평생학습에 관한 특별한 실천 프로그램을 가지고 있다. 이 프로그램은 스웨덴에서의 평생학습을 상세하게 분석하고 평생학습 전략에 있어서의 핵심 이슈를 파악하고 분석하였다.
	주요 요소	평생학습은 학습에 대한 태도라고 인식한다. 아주 큰 도전은 모든 시민이 학습하고자 하는 의욕과 이를 실천하는 기회를 갖도록 하는 것이다. 사용되고 있는 평생학습의 틀은 2가지 차원이다: 개인은 생애를 통해 학습한다; 형식적 학습과 비형식적 학습이 동등하게 중요하다. 평생학습이 발전되는 3가지 영역으로 교육체제; 노동시장; 시민사회를 들고 있다. 평생학습을 정책영역 간 적정한 조정이 필요함을 인식한다. 학습 책무성이 공공부문에서 민간 및 시민적 영역으로 전이되어야 함을 제시하고 있다. "개인을 학습의 중심에 두는 것"을 중요하게 강조하고 있다. 국가의 책임을 개인과 관련집단이 교육과 학습에 투자하도록 하는 여건 조성과 유인의 창출에 한정한다.
영국	맥락	새로운 노동당 정부의 폭넓은 전략을 설정하는 녹서(green paper)에서 일련의 이슈에 관한 자문을 구하고 있다. 학습의 시대: 새로운 영국을 위한 르네상스(The Learning Age: a Renaissance for a New Britain, Department for Education and Employment, 1998)
	주요 요소	모든 연령에서 기초 문해력에서 상급 학위까지, 형식 및 비형식 학습을 포괄하는 학습을 중시한다. 학습을 번영의 핵심이면서 성공의 기초로 인식한다. 개인과 시민성의 정신적 측면에서의 개발이 경제적 목표와 함께 중요하게 인식된다; 녹서는 모든 영역에 적극적으로 참여하는 시민의 양성을 강조하고 있다. 정부의 역할은 시민들이 스스로 학습 책임을 실천할 수 있도록 하는 것으로 인식된다. 동 제안은 계속 및 고등교육의 확대, 산업대학(University for Industry) 설치, 개인학습계좌의 도입, 16세 이후 교육과 성인 문해력의 증진, 보다 높은 수준의 기술 및 교수-학습 표준의 제고를 포함하고 있다.

3. 평생학습 참여율

2017년 우리나라 성인(25~64세)의 평생학습 참여율은 34.4%(교육부 · 한국교육개발원, 2017)로 OECD평균 평생학습 참여율 46%보다 낮았다(OECD, 2016). 2016년 OECD교육지표에서 평생학습 참여율은 뉴질랜드 64%로 가장 높고, 핀란드 62%, 스웨덴 61%, 덴마크 61%, 네덜란드 60%, 노르웨이 59%, 호주와 독일 각각 50%를 보여 대양주 국가와 스칸디나비아 국가가 상대적으로 높게 나타났다(OECD, 2016). 이 통계는 OECD의 성인학습역량조사(Programme for the International Assessment of Adult Competencies, PIAAC)의 일환으로 조사하였다.

우리나라의 평생학습 참여율은 2004년까지 통계청에서 4년 단위로 조사하였고, 2006년부터 한국교육개발원에서 1년 단위로 참여율을 조사하고 있다. 우리나라는 2000년부터 「평생교육법」이 발효되면서 평생학습사업을 지속적으로 추진하여 평생학습참여율이 꾸준히 증가하여 왔다.

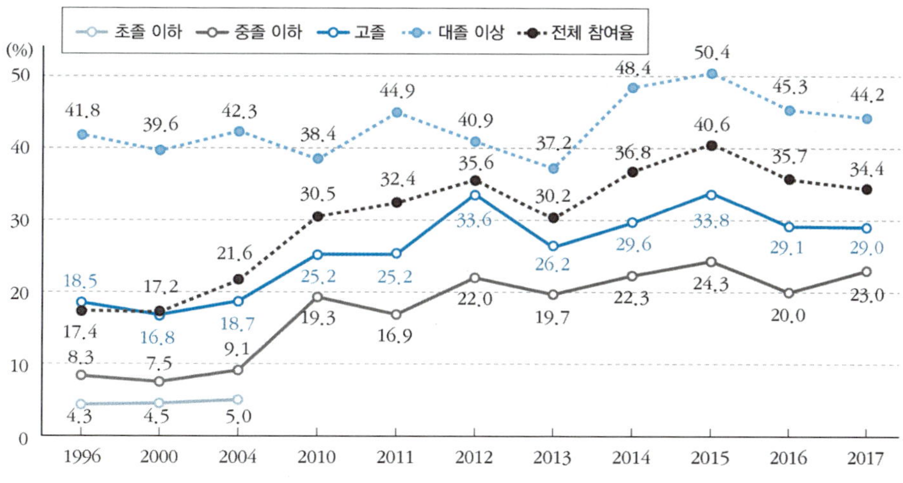

[그림 8-3] 우리나라 평생학습 참여율 추이(2000~2016)

주: 통계청(2000), 한국교육개발원(각 연도).

2000년 평생학습 참여율이 17.2%에서 2017년 34.4%로 2배 이상 증가하였다[참여율: 17.4%('96) → 17.2%('00) → 21.6%('04) → 30.5%('10) → 40.6%('15) → 34.4%('17)]. 우리나라의 평생학습 참여율은 OECD국가 평균 46%에 비하면 아직까지 낮은 수준이다. 또한 우리나라의 평생학습 참여율은 학력별, 지역별, 소득수준별 참여율은 상당한 격차가 있다. 평생학습 참여율은 고용과 직결된다. 유럽연합(EU)은 2000년 리스본 전략에서 성인의 학습참여율을 4주당 10.8%에서 12.5%로 높여 고용율 70%를 달성하겠다는 목표를 수립한 바 있다(CEDEFOP, 2004).

4. 성인의 학습 역량

성인의 역량을 측정하기 위한 프로젝트는 OECD에서 3차례에 걸쳐 이루어졌다. 성인을 조사대상으로 하는 연구는 국제성인 문해 조사(International Adult Literacy Survey, IALS), 성인학습 및 문해조사(Adult Learning and Literacy, ALL), PIAAC(Program for the International Assessment of Adult Competencies) 조사가 있다. 이 조사에서 우리나라에서는 학생을 조사대상으로 하는 연구에는 모두 참여하였지만, 성인을 대상으로 하는 연구는 국가 차원에서 참여하지 않았다. 다만 IALS 연구는 연구가 완료된 사점에서 ILAS 연구에서 개발된 도구를 활용하여 한국교육개발원에서 조사하였으며, ALL, PIAAC 프로젝트는 한국직업능력개발원에서 공식적으로 참여하였다.

학령기 학생을 대상으로 학력을 국제비교하는 TIMSS(Third International Mathematics and Science Study), PISA(Programme for International Student Assessment) 조사에는 우리나라가 꾸준히 참여하고 있다. OECD회원국을 중심으로 만 15세 학생을 대상으로 읽기, 수학, 과학 소양 영역의 성취도를 국제적으로 비교하는 PISA 2015에서 우리나라 학생들은 OECD 35개 회원국 중에서 읽기 3~8위, 수학 1~4위, 과학 5~8위로 상위의 성취수준을 보였으며, 참여한 전체 70개국 중에서도 읽기 4~9위, 수학 6~9위, 과학 9~14위로 상위 수준의 성취를 보였다(교육부, 2016. 12. 6).

〈표 8-3〉 PISA 2015 우리나라 성취도 순위

구분	읽기			수학			과학		
	평균	순위		평균	순위		평균	순위	
		OECD (35개국)	전체 (70개국)		OECD (35개국)	전체 (70개국)		OECD (35개국)	전체 (70개국)
한국	517	3~8	4~9	524	1~4	6~9	516	5~8	9~14
OECD 평균	493			490			493		

출처: 교육부(2016.12.6.).

우리나라는 학령기 학생의 학업성취도는 높으나 학령기 이후의 학습기회는 OECD국가에 비하여 제한적이어서 성인의 역량은 상대적으로 낮은 것으로 조사되고 있다.

16~64세를 대상으로 조사한 2013년 OECD의 PIAAC 결과에서 우리나라는 참가국 24개 국가에서 평균 이하의 성적을 보였다.[3] 즉 언어능력 11위(한국 273점, OECD평균 273점), 수리력에서 15위(한국 263점, OECD평균 269점), 컴퓨터기반 문제해결력 한국 15위를 보였다. 한국 성인 중 컴퓨터 기반 문제해결력이 상위 수준(2수준과 3수준)에 속하는 사람의 비율이 OECD 평균 34%에 못 미치는 30.4%로 나타났다. 특히 우리나라의 경우 컴퓨터를 사용한 경험이 없다고 응답한 사람의 비율이 15.5%로 OECD 평균 9.3%보다 높게 나타났다(교육부 · 고용노동부 · 한국직업능력개발원, 2013). 이 조사에서 우리나라 직장인 중 학력과잉은 21.2%로서 OECD 평균(21.4%)수준이며, 학력부족인 사람의 비율은 10.7%로서 OECD 평균(12.9%)보다 낮게 나타났다.

여기서 학력과잉은 언어능력에서 10.7%, 수리력에서 13.1%로서 OECD 평균(언어능력 10.3%, 수리력 10.0%)보다 약간 높게[4] 나타났으며, 학력부족은 언어능력 1.8%, 수리력 2.6%로서 OECD 평균(언어능력 3.6%, 수리력 3.6%)보다 낮았다. 특히, 중고령자, 여성, 저학력자, 저숙련 직업종사자 등이 상대적으로 역량이 낮게 나타났다(교육부, 2013. 10. 8).

3) 일본은 PISA조사에서 OECD국가 중 수학 2~3위, 읽기 1~2위, 과학 1~3위를 보였고, PIAAC에서는 언어, 수리력 각각 1위, 컴퓨터 10위를 보였다.

4) 수리력에 한하여 통계적으로 유의미하다.

〈표 8-4〉 OECD 국제 성인역량 조사(PIAAC) 결과 (단위: 점수, %)

구분	언어능력		수리력		문제해결력	
	16~65세	16~24세	16~65세	16~24세	16~65세	16~24세
한국	273	293	263	281	30%	63.5%
OECD 평균	273	280	269	271	34%	50.7%

주: 문제해결력은 컴퓨터 사용능력이 없는 사람들의 경우 제외되었으므로 평균 점수를 비교하지 않고, 상위 수준(2수준 및 3수준)에 속한 사람들의 비율로 비교

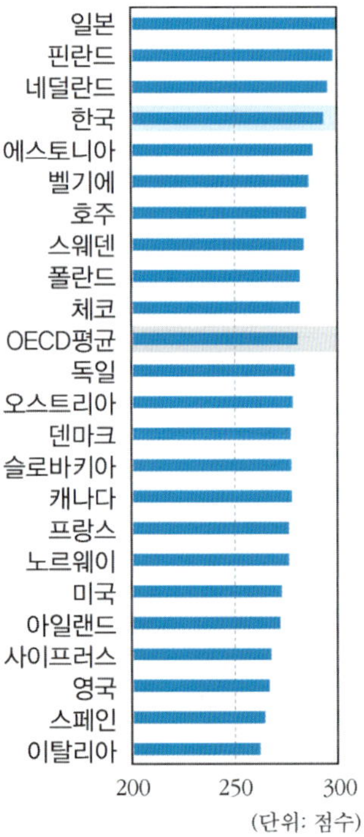

[그림 8-4] 16~24세 언어능력 평균점수

출처: OECD(2013a), 그림 2.2.B 〈표 2〉

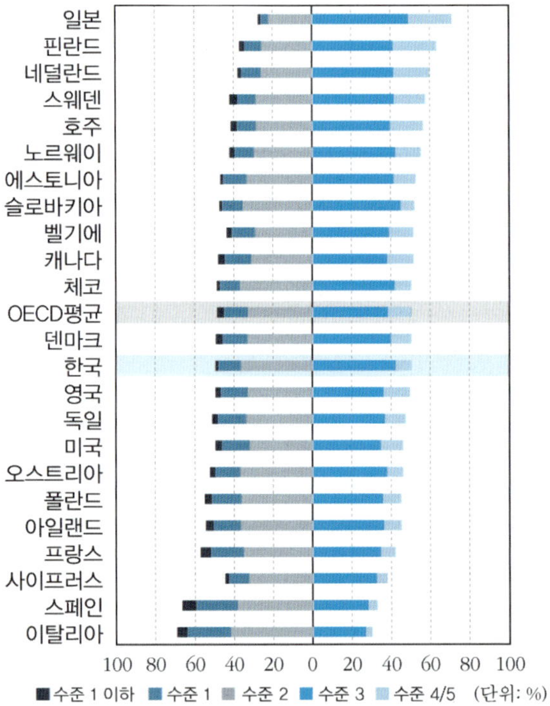

[그림 8-5] 16~65세 수리력 수준별 분포

출처: OECD(2013a), 그림 2.1 〈표 3〉

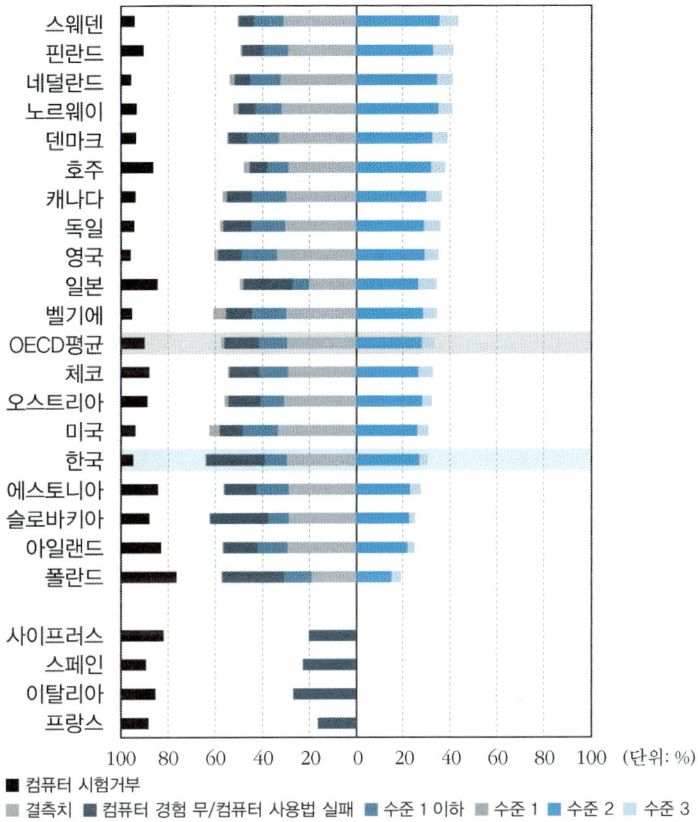

[그림 8-6] 16~65세의 컴퓨터 경험 및 문제해결력 수준 분포

출처: OECD(2013a), 그림 2.10.A

5. 비형식 학습의 인증체제 구축

학교 밖의 학습인 비형식 학습을 인증하여 학교교육과 연계하는 경험학습인증(recognition of prior learning)이 각국에서 진행되고 있다. 이를 위하여 국가자격표준(National Qualification Framework, NQF)을 설정하여 비형식학습(nonformal learning)과 형식학습(formal learning)을 연계하는 작업을 수행하고 있다. 국가자격체계는 학교교육의 이수 결과뿐만 아니라 자격, 직장과 사회에서의 다양한 학습경험을 통합적으로 연계하게 됨으로써 평생학습을 촉진하는 기제가 되고 있다. 특히 학교교육과 직업현장과의 미스매치 현상과 경제성장률 둔화로 인한 청년실업의 증가가 나타나는 상황에서 국가역량체계는 고등교육 시스템을 변화시키는 촉매로 작용한다. 특히 EU에서는 회원국 간 학교교육의 이동을 원활히 하기 위해 볼로냐 프로세스(Bologna Process)를 통해 학교교육을 통일하였다.

비형식학습을 형식학습과 연계하는 방법에는 평생교육기관을 학제와 연계하거나, 평생교육기관의 프로그램별을 수준별로 평가하여 학교급과 일치시키는 방법이 있다. 또한 비형식학습의 내용을 포트폴리오 평가에 의하여 일정한 학점으로 인정하는 경우도 있다. 학제와 연계하지 않고 비형식학습 결과를 평가하여 자격(certificate) 취득과 연계하는 경우도 있다. 평생학습 결과를 인증하는 것은 학습의 연계성을 확보하여 다음 단계의 학습으로 이어지도록 하여 계속학습을 촉진하는 데 있다. 이른바 경험학습의 인증은 학습단계에 진입할 때 경험학습을 사전학습으로 인정하는 것이다. 사전학습의 인증(validation of prior learning, VPL)은 개인과 집단의 기준부터 시민의 위한 조망과 개인적 풍요, 진로 경로, 자격 등 다양한 기준을 설정하는 것이다(Devekot, 2014: 3). 평생학습의 가치 부여를 위한 접근 방법에는 국가자격체제(National Qualification Framework, NQF), 인적자원관리시스템(Human Resources Management, HRM)과 VPL이 있다.

우리나라의 경우 1998년부터 학점은행제를 실시하고 있으며 2002년부터 학점은행제와 연계하여 국가기술자격을 포함한 국가자격, 국가공인민간자격을 대학 단계의 학점으로 인정하고 있고, 국가 지정 중요무형문화재 보유자와 그 문하생을 대상으로 문하생 학력 인정을 실시하고 있다. 학점은행제는 각종 자격을 일정한 학점으로 부여하고 있다. 비형식 학습의 인증은 2000년대부터 많은 OECD 국가들에서 비형식적 학습을 평가하고 인증하여 자격취득에 도움을 주고 경력을 강화할 수 있는 인증 형태를 제공하는 것이다. 하지만 많은 나라에서 비형식적 학습에 가시성을 부여하는 것이 어려운 것으로 나타났다(OECD, 2002).

EU는 학력과 비형식, 무형식 학습을 공인된 학습결과로 인증하기 위하여 유럽자격체계(European Qualification Framework, EQF)를 개발하여 평생학습의 결과에 가치를 부여하고 있다. EU는 2008년 4월 23일 유럽의회에서 EQF를 채택하여 EU 회원국 32개국이 참여하고 있다. EQF는 유럽연합 회원국 성인학습자의 지식과 능력을 측정하는 도구로 학교교육과 성인교육을 포함하여 교육의 질적 수준을 평가하고 있다.

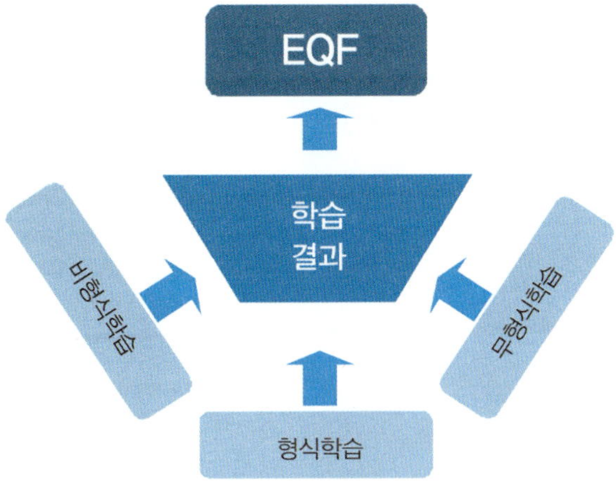

[그림 8-7] EQF 학습결과 인증 영역

EQF에서는 지식, 기술(skills)과 역량(competence) 3개 영역에 걸쳐 8수준으로 제시하고 있다. [그림 8-7]과 같이 각국의 국가자격체제(NQF)는 EAQ의 각 단계와 호환된다. 따라서 A국가의 자격체계는 EQF와 호환되고, B국가의 자격체계와 연결고리를 형성하게 된다. EQF 수준 1은 가장 낮고 수준 8은 가장 높은 자격 수준이다. 일반적으로 학사, 석사 자격은 EQF의 수준 6과 7에 해당되고 수준 8은 박사급 수준, 숙련된 작업자 자격은 일반적으로 수준 3과 4에 해당된다. 서로 다른 국가와 체제에서 자격을 보다 그것의 주된 역할은 여러 국가와 시스템에서 자격을 보다 이해하기 쉽도록 하여, 학습자와 근로자의 국경 간 이동성과 유럽 전역의 평생 학습을 지원하는 데 그 목적이 있다.

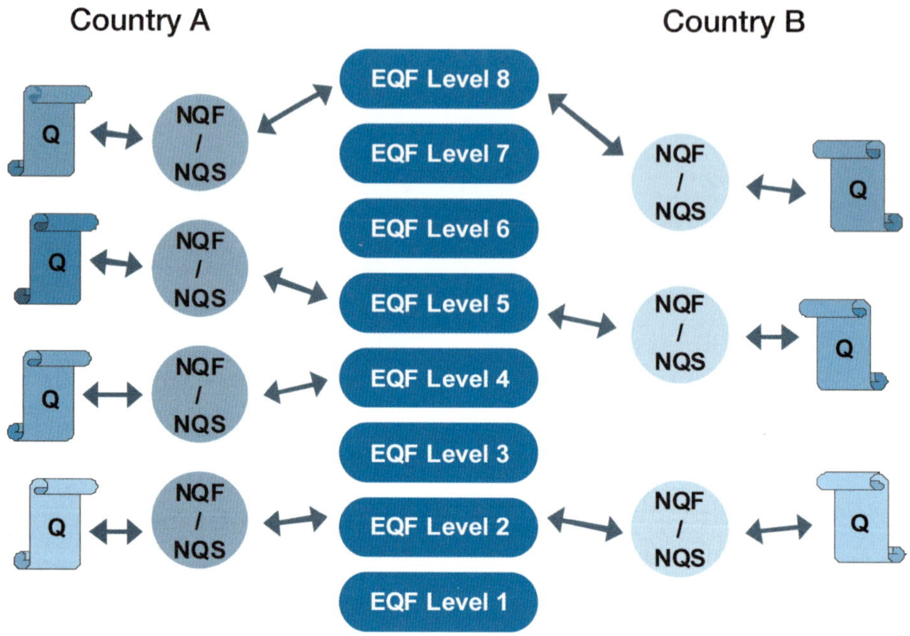

[그림 8-8] 유럽자격체제(EQF)의 기본 프레임

EQF는 학습 성과에 기초한 포괄적 NQF를 개발하기 위한 결정적인 역할을 한다. 모든 국가는 영역과 국가 간 자격을 비교할 수 있게 한다. 2015년 7월까지 25개국이 국가 자격 수준을 EQF에 연결하였다(CEDEFOP, 2017). 자격증뿐만 아니라 비형식, 무형식 학습의 인정하는 등 평생학습의 공식적인 인증 체제를 구축하는 것이다. 이를 위하여 유럽표준이력철(European CV), 유럽학점인증체계(European Credit Transfer and Accumulation System, ECTS) 등을 도입하였다. ECTS는 외국 교육기관에서 연수하여 취득한 학점을 공동으로 인정하는 제도다. ECVET(European Credits for Vocational Education and Training)는 ECTS와 비슷한 체제로 직업교육훈련 분야에 적용되는 학점 인증 체제다. 학습결과의 인증은 학습문화 형성, 학습기회 촉진, 수월성 추구에 기여할 수 있다.

우리나라도 ① 불필요한 중복학습 부담완화와 스펙쌓기를 지양하고, ② 평생에 걸친 경력개발경로를 가시화하고 역량개발을 촉진하며, ③ 교육훈련의 질 보장, ④ 국내

외 자유로운 인력 이동의 촉진(mobility)을 위해 한국형 국가역량체계(Korean Qualification Framework, KQF)를 개발하고 있다. KQF는 국가직무능력표준(NQF) 등을 바탕으로 학력, 자격, 현장경력 및 교육훈련 이수 결과 등이 상호 연계될 수 있도록 한 수준체계로 지식, 기술, 자율성과 책임성을 기반으로 하고 있다(교육부 · 고용노동부, 2016). KQF의 수준별 학위 및 자격 체제는 [그림 8-9]와 같다.

[그림 8-9] KQF 수준별 학위 및 자격의 배치(안)

KQF는 학위는 물론 자격, 현장경력, 훈련결과의 연계를 바탕으로 노동시장 진입 이후 양질의 일자리로의 자유로운 인력 이동을 촉진하고 다른 국가의 NQF와 상호 호환성을 확보하여 국내 인력의 해외 일자리 진출을 촉진하는 데 그 목적이 있다.

4절 비교교육 연구를 위한 평생교육학의 과제

평생학습의 국제비교는 우리나라 평생학습의 실태를 진단하고 향후 평생학습 정책을 수립하는 데 기초자료로 활용된다. 여기서 제시한 평생학습 참여율은 계층별, 연령별, 소득별 국제비교에 의하여 평생학습지원 대상을 구체화할 수 있다. 평생학습격차는 소득격차와 연결된다. 평생학습 참여율이 증가하는 것과 아울러 직업교육훈련 학습참여율도 꾸준히 증가하여 2017년 14.1%를 보였다, 65~79세 고령자의 평생학습 참여율은 26.9%로 중장년층(45~54세 34.0%, 55~64세 28.9%)과 큰 차이를 보이지는 않았으나 연령대가 높아질수록 평생학습 참여가 감소하는 것으로 나타났다. 반면 대졸 이상 학력 소지자(44.2%)가 중졸 이하 학력 소지자(23.0%)에 비해 약 2배 더 평생학습에 많이 참여하는 것으로 나타났다.

이미 평생학습참여의 귀족집단, 평생학습 투어족이 탄생하고 있다. 중고령자, 여성, 저학력자, 저숙련 직업 종사자, 미취업자들은 학습에 참여하고자 하는 의지가 강해도 그 기회가 주어지지 않는다. 평생학습의 양적 성장과 걸맞은 성인의 학습역량은 지극히 낮다. 2013년 OECD 국제 성인역량 조사(PIAAC)에서 한국 성인(16~65세)은 언어능력에서 11위, 수리력에서 15위, 컴퓨터기반 문제해결력에서 15위를 보여 3영역 모두 OECD평균 점수에 미치지 못하였다. 이는 성인을 위한 평생학습의 양은 국제비교에 뒤지지 않으나 그 질인 효과는 저조하다는 것을 의미한다.

직업별 고용주 지원 교육 참여율도 OECD국가에 비하여 저조하다. 우리나라는 숙련직업 57%(OECD평균 62%), 반숙련직업 43%(OECD평균 44%), 반숙련 육체노동직 29%(OECD평균 36%), 기초직업 17%(OECD평균 26%) 등 전 직종에서 OECD평균보다 낮다. 고용주 지원 평생학습이 낮은 실정에서 정부의 평생학습 예산도 적다. 정부의 평생학습 예산이 2000년 7억 3천만 원에서 2017년 505억 원으로 대폭 증가하였다. 그러나 2018년 평생학습 예산은 336억 원으로 대폭 감소한 가운데 대학중심의 평생학습 활성화

지원 127억 원, 국가평생교육진흥원 출연 86억 원, 성인문해교육 프로그램 운영 지원 40억 원, 지역 평생교육 활성화 지원 17억 원, 평생학습진흥 지원 10억 원, 국가평생교육통계 구축 11억 원으로 교육부 전체 예산의 0.05%에 불과하다. 이러한 예산으로는 실질적인 학습자의 학습비를 지원할 수 없다. 교육부 예산 63조 8,403억 원(기금 예산 제외)의 대부분은 학교교육을 위한 예산이다. 이에 비하여 일본은 성인학습기관인 공민관이 2015년 현재 14,841개, 평생학습센터 449개가 있고 교육예산 41,931억 엔(총 5조 3,378억 엔 중에서 과학기술진흥비 8,530억 엔, 에너지 대책비 1,589억 엔, 문화예술관계예산 1,038억 엔, 스포츠관계예산 290억 엔 제외) 중 1,166억 엔(2.8%)이 평생학습예산이다(문부과학성, 2017).

공교육이 근대국가와 그 맥락을 같이 하여 그 특성이나 성격이 국가에 따라 크게 다르지 않다. 반면 평생학습은 시민사회 형성과 맥락을 같이 하기 때문에 근대국가의 형성 과정과 특성 등 역사적 맥락과 사회경제적 성격에 따라 다르다. 우리나라의 경우 1945년 해방과 1950년 3년간의 전쟁으로 학생을 학교에 수용하기 어려운 상황에서 성인을 대상으로 하는 교육에 관심이 없었음은 당연한 이치다. 해방 후 미군정기부터 한글 보급을 위해 초등학교에 성인반을 두어 성인을 교육한 것도 그 시대적 상황에 적합한 조치다. 늘어나는 학령기 학생을 수용하기 위하여 초·중등교육에 치중하고 최근에는 고등교육에 교육정책에 치중하고 있다. 따라서 학령기 학생이 줄어드는 시점인 지금, 평생학습 정책 수립에 더욱 관심을 기울여야 한다.

따라서 평생학습의 비교교육학적 접근은 국가 간의 역사적 배경, 시대적 상황, 인구동태 등을 고려할 필요가 있다. 우리나라의 평생학습은 시민사회 형성을 위한 시민교육도 없었고, 교육 당국이 성인을 위한 평생교육기관을 설치하도 않았다. 학령기 학생이 급격히 줄어드는 시점에서 이제 정부는 성인의 평생학습을 촉진하기 위한 시스템을 갖출 필요가 있다. 여기서 국가 주도의 평생학습은 양극화를 심화시킬 수 있다는 것을 견지할 필요가 있다. 정부 위주의 평생학습정책이 학습격차를 심화시키고 양적 팽창 위주의 결과가 산출되었다는 것을 직시하여야 한다. 평생학습을 추진하기 위하여 네트워크 구축과 역할과 기능을 분담해야 한다는 사실을 확인할 수 있다. 따라서 정부, 평생학습 NPO 조직과 민간 평생학습기관과의 분담으로 이음새 없는 평생학습을 전개할 필요가 있다. 정부는 활동과 예산을 지원하고 평생교육기관과 단체는 학습 소외계층을 학습의 장으로 이끌 수 있어야 한다.

참고문헌

교육개혁위원회(1995). 세계화 · 정보화 시대를 주도하는 新교육체제 수립을 위한 교육개혁 방안. 교육개혁위원회.

교육개혁위원회(1996). 세계화 정보화 시대를 주도하는 新교육체제 수립을 위한 교육개혁방안(Ⅱ). 교육개혁위원회.

교육부(2000). 평생교육법령 해설자료.

교육부(2016.12.6). 대한민국, OECD PISA에서 상위 성취 수준 유지. 보도자료.

교육부 · 고용노동부(2013.10.8). 2013년 OECD 국제 성인역량 조사(PIAAC) 주요 결과 발표. 보도자료.

교육부 · 고용노동부(2016). 한국형 국가역량체계(KQF) 기본틀 설계 시안(안). 2016. 8.

교육부 · 고용노동부 · 한국직업능력개발원(2013). 한국인의 역량, 학습과 일: 국제성인역량조사(PIAAC) 보고서.

교육부 · 한국교육개발원(2017). **평생학습 실태조사**. 한국교육개발원.

김종서 · 김신일 · 한숭희(2000). **평생교육개론**. 경기: 교육과학사.

문부과학성(2017). 평성 21년도 문부과학백서. http://www.mext.go.jp/b_menu/hakusho /html/hpab201601/1375335.htm (2017년 5월 8일 열람)

임언 외(2004). 『성인의 직업능력 조사 연구: OECD ALL Project를 중심으로』. 한국직업능력개발원.

최돈민(2002). 인적자원개발정책의 국제비교 분석. **비교교육 연구**, 12(2), 65-92.

최돈민(2005). 성인의 학습 수준 국제비교 분석: OECD국가를 중심으로 **비교교육 연구**, 15(4), 247-273.

최돈민(2007). 생애학습능력 국제비교연구. **비교교육 연구**, 17(1), 145-165.

최돈민(2018). 평생교육의 비교교육학적 접근: 가능성과 한계. 『비교교육연구』. 28(3). 291-307.

최돈민 역(2002). OECD교육정책분석: 평생학습정책을 중심으로. 대통령자문 교육인적자원정책위원회, OECD (2001). Education at glance. Paris: OECD.

최돈민 · 이해주 · 윤여각(1998). **평생학습 실현을 위한 열린교육체제 연구**. 한국교육개발원.

통계청(2000). **한국 사회통계 조사**. 통계청.

Adeyinka, A. A. (1994). The concept, scope and purpose of comparative education. In A.A. Adeyinka (Edm). *Popular topics in comparative education for Nigerian tertiary education students*. Ilorin: Mercy Publishers.

Billett, S. (2017). Distinguishing lifelong learning from lifelong education. *Journal of Adult Learning, Knowledge and Innovation,.1*(1), 1-7.

Bray, M. & Thomas, R. (1995). Levels of comparative in educational studies; Different insights from different literatures and the value of multilevel analysis. *Harvard Educational Review, 65*(3), 472-490.

Bray, M., Adamson, B., & Mason, M. (2007). *Comparative education research: Approaches and methods*. Hong Kong, Univ. of Hong Kong & Springer.

Cedefop. (2004). *Learning for employment: Second report on vocational education and training in Europe*. Thessakoniki, Greece: CEDEFOP.

Cedefop. (2017). European qualifications framework. http://www.cedefop.europa.eu/en/events-and-projects/

projects/european-qualifications-framework-eqf (2017. 5. 8 열람)

Delors, Jacques et al. (1996). *Learning: The treasure within.* Paris: UNESCO.

Devekot, R. Kang, D. J. & Murray, J. (eds.). (2014). *Linkage of VPL*. Vught. Netherland, European Centre for Valuation of Prior Learning.

DfEE. (1998) T*he Learning age: A renaissance for a new Britain*. London: Department of Education and Employment.

European Commission. (2000). Presidency conclusion. Lisbon European Council 23 and 24 March 2000.

Green, A. (2000). Lifelong learning and the learning society: Different European models of organization. In A. Hodgson (ed.). *Politics, politics and the future of lifelong learning*. London: Routledge.

Griffin, C. (1987). *Adult education as social policy*. London: Croom Helm.

Jarvis, P. (2000). Globalisation, the learning society and comparative education. *Comparative Education*, *36*(3) 343-355.

Lawal, B. O. (2004). Comparative education. Ibadan, Stevela Educational Publishers Nigeria Ltd.

Lengrand, P. (1970). *Introduction to lifelong education*. Paris: UNESCO.

Longworth, N. & Davis, K. (1996). *Lifelong learning*. London: Kogan Page.

Merriam, S.B. and Brockett, R.G. (1997). *The profession and practice of adult education: An introduction*. San Francisco: Jossey-Bass,

NAGECELL. (1997). *Learning for the twenty-first century*. (First report of the national advisory group for continuing education and lifelong learnin. London: Author.

OECD. (1973). Recurrent education: Trends and issues, Paris: OECD.

OECD. (2002). *Education policy analysis 2002*. Paris: OECD.

OECD. (2004). *Beyond rhetoric: Adult learning policies and practices*. Paris: OECD.

OECD. (2016). Survey of adult skills. http://www.oecd.org/skills/piaac

OECD · 교육부 · 한국교육개발원(2016). OECD교육지표. 한국교육개발원.

Searle, J. R. (1995). *The construction of social reality*. London, UK: Penguin Books.

UNESCO. (1997). *Fifth World Conference on adult education*. Paris: UNESCO.

UNESCO. (2000). *World education report 2000.* Paris: UNESCO.

World Bank. (2003). *Lifelong learning in the global knowledge economy: Challenges for developing countries*. Washington, DC: Author.

이 글은 최돈민(2017. 5) 비교교육학과 평생교육학, 2017년 한국비교교육학회 제1차 학술세미나 자료집, 37-55.; 최돈민(2018. 6) 평생교육의 비교교육학적 접근: 가능성과 한계, 비교교육연구, 28(3). 291-307.를 토대로 보완 · 작성한 것임.

CHAPTER 9

비교교육학과 직업교육학

1절 · 비교교육학과 직업교육학의 성격
2절 · 비교교육연구에서 직업교육학
3절 · 비교교육연구에서 직업교육의 연구동향
4절 · 비교교육연구를 위한 직업교육학의 과제

1절 비교교육학과 직업교육학의 성격

한국은 지난 십여 년간 경제구조와 노동시장 구조에 있어 많은 변화를 겪어 왔다(김미란 · 강경종 · 최수정 · 남기곤, 2012). 급격한 고령화 사회로의 진입과 산업구조의 변화, 경제위기와 침체된 경제성장은 고용 불안정과 같은 노동시장 구조의 변화를 야기하였고, 이러한 변화는 청년층의 높은 실업률로 이어졌다. 2005년 8.0%였던 청년 실업률은 2016년 사상 최고인 9.8%를 기록하였고, 청년 실업자 수는 43만여 명으로 전체 실업자의 43%에 달했다(통계청, 2016). 이러한 현상은 비단 한국에 국한된 상황은 아니다. OECD(2016)에 따르면 2015년 기준 OECD 청년 인구의 15%가 NEET 상태에 있는 것으로 나타났는데, 이는 곧 OECD 내 약 4천만 명의 청년 인구가 직업을 가지지 않고 교육 · 훈련도 받고 있지 않은 상태에 있음을 의미한다. 이와 같은 청년층 실업 문제를 해소하기 위해 전 세계적으로 논의되는 다양한 대안 가운데 가장 핵심적인 대안 중 하나로 직업교육의 강화를 꼽을 수 있다. 직업교육 · 훈련은 정규교육에 대한 중요한 대안적 제도로 산업현장에서 요구하는 기술을 제공함으로써 청년층의 원활한 노동시장 이행을 돕는 기능을 과거부터 수행해 왔기 때문이다(OECD, 2016).

한국 역시 산업현장이 요구하는 청년층 기술 인력을 양성하기 위해 직업교육과 관련된 정책적 노력을 지속해 왔다(정철영 외, 2006). 경제개발 5개년 계획으로 인해 기능 인력의 수요가 증가했던 1960년대 이래로 직업교육은 산업 수요에 맞는 인력을 양성하기 위한 수단으로서 강조되었고, 산업구조가 변화함에 따라 직업교육 정책 역시 지속적으로 변화하였다(배상훈 · 장환영 · 오세희 · 장창성 · 이태희, 2013). 특히 과거 직업교육 정책은 경제개발 계획과 경제호황 등으로 인해 전문 기능 인력의 수요를 맞추기 위한 양적 확대 중심이었던 반면, 2000년대 이후 직업교육 정책은 질적 제고를 함께 추구하는 경향을 보이고 있다(김진모 외, 2013). 김대중 정부 이래로 고졸 기능 인력 및 전문기술자 양성을 위한 직업교육의 질적 내실화 추구, 소량 특성화 인력 양성체제를 통한 직업교육의 체질 개선, 마이스터고 육성 등 직업교육 선진화 노력, 능력중심사회 구현을 위한 취업 중심 교육 강화 등은 모두 직업교육의 질적 개선이라는 측면에서 맥을 같이 한다. 이와 같은 역대 정부의 직업교육 관련 정책 기조는 학계에도 영향을 미쳤는데, 김대중 정부 당시 중등단계 직업교육 관련 연구는 교사, 학습, 수업 등 내실화에 관한 주제를 중심으로 수행된 반면, 이후 중등단계 직업교육 관련 연구는 마이스터 고등학교 도입에 따른 학교 변화, 교사의 직무수행 및 성과 등과 관련된 연구가 이루어졌다(배상훈 · 장환영 · 오세희 · 장창성 · 이태희, 2013).

한편, 그동안 한국의 직업교육 정책은 직업교육 선진국의 우수 사례에 대한 벤치마킹을 지속적으로 시도해 왔다. 영국의 샌드위치 시스템, 독일식 도제제도, 스위스식 도제제도, 호주 AQF 등 국외 직업교육체제 및 운영 사례는 과거 공고 2+1 체제를 비롯하여 마이스터 고등학교 설립, 특성화고 도제학교 시행뿐만 아니라, 국가직무능력표준(NCS) 및 국가자격체계(NQF) 구축과 이에 따른 직업교육 교육과정 구성 등 국내 직업교육 정책에 있어 단초를 제공하였다. 이러한 맥락에서 직업교육 정책이 관련 학계에 미치는 영향을 고려했을 때, 직업교육 관련 연구 쟁점사항들이 해외 선진 직업교육체제의 어떠한 측면을 중심으로 고찰해 왔는지를 살펴볼 필요가 있다. 빠르게 변화하는 산업구조 속에서 직업교육의 중요성이 전 세계적으로 강조되고 있는 만큼, 비교교육학 관점에서 수행된 직업교육 관련 연구의 동향 분석은 국내 직업교육 연구물들이 해외 사례를 통해 얻고자 했던 시사점을 되짚어 볼 수 있는 기회를 제공할 뿐만 아니라, 향후 직업교육 연구가 어떠한 방향으로 나아가야 할지에 대한 방향성을 제시해 줄 수 있기 때문이다. 이에 따라 현재까지 수행된 비교교육학 관점의 국내 직업교육 관련 연구들을 종합적으로 분석함으로써 전반적인 연구동향을 파악하고 직업교육 관련 연구의 발전방향을 제시하고자 한다. 이를 통해 국내 직업교육 연구의 지속적인 발전에 기여할 수 있을 뿐만 아니라, 정책 실행 측면에서도 유의미한 시사점을 제공할 수 있을 것이다.

1. 비교교육학의 관점 및 비교 단위

비교교육학은 비교적 방법을 활용하여 2개 이상의 국가 혹은 지역의 교육제도나 교육적 활동을 비교 및 분석하는 교육학의 한 분야이다(이득기 · 이충원 · 안세원, 1996). 비교교육학에서는 비교 분석 결과를 통해 교육제도 및 교육적 활동 간의 유사성과 상이성을 규명하고, 이에 대한 해석을 통해 교육의 본질에 대한 해명을 시도한다. 비교교육학은 서로 다른 문화를 가진 국가들의 교육제도를 분석함에 있어 타 학문과 구별되는 특수한 목적을 갖는데, 바로 외국의 사례를 통해 자국의 교육을 개선시키고자 한다는 점이다(Trethewey, 1976). 여러 국가나 지역의 비교는 하나의 교육제도만을 경험하여 발생하는 편협성을 극복할 수 있게 하고, 이는 교육제도에 대한 판단의 기초를 확장시킴으로써 교육적인 개선이나 개혁을 촉진시킬 수 있기 때문이다.

따라서 비교교육학에 있어서는 어떤 지리적 혹은 지역적 수준에서 어떤 대상에 대해 어떤 내용을 비교할 것인가, 즉 비교 단위가 중요한 이슈가 된다. 이와 관련하여 Bray와 Thomas(1995)는 비교교육에 있어 교육에 대한 다면적이고 총체적인 분석이 필요하며, 이때 분석은 단일 수준이 아니라 다층적으로 이루어져야 한다고 주장하였다. 이러한 견해를 바탕으로 Bray와 Thomas(1995)는 지리적/지역 수준 영역, 비지역적 인구통계 영역, 교육 및 사회 측면 영역으로 구성된 비교교육 분석틀을 제시하였다([그림 9-1] 참조). Bray와 Thomas(1995)가 제시한 분석틀을 구체적으로 살펴보면, 분석틀의 전면에는 비교를 위한 지리적/지역 수준이 제시되어 있다. 지리적/지역 수준은 지리 혹은 지역적 범주의 어떤 수준에서 상호 비교를 수행할 것인가에 관한 것으로, 그 수준에 따라 세계 지역 및 대륙, 국가, 주정부 및 지방정부, 교육구, 학교, 학급, 개인 등 7개의 수준으로 구분된다. 두 번째 영역은 비지역적 인구통계학적 내용으로, 민족, 연령, 종교, 성, 기타 집단, 전체 인구 등 비교 대상이 되는 집단의 인구통계학적 특성으로 구성되어 있다. 세 번째 영역은 교육과정, 교수방법, 교육재정, 경영구조, 정치변화, 노동시장 등 교육 및 사회 측면의 내용으로 구성되어 있는데, 이는 어떤 교육 혹은 사회 현상을 비교할 것인가에 관한 것으로 볼 수 있다.

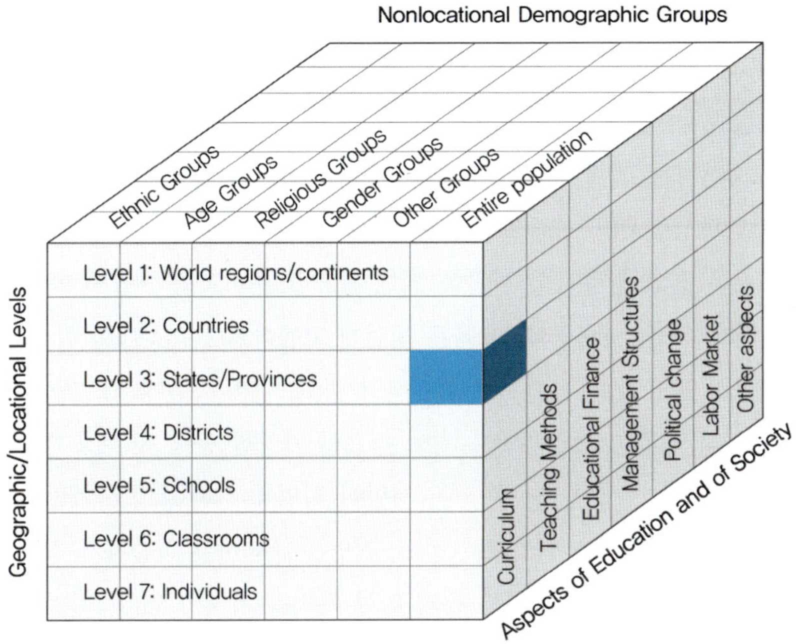

[그림 9-1] Bray & Thomas(1995)의 비교교육 분석 틀

출처: Bray, M., & Thomas, R. M. (1995). Levels of comparison in educational studies: Different insights from different literatures and the value of multilevel analyses. p. 475

비교교육에 있어 많은 연구들은 세 가지 차원 모두와 관계되기 때문에 Bray와 Thomas(1995)가 제시한 분석틀에서 하나의 칸에 대응될 수 있다. 예를 들어 [그림 9-1]에서 음영으로 된 칸은 두 개 이상의 주 단위 지역에서 전체 집단을 대상으로 하는 교육과정에 대한 비교연구를 의미한다. Bray와 Thomas(1995)의 분석틀은 비교교육에 있어 대표적인 분석틀로 활용되어 왔으며, 비교교육학 분야뿐만 아니라 다양한 분야에서 유용한 분석틀로써 광범위하게 인용되어 활용되고 있다.

2. 직업교육의 개념 및 목적

일반적으로 직업교육은 개인이 특정 직업에 취업하기 위해 준비하거나 현재 종사하고 있는 직무에 대해 유지 개선하는 것을 돕기 위한 형식(formal) 혹은 무형식(informal) 교육을 의미한다(이무근, 2006). 여기서 직업교육이 준비하고 있는 일과 종사하고 있는 일을 모두 포함한다는 점에 주목할 필요가 있는데, 이는 취업을 위한 교육뿐만 아니라 직업인의 능력 향상을 위한 계속교육이 모두 직업교육에 해당함을 의미하기 때문이다. 과거 직업교육은 직업에 종사할 사람을 위해 필요한 준비교육과 같이 매우 제한적인 개념으로 정의되었으나, 최근 직업교육은 직업계 고등학교나 전문대학 학생과 같이 그 대상을 특정하지 않고 모든 학습자로 확대하고 있고, 내용 측면에서도 기술 중심 교육 및 훈련에 한정하지 않고 직업생활을 위해 필요한 다양한 능력 및 태도까지 포함시키고 있다(나승일, 2001). 즉 직업교육은 모든 사람이 직업에 관한 소양을 개발하여 바람직한 민주시민으로서의 자질을 함양토록 하고, 직업을 준비하는 학습자가 직무능력을 개발함으로써 유능한 직업인이 되도록 돕기 위한 목적을 가지고 있다. 직업교육의 목적은 세 가지 관점에서 보다 구체적으로 살펴볼 수 있는데, 먼저 직업교육은 개인이 직업에 관한 교양교육적인 기초 능력을 함양할 수 있도록 함으로써 의식주 생활에 기초가 되는 기본적인 지식, 기술, 태도를 기를 뿐만 아니라 여러 교과에 대한 학습동기를 유발시킨다. 또한 직업교육은 개인의 직업선택 기회를 확대시키고, 사회가 필요로 하는 인력을 양성할 수 있도록 한다(Evans & Herr, 1978).

이러한 관점에서 직업교육은 직업에 관한 교육과 직업을 위한 교육으로 구분할 수 있다(이무근, 2006). 직업에 관한 교육은 모든 학습자에게 제공되는 직업교육으로 직업적 소양을 개발함으로써 바람직한 민주시민이 되도록 한다. 직업을 위한 교육은 특성화고등학교 혹은 마이스터고등학교 학생과 같이 직업 준비를 하는 학습자에게 제공되는 교육으로, 개인이 자신의 직무능력을 개발함으로써 유능한 직업인이 되도록 하는 교육이다([그림 9-2] 참조). 전자는 교양직업교육, 후자는 전문직업교육으로 볼 수 있는 데, 교양직업교육은 실과나 기술·가정 교과와 같이 일상생활을 하는 데 필요한 기술을 습득하게 한다. 한편 전문직업교육은 실질적인 업(業)에 관한 교육으로 농업, 공업, 상업, 수산해양, 가사실업 등 전문교과와 같이 다양한 직업 분야에 취업하기 위해 필요한 지식, 기술, 태도를 습득할 수 있도록 주로 고등학교나 전문대학 수준에서 실시된다(이용환, 2000).

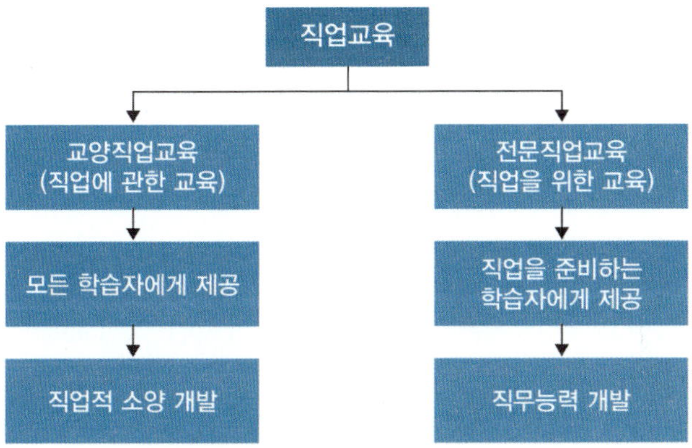

[그림 9-2] 직업교육의 목적

2절 비교교육연구에서 직업교육학

1. 직업교육 연구의 방법

직업교육에 관한 연구에서는 직업교육 관련 현상에 대한 설명적 지식을 얻기 위해 다양한 방법이 활용되어 왔다(나승일·김강호, 2008). 직업교육 연구의 방법을 구분하는 방식에 대해서는 연구자별로 다소 차이가 있으나, 대체로 직업교육 연구는 조사연구,

실험연구 등 양적 연구와 문헌연구, 문화기술연구, 개발연구, 사례연구 등 질적 연구 방법을 통해 이루어졌다(나승일, 1998). 대부분의 직업교육 연구는 이 중 조사연구 중심의 양적 연구를 중심으로 수행되는 경향을 보이고 있다(Rojewski, 1997). 이에 대해 다수의 직업교육 연구자들은 단순히 현상의 기술에 초점을 두는 양적 연구의 한계를 지적하였고, 다양한 상호작용 맥락 속의 복잡한 현상을 해석하기 위한 사례연구, 문화기술연구 등 질적 연구의 활용을 지속적으로 강조하고 있다(나승일, 1998; Parks & Moreton, 1999; Wonacott, 2000).

국내 직업교육 연구들이 주로 활용한 연구방법은 직업교육 연구 동향을 분석한 연구들(나승일, 1998, 2001; 나승일 · 김강호, 2008; 배상훈 · 장환영 · 오세희 · 장창성 · 이태희, 2013)을 통해 확인할 수 있다. 나승일(1998)은 1982년부터 1997년까지 「직업교육연구」 학회지에 게재된 209편의 논문에 대한 분석을 실시하였는데, 직업교육 연구가 학교 직업교육을 중심으로 이루어졌고, 주로 특정 직업보다는 일반적인 직업교육에 대해 수행되었음을 밝혔다. 연구방법의 경우 대부분의 연구가 문헌연구와 조사연구를 활용하고 있었는데, 교육과정 및 교과서의 양적 · 질적 분석과 같은 주제의 경우 내용분석연구를 통해 이루어지는 등 연구 주제에 따라 연구방법에 명확한 차이가 있는 것으로 나타났다. 이러한 특성은 국내 실업교과교육 관련 학회지와 학위논문, 현장연구를 종합 및 분석한 나승일(2001)의 연구에서도 나타난다. 실업교과교육 관련 연구에 있어 교과분야에 따라 활용된 연구방법의 비중은 다소 차이를 보이고 있었으나, 대다수 연구가 문헌연구 및 조사연구 방법을 활용하고 있었다. 나승일 · 김강호(2008) 역시 1998년부터 2007년까지 「직업교육연구」 학회지에 게재된 264편 논문을 분석한 연구에서 대부분의 연구가 조사연구, 개발연구, 문헌연구 방법을 활용하고 있음을 밝혔다. 같은 학회지를 대상으로 동향 분석을 수행한 나승일(1998)의 연구와 비교했을 때 문헌연구의 비중은 감소하고 조사연구의 비중은 크게 증가했는데, 이에 대해 나승일 · 김강호(2008)는 패널조사 자료를 활용한 연구가 상당수 이루어짐으로써 나타난 현상으로 보았다. 중등단계 직업교육 관련 「직업교육연구」 학회지 논문 92편의 연구 동향을 분석한 배상훈 등

(2013)도 대부분의 연구가 설문을 활용한 조사연구로 이루어졌음을 보고하였고, 환경적 맥락에 대한 심층적 분석을 위해 질적 연구 방법을 양적 연구와 혼합하여 사용하는 경우도 부분적으로 존재함을 밝혔다.

2. 연구절차

1) 개요

비교교육학 관점에서 국내 직업교육 관련 연구들을 종합적 · 체계적으로 분석하고자 여기에서는 내용분석법을 활용하였다. 내용분석법은 문헌연구의 한 방법론으로 언어 및 문자로 표현된 커뮤니케이션 내용을 객관적이고 체계적이며 수량적으로 기술하는 연구방법(Berelson, 1952)이다. 내용분석법은 ① 연구문제 및 가설 설정, ② 분석 대상 표집, ③ 분석유목 및 분석단위 결정, ④ 코딩(coding), ⑤ 분석결과 통계 처리, ⑥ 연구결과 해석, ⑦ 연구보고서 작성 등 약 7단계로 구성된다(홍은선 · 정진철, 2014). 이 연구는 내용분석법의 절차에 따라 연구절차를 구성하였으며, 구체적인 내용은 [그림 9-3]과 같다.

내용분석법 절차	연구절차
① 연구문제와 가설 설정	1. 연구문제와 가설 설정
② 분석할 메시지 표집	2. 비교교육학 관점에서의 직업교육 관련 연구물 수집
③ 분석유목과 분석단위 결정	3. 비교교육학 관점에서의 직업교육 연구동향 분석틀 및 코딩시트 개발
④ 내용분석 작업(coding) ⑤ 분석결과 통계적 처리	4. 비교교육학 관점에서의 직업교육 연구 코딩 및 분석 결과 통계 처리
⑥ 연구결과 해석 ⑦ 연구보고서 작성	5. 연구결과 해석 및 보고서 작성

[그림 9-3] 연구절차

2) 연구문제 및 가설 설정

연구문제 및 가설은 내용분석을 수행함에 있어 방향성을 제공하는 역할을 한다. 이 연구의 목적은 비교교육학 관점에서 수행된 국내 직업교육 관련 연구들의 동향을 분석하여 관련 연구들의 특징적인 양상을 도출하고, 이를 바탕으로 다양한 시사점을 얻는 데 있었다. 이에 따른 구체적인 연구문제는 다음과 같다.

첫째, 비교교육학 관점에서 수행된 국내 직업교육 관련 연구의 일반적 특성은 어떠한 동향을 보이는가?

둘째, 비교교육학 관점에서 수행된 국내 직업교육 관련 연구는 비교 단위 및 직업교육 내용에 따라 어떠한 비교 동향을 보이는가?

3) 자료수집

이 연구에서는 비교교육학 관점에서 수행된 국내 직업교육 관련 연구물을 수집하기 위해 DBpia(www.dbpia.co.kr), 한국교육학술정보원(www.riss.kr), 한국학술정보(kiss.kstudy.com) 등의 데이터베이스를 활용하여 학술지 게재 논문과 학위논문을 검색하였다. 검색 시에는 '직업교육', '농업교육', '공업교육', '상업교육', '수산해양교육', '가사실업교육', '실업교육', '기술교육', '산업교육', '실과교육'과 '비교'라는 키워드로 제목에 한정하여 검색하였으며, 학술지 게재 논문의 경우 KCI 등재지에 한정하여 자료를 수집하였다.

자료수집은 2017년 5월 1일부터 2017년 5월 5일까지 실시하였으며, 학술지 게재 논문 102편, 학위논문 191편 등 총 293편의 연구물이 수집되었다. 수집된 연구물 중 중복된 연구물(학위논문을 학술지에 게재한 경우 학술지 게재 논문을 분석대상으로 선정)과 논문의 제목, 키워드, 초록 검토 결과 관련성이 낮은 연구물을 제외하였으며, 최종적으로 학술지 15편, 학위논문 15편 등 총 30편의 논문이 분석대상으로 선정되었다.

4) 분석틀

비교교육학 관점에서의 국내 직업교육 연구동향을 살펴보기 위한 분석틀은 〈표 9-1〉과 같다. 이 연구에서는 선행연구 고찰 결과를 바탕으로 연구의 분석틀을 크게 연구특성과 연구내용으로 구성하였는데, 연구시기, 연구 대상, 연구방법 등 연구의 일반적인 특성은 연구특성으로, 각각의 연구가 담고 있는 주제와 관련한 특성은 연구내용으로 보았다. 이때 연구시기는 직업교육에 대한 방향성이나 세부적인 관점이 정부의 정책 기조에 영향을 받을 수 있음을 고려하여 역대 정부별로 구분하였다. 연구내용의 경우, Bray와 Thomas(1995)가 제시한 비교교육의 분석틀을 바탕으로 하였으며, 직업교육의 특성을 고려하여 지리/지역적 차원, 인구통계학적 차원, 교육적 차원 등 세 가지 차원 내의 비교 단위를 재구성하였다. 또한 직업교육의 목적에 따라 교양직업교육과 전문직업교육으로 직업교육의 내용을 구분하여 분석하고자 하였다.

〈표 9-1〉 분석틀

연구특성				연구내용			
연구시기(정부)	연구 대상	연구방법		지리/지역적 차원	인구통계학적 차원	교육적 차원	직업교육 내용
		양적 연구	질적 연구				
1998~2002 2003~2007 2008~2012 2013~2017	초등학생, 중학생, 고등학생, 전문대생, 대학생, 성인, 기타	조사연구, 실험연구	문헌연구, 문화기술연구, 개발연구, 사례연구	국가, 학교, 학급, 개인	민족/인종, 연령, 성, 기타 집단, 전체 인구	교육체제/정책, 교육기관, 교사, 교육과정/프로그램, 교재, 교수·학습방법, 학업성취, 교육성과	교양직업교육, 전문직업교육

5) 자료분석

자료분석은 비교교육학 관점에서 수행된 국내 직업교육 관련 연구를 보고, 분석틀을 기반으로 고안된 코딩시트(coding sheet)에 해당하는 내용을 코딩하는 방식으로 진행되었다. 자료분석 시 연구자들이 각각 분석한 후, 그 결과를 서로 검토(cross check)하여 보다 객관성을 확보하고자 하였다. 이 연구에서는 Microsoft Excel 2016 프로그램을 활용하여 빈도와 백분율 등의 기술통계를 수행하였다.

3절 비교교육연구에서 직업교육의 연구동향

1. 일반적 특성

비교교육학 관점에서의 국내 직업교육 연구동향 분석에 사용된 연구물들은 총 30편으로, 2000년부터 시작되어 최근까지 지속적으로 이루어지고 있는 것으로 나타났다(〈표 9-2〉 참조).

〈표 9-2〉 비교교육학 관점에서의 국내 직업교육 연구 일반현황 (단위: 편, %)

연도	1998~2002	2003~2007	2008~2012	2013~2017	계
연구 수	5(16.7)	7(23.3)	10(33.3)	8(26.7)	30(100.0)

1) 연구 대상별 동향

비교교육학 관점에서의 국내 직업교육 관련 연구의 연구 대상별 동향을 살펴보면 〈표 9-3〉과 같다. 한 연구에서 2가지 이상의 대상에 대해 연구한 경우 중복 계산한 결과, 고등학생이 17편(47.2%)으로 가장 많았으며, 기타 9편(25.0%), 중학생과 전문대학생이 각 4편(11.1%), 초등학생과 성인이 각 1편(2.8%) 순이었고, 대학생 대상의 연구는 없는 것으로 나타났다. 연구시기별로 살펴보면 시기에 상관없이 고등학생의 직업교육과 관련한 연구가 가장 많았고, 특수학생, 직업군인, 자격체제 등 기타 대상의 직업교육에 관한 연구는 노무현 정부(2003~2007년) 이후로 점차 비중이 증가하고 있는 것으로 나타났다.

〈표 9-3〉 비교교육학 관점에서의 국내 직업교육 연구 연구 대상별 동향 (단위: 편, %)

구 분	1998~2002년	2003~2007년	2008~2012년	2013~2017년	계
초등학생	0(0.0)	1(9.1)	0(0.0)	0(0.0)	1(2.8)
중학생	0(0.0)	2(18.2)	1(10.0)	1(11.1)	4(11.1)
고등학생	5(83.3)	4(36.4)	5(50.0)	3(33.3)	17(47.2)
전문대학생	1(16.7)	1(9.1)	1(10.0)	1(11.1)	4(11.1)
대학생	0(0.0)	0(0.0)	0(0.0)	0(0.0)	0(0.0)
성인	0(0.0)	1(9.1)	0(0.0)	0(0.0)	1(2.8)
기타	0(0.0)	2(18.2)	3(30.0)	4(44.4)	9(25.0)
계	6(100.0)	11(100.0)	10(100.0)	9(100.0)	36(100.0)

주: 한 연구에서 2가지 이상의 대상을 연구한 경우 중복 계산함.

2) 연구방법별 동향

비교교육학 관점에서의 국내 직업교육 관련 연구의 연구방법별 동향을 살펴보면 〈표 9-4〉와 같다. 한 연구물에서 2개 이상의 연구방법을 사용한 경우 중복 계산한 결과, 가장 많이 사용된 연구방법은 질적 연구 중 문헌연구(30편, 88.2%)였으며, 사례연구 3편(8.8%), 조사연구 1편(2.9%) 순이었고, 실험연구, 문화기술연구, 개발연구 방법은 사용되지 않은 것으로 나타났다.

〈표 9-4〉 비교교육학 관점에서의 국내 직업교육 연구 연구방법별 동향 (단위: 편, %)

구 분		1998~2002년	2003~2007년	2008~2012년	2013~2017년	계
양적 연구	조사연구	0(0.0)	0(0.0)	1(8.3)	0(0.0)	1(2.9)
	실험연구	0(0.0)	0(0.0)	0(0.0)	0(0.0)	0(0.0)
질적 연구	문헌연구	5(100.0)	7(87.5)	10(83.3)	8(88.9)	30(88.2)
	문화기술연구	0(0.0)	0(0.0)	0(0.0)	0(0.0)	0(0.0)
	개발연구	0(0.0)	0(0.0)	0(0.0)	0(0.0)	0(0.0)
	사례연구	0(0.0)	1(12.5)	1(8.3)	1(11.1)	3(8.8)
계		5(100.0)	8(100.0)	12(100.0)	9(100.0)	34(100.0)

주: 한 연구에서 2개 이상의 연구방법이 사용된 경우 중복 계산함.

2. 국내 직업교육 연구의 비교 동향

1) 지리/지역적 차원별 동향

지리/지역적 차원 중 어떤 수준에서 직업교육에 대한 비교가 이루어지고 있는지 연구동향을 살펴본 결과는 〈표 9-5〉와 같다. 전체 30편의 연구 중 28편(93.3%)의 연구가 국가 수준에서 비교한 것으로 나타났다. 나머지 2편(6.7%)의 연구는 학교 수준에서의 비교가 이루어졌고, 학급 및 개인 수준에서 비교가 이루어진 연구는 없었다. 학교 수준에서의 비교가 이루어진 연구는 한국의 마이스터고등학교와 독일의 Meisterschule를 비교한 연구, 한국의 서울맹학교와 중국의 북경맹학교를 비교한 연구로, 학교 단위에서 이루어지는 구체적인 직업교육의 내용을 비교 분석한 것으로 나타났다.

〈표 9-5〉 비교교육학 관점에서의 국내 직업교육 연구의 지리/지역적 차원 동향 (단위: 편, %)

구 분	1998~2002년	2003~2007년	2008~2012년	2013~2017년	계
국가	5(100.0)	7(100.0)	8(80.0)	8(100.0)	28(93.3)
학교	0(0.0)	0(0.0)	2(20.0)	0(0.0)	2(6.7)
학급	0(0.0)	0(0.0)	0(0.0)	0(0.0)	0(0.0)
개인	0(0.0)	0(0.0)	0(0.0)	0(0.0)	0(0.0)
계	5(100.0)	7(100.0)	10(100.0)	8(100.0)	30(100.0)

2) 인구통계학적 차원별 동향

어떤 인구통계학적 특성을 가진 대상의 직업교육에 대해 비교가 이루어졌는지 연구 동향을 살펴본 결과는 〈표 9-6〉과 같다. 분석 결과, 특정 연령 대상의 직업교육에 대한 비교연구가 21편(70.0%)으로 가장 많았고, 기타 집단 대상의 직업교육에 대한 비교연구가 6편(20.0%), 전체 인구 대상의 직업교육에 대한 비교연구가 3편(10.0%)인 것으로 나타났다. 특정 민족 및 인종 대상의 직업교육과 특정 성별 대상의 직업교육에 대한 비교연구는 나타나지 않았다. 기타 집단 대상의 직업교육에 대한 비교연구는 노무현 정부(2003~2007년) 이후로 지속적으로 이루어졌고, 전체 인구 대상의 직업교육에 대한 비교연구는 2008년 이후로 점차 비중이 증가한 것으로 나타났다.

〈표 9-6〉 비교교육학 관점에서의 국내 직업교육 연구의 인구통계학적 차원 동향 (단위: 편, %)

구 분	1998~2002년	2003~2007년	2008~2012년	2013~2017년	계
민족/인종	0(0.0)	0(0.0)	0(0.0)	0(0.0)	0(0.0)
연령	5(100.0)	5(71.4)	7(70.0)	4(50.0)	21(70.0)
성	0(0.0)	0(0.0)	0(0.0)	0(0.0)	0(0.0)
기타 집단	0(0.0)	2(28.6)	2(20.0)	2(25.0)	6(20.0)
전체 인구	0(0.0)	0(0.0)	1(10.0)	2(25.0)	3(10.0)
계	5(100.0)	7(100.0)	10(100.0)	8(100.0)	30(100.0)

3) 교육적 차원별 동향

직업교육의 어떤 측면에 관한 비교가 이루어졌는지 교육적 차원에서 연구동향을 살펴본 결과는 〈표 9-7〉과 같다. 직업교육에 관한 비교연구는 주로 교육체제 및 정책(23편, 33.8%)과 교육과정 및 프로그램(22편, 32.4%)에 대해 이루어진 것으로 나타났다. 교육기관이 7편(10.3%)으로 뒤를 이었으며, 교육성과 5편(7.4%), 학업성취 4편(5.9%), 교수학습방법 3편(4.4%), 교사와 교재 각 2편(2.9%) 순이었다. 교육체제 및 정책과 교육과정 및 프로그램 중심의 국내외 직업교육 비교 경향은 모든 정부에서 유사하게 나타났고,

이를 통해 해외 직업교육체제 및 교육과정 사례를 통해 국내 직업교육 정책 및 교육과정을 개선시키고자 하는 시도가 지속적으로 이루어졌음을 알 수 있다.

〈표 9-7〉 비교교육학 관점에서의 국내 직업교육 연구의 교육적 차원 동향 (단위: 편, %)

구 분	1998~2002년	2003~2007년	2008~2012년	2013~2017년	계
교육체제/정책	4(40.0)	6(42.9)	7(25.0)	6(37.5)	23(33.8)
교육기관	0(0.0)	1(7.1)	4(14.3)	2(12.5)	7(10.3)
교사	0(0.0)	1(7.1)	1(3.6)	0(0.0)	2(2.9)
교육과정/프로그램	5(50.0)	3(21.4)	8(28.6)	6(37.5)	22(32.4)
교재	1(10.0)	0(0.0)	1(3.6)	0(0.0)	2(2.9)
교수학습방법	0(0.0)	0(0.0)	3(10.7)	0(0.0)	3(4.4)
학업성취	0(0.0)	1(7.1)	2(7.1)	1(6.3)	4(5.9)
교육성과	0(0.0)	2(14.3)	2(7.1)	1(6.3)	5(7.4)
계	10(100.0)	14(100.0)	28(100.0)	16(100.0)	68(100.0)

주: 연구에서 제시하는 주제에 대해 중복 계산함.

4) 직업교육 내용별 동향

교양직업교육과 전문직업교육 중 어떤 직업교육 내용에 관한 비교가 이루어졌는지 연구동향을 살펴본 결과는 〈표 9-8〉과 같다. 전체 30편의 연구물 중 27편(90.0%)이 전문직업교육에 대한 내용인 것으로 나타났고, 교양직업교육에 대한 연구는 3편(10.0%)에 불과했다.

〈표 9-8〉 비교교육학 관점에서의 국내 직업교육 연구의 직업교육 내용 동향 (단위: 편, %)

구 분	1998~2002년	2003~2007년	2008~2012년	2013~2017년	계
교양직업교육	0(0.0)	2(28.6)	1(10.0)	0(0.0)	3(10.0)
전문직업교육	5(100.0)	5(71.4)	9(90.0)	8(100.0)	27(90.0)
계	5(100.0)	7(100.0)	10(100.0)	8(100.0)	30(100.0)

5) 비교 단위 및 직업교육 내용별 동향

비교교육학 관점에서 수행된 국내 직업교육 관련 연구 30편의 비교 단위에 따른 연구 동향을 종합적으로 살펴보면 다음과 같다([그림 9-4] 참조). 국내 직업교육 관련 연구는 국가 단위에서 특정 연령 대상의 직업교육을 중심으로 비교하는 경향을 보였으며, 교육적 요소 중에서는 교육체제 및 정책과 교육과정 및 프로그램에 대한 비교가 주로 이루어지는 것으로 나타났다. 보다 구체적으로 살펴보면 국가 단위에서 특정 연령 대상의 직업교육체제 및 정책에 대해 비교한 연구가 17편으로 가장 많았다. 국가 단위에서 특정 연령 대상의 직업교육 교육과정이나 프로그램에 대해 비교한 연구가 14편으로 두 번째로 많게 나타났으며, 국가 단위에서 특정 연령 대상의 직업교육을 실행하는 교육기관을 비교한 연구가 6편으로 뒤를 이었다.

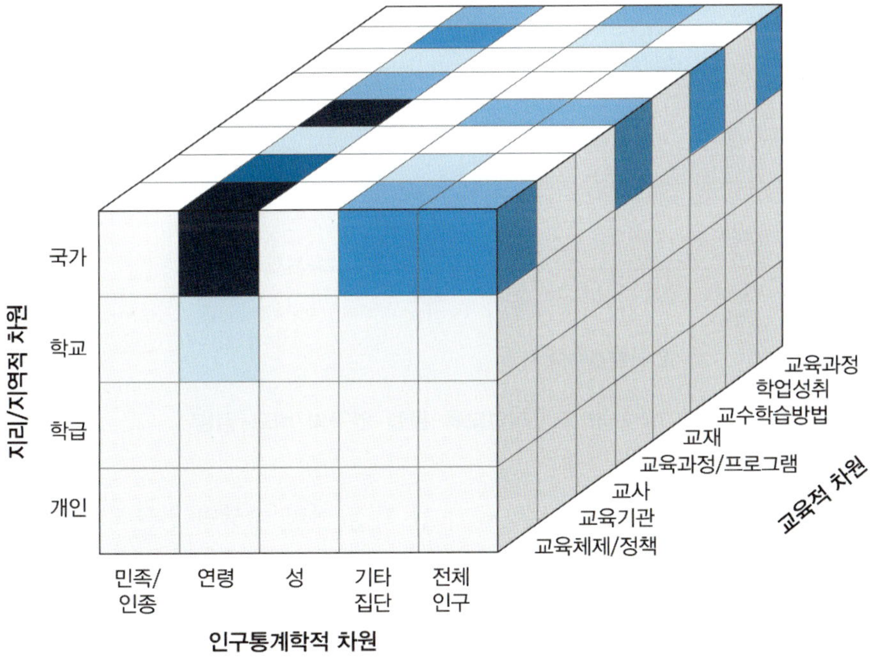

[그림 9-4] 직업교육 관련 연구의 비교 경향

직업교육 관련 연구 중 교양직업교육을 중심으로 국내외 직업교육을 비교한 3편의 연구가 비교 분석 차원에 따라 어떠한 경향을 보이는지 살펴본 결과는 [그림 9-5]와 같다. 교양직업교육에 관한 연구는 3편 모두 국가 간 특정 연령 대상의 교양직업교육을 비교하였고, 비교적 교육체제 및 정책과 교육과정 및 프로그램을 중심으로 비교가 이루어진 것으로 나타났다.

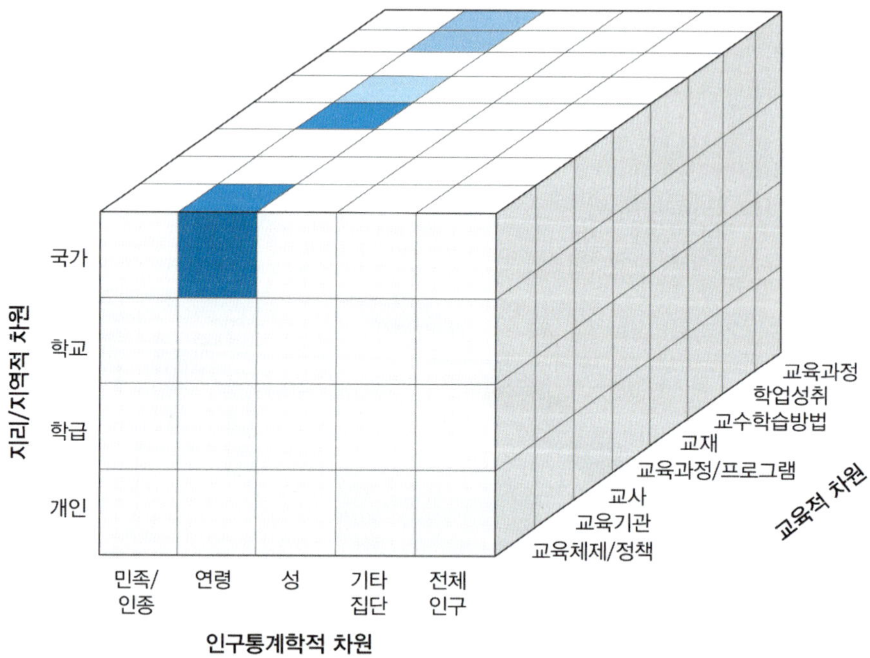

[그림 9-5] 교양직업교육 관련 연구의 비교 경향

전문직업교육에 관한 연구의 경우, 국가 간 특정 연령 대상의 전문직업교육에 대한 비교가 중점적으로 진행된 것으로 나타났다([그림 9-6] 참조). 그 외에도 국가 간 기타 집단을 대상으로 한 전문직업교육에 대한 연구, 국가 간 전체 인구를 대상으로 한 전문직업교육에 대한 연구와 함께 기타 집단을 대상으로 한 학교에서의 전문직업교육 비교와 특정 연령을 대상으로 한 학교에서의 전문직업교육 비교 역시 이루어지고 있었다. 교육적 차원 측면에서는 교육체제 및 정책과 교육과정 및 프로그램을 중심으로 연구가 이루어졌고, 특히 고등학생 대상의 전문직업교육에 대한 국가 간 교육체제 및 정책 비교와 교육과정 및 프로그램 비교를 중심으로 연구가 수행된 것으로 확인되었다.

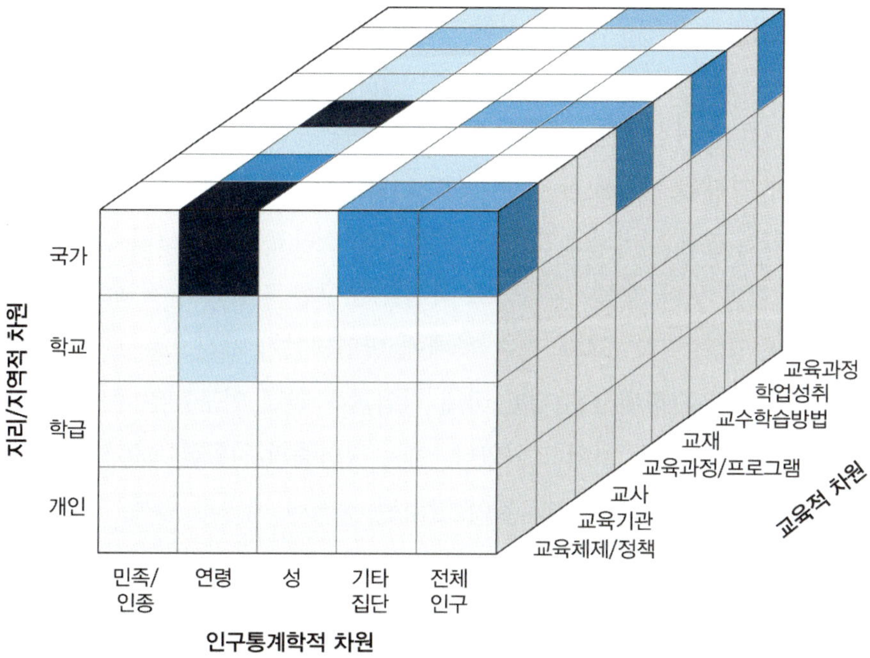

[그림 9-6] 전문직업교육 관련 연구의 비교 경향

4절 비교교육연구를 위한 직업교육학의 과제

비교교육학 관점에서 수행된 국내 직업교육 관련 연구들은 국가 수준에서 특정 연령 대상의 직업교육체제 및 정책과 교육과정 및 프로그램을 중심으로 비교가 이루어지고 있었다. 국내 직업교육 연구들의 이러한 비교 동향을 바탕으로 결론을 제시하면 다음과 같다.

첫째, 비교교육학 관점에서 수행된 국내 직업교육 관련 연구의 동향은 정부에 따라 뚜렷한 차이나 경향을 나타내지 않는 것으로 확인되었다. 다만 시간의 흐름에 따라 연구물의 수가 더 많게 나타나고 있었다. 이는 마이스터고등학교 도입이나 능력중심사회 구현 등과 같이 보다 양적 · 질적으로 혁신을 추구한 직업교육 정책이 추진되었고, 이러한 정책적 영향이 직업교육 관련 학계에 반영되었기 때문으로 보인다.

둘째, 비교교육학 관점에서 수행된 국내 직업교육 관련 연구들은 주로 고등학생을 대상으로 수행되는 경향을 보이고 있었다. 이는 청년층의 원활한 노동시장 이행을 돕기 위한 대안으로 중등단계 직업교육이 강화된 정책적 배경과 함께, 전 세계적으로 중등단계(secondary level) 혹은 후기 중등단계(upper secondary level)에서의 직업교육이 강조되는 추세에 기인한 것으로 볼 수 있다. 연구방법 측면에서는 대다수의 연구물이 문헌연구 방법을 활용하여 해외 직업교육 사례와의 비교를 수행하고 있었다. 이는 나승일(1998)과 나승일 · 김강호(2008)가 보고한 바와 같이, 직업교육 연구에 있어 주로 조사연구와 문헌연구가 활용되는 경향이 반영된 것으로 볼 수 있다. 아울러 문헌연구에 치중하고 있는 경향은 비교교육학 관점에서의 연구 수행 때문으로도 볼 수 있는데, 해외 직업교육 사례를 분석함에 있어 시간 및 비용 등의 한계로 인해 문헌을 중심으로 연구가 이루어졌기 때문에 나타난 현상일 수 있다.

셋째, 비교교육학 관점에서 수행된 국내 직업교육 연구들의 동향을 비교 단위별로 살펴보면, 지리/지역적 차원에서는 대부분 국가 수준의 비교가 이루어지고 있었다. 인구통계학적 차원에서는 특정 연령 대상의 직업교육에 대한 비교가 주로 이루어졌으며, 교육적 차원에서는 교육체제 및 정책이나 교육과정 및 프로그램에 대한 비교가 주로 이루어진 것으로 나타났다. 이와 같은 경향은 직업교육 분야가 갖고 있는 정책과의 근접성(배상훈 · 장환영 · 오세희 · 장창성 · 이태희, 2013)에서 기인한 것이라 할 수 있다. 국가적 차원에서 직업교육 정책이 실행됨에 따라 학계에서는 해당 정책의 실효성에 대해 학술적인 추론을 실시하고, 이러한 시각에서 해외 직업교육 사례에 접근하게 되는 경향을 보이는 것이다. 이로 인해 해외의 국가 수준 교육체제 및 정책에 대한 검토나 학교 직업교육 측면에서 고등학생 등 특정 연령 대상의 교육과정 검토가 이루어진 것으로 판단된다. 아울러 교양직업교육보다는 전문직업교육 관련 정책이 주로 추진되어 온 맥락으로 인해 국내 직업교육 관련 연구에 있어서도 전문직업교육에 관한 비교연구가 많이 이루어진 것이라 볼 수 있다.

이와 같은 국내 직업교육 연구의 비교 동향을 바탕으로 제언하면 다음과 같다. 먼저, 연구 대상을 고등학생 중심에서 보다 다양한 대상으로 확대하여 비교연구를 수행할 필요가 있다. 직업교육의 개념은 특정 대상으로부터 점차 모든 국민을 대상으로 확장되었고, 내용 측면에서도 노동시장 진입에 필요한 기술을 함양시키기 위한 직업교육뿐만 아니라 노동시장 진입 후 지속적으로 개인의 성장을 돕기 위한 교육으로 확장되고 있다. 아울러 제4차 산업혁명의 시대를 맞아 개인의 계속적인 역량 개발의 중요성이 점차 강조되고 있음을 고려했을 때, 노동시장 진입 후의 숙련 형성 시스템에 대한 논의가 활발히 이루어지고 있는 유럽 국가의 사례를 검토하고 국내와 비교하는 것은 향후 직업교육의 발전에 있어 유의미한 시사점을 줄 수 있을 것이다.

둘째, 직업교육 관련 비교에 있어 보다 다양한 연구방법을 활용할 필요가 있다. 연구방법은 그 주제에 따라 적절한 방법이 다를 수 있고, 특히 비교교육에 있어서는 여러 현실적 제약을 고려했을 때 문헌연구가 가장 적절한 연구방법일 수 있다. 그러나 문헌연구의 경우 해외 직업교육 선진 사례가 성공을 거둘 수 있었던 해당 국가 특유의 문화나 환경에 대한 고려에 제한이 있다. 특정 국가의 문화적 · 환경적 맥락에 대한 고려가 미흡하여 해외 사례를 통해 도입했던 정책이 기대한 성과를 제대로 거두지 못한 사례들을 고려했을 때, 해외 직업교육에 대한 깊이 있는 이해를 도모할 수 있도록 보다 다양한 연구방법이 활용될 필요가 있다.

셋째, 해외 직업교육 사례와의 비교에 있어 비교의 내용을 보다 확장하는 것이 필요하다. 현재 국내 직업교육 관련 연구물들은 국가 수준과 특정 연령, 교육체제 및 정책과 교육과정 및 프로그램 등 각 비교 단위에 있어 특정 내용에 초점을 두고 이루어진 경향을 보이고 있다. 따라서 보다 비교의 범위를 확장하여, 기존의 직업교육 정책에 대한 대응 중심의 연구 경향에서 벗어나 보다 선구적으로 직업교육 관련 학술적 · 실천적 제안 중심의 연구들이 이루어질 필요가 있다. 예를 들어, 학교 단위 비교연구는 실제 학교에서의 직업교육 실행에 있어 국가 수준 비교보다 훨씬 더 구체적인 시사점을 줄 수 있다. 또한 현재 국내 다문화 가정의 증가 추세를 고려했을 때, 미국 등 다양한 민족 및 인종이 공존하는 국가의 직업교육 사례의 검토는 향후 국내 다문화학생의 직업교육에 있어 유의미한 시사점을 줄 수 있을 것으로 기대된다.

참고문헌

*김대헌(2001). 남북한 중등과정의 기술 및 직업 교육 비교: 제도 교과서를 중심으로. 서울: 한양대학교 석사학위논문.

*김미경(2009). 남북한 중학교 '기술' 관련 교과서 비교분석: 제도 교과서를 중심으로. 대구: 경북대학교 석사학위논문.

김미란 · 강경종 · 최수정 · 남기곤(2012). 직업교육 투자의 사회경제적 효과 분석. 세종: 한국직업능력개발원.

*김병찬 · 정일환(2010). 주요 국가의 직업군인을 위한 교육 · 복지제도 비교 분석 연구. 비교교육 연구, 20(4), 175-202.

김진모 · 이명훈 · 이시균 · 김화영 · 송민철 · 정보영 · 최화영(2013). 중등단계 직업교육 적정규모 및 체제개편 방안 연구. 서울대학교 진로직업교육연구센터.

나승일(1998). 직업교육연구의 내용 및 방법론 분석. 직업교육연구, 17(2), 195-216.

나승일(2001). 실업교과교육 연구의 종합분석. 농업교육과 인적자원개발, 33(3), 31-58.

나승일 · 김강호(2008). 직업교육연구 학회지 논문의 분석과 종합: 1998-2007년. 직업교육연구, 27(2), 51-75.

*렴선화(2011). 중국과 한국의 중등 직업교육 비교연구. 경기: 한세대학교 석사학위논문.

*리아우 니앤미아우 · 이기성 · 조우 치아우치(2003). 대한민국과 대만의 직업교육 유형 비교연구. Andragogy Today: International Journal of Adult & Continuing Education, 6(3), 119-138.

*민향기(2011). 한국형 마이스터 고등학교와 독일 Meisterschule의 비교연구. 외국어로서의 독일어, 28, 31-53.

배상훈 · 장환영 · 오세희 · 장창성 · 이태희(2013). 우리나라 중등단계 직업교육 관련 연구동향 분석: 역대 정부별 분석. 직업교육연구, 32(2), 45-71.

*백재은(2014). 국가직무능력표준 및 국가역량체계를 기반으로 구성된 호주의 패션디자인 교육시스템연구. 한국디자인문화학회지, 20(3), 309-322.

*백지연(2017). 국내와 해외의 미용직업교육체제와 피부미용사 국가자격제도 비교 분석: 프랑스어권 국가를 중심으로. 서울: 성신여자대학교 석사학위논문.

*상영려(2013). 한 · 중 고등학교 직업교육에 관한 비교연구. 전북: 전북대학교 석사학위논문.

*송연경(2000). 학생들의 원활한 고용진입을 위한 직업교육 강화방안에 관한 연구: 미국과 한국의 비교. 서울: 이화여자대학교 석사학위논문.

*유몽(2014). 한국과 중국의 특수학교 직업교육 교육과정에 대한 비교 분석. 서울: 성균관대학교 석사학위논문.

*은태욱(2006). 한국과 미국의 직업교육 교사 양성 교육과정 비교. 충북: 한국교원대학교 석사학위논문.

이득기 · 이충원 · 안세원(1996). 비교교육학: 연구방법과 교육개혁. 서울: 문음사.

이무근(2006). 직업교육학 원론(제3판). 서울: 교육과학사.

이용환(2000). 실업교육의 본질과 위기. 2000년 실업교육관련학회 및 교장회 공동학술대회자료.

*이은정(2007). 비진학 · 미취업 청소년의 고등직업교육으로의 진입 및 근로이행에 관한 연구. 서울: 이화여자대학교 박사학위논문.

*이진선(2012). 전문적인 직업교육을 위한 상업교육의 효율성 제고에 관한 연구: 외국과 우리나라 직업교육의 분석과 비교를 통한 시사점과 설문조사를 중심으로 한 상업교육 인식에 대한 개선방안. 서울: 한국외국

어대학교 석사학위논문.
*임금동(2011). 외국사례 분석을 통한 기술 직업교육의 개선에 관한 연구. 대구: 경북대학교 석사학위논문.
*임병호 · 정동양(2007). 국가별 청소년의 직업 교육 및 진로 지도 실태 비교. 한국기술교육학회지, 7(2), 155-172.
*임언(2009). OECD 국가의 직업교육 유형별 진로지도 현황 비교. 고용직업능력개발연구, 12(2), 1-20.
*전태국 · 이홍균 · 차명제(2011). 세계화 시대 기능인력 양성 방안 - 독일과 영국의 비교. 한독사회과학논총, 21(1), 101-134.
*정영순 · 석재은(2000). 청소년 고용증진을 위한 영국과 한국의 직업교육 제도의 비교. 사회보장연구, 12(2), 109-145.
*정영순 · 송연경(2001). 청소년의 원활한 고용진입을 위한 학교세팅에서의 직업교육 강화 방안 연구: 한국과 미국 비교. 한국사회복지학, 45, 341-373.
*정영순 · 유원선(2003). 한국과 영국의 청소년 직업교육 및 직업훈련 정책 비교연구. 사회과학연구논총, 10, 71-96.
정철영 · 최홍영 · 김재식 · 김재겸 · 김성남 · 이중희(2006). 경상남도 실업계 고등학교 종합발전방안. 고용직업능력개발연구, 9(2), 273-309.
*조성경(2014). 국가 학교계열(school tracking)의 장기적 효과 국제비교분석. 서울: 서울대학교 석사학위논문.
*진미석(2006). 미국의 고등학교 직업교육의 변화와 정책적 시사. 비교교육 연구, 16(2), 105-131.
*차정정(2014). 전문대학 산학협력의 운영실태와 법률에 대한 중국과 한국의 비교연구. 서울: 중앙대학교 석사학위논문.
*채구묵(2000). 독일과 미국의 직업교육훈련제도 및 한국에의 시사점. 사회복지정책, 11, 105-141.
*최동선 · 최수정 · 곽민호(2011). 고교계열에 따른 과학적 역량과 관련 변인: PISA 2006을 중심으로. 직업교육연구, 30(1), 247-266.
*최은수(2004). 미국의 성인고등직업교육훈련 체제 및 교육과정 운영 사례 분석. 비교교육 연구, 14(1), 123-141.
통계청(2016). 경제활동인구조사. 대전: 통계청.
*홍영희 · 김호연(2012). 한국과 중국의 시각장애 특수학교 직업교육과정 비교. 시각장애연구, 28(1), 1-22.
홍은선 · 정진철(2014). 경력정체 관련 국내 · 외 연구동향 비교분석. 농업교육과 인적자원개발, 46(1), 103-129.
Bray, M., & Thomas, R. M. (1995). Levels of comparison in educational studies: Different insights from different literatures and the value of multilevel analyses. *Harvard educational review, 65*(3), 472-491.
Berelson, B. (1952). *Content Analysis in Communication Research*. New york: Free Press.
Evans, R. N., & Herr, E. L. (1978). *Foundation of vocational education* (2nd ed). Columbus, OH: Charles E. Merrill.
*Holger Preut. (2015). *Dealing with Youth Unemployment and Skilled Labour Shortage*. 한독사회과학논총, *25*(1), 235-266.
OECD. (2016). *Society at a Glance 2016*. Paris: OECD.
Parks, M. B. & Moreton, R. E. 1999). Research priorities and needs in vocational education. in Pautler, Jr, A. J. (ed.). *Workforce education: Issues for the new century*. Ann Arbor, MI: Prakken Publications, INC.

Songheang Ai. (2015). *A Comparative Study on the TVET Curriculum at Upper Secondary Level of Cambodia and Other 4 Asian Countries*. 충남: 한국기술교육대학교 석사학위논문.

Trethewey, A. R. (1976). *Introducing Comparative Education*. Australia: Pergamon Press.

Wonacott, M. E. (2000). *Vocational education research trends: Trends and Issue Alert No.15*. Columbus, OH: Center for Education and Training for Employment (ED 440298)

별표(*)가 표시되어 있는 참고문헌은 동향분석에 포함된 것임.

이 글은 정진철(2017. 6) 비교교육학 관점에서의 국내 직업교육 연구 동향 분석: 2000년대 이후 연구를 중심으로, 2017 한국비교교육학회 학술대회 자료집, 23-34.를 토대로 보완·작성한 것임.

CHAPTER 10

비교교육학과 교육법학

1절 · 교육법 비교연구의 의미
2절 · 교육법학의 학문적 성격
3절 · 교육법학 연구에서 비교교육학 연구 동향
4절 · 비교교육학 발전을 위한 교육법학의 과제

1절 교육법 비교연구의 의미

비교교육학과 교육법학의 관련성은 교육법을 매개로한 양 학계의 접근 양태를 분석하는 것에서부터 시작되어야 할 것 같다. 그것은 아마도 학문적 정체성(연구 대상 · 방법 · 성과) 판단의 완결판인 간행 학술지의 연구동향 분석을 통해서 규명될 수 있다. 권동택 등(2012: 75)의 선행 연구결과에 따르면, 1971년 창간호 이후 2009년까지 한국비교교육학회 학술지 『비교교육 연구』(창간호~19권4호)에 게재된 399편의 논문 중 연구 주제어로 분류하였을 경우 교육법규를 다룬 논문은 10편(2.5%)에 불과한 것으로 집계되었다.[1] 이 경향은 지금도 유사한데, 이는 비교교육학의 영역에서 교육법과 법학적 접근은 큰 관심을 끄는 주제는 아니었다는 것을 의미한다.

한편, 양은택 · 엄문영(2016: 107)의 선행 연구결과에 따르면, 1988년 창간호 이후 2016년까지 대한교육법학회 학술지 『教育法學研究』(창간호~28권2호)에 게재된 414편의 논문 중 외국의 교육법규를 다룬 논문은 총 89편(21.5%; 교육권 분야 40편, 교육법제 분야 49편)인 것으로 보고된 바 있다.

이와 같은 대표 학술지에서의 연구동향은 외국의 교육법에 대하여 비교육교육학계보다는 교육법학계가 좀 더 높은 관심을 보이고 있음을 보여준다. 물론, 이것은 연구대상이 외국의 교육법을 포함하거나 비교 대상으로 삼았다는 뜻이지 모든 논문이 비교교육학적 관점과 연구방법론에 터하여 수행된 논문이라는 뜻은 아니다. 선행연구를 개관하는 관점에서 본다면, 비교교육학 측면에서의 교육법 연구보다는 교육법학 측면에서의 비교법 연구가 보다 활성화되어 있는 것으로 판단할 수 있다.

이 장에서 다루는 '비교교육학과 교육법학'은 각각의 학문영역의 방법론과 역사를 반영하고 있다는 점에서 단순히 교육법 용어를 포함하고 있다는 이유로 하나의 묶음으

---

1) 교과서 9편, 교육과정 개정 6편, 홈스쿨링 5편, 교육과정 4편, 국가표준 3편 등은 교육법령 및 행정명령, 학칙과 관련된다는 점에서 넓은 의미의 교육법규를 다룬 것이라 하겠다.

로 보는 데는 해석에 주의를 요한다.

비교교육학을 하나의 학문영역으로 만든 Bereday의 분류대로 라면, 교육법과 관련된 연구들은 교육자료를 기술하고 설명한다는 각 국가의 교육법 '지역연구'와 이들 국가 간의 법률을 병치하고 비교하는 '비교연구'의 영역으로 나누어 살펴볼 수 있다.

반면, 일본 교육법학계의 거두 가네코마사시(兼子 仁)가 말하는 교육법학의 학제성(學際性) 측면에서 보면, 교육법 연구는 법사회학적 관점에서 외국의 관련 법률의 의미를 규정하는 연구와 비교법적 관점에서 각 국가의 법률 및 학설을 비교하는 활동에서 그 접점을 확인할 수 있다.

현재, 한국에서는 일부 회원들이 두 학회에서 동시에 활동하며 학문적 접근의 교류를 보여주는 경우도 없지 않다. 그러나 양자의 관계는 일반적으로 주지된 바와 같이 비교교육학 분야에서 교육법학이 주된 연구방법론으로서 채택되지 않은 상황이고, 교육법학 분야에서도 비교교육학적 연구방법이 널리 쓰이고 있는 것도 아니다.

이처럼 이와 관련된 연구 성과를 가늠하기 어려우므로 당연한 논리적 귀결로서 이 장에서 다루는 두 학문 간의 관계에 대한 과제 논의는 가설적이며 규범론적(앞으로 있음직한 희망적)인 논의의 성격을 갖는다.

이하의 '비교육학과 교육법학' 주제에 대한 논의는 필자의 양 학회의 경험에 주로 의존할 수밖에 없는 상황이 현실이다. 미흡하나마 필자가 교육법학 연구를 수년간 진행하여 오고 있고, 대한교육법학회 회장(2009~2010)으로서 봉사하여 국내외 교육법학회의 연구 동향에 대한 나름의 연구 이력과 운영 경험을 갖고 있으며, 비교교육학회에서는 지난 수년 간 일본 등의 교육법 및 교육개혁 정책을 소개해 온 경험을 바탕으로 양 분야의 관계 설정과 현재의 관계 상황을 진단하고 전망해 보고자 한다.

우선, 교육법 연구에 대한 분석틀로서 유용한 양 학문 분야에 있어서 교육법과 비교연구의 의미를 개관한 후, 한국비교교육학회와 대한교육법학회의 학술활동 성과를 중심으로 그 특징과 시사점을 논하고자 한다.

분석대상으로 삼은 자료는 한국비교교육학회의 학술지인 『비교교육 연구』(1971~2018.7)와 대한교육법학회 학술지인 『教育法學研究』(1988~2018.7)에 게재된 교육법 관련 논문이다. 비교교육학회 학술지에는 비교연구로서 12편, 지역연구로서 8편이 게재되었고, 대한교육법학회 학술지에는 비교연구로서 22편, 지역연구로서 55편이 게재되어 있는 것으로 파악되었다.

이들에 대한 분석을 바탕으로 연구자, 연구 대상 및 연구 주제, 연구방법, 연구성과 측면의 특징들을 비교하고 양 학문 분야의 상호간 연구협력 가능성을 모색한다.

2절 교육법학의 학문적 성격

1. 교육법학의 학제성

교육법학에 있어서 비교연구의 의미는 교육법학의 학문적 속성과 연동되어 있다. 즉, 교육학과 법학의 교차점에서 존재하는 교육법학은 교육학의 입장에서는 비교교육학의 연구성과를 활용하며, 법학의 입장에서는 비교법론의 연구결과를 활용한다. 따라서 교육법학에 있어서 비교연구는 교육법학의 접근방법을 그대로 반영하게 된다.

일본의 교육법학계의 대부 가네코마사시(兼子仁)가 『教育法學辭典』(1993: 209)에 기술한 바에 따르면 '교육법학(教育法學; Schulrechtskunde, education law)'은 "교육법을 전문으로 연구하는 학문으로서 교육학과 법학과의 학제적 공동연구를 통해서 새로운 종합사회과학으로서의 독자성을 지향하고 있는 연구 분야"이다.

일본교육법학계의 논의[2]를 종합하면 교육법학은 "교육법 현상을 독자적 연구 대상

---

2) 兼子仁은 "교육에 관한 법규자체를 정면에서 연구의 대상으로 하는 학문"이며 "법과 교육과의 관련을 전문적으로 추구하는 학문"으로 정의했고(兼子仁 外 2人(1974), 教育行政と教育法の理論, 東京:東京大出版會 9, 10頁, 兼子仁(1972), 法と教育, 東京:學陽社, 4頁등의 요지), 永井憲一(1993)는 "'국민의 교육을 받을 권리'를 중심으로 하는 교육기본권(교육인

으로 하여 교육학과 법학의 학제적 연구방법 및 결과를 토대로 교육과 법의 관계구조를 설명 · 진단 · 예측하는 학문"으로 정의할 수 있다(고전, 1997: 316). 여기서 교육법 현상은 교육법에 관련되어 있는 법적 현실 모두를 지칭하는 것으로서 교육입법 · 교육재판 · 교육행정의 전 영역을 포괄하는 개념이다. 따라서 교육법학의 방법론 역시 교육학과 법학 간의 간학문적 연구방법론을 취하게 된다. 일반적으로 교육법학은 교육법의 법해석학과 법사회학으로 인식된다(兼子仁, 1978: 46).

법해석학적 방법은 법학의 전통적 방법론으로서 독특한 교육법논리의 규명에 초점을 맞추고 있다. 즉, 현행법의 범주 내에서 올바른 조리적 법(條理的法)을 구명하여 법규범의 정당성에 기반하여 현실의 지도(指導) 및 시정(是正)을 내용적으로 뒷받침해가는 의의를 갖는다. 법사회학적 방법은 법이 사회구성원들에게 갖는 사회적 의미를 규명하여 법의 사실적 실효성을 검증하는 노력과 밀접히 연계된다. 오늘날의 법학은 기본적으로 법사회학을 기반으로 한다.

교육법해석학의 토대가 되는 독특한 교육법논리는 교육원리를 소재로 교육조리(教育條理)에 맞게 분명하게 하는 의미를 갖는데, 그 경우 법논리의 구성 · 체계화나 비교법제사적 연구는 교육법해석학이 전문으로 하는 부분이지만 교육조리의 구명에는 교육사상사를 포함한 교육학이 중요한 기여를 하게 된다.[3)]

교육법학을 교육학과 법학과의 교류라는 연구방법론적 측면에서 그 내용을 논한 바 있는 가네코는 원리적 교육학(原理的教育學) 및 제도사적 교육학(制度史的教育學)과 법학과의 교류분야의 내용으로 나누기도 한다. 법학적 측면과 교육학적 측면을 중심으로 교육법학의 학제성(學際性)을 가네코의 견해를 중심으로 정리하면 다음과 같다.

권)을 실제로 보장하기 위한 법률을 연구 대상으로 하는 것"으로 정의한 바 있다(教育法學, 東京: エイデル研究所, 19頁).

3) 가네코마사시가 有倉遼吉 編(1976), 教育法學, 東京: 學陽書房, 113, 114頁에서 밝힌 견해이다.

〈표 10-1〉 교육법학의 학제성

법학적 측면	교육법학	교육학적 측면
• 법해석학(조리법학 · 인권법학) −교육법의 특수법논리 체계 해명 −교육조리해석을 구축해 옴	• 교육법해석학 −교육조리론 −교육인권론	• 원리적 교육학(교육원리 · 교육사상사) −교육인권 원리론에 기여 −교육의 주체성, 발달의 법칙성 제시
• 법사회학 −교육법제 정책사의 동태적 연구 −교육법학의 특수법학화에 공헌	• 교육법사회학	• 제도사적 교육학(교육행정, 비교교육학) −교육법제사, 교육운동의 동태적 연구 −교육법의 실명화에 공헌
• 법철학 −인간존재의 문제 추구	• 인간학으로서 교육법철학	• 교육철학 −교육의 본질을 추구

출처: 고전(1997). 교사의 법적지위에 관한 교육법학적 접근방법, 교육행정학연구, 15(3), 318.

이들 논의를 종합하면, 교육법학에 있어서 비교연구는 법사회학과 제도사적 교육학의 교차점인 교육법사회학적 접근의 일환이라 평가할 수 있다.

2. 각국에서의 교육법 연구 개관

독일의 교육법학은 Hans Heckel이 『학교법학(Schulrechtskunde)』을 발간한 것을 기점으로 시작되었는데, 그는 당시 행정법학적 교육법 연구경향에 비판적이었다. 독일 학교법학의 주된 연구 주제는 국가의 학교감독권, 교원의 교육권, 부모의 교육권, 어린이의 교육을 받을 권리 등 교육권에 관한 것들이다.

학술지로는 RdJB(Recht der Jugent und des Bildungswessens; 소년법 · 교육법)과 WissR(Wissenschaftsrecht; 학문법)이 대표적이다. 독일에 별도의 교육법학회가 없지만 유럽 12개국의 ELA(European Association for Education Law and Policy; 유럽교육법 및 정책학회)에서 교육법을 논의하고 있다(이시우, 2007: 480, 483).

일본교육법학회(日本教育法學會)는 동경대 교육학부의 '교육법연구회(教育法研究會)'를 모태로 1970년 8월 발족하였는데, 1960년대의 교육재판운동(1961 학력테스트재판, 1967 교과서재판 등)을 계기로 국민교육권론의 주창에 기여하였다. 학술지인 『教育法學會年

報』를 매년 발간하고 있으며 전문지인 『季刊 教育法』은 1971년부터 발행되고 있다.

일본교육법학회 초대 회장인 아리쿠라료기치(有倉遼吉)가 편집한 『教育法學』(1976, 東京: 學陽書房)은 학회 차원에서 간행된 첫 전문서이며, 가네코(兼子仁)의 『教育法〔新版〕』(1978, 東京: 有斐閣)은 일본은 물론, 한국의 교육법 선행연구에서 가장 많이 인용되는 교육법 명저이다. 교육법 연구 주제는 교육권과 학습권 외에도 교직 · 장애 · 사회교육과 징계 및 체벌, 그리고 아동인권보장 등이다.

미국의 교육법 논의는 판례연구가 주를 이루고, 흑인 분리교육, 학생 징계처분, 종교교육, 사립학교, 교원의 교육의 자유 등을 다룬다. 1954년 'NOLPE(National Organization on Legal Problems of Education; 교육법문제연구전국협회)'가 설립되었고, 1972년 1월 『Journal of Law & Education(계간 교육과 법)』이 발간되었다. 1994년 NOLPE는 명칭을 'ELA (Education Law Association; 교육법학회)'로 바꾸고 『Annual Conference Paper(연차대회보고서)』를 발간하고 있다.

한국의 대표적인 교육법 연구 학회는 대한교육법학회이다.[4] 이 학회는 1986년 9월 21일 고려대학교에서 학회 창립총회를 개최하여 회칙을 정하고, 초대회장으로 정태수 서울교육대학 학장을 선출했다. 같은 해 12월 13일에 서울교육대학에서 제1회 연구발표회를 개최하였고, 1987년에 첫 뉴스레터를 낸 이후, 1988년 12월에 학회지인 『教育法學硏究』 창간호를 발간했고, 2018년 현재 제30권을 발간하고 있다.[5]

---

4) 대한교육법학회가 교육학과 공법학을 전공하는 학자들의 학회라고 한다면, '한국교육법학회(韓國教育法學會; 초대회장 김철수, 1984.11 창립)'는 헌법학자 중심의 교육법학회이다. 한국교육법학회는 등재된 학술지가 없고 『한국교육법연구』(학술대회자료집)를 비정기적으로 발간한다(창간호(1987.12), 2집(1995), 3집(1997), 4 · 5집통합(1999), 6 · 7집통합(2002), 8집(2005), 9집(2012)). 한국교육법학회의 활동은 상대적으로 활발하지 않은 상태이다.

5) 창간호에는 정태수 · 안기성 · 안규철 · 강인수 · 표시열 · 박재윤의 논문이 게재되었다. 초기 학술대회에서는 교육과 헌법의 문제 및 교육법의 연구방법 등에 관한 논의가 비중있게 다루어졌다. 1989년 4월 안기성이 2대 회장에 선출되고 12월에 제2호 학회지가 발간되었다.

3절 교육법학 연구에서 비교교육학 연구 동향

1. 비교교육학에 있어서 교육법 연구

1) 교육법 연구의 의미와 방법

비교교육학에 있어서 교육법 연구는 제도의 소개나 비교를 위한 전통적인 지역연구나 비교연구의 기저에 해당하면서도 본격적인 연구의 대상이 되어오지는 못했다. 그것은 아마도 법이라는 것이 행정과 제도의 단순한 근거가 아닌 당해 사회의 정치 · 경제 · 사회 · 문화를 둘러싼 제반 가치와 역사를 반영하는 것이기 때문이기도 하다.

비교교육학이 19세기 '여행담'에서 20세기 '과학'으로 전환되는데 방법론적 기초를 놓은 사람은 컬럼비아대학의 Bereday(1920~1983)로 알려져 있다. 그는 비교교육학을 종합학문으로서 성격(여러 가지 학문의 종합)으로 규정하고, 그 연구 영역을 지역연구(area studies)와 비교연구(com-parative studies)로 대별하였다. 전자는 1단계인 교육자료의 기술, 2단계인 적절한 학문 분야의 적용을 통한 교육자료의 설명단계로 완결된다고 보았다. 후자는 3단계로서 자료를 대비하고 비교기준을 설정하여 가설을 작성하는 병치(竝置)단계와 이어서 가설을 검정하는 비교(比較)단계로 이루어진다는 것이다(Bereday를 인용한 정일환 외, 2012: 21-22). 그 적용 가능한 적절한 학문 분야란 당시 정치학, 경제학, 사회학, 인류학, 역사학으로 예시되어 있었으나 오늘날엔 교육학과 법학을 비롯한 모든 인문사회과학이 동원될 수 있다고 본다. 교육법 연구 역시 그 예외가 아니라고 본다.

비교교육학의 분석모형은 이후로도 진화를 거듭하여 단순한 국가와 대륙이라는 지역단위를 넘어서, 개인, 학급, 학교, 지방교육청 등으로 세분화하고, 이를 다시 인종, 종교, 성별 등 연구 대상의 다양한 변인을 고려한 정교한 분석의 틀 안에서 주제별로 탐구하여 보다 다양한 사회적 영향력 속에서 각 단계에서의 교육현상을 심도 있게 이해하고 분석할 수 있게 되었다고 진단되기도 한다(Bray와 Thomas의 견해를 인용한 박희진 외, 2012: 38).

한국 내에도 비교교육학회는 존재하고 있지만, 2000년까지는 한국에서 일반적으로 인식되고 있는 비교교육학의 학문적 성격은 국가별 교육제도를 비교 조사 서술하는 것으로, 정책적 필요와 밀접한 관련을 갖는 교육행정학에 종속된 학문으로서 평가(김태리, 2000: 216)[6]되기도 했다. 그러나 아쉽게 쌓여가는 비교교육 연구성과에 비하여 17년이 지난 오늘에도 비교교육학의 이러한 실용적 · 행정적 관점은 여전하며 이름하여 '선진국'이라는 외국의 교육제도를 분류 비교하거나 병치 비교(竝置比較)하는 학문으로 이해하는 경향도 여전하다.

여러 교육학 인접 학문과 비교교육학과의 관계 논의는 최선의 교육(Best Education)이나 공통의 평균치를 도출해 내기 위한 작업이라기보다는, 각 국가 각 사회 각 시대에 있어서의 '교육'이라는 텍스트에 대해서 적용 가능한 도구와 해석 가능한 설명 방식을 다양하게 접목하려는 노력이라고 볼 수 있다. 교육법을 서로 비교하는 이유는 시대에 따라서 사회에 따라서 논자의 목적에 따라서 다를 수밖에 없는 것이지만, 그 역사적 전개 결과의 교훈은 '비교해서 최고(最高; Best)의 결론을 선택하거나 조언하기 위한 것'이라기보다 '자국과 타국의 지금 상황에 대해 보다 최적(最適; Optimal)의 교육법 이해를 해가는 과정'에 방점을 두고 전개되고 있다. 입법정책 선택을 위한 가치판단의 자료원(資料源)으로서 유용성이 지금도 전혀 없는 것은 아니지만, 있는 그대로의 교육법 간의 대비(對比)와 차이점의 비교(比較)를 통해서 교육법의 다양성을 드러내 보여주는 것에 비교교육학의 존재 의의가 더 있다고 본다.

교육법 현상에 대한 비교교육학적 이해는 경쟁만이 넘쳐나고 다양성과 공생에 대한 이해가 부족한 한국사회에 외국의 다양한 제도와 가치에 대한 이해의 확산을 제공함으로서 국가 · 지방 · 학교 · 개인의 교육 선택에 의미 있는 단초를 제공할 수 있을 것이다.

---

6) 1817년 프랑스의 줄리앙(Marc Antoine Julien)이 외국의 교육제도 수집에 근거한 과학적 교육행정을 제창하여 시작된 비교교육학의 역사와 1990년대 이후의 변화에 대하여는 김태리(2000)의 논문 참조하였다.

2)『비교교육 연구』 학술지상의 연구 동향과 특징

한국비교교육학회에서 발간하는 학술지는『비교교육 연구』(2018년 제28권)이다.[7]

〈표 10-2〉『비교교육 연구』 학술지에 게재된 교육법 비교연구 논문 12편 일람

구분	논문명(저자)	비교 준거
비교연구 (12)	한국과 일본의 교육기본법 비교 분석/정기오(2018)	교육법 질서(텍스트 구성, 권리의무주체 등) 교육사상철학(공공성, 교사관, 종교, 발전)
	한국과 중국의 학교안전사고 판례에 기초한 시간대별 교육주체별 책임에 대한 비교연구/박리나 · 이일용(2018)	불법행위 유형, 안전사고 책임 판단기준, 관련 법률비교
	미국과 한국의 홈스쿨링 법제화 비교연구/육권인 · 백일우(2017)	홈스쿨링 허용절차, 홈스쿨링 요구사항, 공립학교 접근정책, 교육지원 서비스
	한국, 일본, 미국의 초등학교 학생생활기록 관련규정 비교연구/정지선 · 장진희 · 권동택(2014)	교육적 활용, 기재사항, 보존 및 관리, 정보공개
	서울시교육청 학교선택권 확대 정책의 실효성 분석 –미국의 개방형등록제 분석 준거의 관점에서–/주현준 · 정성수(2011)	목적, 기대효과, 지원방법, 선발방식
	초등학교 아동에 대한 주요국의 훈육 규정 사례 연구/홍신기 · 윤순종(2011)	영국, 미국, 캐나다 비교, 훈육목적, 지침, 방법, 활용, 교직원행동규정 등 비교
	주요국의 아동 체벌 금지 입법 사례와 시사점/홍신기 · 김현욱 · 권동택(2010)	스웨덴, 코스타리카, 뉴질랜드에 대하여 각각 진술하고 경향 및 특징을 파악함
	외국의 중 · 고등학교 규칙 내용 분석의 시사점/조금주(2008)	미국, 캐나다, 호주, 중국, 대만, 일본 등 공통점과 차이점으로 종합 결론
	초등학교 취학 연령 및 유예 기준에 대한 국제비교 연구/권동택(2008)	미국, 캐나다, 중국, 일본, 싱가포르, 영국, 프랑스, 독일, 스웨덴/취학연령, 의무취학유예
	교육행위의 본질에 의한 헌법상 '교육을 받을 권리' 조항의 해석: 한국과 일본의 비교를 중심으로/박창언(2007)	교육행위본질, 교육에 대한 권리이론, 헌법교육조항구조, 구체적 내용 비교
	호주, 뉴질랜드와 미국의 교원 자격 기준 동향 비교연구/강대구 · 박선형(2005)	교원자격기준, 양성시스템과 프로그램
	대학법인 설립과 인증제에 관한 비교연구/김남순(1999)	영국 칙허장제, 미국 적격판정제, 일본 완전국가통제유형, 한국 대학설치평가기준

7) 최초의 학술지는『세계문화와 교육』이란 명칭으로 1971년 9월 5일에 제1집(논문 5편, 회장 한기언), 이어 1977년에 제2집(논문 5편, 회장 이규환)이 발간되었다.

현재의 『비교교육 연구』로 개편된 것은 1992년부터이다.[8)] 779편의 논문[9)] 가운데 교육법과 관련된 연구는 비교연구 12편, 지역연구 8편 총 20편으로 조사되었다.

〈표 10-3〉『비교교육 연구』 학술지에 게재된 교육법 지역연구 논문 8편 일람

구분	논문명(저자)	특징
지역연구 (8)	UN 아동권리협약의 변천과 한국의 이행 성과와 과제/이영호 외(2016)	국제교육법규를 다룬 유일한 논문
	미국 대학입학 지원자의 권리 분석과 시사점 –미국의 법령과 판례를 중심으로–/정일환 · 김영환(2010)	적법절차와 평등보호, 인종, 성, 연령, 장애로 인한 차별금지, 소수인종 적극적 평등실현조치, 입학지원자와 가족의 교육권과 사생활을 보장
	낙오학생방지법(NCLB) 시행 6년의 성과, 과제, 그리고 시사점/염철현(2009)	6년간의 경과, 성과, 과제 한국의 교육개혁정책에 유익한 시사점
	미국의 이중언어교육법 변천과정에 대한 고찰/염철현(2008)	변천과정, 영향준 판례, 시사점 및 제언
	미국 고등교육기관에서 적극적 차별 수정 정책의 적용에 따른 연방법원의 판결과 시사점/염철현(2006)	Affirmative Action(적극적 차별 수정 정책)
	브라운 판결의 교육사적 의의 및 시사점/염철현(2006)	제1차 브라운판결, 제2차 브라운판결
	미국의 법체계 분석을 통한 특수교육 동향과 시사점/김정희(2006)	한국의 특수법령체계, 미국사법체계, 특수교육관련 주요판례
	미국 초 중등교육개혁법 고찰 –'No Child Left Behind Act'를 중심으로–/염철현(2005)	제정배경 및 특징, 시행과 공과, 결론시사점

이들 비교연구(12편) 및 지역연구(8편) 등 총 20편의 논문들의 특징은 다음과 같다.

첫째, 전체 논문 중 교육법 주제는 매우 드물다(2.57%).[10)] 2010년대 들어서도 약 9편

---

8) 연간 1권 발행하는 1집 체제는 1992~1997년까지, 1, 2호 두 권 체제는 1998~2003년 사이, 1, 2, 3호 체제는 2004년, 1, 2, 3, 4호 체제는 2005~2009년, 그리고 1, 2, 3, 4, 5(제3호 영문)체제는 2010~2012년까지였다. 현재의 1, 2, 3, 4, 5, 6(2호 및 5호 영문논문)체제는 2013년부터 현재까지 지속되고 있다.

9) 권동택 등(2012: 74)의 글에서 밝힌 바와 같이 2009년까지의 399편의 논문 중 서평 2편을 제외한 397편과 필자가 학회홈페이지를 통해서 2010~2018년(제28권 제3호)까지 게재된 논문 382편을 더하여 산출된 779편(연 1회 발간되는 영문판 학술지는 제외함)

의 논문만이 발표되고 있어서, 비교교육학의 연구 주제로서 지금까지 교육법 관련 비교 혹은 지역연구는 주된 관심 영역이라고 보기는 어렵다. 2010년대 이후 많은 학술지가 등재지로 분류되어 여러 학술지에 관련된 논문들이 분산된 영향도 있었다.

둘째, 연구자 역시 극소수에 집중되어 있다. 비교연구 12편 중 3편은 권동택(공저포함)이, 지역연구 8편 중 5편(2편은 NCLB법)은 염철현이 보고하여 편중되었다.

셋째, 비교연구의 12편 중 대상 국가는 미국(8편), 일본(6편), 영국(3편), 캐나다(3편)의 순이었고, 지역연구의 경우 8편 중 대상 국가는 미국(7편)이 절대적으로 많았다. 과거에는 미국, 영국, 프랑스, 독일에 대한 소개가 주를 이루었는데, 요즈음은 인터넷을 통해 접근성이 획기적으로 달라져 영어 문화권들 간의 교류나 소개가 훨씬 많아지고 있다. 유럽 국가에서 주요국으로 예시되는 프랑스, 독일, 스페인 등이 상대적으로 거론되기 어려운 것은 영어가 아닌 각 국의 언어 문제와도 무관하지 않다고 본다.

넷째, 주제 면에서 비교연구의 경우는 초등학교 관련 법규연구가 많았는데 학생생활기록규정, 훈육규정, 취학연령과 유예기준 등이 포함되어 있다. 그 외 개방형등록제(학교선택권), 체벌금지입법, 교육을 받을 권리조항 해석, 교원자격기준, 대학법인 설립인증제 등이었다. 반면, 지역연구의 경우 미국의 수험생권리, NCLB, 이중언어교육법, 브라운판결, 특수교육법, UN의 아동권리협약 등이었다.

다섯째, 비교 준거는 한국의 경우를 상정하여 설정한 후 외국의 것을 살펴보는 경우가 대부분이다. 법제 비교의 경우 도입 배경, 목적 및 내용, 현황 등을 보여주고, 바로 시사점을 기술한다. 해당 국가의 법제에 대한 학자의 견해와 현장의 평가를 균형 있게 보여주는 논문은 발견하기 쉽지 않다. 비교의 준거없이 각국을 설명한 후 '특징 및 시사점'을 도출하는 경우도 적지 않은데 저자의 '감상(느낌)'이나 '주장'에 가까운 것이 많으며 그 논거가 부족하거나 비약된 측면이 엿보인다.

10) 2009년까지의 학술지를 분석한 권동택 등(2012: 84)의 경우 연구 주제어 분류상 법규를 다룬 논문이 10편(2.5%)인 것으로 보고한 바 있으나, 앞서 11편으로 나타난 것은 김남순(1999) "대학법인 설립과 인증제에 관한 비교연구"를 포함하였기 때문인 것으로 해석되나, 각국의 대학설치 및 평가기준을 다는 점에서 교육법 비교연구로 포함시켰다. 이후 2018년 현재까지 9편이 증가하는 것에 그치고 있다.

끝으로 지역연구의 경우 지역의 특성과 내용을 전하는 것이 일차적인 목표라고 할 수 있는데, 해당 국가의 관심 있는 주제를 선택하여 소개하는 경우가 대부분이다. 그런데 상당수의 논문들은 시사점 등의 명목으로 한국 현실 제도에 대한 개선 방안을 논의하는 경우를 쉽게 발견하게 된다. 어떤 경우에는 비교의 설계나 논의가 부족한 채, 시사점 도출 자체를 연구의 목적으로 매듭짓는 경우도 발견된다. 시사점은 분명, 해당 국가 사례의 특징과 역사적 의의에 비추어 도출되는 것이어야 하고, 비교 준거에 의하여 한국과의 본격적인 비교를 하지 못하였다면, 비교에 따른 시사점은 향후 연구를 위한 제언 수준에서 마무리하는 것이 바람직했다.

2. 교육법학에 있어서 비교교육법 연구

1) 비교교육법 연구의 의미와 방법

고전(2006: 15-16)은 1949년 12월 31일「교육법」제정 이후 1970년 중반까지를 '교육법규해설 연구기'로 명명하고, 이은 1986년의 대한교육법학회의 창설을 기점으로 '교육법학적 접근 연구기'로 접어들었다고 연구사를 시대 구분했다. 당시 18권 1호(2006년)까지 발간된 21책 198편에 대한 논문분석 결과, 교육기본권 관련 연구(77편)와 교육법제 관련 연구(121편)의 비율이 4 : 6으로 나타났고, 세부 주제 가운데에서는 개별 교육법제에 관한 연구(98편)가 전체 논문의 50%를 점할 정도로 대중을 이루었으며, 개별교육법제 논문(98편) 가운데 외국의 교육법에 관한 것이 3분의 1(33편)을 차지했다. 교육기본권 영역 세 주제 가운데 학생 · 부모 · 교원의 권리와 의무 및 책임에 대한 연구가 약 70%(77편 중 53편)를 차지할 만큼 많이 다루어졌다. 상대적으로 교육권 및 교육법 기초 연구가 학회 초반보다 적게 다루어졌는데 교육법 연구의 학문적 정체성 확립 측면에서 아쉬움을 남겼다.[11)]

---

11) 교육법학 및 연구동향 논의는 안기성(1986, 1987) 학회1, 2차 연구발표회 논문과 정태수(1988)의 "독자적 교육법리로서의 교육권론",(창간호), 박재윤(1992), "한국교육행정학의 내용구성에 관한 제안 －교육법학적 관점에서－"(3 · 4호), 고

이후 고전의 분류방법을 활용한 양은택 · 엄문영(2016: 112-113)은 2016년까지 414편의 논문을 분석한 결과, 연구 주제 면에서는 국내 · 외 교육법 연구 모두 교육권 관련 연구(43.2%)보다 교육법제 연구(54.4%)가 더 많이 이루어졌다는 점, 1990년대 이전 및 1990년대의 논문이 86편, 2000년대의 논문이 179편, 2010년부터 현재까지의 논문이 149편으로 시간이 흐름에 따라 교육법 연구의 양이 크게 증가하고 있는 점, 연구방법상 법규해석방법이 과반 이상(55.6%), 나머지는 판례분석 또는 법규해석을 병행한 연구라는 점 등을 지적했고, 향후 양적 연구나 질적 연구, 혼합연구 등 연구방법의 다양화가 필요함을 지적했다.

고전(2006: 14)은 2006년까지의 교육법 관련 51편의 박사학위논문 경향을 분석한 결과, 1977년 백명희의 박사학위 논문을 필두로, 1980년대 7편, 1990년대 27편(98-99년 9편), 2000년대 들어 2006년까지 16편으로 증가하였고, 교육학박사 29편, 법학박사가 22편으로 교육학박사가 다소 많으나 공법(헌법, 행정법 등) 계통에서의 교육법을 다룬 논문이 꾸준히 증가하여 현재에는 두 분야의 논문이 비슷하게 나오고 있다고 진단했다.

이처럼 대한교육법학회 창립을 계기로 2018년 현재 관련 박사급 연구인력 및 변호사들이 100여 명에 이르고, 학술지 역시 30권에 457편의 논문을 게재되는 등 양적 성장을 거듭하고 있다.

물론, 교육법과 관련한 단행본들도 발행되고 있는바, 안기성의 『교육법학연구』(1989, 고려대출판부)와 강인수의 『교육법연구—한국, 일본, 미국의 교육법 및 판례를 중심으로』(1989, 문음사)를 필두로 본격화되었다.

1995년 교육행정학 전문서로 개발된 『교육법론』(1995, 한국교육행정학회)은 강인수 · 박재윤 · 안규철 · 안기성 · 정태수 · 표시열이 집필한 저서로서 학회창립 후 10여 년간의 연구 성과를 완성한 의미를 지닌다.

이어 2007년에 간행된 『교육법학 연구동향』(2007, 한국학술정보)은 학회창립 20주년 기

전(1997), "한국의 교육법 연구 동향 연구"(9호) 등이 있고, 허종렬 "해외법학계의 교육법 연구동향" 법과사회(1995.11)와 "교육법학의 독자성론" 서강법학연구(4권, 2002) 등이 있다.

획출판서로서 32인의 연구자가 참여하였고, 그간의 학술성과를 집대성한 저서이다.

교육법학 연구의 양적 성장은 학회에 대해 정부나 정부출연 연구기관의 지원이 일천한 상황과 교육행정학과 공법학계에서 변두리 영역으로 인식되어 학문적 발전 기반(대학교수직 및 대학원 과정)마저 공고하지 못한 상황에서 이루어낸 성과라는 점에서 더 의의가 크다 할 수 있다. 그러나 양적인 성장과는 대조적으로 개선되어야 할 문제나 아직 미완성의 과제도 남기게 되었다.

고전(2006: 21)은 지난 1997년 학회활동 10년의 성과 검토 보고서에서 교육법학적 접근의 초보적 상태에 대한 진단[12]과 대한교육법학회지 창간사에 제시된 초대회장(정태수)의 교육법학 연구의 다섯 가지 방향[13]을 소개한 적이 있다. 이러한 30년 전의 방향 제시와 20여 년 전의 우려스러운 진단이 지금 이 시점에서 어느 정도 진척되었는지 반성하는 것은 곧 교육법학회에 남겨진 과제라고도 할 수 있다.

2) 『教育法學研究』 학술지상의 연구 동향과 특징

대한교육법학회에서 발간하는 학술지 『教育法學研究』는 한국연구재단의 등재학술지로서 2018년 4월 30일 현재 제30권 1호를 발간했다. 2018년 7월 현재까지 발간된 총 457편의 논문[14] 가운데 제목에 대한 '비교'라는 단어 검색(국가명을 나열하여 실질적으로 비교한 논문 포함) 결과 22편이었다.

---

12) "한국의 경우 … 간학문적 방법론을 특성으로 하는 교육법학의 학문적 정체성 확립에는 이르지 못하고 있는 것으로 보인다. 더구나 그 연구 활동 인력이 극히 제한된 상태이며 아직은 연구방법상의 논의가 활발하지 못하여, 연구 영역상 교육행정학으로부터는 독자적인 영역으로 분화되지 못하고, 연구방법상 행정법학으로부터는 독립되지 못한 상태가 아닌가 조심스레 진단해 본다."

13) "그 하나는 교육인들이 교육법학적 관심을 높이는 것이며, 그 둘은 국민의 受教育權 확보라는 시각에서 교육법을 연구해야 한다는 것이며, 그 셋은 교육특유의 教育條理를 탐구하고 이를 교육법의 기반으로 삼아야 한다는 것이고, 그 넷은 교육입법 연구와 교육판례연구가 심화되어야 한다는 것이며, 마지막으로는 교육현장의 여러 교육현상을 깊이 연구하여 현장문제 해결과 그 개선에 힘이 되어야 한다."

14) 양은택 · 엄문영(2016)의 연구가 분석한 2016년 28권 2호까지의 414편 이후 2018년 7월 현재 30권 1호까지 게재된 43편을 더한 값이다.

〈표 10-4〉『教育法學硏究』 학술지에 게재된 '비교' 단어 포함 논문 22편 일람

구분	논문명(저자)	비교 준거
비교연구 (22)	사립학교 교원의 법적 지위에 관한 비교법적 고찰: 한국과 미국 사례 중심으로/이인수(2017)	학교공공성, 교원 법적 지위 형식과 내용, 학교운영 자율권 및 정부 재정지원 등
	외국의 학교 내외 활동 중 사고에 관한 법률이 한국 교육법에 주는 시사점/손희권 외(2016)	미국, 영국, 독일, 일본의 사례 학교사고법 수준, 통합과 분리, 형식, 내용
	민주주의 교육과 교육법제 -한국과 독일의 비교를 중심으로/정필운 외(2014)	법제, 민주주의교육, 특징 비교
	국가의 지방교육행정기관에 대한 감독관련 법률의국제비교(한국, 대만, 일본)/김용(2014)	지방교육사무 성격, 국가관여조건과 방식, 이의제기, 조정기구, 조정절차, 효력준거
	서울대학교와 캘리포니아 대학의 거버넌스 비교연구/한갑수 외(2014)	대학 내부 거버넌스 구성주체 관련 쟁점, 자율성, 민주성, 책무성 비교
	미국, 영어권 국가의 교육복지 및 학생안전 입법사례 연구/염철현(2014)	미국, 아일랜드, 캐나다, 호주, 싱가포르의 장관 · 주정부 · 학교의 권한과 책임
	학교체벌 관련 국내법령과 주요국 법령의 비교연구(일,미,독)/황준성(2013)	성문법 태도(체벌허용 여부) 학교체벌 관련 판례
	소수자우대정책의 최근동향 및 시사점: 미국과 브라질의 사례를 중심으로/염철현(2013)	시행근거, 시기, 시행방식, 제정배경, 주요내용, 주요판결, 전망
	한국과 일본의 역사 교과서 재판을 통한 교육부장관의 검정교과서 수정명령권 분석/김덕근(2013)	교과서법률, 관련판례, 법률유보원칙, 저작자, 심의절차, 수정요건
	한국과 일본 판례 분석을 통한 교과서 검정제도의 합헌성 분석/김덕근(2012)	검정제도, 관련판례, 합헌성(교육자주성 · 학문의 자유 · 언론출판자유 침해 등)
	학력인정제도 및 관련법제의 국제비교연구(한, 미, 일, 영, 호)/김성기(2011)	배경과 논리, 형태, 법체계, 자격제도와의 연관성, 문제점
	핀란드와 한국의 보건교과 관련 법률 및 운영체제 비교연구/우옥영(2011)	법률, 운영체제
	대학의 법적 거버넌스에 관한 비교연구 -일본, 미국, 독일 및 영국-/황홍규(2010)	근거법, 내용, 기구, 참여방법, 대학설립 및 법적 지위, 국가 · 주 · 대학 관계
	학교법인의 임원 해임청구 대표소송 도입 검토(영미법관점사분위기능)/조상희(2010)	미국 비영리법인법과 영국 공익자선법 규정방식, 관련 판례 비교
	일본의 고등교육관련 지원법령의 내용과 특징(한국고등교육법비교)/노기호(2009)	양국 고등교육법제의 개정방향, 학부규정, 대학원규정의 비교

	교사의 교육의 자유-일본과 한국에 있어 헌법적 근거를 중심으로/송요원(2002)	교육과정, 학문의 자유, 교육의 자유, 판례
	한·일 교육대학 제도비교에 관한 연구/하윤수(2001)	교원양성현황 및 실태, 제도, 구조개혁과 과제 비교
	한·미 학교안전사고판례연구/한승희(1999)	한·미 간 교사의 의무, 책임 범위 비교
	교사의 체벌에 관한 비교법적 검토/김혜선(1994)	한국, 미국, 일본의 규정 및 판례 비교
	한국과 일본의 고등학교 관련 법령 비교연구/박재윤(1993)	체제비교(법률, 명령)/내용비교(목적, 입학요건, 성적처리, 졸업자격, 시설설비 등)
	교원의 노동기본권에 관한 비교연구 -한국·일본·미국의 교육법 및 교육판례를 중심으로-/강인수(1989)	보장범위, 법률상쟁점, 단체교섭주제, 재판대상, 교섭절차, 쟁의권제약원리, 단체행동영향
	교육법정주의 효력에 대한 비교법학적 연구/안규철(1988)	한국과 일본의 비교 교육법정주배경, 성격, 내용, 효력, 과제

〈표 10-5〉『教育法學硏究』학술지에 게재된 '각 국가별' 교육법 연구 논문 55편 개요

구분		논문명(저자)	비고
지역연구(55)	미국(30)	종교자유, 연구동향(2), 따돌림방지법, 교원단체, 홈스쿨법제(2), ESSA(2), NCLB(2), 고등교육법, 법학교육, 장애인교육법, 학습법, 單性교육, 공립대 Affirmative Action(3), 교육복지법, 자원봉사법, 저작권법, 장기결석, 장애아동보호, 교육개혁, 교사의 학문의 자유, 대입전형, 보통교육제도, 학문의 자유, 학교구성원지위	미국 30편: 최다 염철현 14편: 최다 ※ 미국포함 앞의 비교연구는 11편
	독일(14)	연구동향(2), 직업교육지원법, 진로교육, 대체교육, 의무교육, 심리운동사지위, 교장지위, 학생부모권리, 사립학교자유, 학교지위, 교원교육권제한, 학교분쟁, 대학기부	※ 독일포함 앞의 비교연구는 4편
	일본(7)	연구동향, 교육개혁, 의무교육비, 학교교육분쟁(고전), 이지메, 사학정책, 교육권개념과 권한관계	고전 4편: 최다 ※ 일본포함은 14편
	영국(2)	교육개혁(2003, 강영혜), 교육진흥신탁제도(1988, 박재윤)	※ 영국포함은 4편
	대만(1)	대만기본법(2007, 한상돈)	※ 대만포함은 1편
	기타(1)	프랑스 교육법학(2017, 전학선)	※ 핀란드포함은 1편

주요 지역인 '미국', '독일', '일본', '영국', '대만', '프랑스' 등으로 각각 검색하였을 경우 이와 관련된 연구는 총 55편(앞의 각국 비교연구도 일부 포함)으로 나타났다.

첫째, 전체 457편 논문 중 외국의 교육법과의 비교를 목적으로 한 논문은(○○비교연구) 22편으로 4.81%에 불과하여 비중이 생각보다는 적었다. 앞서 살펴본 『비교교육 연구』 학술지에서 교육법 주제가 2.57%였던 것에 비하면 상대적으로는 많으나 여전히 드문 분야의 논문이었다. 이는 두 학회의 연구 활동이 교육법을 매개로 하여 연계될 수 있는 여지가 미약했음을 보여주는 부분이다.

한편, 각 국가별로 검색 결과(앞의 비교연구 포함)를 놓고 볼 때 지역연구는 55편(12.04%)으로 나타나, 개별 국가의 교육법 연구가 한국 등과의 비교연구보다는 많이 이루어지고 있음을 알 수 있다. 다만, 개별 국가의 연구라 할지라도 대부분의 논문들이 결론 부분에서 한국과의 비교 및 시사점을 부분적으로 다루기는 하였으나 비교의 준거를 설정하지 않은 경우도 발견되었다. 그럼에도 불구하고 교육법학 분야에서는 외국과의 비교를 포함하여 외국의 교육법에 관한 관심은 상당히 높은 편이다.[15)]

둘째, 교육법학 분야에서 외국과의 비교 및 지역연구 경험자들의 인력풀은 많지 않다. 비교연구에서는 연구자 집중 현상은 없으나, 일부 지역연구의 경우에는 뚜렷이 나타나기도 했다. 미국의 경우 염철현(30편 중 14편), 일본의 경우 고전(7편 중 4편)이 특징적이었다. 염철현은 『비교교육 연구』 학술지의 지역연구에서도 8편 중 5편을 게재하여 양 학술지 모두에서 활동했다.

셋째, 비교연구의 22편 중 비교 대상 국가는 일본(14편), 미국(11편), 독일(4편), 영국

15) '교육법학연구' 연구 동향을 분석한 양은택 · 엄문영(2016: 107)의 논문에 따르면(1호부터 28권 2호까지 414편 대상), 외국 관련 연구논문은 89편(21.5%; 교육권 분야 40편, 교육법제 분야 49편)으로 보고되었다. 교육권 분야는 다시 교육권기초 1편, 학생 · 부모 · 교원의 권리 · 의무 · 책임 26편, 국가 · 지방자치단체의 권한 · 지위 13편이고, 교육법제 분야는 교육법기초 3편, 개별교육법 및 교육정책 34편, 교육법운영 12편 등으로 구성되었다고 분석했다. 양은택 · 엄문영의 연구에서 외국의 사례연구가 89편으로 조사된 것은 논문제목을 통한 검색이 아니라, 논문 본문 내용에서 외국의 경우를 다룬 것까지 포함하였기 때문이다. 이 논문에서는 교육법학연구의 비교교육학적 관점에서의 접근 상황을 다루므로 직접적인 '비교' 단어검색과 '국가명'별 검색을 실시했다.

(4편), 대만(1편), 핀란드(1편) 순이었다. 지역연구의 경우 55편 중 미국(30편), 독일(14편), 일본(7편), 영국(2편), 대만(1편), 프랑스(1편) 순이었다.

일본은 한국과 법체계가 유사하다는 점에서 비교 대상 국가로 수위를 차지했으나, 개별적 지역연구 대상으로는 미국이 30편(염철현 논문 14편)으로 가장 많게 나타났다. 교육법학 분야에서도 대륙법계인 독일, 일본과 영미법계인 미국과 영국의 사례가 주로 비교 대상인 특징을 보였다.

일반 법학분야에 독일과 프랑스 전공자들이 적지 않은 현실을 두고 볼 때, 이들 국가 관련 논문이 상대적으로 적은 것은 일반 법학 학위자나 국가 학위자 중 교육법 분야를 전공한 경우는 매우 드문 것과 연관된 것으로 판단된다.

비교교육학 분야에서 중국과 관련한 연구가 적지 않은 것에 비하여 교육법학 분야에서는 중국 교육법을 다룬 경우는 전무하여 대조를 보였다.

넷째, 주제 면에서 교육법 관련 비교연구의 경우는 학교안전사고, 대학거버넌스 및 사학, 교과서, 체벌, 교원의 교육의 자유 및 기본권 제한 등의 주제가 있었다. 고등교육 관련 논문이 상대적으로 많은 것은 비교교육학회의 『비교교육 연구』에서 초등교육 법규가 많았던 것과 대조를 이루었다.

반면, 지역연구의 경우 미국은 NCLB(낙오학생방지법), 적극적 평등조치(대학에서의 소수자 우대정책 등), 종교자유 등 각종 차별금지 관련 판례관련 연구가 상대적으로 많았다.

독일은 시사점이 많은 직업 · 진로 · 대체교육이나 교육법리에 해당하는 교육당사자의 지위 · 제한 법리에 관한 논문이, 일본의 경우는 연구동향, 교육개혁 및 교육현안에 대한 주제가 많았다.

위의 분류에는 포함되지 않았으나 UN의 아동의 권리협약의 국내 적용에 관한 논문도 3편(정태수, 1989; 박재윤, 1999; 표시열, 2008)도 있었다.

다섯째, 비교 준거는 관련 교육법에 따라서 다소 상이하게 전개되나 법제정의 배경과 내용, 주요 판례를 다루면서도, 구체적인 내용간의 비교 국가 간 실시하는 것이 비교교육학회의 학술지와 다소 차이나는 부분이었다. 아무래도 법률 전문가인 경우가 많은 결과로 판단된다. 그러나 마찬가지로 개중에는 비교의 준거 중심보다는 해당 국가의 사례를 소개하고 관심 분야만을 간단히 비교하여 결론에 시사점으로 제시하는 경우도 물론 포함되어 있었다.

끝으로 교육법학 연구의 가장 특징적인 것은 지역연구에 대한 관심이 높다는 점이다. 즉 한국에의 시사점도 물론 일부 포함되어 있지만, 주된 관심은 해당 국가의 쟁점이 되는 관련 법령의 현황과 법리에 대한 소개가 중심을 이루었다. 미국의 사례가 월등히 많았고, 이어 독일과 일본의 사례가 뒤를 이었다.

4절 비교교육학 발전을 위한 교육법학의 과제

첫째, 연구의 인적 배경 측면에서 주제 · 국가통 등장에 따른 명암(明暗)이다. 두 학술지의 연구자 인력풀은 상당히 한정적이었다. 이는 주제 · 국가통(主題國家通; 해당 주제 및 국가의 사정에 정통한 사람)이 있다는 의미이다.

이는 학술활동의 역할분담과 전문화 면에서 의미 있는 현상이다. 또한, 각 국가 간 체계적 비교연구를 가능하게도 한다. 반면, 특정인에 의한 주제의 독점이나 편견의 확산 우려도 있다.

따라서, 학교단계(유초중등 · 대학 · 사회교육 등)나 영역(교육개혁 · 교육법 · 교원 · 교육이론 등)별로 역할을 분담할 필요도 있다고 본다. 즉, 해당 분야에 대한 이른바 전문통(專門通)은 반드시 필요하나 소수자에 의해 우려되는 터널비전은 연구자 자신이나 학계가 경계해야 한다는 것이다.

둘째, 연구 주제 측면에서 한국의 관점에서 출발하는 이른바 '한국발(韓國發)' 관심 주제의 한계가 극복되어야 한다. 특히, 정책연구는 주제 선정이 한국 정부(교육부 등)의 정책동향에 따라 연구 관심이 집중되기도 한다.

당연히 국가에 따라서는 논쟁이 되었거나 정책개발이 활발한 영역이 다르다. 한국의 현안에 집착하게 되면, 외국의 사례에 대한 선택폭과 관심, 그리고 비교의 관점 역시 국수주의적 편향이나 한국의 교육가치관 관점에서 판단하고 취사선택하는 오류를 범할 수 있다. 동시에 비교가 되는 주제 및 용어의 선택에도 엄밀성이 요구된다.

각국에서 사용하는 용어의 함의(含意)가 다를 경우 그 비교의 결론은 의미가 반감되거나 확대 해석될 수 있다. 한국의 형식적 규범으로서 학교규칙(학칙)과 미국의 실질적인 학교운영 규범으로서 학교규칙 간에는 차이가 있기 마련이다.

또한, 국가에 따라서 교육관련 각각 이해당사자들이 갖는 교육활동과 학교운영에 있어서 권리의식 및 참여의욕(학교문화) 간의 차이도 무시할 수 없는 교육법제화 및 교육법 갈등의 배경이 되거나 갈등 해소의 원동력이 되기도 한다.

그리고 용어 번역상의 차이는 모든 비교교육 연구가 신중하게 접근해야만 한다. 예를 들어 한국의 평생교육과 일본의 生涯教育이 어떻게 다른지, 한국의 자녀 및 아동과 미국 NCLB의 child, UN의 아동의 권리협약의 child 등 간에 어떤 차이점이 있는지, 그리고 교양교육을 일반교육(미국), 자유교육(영국), 문화교육(프랑스)으로 명명하는 국가 간의 연유와 인식 차이를 감안하지 않으면 안 된다.

결국, 각 국가에서 사용되고 있는 용어에 대하여는 좀 더 엄격하게 해석하고 자국의 용어로 번역할 경우 가장 적확(的確)한 용어를 선택할 필요가 있다. 이 경우 학회가 나서서 용어 번역 및 용어 설정의 일반화가 가능하도록 보다 적극적으로 논의하고 학회 토론 과정을 거쳐 적절한 표준을 제시하는 것이 바람직하다.

셋째, 비교 및 지역 대상 측면에서 선진국의 함정과 자민족중심주의 극복문제이다. 비교 대상 국가를 선정하는 이유를 분명히 밝히지 않은 경우도 적지 않다. 가장 많이 쓰이는 표현 중의 하나는 '선진국의 사례'이고, 미국, 영국, 프랑스, 독일, 일본 등이다. 국가 순 역시 연구자의 편견이 내재되기도 한다.

미국을 제일 앞세우는 경향이나 일본을 맨 뒤에 두는 경우가 있는데 가나다 순이 바람직하다. 일본의 경우에도 외국의 사례를 소개하면서, G7(미국, 영국, 독일, 프랑스,

일본, 이탈리아, 캐나다) 중심으로 논의하거나 중국은 다루면서 한국을 배제하는 경우도 적지 않다. 모두 자민족중심주의(自民族重心主義; Ethnocentrism)를 극복하지 못하는 태도라고 할 수 있다.

특히 비교연구에서 금기해야 할 용어는 '선진국(先進國)'이라는 모호한 단어와 '우리나라'라는 생활용어이다. 선진국은 '주요국가(主要國家)'나 G7, OECD국가 등으로 구체적으로 명명할 필요가 있고, '우리나라'보다는 '대한민국(大韓民國)' 혹은 '한국(韓國)'으로 표현하는 것이 보다 객관적이다.

반면에 동남아권에 있는 아시아국가들 중 경제성장을 이룩한 일본과 싱가포르를 제외한 군소 아시아 제 국가(대만, 필리핀, 태국, 말레이시아, 네팔, 파키스탄, 부탄 등)에 대하여는 교육적으로나 문화적으로 후진국으로 생각하는 선입견도 극복해야 한다.

비교교육학이 연구자들과 대중에게 보여주어야 하는 것은 한국의 교육과 문화의 '우월성'이나 '열등성'보다는 한국과 외국의 '차이', 곧 '다름'을 보여주는 것이어야 하기 때문이다.

넷째, 비교 준거 및 연구방법 측면에서 모범사례(模範事例)와 반면교사(反面教師) 간의 균형이 필요하다. 비교의 준거 설정은 비교의 결과를 좌우하는 가장 중요한 연구틀이다.

법제의 배경 및 경과, 법제의 내용, 현황(정부의 공식 보고자료)을 비교하는 경우가 일반적이다. 때로는 연구자가 임의로(자료수집 가능한 범위 내) 설정한 기준에 따라 상호 비교하는 경우도 많다. 즉, 비교의 준거는 연구의 필요성과 가능성에 따라 매우 다양하게 전개되는 것이 일반적이다. 문제는 연구자가 보고 싶은 준거나 확보된 외국의 자료에 한정된다면, 일반화된 결론은 왜곡되어 나타날 수 있는 가능성도 배제할 수 없다.

각국의 사례를 나름대로 분석한 다음, 결론에서 특징 및 시사점을 종합적으로 논의하는 경우도 있다. 비교가 곤란하거나 차원이 다른 경우에는 가능한 논의나 준거를 빠트린 비교연구는 수집된 자료의 '번역물'과 '소개하는 글'에 지나지 않는다.

비교의 준거 설정 시 중핵적인 개념과 요소 선정에 신중해야 한다. 한국에서 논의되고 중시되는 일반론만을 따르다 보면, 외국의 법제나 현상을 한국의 논의틀로 억지로 판단하는 경우도 적지 않다.

그 결과, 보고자 하는 것만 보거나 풍문으로 들은 바를 확인하는 수준에 머무를 가능성이 높다. 시사점 및 결론 도출시 한국과의 차이점에 근거하여 적용 가능성을 신중하게 논의하여야 한다.

미국과 주요 국가가 하고 있으니 우리도 도입하는 것이 당연하다는 식의 '모범사례(模範事例)' 소개가 통하는 시대는 지났다. 오히려 외국과의 비교를 통해서 한국의 경우가 우월한 부분은 무엇이고, 외국의 실패한 사례에서 반면교사(反面教師)해야 하는 부분은 무엇인지 다각적으로 접근할 필요가 있다.

이를 위해 해당 국가의 정부 및 연구기관의 홍보성 보고서에 의존하기보다는 해당 국가 학자들의 비판적 견해와 현장의 반응들을 소개한 선행 연구물을 폭넓게 천착할 필요가 있다. 물론, 이 경우에도 필자와의 인연과 접촉 가능한 '안면타당도'에 근거한 글들로만 소개한다면 편협한 편견을 소개하는 결과를 초래할 것이다. 연구자는 균형감 있게 '정부의 홍보'와 '현장의 반응' 양 측면을 함께 봐야 한다.

끝으로, 법률의 사회사(社會史)에 대한 이해와 국가 일반화의 한계를 인식할 필요가 있다. 법률은 그 사회 구성원 정의감정(正義感情)을 담고 있다는 점에서 법규 해석적으로 접근한다면 단편적 이해가 되고, 한국과의 비교는 표면적일 수밖에 없다.

해당 법률이 나오게 된 정치 · 경제 · 사회 · 문화적 배경을 함께 고려하여야 한다는 것이 현대 비교교육학의 상식이 되었다. 법률 배경에 대한 이해는 곧 '차이'의 진술과 '시사점'의 도출에 충실히 반영되어 기술되어야 한다.

전통적인 비교교육학처럼 외국의 사례를 보는 것은 한국과의 차이점을 살펴보고, 한국에 주는 시사점을 발견하는 것도 의미 있는 일이지만, 외국의 상황과 시대정신 아래에서 보다 정확하게 현상을 기술하고 전하는 것만으로도 비교교육학은 존재 의의가 있다.

오히려 연구자가 소개하는 해당 국가의 진술이 전체를 대변할 수 있는 것인지(특히 연방제인 미국과 독일의 경우 문제점) 자체 검열을 요하며(해석의 제한을 전제로 하여야 한다는 것), 주요국의 사례 경향을 기술하는 것도 신중할 필요가 있다. 미국, 영국, 프랑스, 독일의 경향을 평균한다는 것도 어려운 일이며, 이들이 모든 국가에게 선진화된 대표값일 수 없기 때문이다.

국가 비교 시 통계자료는 기본적으로 정부 및 국제기구(UNESCO, OECD)의 자료여야 한다. 이른바 해당 국가의 통(通; 전문가)들이 전하는 수치는 위의 문건보다도 전파력이 크다는 점에서 전문가들은 최신성과 정확성에 유의해야 한다.

"한국과 같은 사례는 단 한 곳도 없다", "세계 선진 주요국가에서 그런 예는 단 한 곳도 없다"는 식의 사례 인용은 비교교육 연구에서 허용되어서는 안 되는 저널리즘적인 진술방식이다.

지적 의구심(知的疑懼心)이 빈약한 비교교육 논의는 남보다 먼저 다녀온 '여행담'에 불과하며, 독자로 하여금 해당 국가에 대한 감성적 편견(感性的偏見)만을 키울 수 있는 '해독'이 될 수도 있음을 필자를 포함한 모든 비교교육 연구자가 유념할 일이다.

참고문헌

고전(1997). 교사의 법적지위에 관한 교육법학적 접근방법, **교육행정학연구**, 15(3), 294-326.

고전(2003). 일본 교육개혁 입법의 쟁점과 시사점. **교육법학연구**, 15(1), 31-58.

고전(2003). **日本教育改革黑・白書**. 서울: 학지사.

고전(2006). 한국의 교육법학 연구 동향 분석(Ⅱ). **교육법학연구**, 18(2), 1-28.

고전(2012). 일본의 교육법학 연구 동향 분석(Ⅰ). **교육법학연구**, 24(1), 1-23.

고전(2014). **일본교육개혁론**. 서울: 박영story.

고전(2016). 일본의 교육법학 연구 동향과 특징(Ⅱ). 한국교육법학연구 30년의 성과와 과제(창립 30주년 기념 학술대회 자료집). 대한교육법학회, 85-110.

권동택・김정희・팽영일(2012). 한국비교교육학의 연구동향 – '비교교육' 연구분석. **비교교육학 이론과 실제**. 서울: 교육과학사. 73-92.

김태리(2000). 한국의 비교교육학을 지향한 비판적 검토. **비교교육 연구**, 10(2), 215-244.

박희진・박남기・유성상・한용진(2012). 비교교육학의 연구동향. **비교교육학 이론과 실제**. 서울: 교육과학사. 35-72.

양은택・엄문영(2016). 학술지「교육법학연구」의 연구동향 분석. **교육법학연구**, 28(3), 89-116.

이시우(2007). 독일 교육법 연구의 동향과 과제. **교육법학연구동향**. 파주: 한국학술정보. 459-513.

정일환・한일조(2012). 비교교육학의 학문적 성격. **비교교육학 이론과 실제**. 서울: 교육과학사. 13-33.

有倉遼吉 編(1976). **教育法學**. 東京: 學陽書房.

兼子 仁(1978). 教育法〔新版〕. 東京: 有斐閣.

永井憲一(1993). **教育法學**. 東京: エイデル研究所.

日本教育法學會 編(1980). **教育法學の課題と方法**. 東京: エイデル研究所.

日本教育法學會 編(1993). **教育法學辭典**. 東京: 學陽書房.

Bereday, G. Z. F. (1964). *Comparative Method in Education*. New York: Holt, Rinehart & winston.

이 글은 고전(2017), 비교교육학과 교육법학에 있어서 교육법 연구, 비교교육연구 27(6), 25-44.를 토대로 보완・작성한 것임. 2018년 7월 현재까지 간행된 두 학술지의 신규 게재논문 81편(비교교육연구 57편, 교육법학연구 24편)을 추가 분석하여 작성한 것임.

CHAPTER 11

비교교육학과 교육행정학

1절 교육행정학의 학문적 성격과 비교교육학과의 관계

전문적 기예(art)로서의 교육행정은 공교육의 발달과 그 역사를 같이 하고 있지만, 과학(science)에 근거를 둔 독자적인 학문영역으로서의 교육행정학의 발달은 그 뒤에 이루어졌다고 할 수 있다. 한국의 근대교육의 역사를 돌이켜 보면, 크게 1945년 8.15 광복을 기점으로 교육행정의 관점이나 발달이 달라져 왔음을 알 수 있다. 일제강점 36년 동안은 이른바 '교육에 관한 행정'의 틀 속에서 교육행정이 일반행정의 한 영역으로 취급되고 법규해석적 관점에서 운영된 것이 사실이다. 그러한 교육행정관은 해방 이후에도 상당기간 한국의 교육행정을 지배해왔음을 부인하기 어렵다. 그러나 해방 이후 미 군정기를 거쳐 미국의 영향을 받은 교육자치제가 운영되고 발달하면서 독자적이고 전문적인 교육행정으로의 변화를 거쳐 교육행정이 발달되어 온 것도 사실이다. '교육을 위한 행정'의 틀 속에서 조건정비적인 교육행정관이 받아들여지고 민주적인 교육행정을 위한 다양한 제도와 정책이 개발되었다고 할 수 있다.

특히 교육행정학은 1950년대 이후 행동과학이나 사회과학 이론의 발달과 더불어 교육행정학의 독자적인 이론화의 경향을 거쳐 하나의 학문으로 발달해왔다. 대학원 과정에 교육행정학 석박사과정이 개설되고 연구자가 급증하면서 교육행정학에 대한 과학적이고 전문적인 연구가 활발하게 이루어졌다. 그 과정에서 미국을 비롯한 외국과의 학문적인 교류가 빈번해지면서 선진제국의 이론과 연구방법을 활용하여 한국의 교육상황에 맞는 이론과 실제의 개발과 토착화에 힘써 왔다고 할 수 있다.

교육행정이 포괄하는 영역은 교육활동의 전반이라 해도 과언이 아니다. 법규적 측면뿐만 아니라 업무 내용이나 그 기능까지를 포괄하고 있기 때문에 교육행정학 연구의 대상도 교육학의 다른 하위학문에 비해 그 범위가 넓다고 할 수 있다. 비교교육학 연구에 교육행정학자들이 많이 참여하고 있는 것도 교육행정학의 학문적 성격과 관련이 있다고 할 수 있다.

한국 교육행정학은 태동기에 미국의 교육제도와 교육행정이론 및 방법론을 수입하여 교육현장에 적용하고 다시 토착화시키는 과정을 통하여 발전하여 왔다고 할 수 있다. 미 군정기를 거치면서 한국의 교육체제는 미국의 교육체제를 모방하여 기본 교육체제를 마련한 것이 사실이다. 특히 1950년대에서 1980년대까지는 학문적 윤곽을 잡기 위하여 꾸준히 노력해 왔으며 이론적 토대를 강화하기 위하여 비교교육학의 관점이 활용되었다(임연기, 2014). 이러한 비교교육학적 전개과정은 단기간에 공교육체계를 완성하는데 기여하였다. 한국의 초기 교육행정학은 미국의 실증주의적 연구방법을 통해 사회과학으로서의 위상을 정립하였다. 이를 위해 외국의 연구에서 개념과 이론을 차용하고 설문지를 번역하여 행정현상의 타당성을 분석하였다. 최근까지도 교육행정학은 선진국의 이론과 동향을 소개하고 적용하는 데 주력하고 있다(서정화, 2008). 이러한 학문적 토대와 한국적인 특수성으로 인해 한국의 비교교육학과 교육행정학은 학문적 근접도가 높은 영역이 될 수밖에 없었다.

비교교육 관점에서 정책결정은 국가 간 매력적인 정책의 확인, 정책의 도입 및 시행, 평가 후 내면화 및 토착화의 순환과정을 통해 차용된다(David, 2006). 선진국의 정책은 개발도상국의 교육정책 차용에 관한 복합 프로세스를 통해서 이식되는 것이 일반적이다. 교육정책을 수립하는 과정에서도 항상 선진국의 정책이나 제도를 비교적 관점에서 논의하고 시사점을 도출하여 독자적인 제도나 정책을 수립하는 과정을 되풀이 하는 경향이 있다. 선진적 교육 인프라 부족과 시스템 부재, 전후 복구 상황이 맞물리면서 지난 시절 한국은 1950년대 선진국, 특히 미국의 교육제도를 적극적으로 받아들일 수밖에 없었을 것으로 보인다. 이런 점에서 한국의 교육정책을 수립함에 있어 비교교육적 연구방법의 활용은 필연적이었다. 일반적으로 비교교육학은 국가의 교육정책개발을 수립함에 있어서 반드시 적용해 보는 연구방법론이다(강순원, 2016).

그간 한국의 비교교육학과 교육행정학은 중요한 교육이슈가 등장할 때마다 학문적 연계를 모색하여 왔다. 교육행정학의 중요한 영역인 교육제도나 정책을 마련하고 수립하는데 비교교육적 연구방법은 필수불가결한 과업이 되고 있다. 교육행정학을 전공하는 연구자들이 대학에서 주로 비교교육학을 하위 전공으로 삼아 연구와 교육을 담당하고 있다. 비교교육적 연구방법은 교육학의 어떤 하위영역에서도 활용될 수 있지만, 교육행정학 전공에서 주로 교육제도의 비교나 연구방법의 이름으로 가르쳐지고 있다.

한국에서 비교교육학과 교육행정학이 이처럼 밀접한 관계를 가지고 있다는 사실은 한국비교교육학회(Korean Comparative Education Society, KCES)의 공식 학술지인 『비교교육 연구(Korean Journal of Comparative Education, KJCE)』에 게재된 교육행정관련 논문의 비율을 통해서도 확인할 수 있다. 1971년부터 2014년까지 『비교교육 연구』를 분석한 자료에 따르면 총 615편의 논문 중 교육행정영역의 논문이 199편으로 전체 게재 논문 중 32.36%의 비중을 차지하는 것으로 나타나고 있다(권동택 · 김정희 · 팽영일, 2015). 이는 교육학회 분과기준으로 24개 교육학의 하위영역 중 교육행정학이 가장 큰 비중을 차지하고 있다.

그러나 그간 비교교육학 연구에서 교육행정학은 어떤 위상을 가지고 있으며, 연구경향성은 어떤 특징을 지니고 있는지 심층적으로 분석할 필요가 있다. 차제에 최근 연구경향을 파악하는 데 많이 활용되고 있는 지식네트워크 방법론을 통해 두 학문의 관계를 비교 분석함으로써 한국의 비교교육학과 교육행정학 각각의 학문에 대한 정체성과 두 학문 간 연계성에 대한 시사점을 찾아보고자 한다. 이를 위해 첫째, 한국 비교교육학에서 교육행정학자들의 위상을 비교교육학 연구자들의 주요 연구 분야 분석과 공저자 네트워크 분석을 통해 살펴보고, 둘째, 비교교육학의 하위 학문영역으로서 교육행정학의 내용적 위상을 주제어 빈도분석을 통해 알아보며, 마지막으로 비교교육학에서 교육행정학의 기간별 연구 경향을 주제어를 통한 텍스트 네트워크 분석을 활용하여 탐색하고자 한다.

2절 비교교육학 연구경향과 교육행정학의 위상

1. 한국의 비교교육학 연구에서 교육행정학

한국에서 비교교육학 연구는 1968년 한국비교교육학회가 성립되면서 본격적으로 이루어졌다. 한국비교교육학회는 학술지로 1971년 『세계문화와 교육』을 창간하였고 1976년 학술지 명칭을 『비교교육 연구』로 변경하여 오늘에 이르고 있다. 특히 2000년 이후에 비교교육 연구에서 교육행정학에 대한 연구가 어떻게 이루어졌는지를 분석한 결과는 〈표 11-1〉, 〈표 11-2〉와 같다(고득환 · 박세훈, 2017). 이에 대하여 다음과 같은 주요 시사점을 도출할 수 있다.

첫째, 주요 연구국가의 점진적인 확산이다. 2000년대 초반 미국, 호주, 일본, 중국, 러시아 등이 주요 연구 국가였다면, 2000년대 후반에는 미국, 독일, 뉴질랜드, 프랑스가, 2010년 이후에는 일본, 한국, 호주, 독일, 핀란드, 영국 등이 연구의 주요국가로 등장하고 있다. 이러한 변화는 비교교육에서 교육행정이 미국 중심 연구에서 벗어나 점진적으로 연구 대상 국가가 확대되고 있음을 시사한다.

둘째, 연구 대상 기관의 다양화이다. 기관중심으로 연구 경향을 살펴보면, 2002년부터 2005년까지 대학중심의 연구가 주를 이루었다면 이후의 연구에서는 초등교육기관과 중등교육기관을 비롯하여 PISA나 OECD와 같은 국제기구에 대한 연구가 등장하고 있다. 연구 대상 기관도 주요 연구국가의 사례와 마찬가지로 대상이 점진적으로 확대되고 있음을 확인할 수 있다.

셋째, 비교교육에서 교육행정의 간학문적 성격의 강화이다. 교육행정과 관련된 학문영역은 2000년대 초반에는 성인교육, 평생교육, 평생학습에서, 2000년대 후반에는 평생교육, 교원, 대학평가로, 2010년대에는 교육과정, 교육평가, 다문화 교육으로 변화하고 있음을 확인할 수 있다. 이는 교육행정 연구자들의 관심 연계학문이 평생교육 분야에서 교육과정, 교육평가 및 다문화교육 등으로 확대되었기 때문이다.

넷째, 『비교교육 연구』에 나타나는 교육행정관련 핵심단어의 변화는 당시의 교육적 이슈와 연관이 깊은 것으로 나타나고 있다. 2000년대 초반 학령인구 감소와 IMF사태 이후 불경기의 영향으로 인해 구조조정, 대학평가와 같은 단어들이 주요핵심단어로 등장하고 있고, 이러한 연구를 뒷받침할 수 있는 정책, 일, 질과 같은 단어들이 높은 중심성을 나타내고 있다. 또한 2006년부터 시작된 교육감 직선제의 영향으로 교육자치가 주요핵심단어로 등장하고 있다. 학교폭력에 대한 관심이 증대되었던 2010년대에는 학교폭력과 같은 단어가 주요단어로 등장하고 있다.

〈표 11-1〉 교육행정영역에 대한 기간별 네트워크 분석

기간	2002~2005년	2006~2010년	2011~2015년
국가	미국, 호주, 일본, 독일, 중국, 뉴질랜드, 프랑스, 러시아	미국, 독일, 뉴질랜드, 프랑스	일본, 한국, 호주, 독일, 중국, 핀란드, 영국, 프랑스, 홍콩
기관	대학, 학교, 유네스코, 전문대학	대학, PISA, 초등학교	대학, OECD, 연구중심대학, 초등학교, 일반고
학문영역	성인교육, 평생교육, 평생학습, 고등교육, 대학교육, 노인교육, 홈스쿨링	평생교육, 교원, 대학평가(기관평가), 비교교육, 교육과정	교육과정, 교육평가, 다문화교육
주요핵심 일반단어	정책, 일, 질, 교원, 교육자치, 훈련, 구조조정, 교육개혁, 평가, 대학평가	체제, 교과서, 전문성, 수업	교육통합, 교원, 학생, 학교폭력

〈표 11-2〉 교육행정영역의 각 기간별 중심성 지수[1]

2002~2005년				2006~2010년				2011~2015년			
주제어	①	②	③	주제어	①	②	③	주제어	①	②	③
대학	30	35.702	56	교원	18	49.999	64	대학	32	50.146	58
교육개혁	29	37.198	57	대학	17	10.601	45	일본	25	40.263	65
일	29	41.098	57	체제	17	31.109	37	학생	25	32.045	65
평가	25	23.751	61	교육과정	16	10.704	38	교육과정	23	23.998	67
미국	24	19.707	62	미국	16	8.209	38	한국	23	24.814	67
호주	23	17.910	63	독일	12	9.125	42	교원	20	14.580	70
일본	21	17.484	65	체제	11	30.209	72	호주	19	15.254	71
질	20	11.823	66	교과서	10	3.562	74	독일	18	13.018	72
학교	19	5.109	67	초등학교	9	1.069	45	중국	16	3.797	74
대학평가	19	8.316	67	뉴질랜드	9	0.738	45	초등학교	13	3.662	78
고등교육	18	5.766	68	프랑스	9	1.002	45	핀란드	13	3.079	77
정책	18	17.865	68	평생교육	8	1.598	46	영국	13	10.630	77
평생학습	15	9.490	71	대학평가	7	0.182	48	프랑스	12	3.347	78
훈련	15	6.2390	71	비교교육	5	0	80	연구중심대학	9	0.754	82
독일	13	3.026	73	PISA	5	0.710	49	다문화교육	9	2.825	82
중국	13	1.991	73	수업	3	44	91	일반고	8	1.713	82
대학교육	13	1.649	73	전문성	2	0	83	홍콩	8	0.527	83
전문대학	12	0.957	74					교육통합	6	0	85
구조조정	10	1.131	76					OECD	6	0.917	84
뉴질랜드	9	0.486	77					교육평가	4	0	87
평생교육	9	2.306	77					학교폭력	4	0.091	89
노인교육	7	1.116	79								
프랑스	7	0	82								
러시아	6	0	81								
성인교육	5	0.167	81								
유네스코	4	0	83								

1) ① 연결중심성(degree centrality) ② 매개중심성(betweenness centrality) ③ 근접중심성(closeness centrality)

한국에서 교육행정과 비교교육은 학문의 성립 초기부터 불가분의 관계가 있었으며, 두 학문이 함께 성장하였다고 해도 과언이 아니다. 이러한 과정은 근대화 과정을 거친 대부분의 국가에서 공통적으로 나타나는 현상이라 할 수 있다. 전술한 바와 같이, 최근의 한국의 교육행정학과 비교교육은 연구 대상과 국가를 꾸준히 확장하고 있고 간학문적 성격 역시 강화되고 있다. 그러나 주요 연구가 당시의 이슈 중심으로 진행되는 현상은 학문의 확장성 측면을 고려할 때 논의의 여지가 있다.

2. 외국의 비교교육학 연구에서 교육행정학 연구동향

1) 미국의 비교교육학 연구 동향과 교육행정학

1956년에 설립된 미국비교교육학회는 결성 당시에는 학회명칭을 CES(Comparative Education Society)로 하였으나 1969년 CIES(Comparative and International Education Society)로 학회이름을 바꾸어 현재에 이르고 있다. CIES의 공식 학술지인 CER(Comparative Education Review)는 1957년 창간되어 매년 4회에 걸쳐서 일정 편수 이상의 논문을 게재하고 있다. 미국의 비교교육학 연구 동향은 이론적 영역보다는 실천적 영역에 중심을 두고 이루어지고 있다(임수진, 2016). 학회의 명칭에 국가명을 사용하지 않은 것이나 학회회원 등록에 국적을 밝히도록 하고 대상을 미국 내 연구자만을 대상으로 하지 않는 점, 학회회원이 2,500명에 이르는 것은 연구 영역을 미국에 국한하지 않고 전 지구적 교육문제에 관심을 갖고 있음을 시사한다.

연구의 내용적인 측면에서도 이러한 성향은 잘 드러난다. CER을 분석한 자료에 따르면 연구 대상 국가는 전 세계적으로 고르게 분포하고 있고 피지, 바하마와 같은 소규모 제3세계 국가에 대한 연구도 수행되고 있는 것을 볼 수 있다. 비교교육학이 19세기 영국에서 태동하였으나 현재에 와서는 오히려 미국이 비교교육학의 중심이라고 해도 과언이 아니다.

연구 주제측면에서는 학교개혁과 고등교육, 시민 · 아동 · 인권 영역의 연구가 가장 많은 비율을 차지하고 있다. 순수 비교교육으로 분류되는 논문은 3.40%에 불과하다. 이는 전술한 바와 같이 이론적 영역보다는 실천적 영역을 중시하는 CIES의 학풍을 엿볼 수 있는 척도이다. 2000년부터 2015년까지 CER게재 논문의 주제별 분석내용을 보면 교육행정영역에 해당하는 학교개혁, 교육리더십, 정책분석에 대한 논문이 기간 중 총 51편이고, 전체 논문 중 비율은 17.34%이다. 이는 CER에서 다루고 있는 전체 영역 중 가장 높은 비율을 나타내는 것으로 CIES의 연구 활동 중 교육행정영역의 연구가 가장 활발하게 이루어지고 있음을 알 수 있다.

〈표 11-3〉 2000년부터 2015년까지 CER의 연구 주제별 동향(임수진, 2016)

영 역	논문편수	%	비고
성인, 원격, 직업, 문해, 비정규, 대중교육	16	5.44	
시민, 아동, 인권교육	22	7.48	
비교교육	10	3.40	
교육과정과 교육	20	6.80	
교육, 발전, 학교팽창, 학교개혁, 기획과 평가	36	12.24	12.24
교육리더십	2	0.68	0.68
민족, 인종, 계층	19	6.46	
성별과 성적 정체성	18	6.12	
고등교육	29	9.87	
원주민교육	3	1.02	
이중, 삼중언어, 다문화교육	12	4.08	
국제교육, 유학생, 국제교환학생	3	1.02	
세계화 교육과정과 국제학교	12	4.08	
방법론과 이론	17	5.79	
소수자, 난민, 이주민교육	16	5.45	
정책분석	13	4.42	4.42
초등교육과 유아교육	13	4.42	
중등교육	13	4.42	
특수교육	2	0.68	
교사, 교사교육, 교직	16	5.45	
교육공학과 교환	2	0.68	
합계	294	100	17.34

2) 유럽의 비교교육학 연구동향과 교육행정학

유럽비교교육학회(Comparative Education Socity in Europe, CESE)는 1961년 런던에서 창립되었다. 학회의 공식 학술지로 European Education을 매년 발간하고 있다. CESE 설립 초기에는 100여 명의 서유럽 학자들로 학회를 구성하고 회장단을 호선으로 선출하는 폐쇄적 구조로 운영되었다. 1990년대 들어 유럽연합이 창립된 이후 학회를 개방하여 회원이 300여 명으로 확대되었다. 유럽의 비교교육학 회원들은 다른 교육관련 학회에 이중으로 회원등록이 되어 있는 특징을 보여주고 있다. CESE는 초기에 지인들 간의 친목형태로 형성되었다는 특징이 있다. CESE는 발전 과정에서 유럽사회의 정치적 변화와 학회 내부의 자체적인 치열한 논쟁을 통해 변화를 모색하였다. 서유럽 중심에서 1980년대말 소련과 동구권 붕괴를 계기로 동유럽으로 외연을 확장하였고 유럽연합 결성을 계기로 남유럽을 포함한 전 유럽으로 학회가 확장되었다.

CESE의 연구 활동은 20세기말부터 현재에 이르는 유럽의 정치사회 환경 급변에 따른 교육에 대한 정책연구와 실천적 프로젝트에 대한 연구가 주를 이루었다. 이로 인해 전통적인 비교교육에 대한 학회논의 위축이 문제로 제기되고 있는 실정이다(강순원, 2016). 유럽에서는 현재 발렌시아대학교에 비교교육학 박사과정이 개설하는 등 비교교육 분야에서 석·박사 학위 소지자가 늘어나고 있는 추세이다.

CESE는 교육행정의 한 영역인 정책연구가 유럽사회의 정치사회적 환경변화로 인해 활발하게 연구되고 있고, 이와 함께 유럽의 전통적인 이념에 대한 고찰을 강조하는 연구가 주를 이루고 있다. 지속적인 비교교육학자들의 배출로 비교교육에 대한 연구도 늘어나고 있는 추세이다.

CESE의 설립과정은 한국비교교육학회와 유사한 측면을 보여주고 있다. 학회의 확장과정과 연구 영역의 중심 역시 미래 한국의 특수성과 유사한 사례라고 볼 수 있다. CESE의 외연 확장 과정은 한국비교교육학회에 시사하는 바가 크다.

3) 오세아니아의 비교교육학 연구동향과 교육행정정학

오세아니아 비교국제교육학회(Oceania Comparative and International Education Society, OCIES)는 1973년 국가단위 학회인 호주비교교육학회(Australian Comparative Education Society, ACES)로 설립되었다. 이후 두 차례 개명의 과정을 거친 후 1983년 뉴질랜드에서 열린 11차 연차학술대회에서 호주 · 뉴질랜드 비교국제교육학회(Australian and New Zealand Comparative and International Education Society, ANZCIES)로 발전하였고 2015년 바누아투에서 열린 연차학술대회에서 OCIES로 학회명칭을 변경하여 현재에 이르고 있다. OCIES는 학술지로 IEJ(International Education Journal: Comparative Perspective)를 발간하고 있다.

OCIES의 학회지인 IEJ를 분석한 자료에 따르면 2007년도에 게재된 41편의 논문은 교육과정, 교육심리, 교육행정과 같은 기초교육학, 비교교육, 영재교육, HRD와 같은 응용교과목, 과학, 수학, 물리와 같은 개별교과 그리고 유전공학과 인지심리학을 다루는 논문들이 게재되었음을 확인할 수 있다. 2008년부터 2012년까지는 교육평가와 비교교육, 영어교육과 같은 분야가 연구되었고, 2013년부터 2015년까지 게재논문을 분석한 자료에는 비교교육이 주를 이루고 교육공학이 일부 연구되고 있다(박선형, 2016). 〈표 11-4〉는 상기연구의 내용을 바탕으로 2007년부터 2015년까지의 IEJ의 연구 영역을 주제어를 통해 분석한 결과를 재편집한 것이다.

OCIES의 연구분야는 주로 비교교육에 치중하고 있다. 이는 오세아니아 비교교육학회의 형성과정과 무관하지 않아 보인다. 국가단위의 호주비교교육학회가 꾸준한 성장을 통해 오세아니아 지역 전체를 통합하는 비교교육학회로 성장하게 된 배경에는 오세아니아 지역에서 호주의 역할이 자리하고 있다. 호주는 태평양지역 군소 국가의 종주국 역할을 하고 있고 태평양지역의 군소 국가들도 정치, 경제, 군사적으로 호주에 많은 부분을 의존하고 있다. ACES가 OCIES로 성장하게 된 배경은 이러한 오세아니아 지역의 사정과 무관하지 않다. OCIES의 연구 활동은 비교교육에 중심을 두고 이루어지고 있다. 특히, 폴리네시아지역에 대한 연구와 호주 내 유학생들에 대한 문제에 중점을 두고 연구가 진행되고 있다. OCIES에서 교육행정학은 오세아니아 지역 내의 국가 간 문제와 이민, 국제유학생 문제 등을 연구하는 데 있어서 부차적 요소로 등장하고 있다.

〈표 11-4〉 출간 연도별 IEJ 게재 논문의 학문영역

연도	권(호)	논문 편수	학문영역	세부영역
2007	8(1)	24	교육학	교사론, 교수학습, 교육과정, 교육사, 교육사회, 교육심리, 교육정책, 교육평가, 비교교육
			교과교육	과학교육
			유전자공학	
	8(2)	41	교육학	교사론, 교육과정, 교육공학, 교육문화인류학, 교육사회, 교육심리, 교육정책, 교육평가, 교육행정, 비교교육, 영재교육, HRD
			교과교육	과학교육, 법학교육, 물리교육, 수학교육, 영어교육, 음악교육
			인지심리학	
	8(3)	6	교육학	비교교육
2008	9(1)	6	교육학	교육평가, 비교교육
	9(2)	6	교육학	비교교육
			교과교육	영어교육
2011	10(1), 10(2)	15	교육학	비교교육
2012	11(1), 11(2)	11	교육학	비교교육, 교육평가
2013	12(1), 12(2)	22	교육학	비교교육
2014	13(1), 13(2)	13	교육학	비교교육
2015	14(1), 14(2)	18	교육학	교육공학, 비교교육
합계	15	124		

3절 비교교육학 연구에서 교육행정학의 위상

이 연구는 한국비교교육학회의 임원진과 「비교교육 연구」의 공저자에 대한 분석을 수행하고 2000년부터 2016년까지 발간된 한국비교교육학회의 학회지인 「비교교육 연구」의 주제어를 분석하였다. 주요 분석방법은 지식네트워크 분석방법을 이용하였다.

지식네트워크 분석은 문헌정보학에서 주로 사용되고 있으며 대량의 정보에서 가시적 결과물을 도출해내는 연구방법론으로 현재 다양한 분야에서 연구 대상의 구조와 본질을 파악하는 데 활용되고 있다. 지식네트워크는 [그림 11-1]과 같이 크게 인용문헌, 공저, 주제어 웹사이트 네트워크로 구분된다(이수상, 2012).

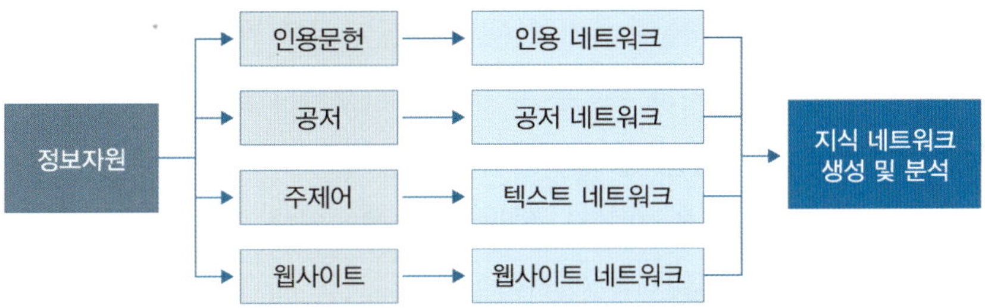

[그림 11-1] 지식네트워크의 주요 유형

이 연구에서는 공저자 관계를 분석하는 공저네트워크와 주제어에 대한 분석을 수행하는 텍스트 네트워크를 활용하여 분석을 진행하였다. 비교교육학에서 교육행정학의 위상을 분석하기 위하여 「비교교육 연구」에 게재된 논문의 공저자를 추출하여 Krkwic, Ucinet, NetDraw 세 개의 소프트웨어를 이용하여 네트워크를 형성하고 형성된 네트워크 내에서 교육행정학자들이 어떠한 위치를 점하고 있는지 분석하였다.

동일 학술지에서 2000년 이후의 주제어를 추출하여 데이터를 정리하였다. 이를 통해 비교교육학에서 교육행정의 위상에 대하여 논하였다. 이후 교육행정과 연관된 주제어들을 다시 추출한 후 형성된 주제어의 빈도와 중심성을 이용하여 기간별 교육행정학의 학문경향을 분석하였다. 텍스트 네트워크는 [그림 11-2]의 과정을 통하여 분석하였다 (이수상, 2012).

[그림 11-2] 텍스트 네트워크 분석의 과정

연구의 분석에 쓰이는 논문은 한국비교교육학회의 홈페이지에 공개된 「비교교육 연구」 게재논문을 대상으로 분석을 진행하였다. 공저자와 주제어 분석대상은 2000년 이후에 게재된 608편의 논문 전체를 대상으로 진행하였다. 외국어 논문의 경우 국문초록에서 주제어를 추출하였고 국문초록이 없는 외국어 논문은 제목에서 주제어를 추출하였다. 2000년부터 2001년까지의 논문은 주제어가 기재되지 않았다. 이 기간의 논문은 연구제목을 명사화하는 작업을 통해 주제어를 추출하였고, 이후 논문 중 주제어가 누락된 논문 역시 동일한 과정을 거쳐서 주제어를 추출하였다. 분석대상 논문 중 주제어가 직접 기재되지 않은 논문은 총 38편이었다.

주제어에 대한 코딩작업은 4회에 걸쳐서 다음의 과정으로 진행하였다. 먼저 주제어에 포함된 조사를 제외시키는 명사화 작업을 진행하였다. 다음 동일 논문에서 반복적으로 사용되고 있는 주제어에 대한 통합작업을 진행하였다. 예를 들어 "한국교육과정, 미국 교육과정, 일본 교육과정"처럼 같은 논문의 주제어에서 "교육과정"이 중복되어 나타날 경우 "한국, 미국, 일본, 교육과정"으로 변환하였다. 동일 논문에서 "호주의 교육과정, 호주의 고등교육, 호주의 교육개혁"과 같이 국가명이 반복적으로 나타나는 경우도 "호주, 교육과정, 고등교육, 교육개혁"으로 통합작업을 수행하였다. 이러한 작업은 동일 논문 내에서 동일어 반복으로 인해 나타나는 빈도의 왜곡현상을 보완하기 위하여 진행하였다. 코딩이 완료된 자료는 Krkwic을 이용하여 주제어 빈도를 조사하였다. 이후 Ucinet를 이용하여 빈도가 3 이상인 단어들을 대상으로 1-모드 행렬을 작성하였다. 작성된 1-모드 행렬을 바탕으로 NetDraw를 이용하여 텍스트 네트워크를 작성하였다. 작성된 통합 네트워크에서 교육행정과 연관이 있는 단어들만으로 에고네트워크를 작성하였다. 다음 에고네트워크상의 주제어만 다시 추출하여 기간별 교육행정 연구 경향 분석을 위한 주제어 빈도와 중심성 조사를 진행하였다.

〈표 11-5〉 연도별 비교교육 연구 게재 논문 수

연도	논문 수	분석 논문 수	권-호	연도	논문 수	분석 논문 수	권-호
1971	5	0	창간호(1)	2005	40	40	15권(1)-(3)
1977	5	0	2권(1)	2006	38	38	16권(1)-(4)
1992	6	0	3권(1)	2007	33	33	17권(1)-(4)
1993	13	0	4권(1)	2008	34	34	18권(1)-(4)
1995	12	0	5권(1)	2009	41	41	19권(1)-(4)
1996	13	0	6권(1)	2010	43	43	20권(1)-(5)
1997	16	0	7권(1)	2011	33	33	21권(1)-(5)
1998	26	0	8권(1)-(2)	2012	38	38	22권(1)-(5)
1999	20	0	9권(1)-(2)	2013	48	48	23권(1)-(6)
2000	18	18	10권(1)-(2)	2014	56	56	24권(1)-(6)
2001	12	12	11권(1)-(2)	2015	56	56	25권(1)-(6)
2002	22	22	12권(1)-(2)	2016	37	37	26권(1)-(6)
2003	23	23	13권(1)-(2)	합계	724	608	
2004	36	36	14권(1)-(3)				

1. 비교교육학 연구자 분석

1) 비교교육학 연구자들의 주요연구 분야

현재 한국비교교육학회는 750여 명의 회원으로 구성되어 있다. 비교교육학 연구에서 교육행정학의 위상을 알아보기 위해서는 회원 전원에 대한 연구 분야를 조사하여야 하지만, 이 연구에서는 실질적으로 학회를 운영하고 있는 임원 이상의 회원에 대해서 연구 분야를 조사하였다. 전체 임원 중 교육행정을 주요 연구 분야로 하고 있는 학자들을 분류하고 교육행정학자의 비율을 분석하였다. 한국비교교육학회 25기의 임기는 2016년 1월 1일부터 2018년 12월 31일까지이고 비교교육학회 홈페이지에 등재된 임원은 중복을 제외하고 총 71명이 임원으로 활동 중인 것으로 나타났다. 이상의 임원이 소속된 소속기관 홈페이지 조회를 통해 해당 임원의 주요 연구 분야를 수집하였다. 조회결과 주요 연구 분야가 교육행정으로 나타난 임원은 29명(40.85%)이고 이외의 분야가 38명(53.52%), 소속기관에서 주요 연구 분야가 조회가 되지 않는 연구자가 4명(5.63%)으로 나타났다. 이는 교육학의 하위영역 중 교육행정 분야의 연구자가 가장 많은 것이다. 〈표 11-6〉에 연구자의 소속기관은 한국비교교육학회 홈페이지에 기재된 소속기관을 그대로 기재하였고 연구 분야는 소속기관 홈페이지의 내용으로 작성하였다.

〈표 11-6〉 한국비교교육학회 25기 임원진의 연구분야

임원명단	연구분야	임원명단	연구분야	임원명단	연구분야
M○○○ (Singapore)	비교교육	박○○ (동국대)	교육행정	이○○ (대구가톨릭대)	유아교육
강○○ (한신대)	교육사회학	박○○ (전북대)	교육행정	장○○ (한국복지대)	기술직업교육
고○ (제주대)	교육행정	박○○ (연세대)	교육인류학	전○○ (공주교대)	교육행정
구○○ (서경대)	교육과정, 교육사상, 비교교육	박○○ (인하대)	교육심리	정○○ (한국교원대)	초등교육
		박○○ (이화여자대)	유아교육	정○○ (인하대)	교육철학
권○○ (한국교원대)	초등교육, 교육지도성, 아동기 역사	박○○ (부산대)	교육과정	정○○ (상명대)	교육철학
		박○○(충남대)	교육사회	정○○ (대구가톨릭대)	교육행정, 교육정책,

김○○ (포항공대)	미상	백○○ (한국대교협)	행정		비교교육
김○○ (서울대)	미상(퇴직)	소○○ (서울대)	교육과정	정○○ (이화여자대)	교육공학
김○○ (제주대)	평생교육	송○○ (조선대)	교육행정	정○○ (대구교대)	교육심리학
김○○ (상지대)	교육과정 및 수업, 학교장 리더십, 교사 임파워먼트, 학교 및 수업 컨설팅, 부모교육	신○○ (연세대)	교육행정	정○○ (서울대)	산업교육평가, 산업교육교재연구, 농업교육학
		양○○ (건국대)	교육정책, 교육기획		
		염○○ (고려사이버대)	교육행정		
		유○○ (서울대)	교육사회학, 비교교육학	정○○ (대구가톨릭대)	교육행정
		유○○ (성균관대)	교육철학	조○○ (대구대)	러시아 문학
김○○ (영남대)	교육행정	윤○○ (KEDI)	교육사, 교육철학, 비교교육	주○○ (부경대)	교육사회
김○○ (경희대)	교육행정			진○○ (한국직능원)	진로교육 및 지도, 교육행정
김○○ (홍익대)	교육사회학, 평생교육	이○○ (한국교원대)	초등교육(퇴직)	채○○ (가천대)	교육정책
김○○ (중앙대)	교육행정	이○○ (단국대)	교육행정	최○○ (부산교대)	미상
김○○ (한국대교협)	행정	이○○ (서울기독대)	교육행정	최○○ (상지대)	평생교육
김○○ (거제대)	교육과정, 교육철학, 다문화교육과 국제이해	이○○ (충북대)	교육공학, 이러닝, 교수법, 교육혁신, 세계화교육	팽○○ (동서대)	교육사상사
김○○ (중원대)	비교교육, 초등교육	이○○ (중앙대)	교육행정	한○○ (고려대)	교육기초학 (교육사학, 비교교육학)
김○○ (교육부)	행정	이○○ (광주교대)	교육인류학, 교육이론, 정책, 행정학	한○○ (금오공대)	교육철학 및 교육사, 비교교육,

김○○ (연세대)	교육행정	이○○ (울산대)	행정, 교육사회학, 교육정책, 다문화교육		교육정책분석 (교육대학원 교육행정)
나○○ (충북대)	교육행정				
류○○ (경인교대)	교육통계	이○○ (숙명여대)	미상	황○○ (KEDI)	교육행정
박○○ (광주교대)	교육행정	이○○ (한양대)	교육행정학, 미래교육학, 평생교육, 교육사회학	현○○ (한서대)	비교교육
박○○ (연세대)	성인교육학				
박○○ (단국대)	교육행정				
박○○ (부산교대)	교육행정				

2) 비교교육 연구자들의 공저자 네트워크

2010년 이후 비교교육 연구자들의 공저자 네트워크를 통해 「비교교육 연구」에 게재된 논문에서 공동연구가 어떻게 이루어졌는지 살펴보았다. 교육행정학을 연구하는 연구자들의 한국비교교육학회에서 위상을 다음의 과정을 통해 분석하였다. 먼저 공동저자에 대한 목록을 작성하고 1-모드 행렬화한 후 공저자 네트워크를 [그림 11-3]과 같이 작성하였다. 분석결과 2개 이상의 연구논문을 통해 형성되는 학문공동체는 총 10개를 확인할 수 있었다. 가장 큰 규모의 학문공동체는 A그룹으로 이 그룹은 다른 학문그룹에 비하여 강한 학문집단을 형성하고 있다. 이 외에 B그룹과 E그룹, H그룹이 중·소규모의 학문공동체를 이루고 있음을 확인할 수 있다. 나머지 6개의 학문공동체는 소규모의 학문공동체를 이루고 있다. 이 네트워크에 나타난 학자들을 대상으로 〈표 11-6〉의 비교교육학회 임원 리스트를 참고하여 주요 연구 분야를 분석하였다. A그룹의 경우 7명의 비교교육학회 임원을 확인할 수 있었고, 7명 모두 네트워크의 중심에 위치하고 있었다. 그 중 5명의 연구 분야는 교육행정으로 나타나고 있다. E그룹의 경우 중심에 위치한 두 연구자 모두 비교교육학회 임원 명단에서 확인할 수 있었고 두 연구자 모두 교육행정을 연구하고 있는 것으로 나타다. J그룹 역시 중심에 위치한 연구자가 비교교육학회 임원으로 교육행정을 연구하는 연구자로 확인되었다. H그룹의 경우 중심에 위치한 연구자가 한국비교교육학회의 임원은 아니지만 교육행정학을 연구하는 학자로 확인되었다. 10개의 연구 집단 중 4개의 연구 집단이 교육행정을 주요 연구 대상으로 삼고 있는 학자들이 연구자 네트워크의 중심에 위치하고 있었다. 그중 가장 큰 연구 집단인 A그룹도 교육행정을 전공하는 연구자 중심으로 구성되어 있음을 확인할 수 있다. 이상을 통해 비교교육학계에서 교육행정을 전공하는 연구자들이 연구자네트워크에서 중심 역할을 하고 있음을 확인할 수 있었다.

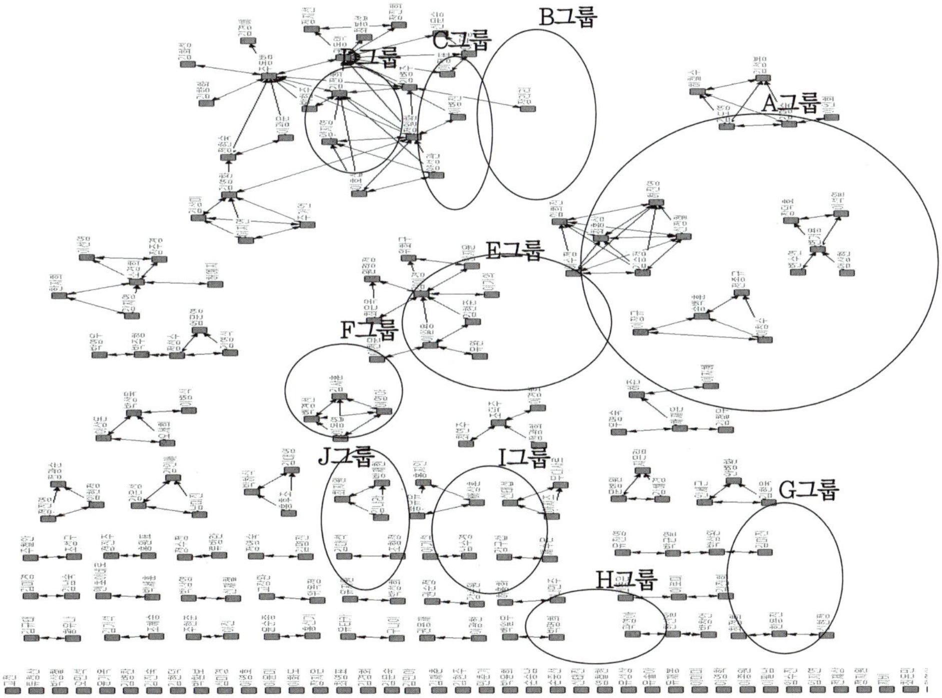

[그림 11-3] 공동연구자 네트워크

2. 『비교교육 연구』 주제어 빈도 분석

비교교육학은 교육학의 전 분야를 다루고 있다. 교육학의 하위 학문영역은 한국교육학회의 분회 기준으로 평생교육, 교육심리, 교육과정, 교육행정, 교육사회, 교육사, 교육철학, 비교교육, 유아교육, 도덕교육, 교육평가, 교육공학, 초등교육, 상담교육, 통일교육, 통합교육, 교육원리, 교원교육, 영재교육, 열린교육, 교육방법, 교육재정경제, 인력개발, 교육정치로 분류할 수 있다. 비교교육학의 하위 학문영역 역시 교육학의 하위 학문영역과 유사하다고 볼 수 있다. 비교교육학의 전반적인 학문의 연구경향 중 교육행정학의 위상을 알아보기 위하여 한국비교교육학회의 학술지인 『비교교육 연구』의 2000년부터 2016년까지 주제어 전체에 대한 빈도분석을 실시하여 〈표 11-7〉과 같이 나타내었다.

교육학의 하위영역 중 『비교교육 연구』에서 가장 많은 빈도를 나타나는 주제어는 교육과정, 핵심역량과 같은 교육과정학 관련 단어로 나타나고 있다. 두 번째로 많은 빈도를 나타내는 주제어는 교육행정학과 연관된 제도, 교육개혁, 체제와 같은 단어들이다. 세 번째는 평가와 같은 교육평가학 관련 단어들로 나타나고 있다. 이외에 국제이해학(국제화, 세계화), 평생교육학(평생, 평생학습), 다문화교육학(다문화교육, 다문화) 영역의 순으로 나타나고 있다.

교육행정학은 비교교육학에서 직접적인 학문영역에 대한 언급은 이루어지지 않고 있으나 교육행정 연관 주제어의 빈도로 분석해보면 두 번째로 많이 다루어지고 있는 학문영역으로 나타나고 있다.

〈표 11-7〉 2000년부터 2016년까지 『비교교육 연구』에 나타난 주요 주제어

순	빈도	주제어	순	빈도	주제어
1	85	교육	19	20	비교교육, 영국
2	54	고등교육	20	19	대학평가
3	53	교육과정	21	16	평생학습, 프랑스
4	52	미국	22	14	국제화
5	51	한국	23	13	세계화, 초등학교, 학생
6	50	대학	24	12	교과서, 글로벌, 다문화교육, 다문화
7	42	제도	25	11	개혁, 질, 평생교육
8	41	일본	26	10	세계, 전문성
9	38	비교, 정책	27	9	관리, 통일
10	36	교육개혁	28	8	국제이해교육, 부모, 유아교육, 유학생, 입학사정관제, 자율성, 책무성, 청소년, 핀란드, 핵심역량
11	30	중국	29		
12	28	평가	30		
13	26	교사	31	7	ODA, 고등학교, 국제, 대학생, 사회, 초등교육, 캐나다
14	25	체제	32		
15	24	호주	33	6	OECD, PISA, 개발협력, 개선, 과학, 교육개발협력, 기준, 뉴질랜드, 동향, 문화, 아동, 외국인, 인적자원개발, 인증, 접근, 과정, 지원, 학습, 홈스쿨링
16	23	학교	34		
17	22	독일	35		
18	21	프로그램	36		

3. 『비교교육 연구』에서 교육행정학의 기간별 연구경향

이 연구에서 한국비교교육학회의 연구자분석과 공저자 분석, 주제어 빈도 분석을 통해 비교교육학에서 교육행정학의 위상에 대하여 확인하였다. 비교교육학 연구자들의 주요 연구 분야 분석과 공저자 네트워크 분석에서는 교육행정학자들이 비교교육학계에서 가장 많은 비율을 차지하고 있고 논문저작활동에서도 주요한 위치를 점하고 있음을 확인할 수 있었다. 『비교교육 연구』의 2000년부터 2016년까지의 주제어를 분석한 내용을 통해서도 교육학의 하위영역 중 교육과정 영역 다음으로 많은 주제어 빈도를 보여주고 있음을 확인할 수 있었다. 이는 본 연구자의 선행연구를 통해서도 확인된 내용이다(고득환 · 박세훈, 2017).

이 장에서는 『비교교육 연구』에 게재된 논문의 주제어 중 교육행정학과 관련된 주제어를 기간별로 분석함으로써 비교교육학에서의 교육행정학의 연구경향을 자세히 분석하였다. 이를 위해 논문 수집 범위의 기간을 3개의 기간으로 나누어 기간별 주제어 중 교육행정학 관련 주제어의 빈도와 중심성을 분석하였다. 기간 설정은 먼저 2001년을 기점으로 5년 단위로 1기(2001~2005년), 2기(2006~2010년), 3기(2011~2015년)로 분류하였다. 이후 2000년은 1기에 포함시키고 2016년은 3기에 포함시켜 1기(2000~2005년), 2기(2006~2010년), 3기(2011~2016년)로 확정하였다.

먼저, 각 기간별 주제어에 대한 빈도를 조사하였다. 조사된 주제어 중 빈도가 3 이상인 단어들을 대상으로 동시출현빈도에 관한 1-모드 행렬을 작성하였다. 작성된 행렬을 기초로 텍스트 네트워크를 만들었다. 이후 교육행정과 직접 연관이 있는 단어인 '제도', '체제', '정책', '교육개혁', '행정' 이상의 5개 단어를 기반으로 [그림 11-4], [그림 11-5], [그림 11-6]과 같이 에고 네트워크를 형성하였다. 5개 단어는 본 연구자의 선행연구를 참고하여 선정하였다(고득환 · 박세훈, 2017). 에고 네트워크에서 출현한 단어들을 대상으로 기간별 주제어 빈도를 다시 조사하여 〈표 11-8〉, 〈표 11-11〉, 〈표 11-14〉와 같이 정리하였다.

네트워크를 통해 도출한 교육행정 연관 주제어들의 빈도를 분야별로 〈표 11-9〉, 〈표 11-12〉, 〈표 11-15〉와 같이 재정리하였고, 중심성 지수 역시 〈표 11-10〉, 〈표 11-13〉, 〈표 11-16〉으로 정리하여 실제 분석을 진행하였다.

가장 먼저 비교교육에서 교육행정영역 연구의 대상 국가를 살펴보았다. 미국에 대한 연구는 최근에 와서 다소 감소하는 경향을 보이고 있고, 전반적으로 다양한 국가에 대한 연구가 이루어지고 있음을 알 수 있다. 2000년대까지는 영어권 국가에 대한 연구가 주를 이루고 있으나 2011년 이후의 기간에서는 영어권 국가 이외에도 아시아 국가에 대한 연구도 일정부분 증가하고 있음을 확인할 수 있다. 주목할 만한 점은 한국에 대한 순위 변화이다. 한국의 빈도수는 꾸준히 증가하다 2011년 이후에는 가장 많은 빈도를 차지하고 있음을 알 수 있다. 이는 과거 연구의 중심이 선진국의 연구를 국내에 소개하는 것이었다면 근래에는 한국과 외국을 비교하거나 국내 교육행정영역을 중심으로 비교교육 연구가 이루어지고 있음을 반영한 결과라고 할 수 있다.

기관의 측면에서는 전 기간에 걸쳐서 대학의 빈도가 가장 높게 나타나고 있다. 이는 대부분의 연구자가 고등교육기관에 소속되어 있는 영향으로 보인다. 그러나 이 역시 적지만 초등이나 중등교육기관의 빈도가 최근에 들어올수록 어느 정도 상승하고 있음을 확인할 수 있다. 관련연구 영역은 2000년대에는 고등교육이나 교육과정과 같은 대학에 소속된 연구자의 관심영역 또는 비교가 용이한 영역에 대한 연구가 많이 이루어지고 있었으나, 최근에 와서는 다문화교육, 유아교육, 중등교육에 대한 관심도 증가하는 것으로 나타났다. 이를 통해 연구 영역 역시 폭이 더 넓어지고 있음을 확인할 수 있다. 주요핵심단어는 해당 시기의 교육문제 또는 교육적 이슈를 반영하고 있다. 2000년대 초 · 중반 정부에서 중점적으로 추진한 교육개혁의 영향은 그대로 연구 주제어에 반영되고 있다. 2010년대에 들어서는 국제화, 유학생, 교과서와 같은 당시의 주요 이슈들이 빈도가 높은 주제어에 포함되고 있음을 확인할 수 있다. 기간별 세부 분석내용은 다음과 같다.

1) 1기(2000~2005년)의 교육행정학 연구 동향

이 기간의 가장 큰 특징은 당시의 이슈로 대두되었던 교육개혁의 주제어 빈도가 가장 높게 나타나는 점이다. 이는 비교교육학에서 교육행정학의 이슈 중심 연구경향을 잘 드러내는 사례라고 할 수 있다. 〈표 11-10〉에서 미국의 중심성 지수가 높게 나타나는 것은 교육행정학의 연구 대상 국가가 미국 중심인 것을 반영한 것이다. 이 외에 지리적으로 가까운 일본과 영어권 국가인 호주도 중심성 지수가 높게 나타나고 있다. 한국의 중심성 지수는 상대적으로 낮게 나타나는 것으로 보아 이 기간 한국의 비교교육학은 자국중심의 연구보다는 선진국의 사례를 중심으로는 연구가 진행된 것으로 보여진다. 주제어 중 체제가 중심성이 가장 높은 단어로 나타나고 있다. 이는 교육행정학에서 교육개혁을 진행함에 있어 시스템을 어떻게 구축할 것인가에 대한 고민이 반영된 것으로 보인다. 중국에 대한 연구는 빈도는 높으나 중심성은 낮게 나타나고 있다. 중국에 대한 관심에 비하여 학문적으로 위상은 아직 낮은 단계인 것을 보여주는 것이다.

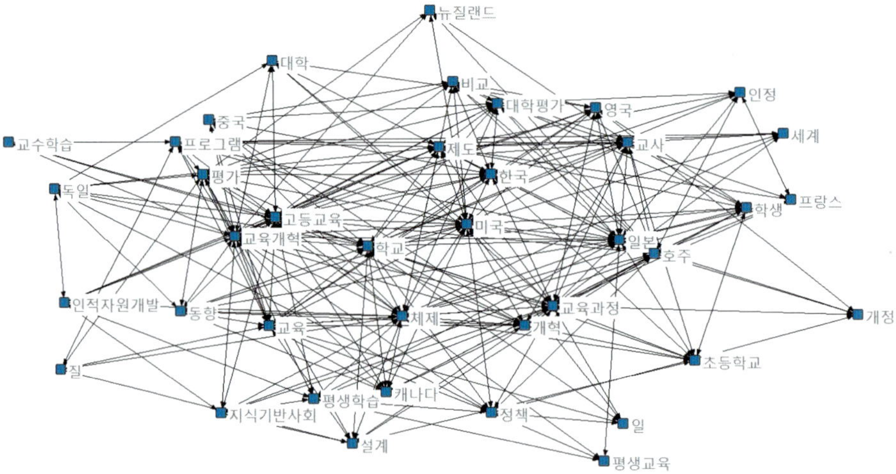

[그림 11-4] 2000~2005년까지 교육행정 에고 네트워크

〈표 11-8〉 2000~2005년까지 교육행정학 관련 주제어 빈도

순위	빈도	주제어	순위	빈도	주제어
1	21	교육개혁	9	8	비교
2	18	미국, 일본	10	7	평생학습, 호주
3	17	교육과정	11	6	대학, 정책, 학교
4	14	교육	12	5	교사, 독일, 영국, 평생교육, 프로그램
5	13	고등교육, 제도, 한국	13	4	개혁, 인적자원개발, 질
6	12	체제	14	3	개정, 교수학습, 뉴질랜드, 동향, 설계, 세계, 인정, 일, 지식기반사회, 초등학교, 캐나다, 프랑스, 학생
7	11	대학평가			
8	9	중국, 평가			

〈표 11-9〉 2000~2005년까지 교육행정학 관련 영역별 주요 주제어

영역	주제어
국가	미국, 일본, 한국, 중국, 호주, 독일, 영국, 뉴질랜드, 캐나다, 프랑스
기관	대학, 학교, 초등학교
학문영역	교육과정, 고등교육, 대학평가, 평가, 비교, 평생학습, 평생교육, 인적자원개발
주요핵심일반단어	교육개혁, 교육, 제도, 체제, 정책, 교사, 프로그램, 개혁, 질

〈표 11-10〉 2000~2005년까지 교육행정학 관련 주제어 중심성 지수

순	주제어	degree centrality[2]	betweenne centrality[3]	closeness centrality[4]	eigenvector centrality[5]	순	주제어	degree centrality	betweenne centrality	closeness centrality	eigenvector centrality
1	교육개혁	25	50.826	51	0.261	16	비교	12	4.258	64	0.150
2	체제	25	62.889	51	0.257	17	영국	12	6.186	64	0.149
3	학교	24	46.043	52	0.259	18	동향	11	2.015	65	0.15
4	미국	24	35.220	52	0.268	19	학생	11	2.270	66	0.14
5	교육과정	24	48.866	52	0.252	20	프로그램	11	9.438	65	0.127
6	고등교육	23	35.790	53	0.251	21	정책	11	12.531	65	0.119
7	일본	21	39.545	55	0.224	22	캐나다	10	0.642	66	0.147
8	호주	20	35.259	56	0.206	23	초등학교	9	1.844	67	0.114
9	제도	19	26.178	57	0.215	24	독일	9	3.420	67	0.105
10	교육	18	21.546	58	0.202	25	설계	9	4.610	67	0.105
11	한국	16	9.574	60	0.197	26	평생학습	9	4.359	67	0.103
12	평가	16	16.816	61	0.181	27	중국	8	1.008	69	0.107
13	교사	15	10.922	61	0.171	28	지식기반 사회	8	1.956	68	0.098
14	개혁	13	5.464	63	0.164	29	대학	7	0.736	71	0.097
15	대학평가	13	5.872	63	0.161	30	프랑스	7	0.511	70	0.091

2) 연결중심성(degree centrality)

3) 매개중심성(betweenne centrality)

4) 근접중심성(closeness centrality)

2) 2기(2006~2010년)의 교육행정학 연구 동향

한국의 비교교육학에서 교육행정학은 이 기간까지도 미국중심의 연구경향을 보여주고 있다. 한국의 주제어 빈도와 중심성 지수가 뚜렷이 증가하고 있음을 확인할 수 있다. 이는 연구의 중심이 해외의 선진사례를 안내하는 것에서 한국과 외국의 비교연구가 증가하고 있음을 나타내는 것이다. 주제어의 빈도와 중심성에서 제도와 정책이 높게 나타나는 것은 이 기간이 한국과 미국이 정권교체기인 것과 관련이 깊다. 한국의 대입제도 개편과 전국단위 학력평가 실시로 인해 입학사정관제와 PISA와 같은 입시, 평가와 관련된 단어들이 등장하는 것도 이 시기의 특징이다. 교육개혁은 이전 시기에 비하여 상대적으로 낮은 빈도와 중심성 지수를 보여주고 있다. 미국과 한국에 대한 관심의 증대는 상대적으로 일본, 중국, 유럽 국가들에 대한 관심도가 낮아지게 되는 원인으로 작용하고 있다.

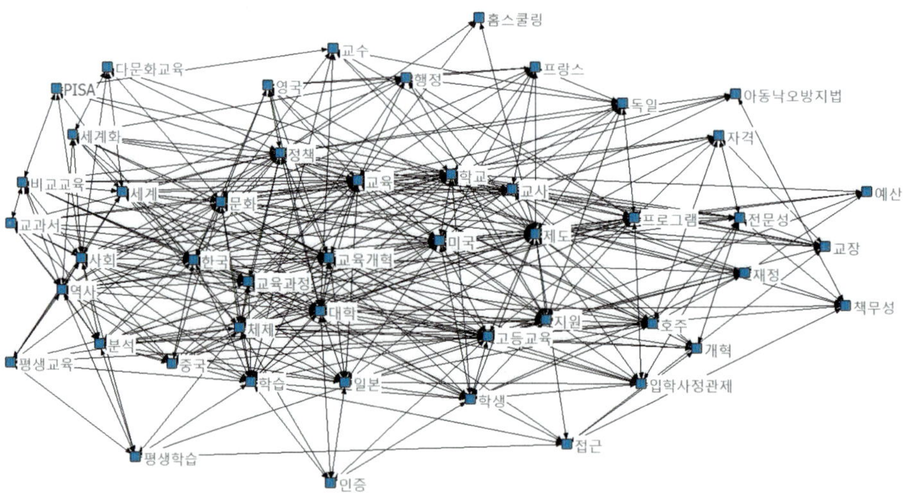

[그림 11-5] 2006~2010년까지 교육행정 에고 네트워크

5) 아이겐벡터(고유값; eigenvector centrality)

대부분의 연구자들이 소속된 대학과 고등교육에 대한 관심은 1기와 마찬가지로 높게 나타나고 있다. 이전 시기와 마찬가지로 학교의 빈도와 중심성이 높게 나타남을 통해 교육행정의 관심은 학교 내부에 있음을 알 수 있다. 이 기간의 특징은 한국과 미국의 정권교체기에 교육정책의 변화가 교육행정학의 관심영역에 반영되어 연구경향이 뚜렷하게 바뀌는 것을 확인할 수 있다.

〈표 11-11〉 2006~2010년까지 교육행정학 관련 주제어 빈도

<table>
<tr><th>순위</th><th>빈도</th><th>주제어</th><th>순위</th><th>빈도</th><th>주제어</th></tr>
<tr><td>1</td><td>30</td><td>교육</td><td>9</td><td>8</td><td>비교</td></tr>
<tr><td>2</td><td>17</td><td>고등교육, 대학, 제도</td><td>10</td><td>7</td><td>비교교육, 일본, 입학사정관제</td></tr>
<tr><td>3</td><td>16</td><td>미국</td><td>11</td><td>6</td><td>교과서</td></tr>
<tr><td>4</td><td>15</td><td>정책</td><td rowspan="2">12</td><td rowspan="2">5</td><td rowspan="2">다문화교육, 사회, 영국, 전문성, 중국, 체제, 평생학습, 프랑스, 호주</td></tr>
<tr><td>5</td><td>14</td><td>한국</td></tr>
<tr><td>6</td><td>12</td><td>교육과정, 학교</td><td>13</td><td>4</td><td>PISA, 개혁, 과정, 교장, 다문화, 문화, 책무성, 학습</td></tr>
<tr><td>7</td><td>11</td><td>프로그램</td><td rowspan="2">14</td><td rowspan="2">3</td><td rowspan="2">교수, 독일, 분석, 세계, 아동낙오방지법, 역사, 예산, 인증, 자격, 재정, 접근, 지원, 평생교육, 학생, 행정, 홈스쿨링</td></tr>
<tr><td>8</td><td>9</td><td>교사, 교육개혁, 세계화</td></tr>
</table>

〈표 11-12〉 2006~2010년까지 교육행정학 관련 영역별 주요 주제어

영역	주제어
국가	미국, 한국, 일본, 영국, 중국, 프랑스, 호주, 독일
기관	대학, 학교, PISA
학문영역	고등교육, 교육과정, 비교, 비교교육, 다문화교육, 평생학습, 다문화, 평생교육
주요핵심 일반단어	교육, 제도, 정책, 프로그램, 교사, 교육개혁, 세계화, 입학사정관제, 교과서, 사회, 전문성, 체제, 개혁, 과정, 교장, 문화, 책무성, 학습

〈표 11-13〉 2006~2010년까지 교육행정학 관련 주제어 중심성 지수

순	주제어	degree centrality	betweenne centrality	closeness centrality	eigenvector centrality	순	주제어	degree centrality	betweenne centrality	closeness centrality	eigenvector centrality
1	교육	31	82.060	63	0.251	16	교사	19	22.643	76	0.159
2	제도	30	91.885	64	0.219	17	체제	18	28.200	76	0.140
3	학교	29	86.763	65	0.218	18	지원	17	16.560	77	0.148
4	미국	26	44.448	68	0.224	19	프로그램	17	16.325	77	0.138
5	정책	25	52.666	69	0.207	20	일본	16	9.106	79	0.153
6	고등교육	25	49.584	69	0.204	21	분석	16	9.742	79	0.147
7	한국	24	18.758	70	0.227	22	학생	15	8.449	79	0.140
8	대학	24	34.324	70	0.213	23	중국	14	2.818	80	0.150
9	문화	24	36.173	70	0.210	24	호주	14	8.438	81	0.129
10	사회	22	28.329	72	0.194	25	교과서	13	1.664	81	0.137
11	교육개혁	21	17.826	73	0.193	26	비교교육	13	3.852	81	0.133
12	교육과정	21	21.150	73	0.192	27	전문성	13	8.192	83	0.105
13	역사	20	15.532	74	0.186	28	세계화	12	3.558	84	0.119
14	세계	19	13.208	75	0.183	29	행정	11	4.738	83	0.093
15	학습	19	23.614	75	0.164	30	영국	10	1.734	85	0.106

3) 3기(2011~2016년)의 교육행정학 연구 동향

이 기간은 교육행정학 연구에서 한국에 대한 연구의 빈도와 중심성 지수가 높게 나타나고 있다. 이는 한국과 미국이 정권 안정기에 들어섬으로써 한국의 교육행정학계가 자국 중심의 연구에 더 큰 비중을 두게 되었음을 의미한다. 한 가지 특이할 만한 것은 중국과 일본의 연구 빈도가 이전 기간에 비하여 증가하고 일본의 연결중심성이 특이할 정도로 높게 나타나고 있는 점이다. 이는 연구자들의 동아시아에 대한 관심이 증가하고는 있으나 아직 일본에 대한 연구관심 정도가 중국에 비해 상대적으로 높기 때문인 것으로 보인다. 국제나 글로벌과 같은 단어들이 높은 빈도와 중심성 지수를 가지는

것은 아시아 지역에 대한 관심과 함께 교육행정학 연구의 영역이 전 세계적으로 팽창하고 있기 때문이다. 핵심단어로 정책이 강한 중심성을 보여주는 것은 교육행정학의 본연의 연구과제인 정책에 대하여 국제적인 연구 분석이 증가하고 있음을 보여주는 것이다. 이와 같이 한국교육행정학은 이 시기에 본연의 연구과제에 대하여 한국중심의 연구를 진행하면서 아시아를 넘어서 세계를 대상으로 하는 연구외연의 확장이 특징적으로 나타나는 시기로 보인다.

이 시기 연구경향은 자국의 정치가 안정기에 들어설 경우 교육행정학이나 비교교육학의 외연이 확장될 수 있는 가능성을 보여준다. 이는 미국, 유럽, 오세아니아의 경우와 마찬가지로 한국의 비교교육학이 얼마든지 국제적 학회로서 발전할 수 있는 가능성을 보여주는 내용이라 할 수 있다.

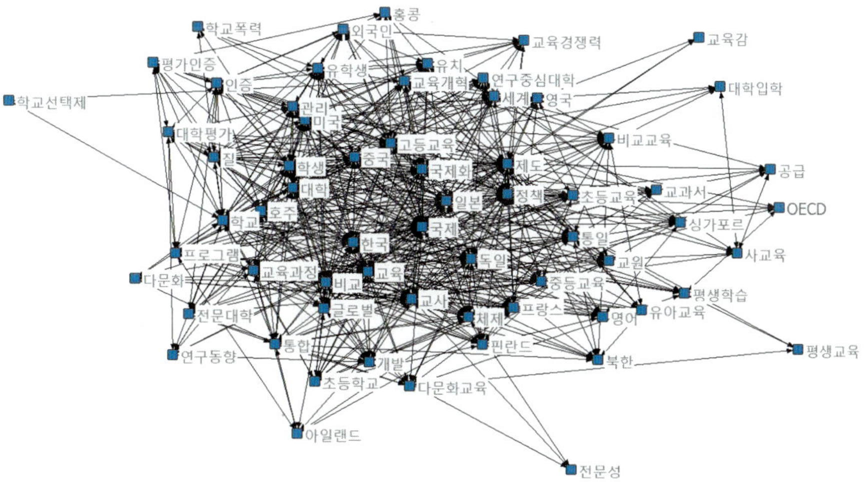

[그림 11-6] 2011~2016년까지 교육행정 에고 네트워크

〈표 11-14〉 2011~2016년까지 교육행정학 관련 주제어 빈도

순위	빈도	주제어	순위	빈도	주제어
1	40	교육	12	9	국제화, 비교교육, 통일
2	28	대학	13	8	다문화, 체제, 프랑스
3	24	고등교육, 교육과정, 한국	14	7	유학생, 질, 학생
4	23	비교	15	6	교육개혁, 다문화교육, 대학평가, 초등학교, 핀란드
5	18	미국	16	5	관리, 국제, 프로그램, 학교
6	17	정책	17	4	OECD, 교과서, 북한, 세계, 외국인, 초등교육, 평생학습
7	16	일본, 중국			
8	14	독일	18	3	개발, 개혁, 공급, 교원, 교육감, 교육경쟁력, 대학입학, 사교육, 싱가포르, 아일랜드, 연구동향, 연구중심대학, 영어, 유아교육, 유치, 인증, 전문대학, 전문성, 중등교육, 통합, 평가인증, 평생교육, 학교선택제, 학교폭력, 홍콩
9	12	교사, 제도, 평가, 호주			
10	11	글로벌			
11	10	영국			

〈표 11-15〉 2011~2016년까지 교육행정학 관련 영역별 주요 주제어

영역	주제어
국가	한국, 미국, 일본, 중국, 독일, 호주, 영국, 프랑스, 핀란드, 북한, 싱가포르, 아일랜드, 홍콩
기관	대학, 초등학교, 학교, OECD, 전문대학
학문영역	고등교육, 교육과정, 비교, 평가, 비교교육, 다문화, 다문화교육, 대학평가, 초등교육, 평생학습, 유아교육, 중등교육, 평생교육
주요핵심 일반단어	교육, 정책, 교사, 제도, 글로벌, 국제화, 통일, 유학생, 질, 학생, 교육개혁, 관리, 국제, 프로그램, 교과서, 세계, 외국인

〈표 11-16〉 2011~2016년까지 교육행정학 관련 주제어 중심성 지수

순	주제어	degree centrality	betweenne centrality	closeness centrality	eigenvector centrality	순	주제어	degree centrality	betweenne centrality	closeness centrality	eigenvector centrality
1	학교	43	144.043	85	0.238	16	체제	24	52.607	105	0.133
2	정책	43	207.598	85	0.222	17	글로벌	21	12.297	107	0.146
3	교육	41	104.625	87	0.227	18	중국	21	8.395	107	0.145
4	국제	41	118.193	87	0.225	19	미국	21	9.384	108	0.144

5	학생	39	83.480	89	0.222	20	독일	21	17.158	107	0.128
6	제도	37	143.565	91	0.187	21	질	21	17.452	108	0.123
7	고등교육	35	57.044	93	0.206	22	통합	20	14.432	109	0.122
8	한국	35	62.855	93	0.204	23	프로그램	19	13.817	110	0.124
9	일본	33	66.021	95	0.196	24	유학생	19	9.518	110	0.123
10	교사	31	71.584	97	0.177	25	관리	19	14.600	109	0.121
11	비교	30	34.702	98	0.187	26	인증	19	11.269	111	0.114
12	교육과정	30	35.335	98	0.186	27	유치	18	9.122	112	0.115
13	대학	28	25.727	100	0.178	28	세계	17	13.289	112	0.114
14	호주	26	32.815	103	0.153	29	프랑스	17	8.760	111	0.108
15	국제화	24	23.195	105	0.143	30	영국	17	20.291	113	0.096

4절 비교교육학 발전을 위한 교육행정학의 과제

이 연구를 통해 밝혀진 연구결과에 대하여 논의하면 다음과 같다.

한국의 비교교육학은 연구 영역이나 연구방법의 측면에서 발전의 여지가 무한하다고 볼 수 있다. 연구결과, 현재 한국의 비교교육학계를 주도하고 있는 주류학자들이 교육행정학자 위주로 구성됨에 따라 한국 비교교육학의 전반적인 연구경향 역시 교육행정학 위주의 연구가 많음을 확인하였다. 교육행정학은 비교교육학 연구의 중심적인 위상을 확고히 차지하고 있는 바, 한국비교교육학회가 학문적 외연을 넓혀 그 정체성을 한 차원 더 끌어올리기 위해서는 교육행정학 중심의 연구경향에서 탈피하여 연구분야를 더 확장할 필요가 있다. 이를 위해서는 한국비교교육학회의 학문공동체가 연구하고 있는 연구 영역의 다양성이 확보되어야 한다.

선진 외국의 연구경향이나 연구결과와 비교해 보면, 현재 한국에서 비교교육학자로 분류할 수 있는 전문적인 연구자 수도 적을 뿐만 아니라, 대학원 수준에서의 전공도 없는 것이 사실이다. 학부나 대학원에서 몇 개의 비교교육관련 교과가 설강되는 수준이다. 한국의 비교교육학이 학문적 정체성을 확립하기 위해서는 대학원 수준에서 전공도 만들어질 필요가 있으며, 전문적인 연구 공동체로 확립되어야 한다.

한국비교교육학회의 발전을 위해서 유럽의 사례는 시사하는 바가 크다. 동아시아권에 속하는 한국의 비교교육학회와 유럽의 비교교육학회는 유사점이 많다. 유럽의 비교교육학회가 소수의 학자 단체에서 발전한 것과 마찬가지로 한국의 비교교육학회 역시 교육행정학자 중심의 소수 그룹에 의해 학회가 주도되었다. 또한 동아시아와 유럽은 다양한 언어와 문화적 배경을 가지고 있으며, 경제적 번영을 중심으로 영향력 또한 날로 커지고 있다. 유럽의 경우 정치적 통합이 비교교육학의 외연 확장을 주도한 것처럼, 동아시아의 경우도 학문적 교류를 통해 비교교육학의 외연이 확장될 수 있다. 미래 동아시아의 비교교육학이 중국 중심으로 재편되는 것은 경계해야 한다. 중국 중심의 동아시아 지역의 비교교육학 발전은 한국의 비교교육학계를 위축시킬 수 있으며, 오세아니아처럼 중심국과 주변국의 구도로 재편될 수도 있다.

한국의 비교교육학계가 유럽과 같은 학문공동체로 발전하기 위해서는 현재 비교교육학계를 주도하고 있는 교육행정학자들의 역할이 중요하다. 한국의 교육행정학자들은 동아시아 지역의 많은 학자들과 다양한 형태의 학문적 네트워크를 형성하고 있는 만큼, 향후 한국의 비교교육학회의 외연을 확장함에 있어 교육행정학자들의 역할 또한 중요하다고 할 수 있다.

이 연구는 한국비교교육학에서 교육행정학의 위상을 확인함으로써 두 학문의 연계 발전방안을 마련해 보고자 시도하였다. 이를 위해 먼저 한국비교교육학회의 임원의 주요 연구 분야를 조사하였고 『비교교육 연구』에 나타난 공저자 네트워크를 통해 교육행정학의 위상을 살펴보았다. 그리고 『비교교육 연구』의 주제어에 나타난 교육행정 연관된 주제어들을 분석하고 기간별 비교교육에서 교육행정의 연구경향을 분석하였다.

분석 결과 비교교육학회를 실질적으로 운영하고 있는 임원진 중 교육행정과 관련된 연구자 비율은 40.85%에 달하고 있는 것으로 나타났다. 한국교육학회의 분과학회는 한국교육심리학회, 한국교육과정학회, 한국교육행정학회, 한국교육사회학회, 한국교육사학회, 한국교육철학학회, 한국비교교육학회, 한국교육평가학회, 한국교원교육학회, 한국교육재정경제학회, 한국교육정치학회 등 24개 학회가 등록되어 있다. 한 연구자가 다양한 연구 분야에 대하여 연구를 진행하거나 여러 학회에 중복 가입되어 활동할 수 있다. 그러나 위의 비율은 비교교육 연구를 주도하고 있는 학회의 임원 구성의 학문적 편향성이 매우 높은 편이라는 지적의 근거가 될 수 있다. 비교교육학의 균형적인 발전을 위해서는 학회의 조직구성을 보완하여 교육학회의 분과학회를 대표할 수 있는 연구자를 당연직 임원으로 선정하는 것이 바람직하다. 비교교육학의 장기적 발전 관점에서 바라보았을 때 학회의 임원구성을 교육행정학 이외의 연구자들에게도 개방하여 그들이 학회 활동에 적극적으로 참여할 수 있도록 유도할 필요가 있다.

한국비교교육학회의 임원 구성을 다른 관점에서 해석하면 교육행정학을 전공하는 연구자들의 활발한 비교연구 활동의 산물이라 이야기할 수도 있다. 비교교육학과 교육행정학이 공통적으로 간학문적 성향을 지니고 있는 점 역시 교육행정학 연구자들이 비교교육 연구를 활발하게 진행하고 있는 원인으로 들 수 있다. 연구자들의 활발한 활동성과 학문적 유사성이 한국비교교육학에서 교육행정학의 비중을 증대시키는 요인이라고 이야기할 수 있다.

둘째, 공저자 네트워크를 통해서 한국의 비교교육학회는 교육행정학자들이 주도하고 있는 Small Club이 학회를 주도하고 있음을 확인할 수 있었다. 이러한 현상은 학회의 확고한 리더십에 기여하여 학회 운영의 효율성을 높이고, 리더십 부재현상을 미연에 방지할 수 있는 장점이 있으나 학문적 성향이 교육행정학 일변도로 치우칠 수 있고 학문적 외연 확장의 걸림돌로 작용될 수도 있음에 주의해야 한다. 실제로 이러한 현상이 학문적 확장성과 정체성 확립에 영향을 주고 있음도 부인하기 어렵다. 학문의 정체성 약화는 순수 비교교육학자의 배출을 어렵게 할 수 있다. 이는 또한 한국의 많은 교육학과에서 비교교육학 석 · 박사 과정이 개설되지 못하고 있는 이유이기도 하다.

한국의 주요 대학에서 공부하고 있는 유학생이 증가하고 있는 현실을 감안하면, 비교교육학 석 · 박사 전공과정의 개설이 시급히 요청된다.

셋째, 주제어를 통한 텍스트 네트워크 분석에서는 비교교육에서 교육행정이 교육과정에 이어 두 번째로 높은 연구 주제임을 확인할 수 있었다. 연구 대상 국가는 미국 중심에서 한국중심으로 변화하고 있음을 알 수 있었다. 이는 비교교육에서 교육행정연구의 중심이 기존에 해외의 사례를 국내에 소개하는 형식에서 한국과 외국의 비교연구에 초점을 두고 연구의 내용이 더 다양화되고 있음을 의미한다. 내용적인 측면에서도 고등교육이 주가 되었던 과거에 비하여 유 · 초 · 중등의 영역으로 점차 확산되어 가고 있음을 확인할 수 있다. 앞으로 비교교육 연구에서 교육적 이슈 중심의 단기적인 연구도 중요하지만, 장기적인 관점에서 주요 주제에 천착하여 계속연구를 진행하는 것도 중요하다고 할 수 있다.

한국의 비교교육학에서 교육행정학은 태생적으로 높은 위상을 가질 수밖에 없었다. 이러한 높은 연계성이 비교교육학의 학문적 정체성을 저해하는 요인으로 작용해서는 안 될 것이다. 현재 비교교육에서 교육행정학의 위상이 높게 나타나는 것은 비교교육학회의 발전단계로 볼 때 자연스러운 현상으로 볼 수 있다. 여타 유럽이나 오세아니아의 비교교육학회의 발전단계에서처럼 한국비교교육학회는 향후 국가단위 학회에서 동아시아 지역 중심 학회로 거듭나야 한다. 이 과정에서 한국비교교육학회가 주도적인 역할을 해야 할 것이다. 통일 한국의 시대에 대비한 연구에 대해서도 관심을 가져야 할 것이다. 한국비교교육학회는 점진적으로 그 학문적 외연을 확장해 나가야 한다. 비교교육학에서의 교육행정학의 위상도 현재와는 다른 적정한 규모로 유지되는 것이 바람직하다.

참고문헌

강순원(2016). 21세기 유럽 비교교육학의 동향. **비교교육 연구, 26**(3), 1-21.

고득환 · 박세훈(2017). 텍스트 네트워크 분석(TNA)을 통한 한국 비교교육 연구경향 분석. **교육종합연구, 15**(1), 103-126.

권동택 · 김정희 · 팽영일(2015). 한국 비교교육학의 연구동향 –「비교교육 연구」 게재 논문을 중심으로–. 2015 한국비교교육학회 연차학술대회 자료집, 155-166.

박남기(2016). 단행본에 드러난 미국 비교교육학 연구 특성 및 흐름 분석. **비교교육 연구, 26**(1), 35-60.

박선형(2016). 호주의 고등교육개혁과 오세아니아 비교교육학 연구동향 분석. **비교교육 연구, 26**(1), 61-89.

박한우 · Loet Leydesdorff(2004). 한국어의 내용분석을 위한 KrKwic 프로그램의 이해와 적용: Daum.net에서 제공된 지역혁신에 관한 뉴스를 대상으로. Journal of The Korean Data Analysis Society, 6(5), 1377-1388.

서정화(2008). 한국교육행정학회의 역할과 기여에 관한 고찰, **교육행정학연구, 26**(1), 119-139.

성경륭(1996). 한국행정학의 발전과 위상에 대한 사회학자의 견해. 한국행정학회 학술발표논문집, 169-177.

이보람(2016). 서지결합분석을 통한 빅데이터 활용 분야 연구. 한국정보관리학회 학술대회 논문집, 19-22.

이수상(2012). **네트워크 분석 방법론**. 서울: 논형.

임수진(2016). 미국 비교교육학 연구 동향 분석 –Comparative Education Review 논문을 중심으로–. **비교교육 연구, 26**(1), 1-33.

임연기(2014). 한국교육행정학 연구의 성과와 과제. **교육행정학연구, 32**(4), 415-437.

한국교육학회 웹사이트 http://ekera.org

한국비교교육학회(1971). **세계문화와 교육**(창간호) ~ **비교교육 연구, 26**(6).

한국정부학회(2012). 지역사회에서 행정학의 위상. *Korean Association of Governmental Studies, 24*(2), 29-32.

David Phillips. (2006). Comparative Education: method. *Research in Comparative and International Education. 1*(4). pp. 304-319.

CESE 웹사이트 http://www.cese-europe.org

CIES 웹사이트 http://www.cies.us

OCIES 웹사이트 http://ocies.org

이 글은 박세훈(2017. 6). 비교교육학에서 교육행정학의 위상, 2017년도 한국비교교육학회 학술대회 발표자료 및 교육종합연구, 15(4), 257-284"를 를 토대로 보완 · 작성한 것임.

12 CHAPTER 비교교육학과 교육재정경제학

1절 교육재정경제학의 학문적 성격

하나의 학문이 성립되고 발전하는 과정에서 독자성은 매우 중요하다. 독자성을 가진 학문이란 차별성을 가지는 것이다. 이러한 차별성은 학문의 고유한 특성으로 학문의 독자적인 영역을 구축하게 한다. 독자성이나 정체성이 있는 학문이 되기 위해서는 연속해서 많은 연구들을 한데 묶을 수 있는 체계를 이루고, 이를 다시 분류하여 그 영역을 구성해 나가는 것이 중요하다(김명수, 2008; 김병주 · 홍준영, 2010).

외국의 교육재정경제학은 교육재정학과 교육경제학의 학문을 주도한 집단이 각각 교육행정학자와 경제학자로 구분되어 발전해 온 반면, 우리나라의 경우 주로 교육행정 분야의 학자들에 의해 발전되어 왔다(서울대 교육재정경제연구회, 2006). 특히 우리나라의 경우 경제적으로 넉넉하지 못한 상황에서 교육이 신분 상승의 중요한 도구였기 때문에 공정한 교육기회의 제공은 교육행정학 분야에서 매우 큰 과제인 동시에 교육재정경제학 분야의 연구과제가 되었던 것이다.

교육경제학이든 교육재정학이든 이 두 학문의 궁극적인 목적은 교육활동이 잘 이루어질 수 있도록 지원하는 교육행정학의 목적과 같다. 이 가운데 보다 실질적으로 처방적 · 지원적 성격이 강한 학문이 교육재정학이라고 할 수 있으며, 교육경제학은 교육과 관련된 현상에 대한 거시적 · 기술적(記述的) 성격이 강하다고 할 수 있다(서울대 교육재정경제연구회, 2006).

교육재정경제학은 엄격히 말하면 교육재정학과 교육경제학을 합한 용어이다. 교육경제학이란 교육재화의 생산 및 분배를 위해 교육분야에서 이루어지는 일체의 경제행위를 연구하는 학문으로 정의할 수 있다(백일우, 2001). 이를 좀 더 광범위하게 표현하면 교육경제학이란 일련의 교육활동에 대한 일체의 경제적 사고 행위이다. 이때 경제적 사고행위란 '경제주체인 학생(또는 학부모), 학교, 정부 등이 교육활동과 관련된 의사결정에 대해 어떠한 선택이든지 반드시 득과 실이 있음을 인식하고, 최소의 비용으로 최대의 효과를 얻으려는 행위'를 의미한다(백일우, 2001). 교육재정학이란 교육재정을 연구하는 학문이며, 교육재정이란 국가 및 지방공공단체가 교육활동의 운영을 지원하기 위하여 공권력에 의해 필요한 경비를 조달하고 합법적으로 그것을 관리, 지출하는 경제활동이다. 여기에는 국공립학교의 교육활동뿐만 아니라 사립학교의 교육활동, 사회교육을 지원하는 일까지 포함한다(윤정일, 2001).

교육의 모든 측면이 국제적 관점에서 비교될 수 있다는 점에서 비교교육학은 교육학의 대부분 분과학문과 연구 주제를 공유할 수 있다. 교육의 본질을 교사와 학생의 상호작용을 통한 지식의 전달과정으로 볼 경우 교육학 내에서 가장 핵심적인 위치를 차지하고 있는 학문 분야는 교육과정과 교수학습법이다. 그 다음 층을 구성하는 학문 분야들로는 핵심영역과 직 · 간접적으로 관련을 맺고 있는 교육철학, 교육사, 교육심리학, 교육상담, 교육통계 및 측정, 교육사회학, 교육행정학, 교육재정학 등을 들 수 있다. 그리고 가장 외곽 층을 구성하는 분야로 교육문화인류학, 교육법학, 교육정치학, 교육경영학, 교육경제학 등을 들 수 있다(백일우, 2001). 교육재정학과 교육경제학은 가르치고 배우는 지식의 전달과정에 관한 사항은 아니지만, 가르치고 배우는 과정을 효율적으로 지원하기 위한 물질적 노력과 관련된다. 따라서 국제적 관점에서 교육재정경제학적 내용들은 다양하게 비교될 수 있다.

교육재정경제학의 학문적 성격과 내용을 밝히기 위해서는 무엇보다 교육재정학 및 교육경제학과 인접학문의 관계를 밝히는 것이 필요하다. 먼저 교육행정학과 교육재정학/교육경제학의 관계를 파악하는 관점에는 두 가지가 있다. 하나는 교육재정학/교육경제학을 교육행정학의 하위영역으로 파악하려는 것이고, 다른 하나는 교육재정학/교육경제학과 교육행정학을 대등한 것으로 보려는 것이다. 일반적으로는 교육재정학/교육경제학을 교육행정학의 하위영역으로 보려는 전자의 관점이 우세하다. 전자의 관점에 근거할 때 교육재정학/교육경제학은 교육행정학에 포함된다. 즉 교육재정학/교육경제학은 교육인사행정, 교육시설행정, 학생행정, 교육내용행정 등 교육행정학의 연구영역중의 하나로서 존재하는 것이다(윤정일, 2001).

교육경제학과 교육재정학은 완전히 동일한 영역으로 인정될 수도, 다른 영역으로 구별될 수도 없다. 양 분야는 상호보완적이며 연구의 영역도 중첩되는 부분이 많기 때문에 큰 시각에서는 같은 맥락으로 보는 것도 타당한 면을 가지고 있다. 실제로 윤정일(2001)은 교육재정학 연구분야의 하나로 교육경제학을 포함하고 있으며, 곽영우 등(2003)은 그동안 교육경제학이 교육과 경제 관련 거시적인 측면에 집중하여 왔지만, 앞으로 교육자원의 배분과 교육비 부담 등 교육제도 내부의 문제도 연구분야로 삼아야 한다고 하였다. 절대적으로 차이가 나는 것은 아니지만, 교육재정학은 주로 공공분야와 정부의 재정을 연구 대상으로 하여 교육재정의 확보와 배분, 교육비 이론, 예산기법 등의 미시적인 내용을 다루는 반면, 교육경제학은 교육과 국가발전의 관계, 교육이 소득계층에 미치는 영향 등 거시적인 측면을 다루며, 공공부문과 사부문을 모두 연구 대상으로 포함하는 경향이 있다(김병주 · 홍준영, 2010; 윤정일, 2001). 교육재정학 연구의 초창기에는 교육재정학의 연구가 교육경제학의 연구를 포함하였다. 점차 학문의 세분화가 진척되면서 교육경제학과 교육재정학은 그 분야를 달리 하게 되었으나, 아직도 교육경제학과 교육재정학의 양자 간에는 내용적으로 중복되는 부분이 상당히 많으며, 근본적으로는 교육재정학과 교육경제학은 불가분의 관계를 가지고 있다.

교육재정학과 교육경제학은 교육학의 하위영역 중 발전이 느린 분야 중 하나이다. 발전이 느린 만큼 독자적인 발전을 추구하기보다 1991년 한국교육재정경제학회 창립 당시 두 학문 분야를 통합하여 설립된 이후 현재에 이르게 된 것이다. 따라서 여기서는 필요에 따라 교육재정학과 교육경제학을 분리하여 설명하기도 하고, 교육재정경제학으로 통합하여 설명하기도 할 것이다(김병주 · 홍준영, 2010).

교육재정경제학의 연구가 본격적으로 시작된 것은 1991년 한국교육재정경제학회의 창립 이후이다. 물론 학회의 창립 이전에도 교육재정경제학 관련 연구들이 적지 않게 수행되어 왔고, 「교육행정학연구」에 교육재정경제학 관련 논문들이 게재되었지만, 학회의 창립 이후에 보다 활발하고 수준 높은 연구들을 볼 수 있게 되었다(김병주 · 홍준영, 2010).

학술적으로 우리나라 최초의 교육경제학 논문은 배종근(1961)의 '가난을 극복하는 교육: 경제적 사회현상 면에서 본 치료'이며, 최초의 독립적인 교육재정 저서는 백현기(1963)의 『교육재정』(을유문화사)이다. 이후 중앙교육연구소에서 여러 편의 교육재정 연구가 수행되었고, 김재범(1977)의 『교육재정론』, 윤정일(1985)의 『한국의 교육재정』, 김영철 · 공은배(1988)의 『교육경제와 재정』, 윤정일(1992)의 『교육재정학』 등과 같은 교육재정경제학과 관련된 교재가 순차적으로 출판되면서 학문적 면모를 갖추기 시작하였다. 교육재정경제학에 대한 학술적 관심이 시작된 1960년대 초는 어찌보면 비교교육학적 관심이 높아지기 시작한 시기와 비슷한 셈이다.

반면, 1968년 2월 24일 설립된 한국비교교육학회와는 달리, 한국교육재정경제학회의 설립은 매우 늦었다. 한국교육재정경제학회는 1991년 4월 12일 창립총회를 개최하였으니 한국비교교육학회보다 23년이 늦은 셈이다. 그러나 우연하게도 한국비교교육학회가 2집을 발간한 『세계문화와 교육』을 『비교교육 연구』로 변경하여 3권으로 발간하기 시작한 1992년에, 한국교육재정경제학회도 『교육재정경제연구』를 발간하기 시작하였다. 『교육재정경제연구』는 교육학분야에서 최초로 한국연구재단 등재학술지로 선정되는 등 한국교육재정경제학회의 활발한 연구 활동을 지원하고 있다.

1. 교육경제학의 학문적 성격과 영역

독립된 학문적 체계로서의 교육경제학은 1960년대에 들어와 인적자본론 학파에 의하여 체계화되었다. Schultz, Becker와 Mincer에 의해 1950년대 말과 1960년대 초에 활성화된 교육경제학 연구는 1970년대에 정점에 이르렀다. 초기 이론의 비교적 단순한 검증을 뛰어넘어, 인적자본론의 성숙기라 할 수 있는 1970년대는 학교교육 연한이나 직장 내 훈련과 소득 사이의 상관이 정적 수익률을 나타내어 인간자본에 대한 투자가 성과가 있다는 많은 실증적 결과를 축적했다(백일우, 2001).

백일우(2007)는 교육경제학을 교육활동과 경제활동의 혼합체로서 교육서비스의 생산과 분배, 그에 대한 재원배분과 비용 부담 등을 주요 연구 대상으로 하고 있음을 지적하였다. 그러나 교육경제학에서 가장 중요하게 다루어지는 것은 교육이라는 활동에 경제학적 개념을 추가하여 교육을 가치지향적인 인간을 창출해 내는 생산과정, 인적 자본의 창출과정으로 규정한다. 이에 따라 인적 자본의 산출을 얻기 위해서는 반드시 인적 · 물적 재화가 투입되어야 하며 이러한 투입물은 반드시 비용을 수반하게 된다는 것이다. 즉 교육경제학은 교육행위를 위한 투입과 이를 통한 산출물간의 생산관계에 대한 경제적 분석을 시도하는 것으로 파악될 수 있으며, 결과적으로 투입물과 산출물이 가져오는 비용과 수익이라는 부분으로 구분하여 이해할 수 있다(김병주 · 홍준영, 2010).

교육경제학은 경제학의 순수이론도 중요시하지만, 이론의 적용이나 정책적 접근방법이 대단히 중요시되는 분야이다. 교육경제학의 인접분야인 사회학, 심리학, 산업심리학, 경영학 등 여러 학문 분야와의 학제적 접근을 요구하는 학문 분야이기 때문에(임천순 · 김광조, 1999) 교육경제학의 인접분야에 대한 충분한 이해 없이는 교육경제학이 다루고자 하는 문제에 대한 접근이 불가능하다. 다시 말해서 교육경제학은 미시경제학 이외에도 교육제도, 또는 교육문제와 관련된 제반 학문에 대한 이해가 요구되는 학제적 학문영역이다(임천순, 2005).

2. 교육재정학의 학문적 성격과 영역

교육재정학은 일찍부터 지방교육자치제를 실시해온 미국에서 활발하게 발달하였다. 특히, 1900년대 초부터 지방교육자치제 하에서 교육구 간 부의 격차로 교육격차의 문제가 제기되었으며, 이를 극복하기 위하여 초기의 교육재정가들인 Cubberley, Updegraff, Mort 등에 의해 교육구에 대한 재정지원을 균등화하려는 방향에서 새로운 재정배분모형을 개발하여 왔다. 그 후, Brown사건(1954년)에서 학교 통합에 관한 판결이 내려지고, Serrano사건(1969년)에서 지역 간 부의 격차로 학교재정 격차가 발생해서는 안 된다는 판결이 내려지게 되면서 교육재정배분을 균등화하려는 노력은 더욱 박차를 가하게 된다. 이런 상황에서 Jones와 Alexander 등이 미국 교육청의 지원하에 미국 교육의 재정적 공평성을 제고하는 측면에서 National Educational Finance Project(NEFP)를 수행하게 되었으며, 연방정부 수준에서 수행된 이 사업을 계기로 각 주에서는 교육재정배분을 균등화하려는 노력과 함께 이에 관한 연구가 지속적으로 이루어져 왔다(김영철, 2005 재인용).

윤정일(2000)은 '교육재정학의 학문성 성격'에 따라 다음의 7가지 영역으로 교육재정학을 분류하였다. 교육재정철학, 교육재정사, 교육재정계획, 교육재정정치, 교육재정확보, 교육재정 배분 · 지원, 교육재정 운영 · 집행이 바로 그것이다. 이에 따르면 교육재정이란 국가 · 사회의 공익사업인 교육활동을 지원하기 위하여 국가나 공공단체가 필요한 재원을 확보 · 배분 · 지출 · 평가하는 일련의 경제활동이다. 이에 따라 교육재정은 교육활동 지원을 목적으로 하는 수단성과 공공성을 가진다고 볼 수 있으며, 그 영역은 재원의 확보 · 배분 · 지출 · 평가로 요약될 수 있다. 뿐만 아니라 재정이 정부의 경제라는 측면에서 계획성이 내포되어 있으며, 경제적 측면과 동시에 정치적 측면을 가지기도 한다.

3. 교육재정경제학의 연구 영역과 대상

윤정일(2001)은 교육재정학의 연구 영역을 8가지로 구분하면서 교육경제를 포함하였고, 곽영우 등(2003)은 교육경제학 저서의 내용으로 ① 교육의 비용, ② 교육의 효과와 수익, ③ 교육과 경제성장, ④ 교육의 생산성, ⑤ 교육과 노동시장, ⑥ 교육투자와 국민경제, ⑦ 민간부문 교육의 생산과 소비, ⑧ 교육서비스의 지원체제, ⑨ 학교교육 투자 효과의 9가지를 제시하였다. 백일우(2001, 2007)는 교육경제학 관련 교과서의 내용을 비교하면서 교육경제학의 학문영역을 설명하였는데 학자에 따라 내용이 일치하지는 않음을 보여준다. 백일우(2007)는 저서에서 ① 교육시장과 교육산업, ② 인적자본이론, ③ 교육의 수익, ④ 교육의 비용, ⑤ 사교육의 비용, ⑥ 소득함수, ⑦ 교육의 수익률,

⑧ 현직교육훈련의 경제학, ⑨ 교육의 경제성장 기여도, ⑩ 교육생산함수와 교육비용함수, ⑪ 교육계획, ⑫ 교육재정의 경제학의 12가지 내용을 담고 있다.

이러한 교육재정학 및 교육경제학의 연구 영역 구분만으로 교육재정경제학의 비교교육학적 탐구 대상에 대한 논의를 하기에는 한계가 있을 것이다. 따라서 여기서는 국내학술지 게재논문을 중심으로 교육재정경제학의 연구동향을 분석한 김병주 · 홍준영(2010)이 분류한 교육재정경제학의 연구 영역 구분을 의미 있게 보고자 한다. 그들은 학술지 게재 교육재정경제학 관련 논문의 내용에 따라 다음과 같이 23가지의 영역으로 분류하였다(김병주 · 홍준영, 2010): ① 이론탐구 · 이론방향성 제시, ② 현실정책탐구 · 정책방향성 제시, ③ 등록금 · 학자금 지원, ④ 비교연구(주제 간, 국가 간), ⑤ 교육 · 학력 · 경제수준 연구, ⑥ 교육만족도, ⑦ 교육수요, ⑧ 교육 평가 · 성과(학교 및 기관의), ⑨ 교육내용, ⑩ 교육서비스(온라인교육 · 교육시장개방), ⑪ 교육지수개발(표준교육비 · 교육격차산출), ⑫ 구조개혁, ⑬ 국책사업(누리, BK)의 성과 · 지원 분석, ⑭ 기대수익 · 교육투자수익률, ⑮ 배분 · 분배 과정(교육재원 · 재정 · 교육세), ⑯ 보수 · 인건비 · 성과상여금, ⑰ 사교육비 · 사교육수요 · 사교육비경감, ⑱ 인적 자원, ⑲ 지방교육재정, ⑳ 지원정책(재정 · 경제와 관련), ㉑ 특성화, ㉒ 학교의 설립 비용, ㉓ 학교의 재정 현황. 여기에 교육재정 제도를 추가하는 것이 가능할 것이다.

김병주 · 홍준영(2010)은 학술지 게재 교육재정경제학 관련 논문의 연구 대상은 크게 기관 분류와 인적 분류의 2가지 영역으로 구분하였다. 기관 분류에는 ① 영 · 유치원, ② 초등학교, ③ 중등학교, ④ 대학교, ⑤ 학교 전체, ⑥ 상급기관, ⑦ 국가 수준, ⑧ 기타의 8가지의 영역으로, 인적 분류에는 ① 영 · 유치원 학생, ② 초등학교 학생, ③ 중등학교 학생, ④ 대학교 학생, ⑤ 학생 전체, ⑥ 교사, ⑦ 관리자, ⑧ 교육행 · 재정가, ⑨ 교육행 · 재정 공무원, ⑩ 기타(학부모 · 일반인 혹은 분류가 곤란하거나 중복이 심한 영역) 10가지의 영역으로 구분 가능하다. 인적 분류에는 교수를 추가하고, 교육행재정가 및 교육행재정 공무원을 통합하는 것이 가능할 것이다. 이상의 세부적인 영역 구분을 정리하면 다음의 〈표 12-1〉과 같다.

〈표 12-1〉 교육재정경제학의 연구 영역 내용 구분

구분	내용	
1. 교육재정경제학의 연구 내용	1. 이론탐구 · 이론방향성 제시	
	2. 현실정책탐구 · 정책방향성 제시	
	3. 등록금 · 학자금 지원	
	4. 비교연구	주제 간 비교연구
		국가 간 비교연구
	5. 교육 · 학력 · 경제수준 연구	
	6. 교육 만족도	
	7. 교육수요	
	8. 교육 평가 · 성과(학교 및 기관의)	
	9. 교육내용	
	10. 교육서비스(온라인교육 · 교육시장개방)	
	11. 교육지수개발(표준교육비 · 교육격차산출)	
	12. 구조개혁	
	13. 국책사업(누리, BK)의 성과 · 지원 분석	
	14. 기대수익 · 교육투자수익률	
	15. 배분 · 분배 과정(교육재원 · 재정 · 교육세)	
	16. 보수 · 인건비 · 성과상여금	
	17. 사교육비 · 사교육수요 · 사교육비경감	
	18. 인적 자원	
	19. 지방교육재정	
	20. 지원정책(재정 · 경제와 관련)	
	21. 특성화	
	22. 학교의 설립 비용	
	23. 학교의 재정 현황	
	24. 교육재정제도	

구분	대상	
2-1. 연구의 대상 (기관분류)	1. 영 · 유치원	
	2. 초등학교	
	3. 중등학교	사립학교
		공립학교
		전체 중등학교
	4. 대학교	사립대학교
		국 · 공립대학교
		전체 대학교
	5. 학교 전체	
	6. 상급기관(교육부, 교육청, 교육지원청)	
	7. 국가단위	
	8. 기타	
2-2. 연구의 대상 (인적분류)	1. 영유치원생	
	2. 초등학교 학생	
	3. 중등학교 학생	사립학교 학생
		공립학교 학생
		전체 중등학교 학생
	4. 대학교 학생	사립대학교 학생
		국 · 공립대학교 학생
		전체 대학교 학생
	5. 학생 전체	
	6. 교사	
	7. 교수	
	8. 관리자(교장 · 교감)	
	9. 교육 행 · 재정가, 교육 행정 공무원	
	10. 기타(학부모 · 시민 등)	

주: 김병주 · 홍준영(2010)의 내용을 참고로 일부 수정함.

2절 비교교육학과 교육재정경제학의 관계

비교교육은 국제적 시야에서 교육문제를 이해하고 교육법칙을 발견하기 위한 학문적 노력이다(정일환 · 김병주 외, 2012). 비교교육은 자국 이외 다른 한 개 이상 나라의 교육에 대한 진술과 설명을 필요로 하며, 그것이 좀 더 체계적인 목적과 절차, 방법 및 이론체계에 따라 이루어질 때 비교교육학이라 불린다(정일환 · 김병주 외, 2012).

Bereday(1964)는 비교교육학을 역사학이나 철학 같은 특정 학문에 의하여 설명될 수 없는 "여러 가지 학문의 종합"으로 보았다. 그는 비교연구의 단계를 ① 기술(한 나라 교육에 대한 순수한 자료 수집), ② 설명(자료해석을 위해 타 사회과학의 방법 적용), ③ 병치(수집한 자료들의 예비적 대조, 가설의 설정), ④ 비교(선정된 국가 간 교육제도의 전체적 맥락에서의 동시분석)로 구분하였다. 처음 두 단계는 비교교육학의 연구 영역을 한 나라나 한 지역에만 관심을 갖는 '지역연구(area studies)'이며, 다음 두 단계는 여러 나라와 여러 지역에 동시에 관심을 갖는 '비교연구(comparative studies)'로 구분된다. 지역연구는 처음 두 단계(기술과 설명)에서 완결되지만 비교연구는 병치와 비교의 단계에까지 나아간다(Bereday, 1964). 이러한 네 단계에 더하여, 제2차 세계대전이 끝나고 냉전체제가 지속되는 과정에서 국제연합이 국가 간 분쟁을 약화시키고 평화를 정착시키기 위한 노력을 지속하면서 비교교육학 연구에는 국제이해교육이라는 새로운 차원이 더해지게 되었다(정일환 · 김병주 외, 2012).

교육의 모든 측면이 국제적 관점에서 비교될 수 있다는 점에서 비교교육학은 교육학의 대부분 분과학문과 연구 주제를 공유할 수 있다. 그러나 비교교육 연구에서 실제적으로 국제적 비교검토의 대상이 되는 것은 대체로 교육제도(학제, 입시제도, 교육행정조직, 학교조직)나 교육정책, 교육사, 교육과정, 교육문화 등에 국한되어 왔다(정일환 · 김병주 외, 2012). 이러한 점에서 제도와 정책의 중요한 부분을 차지하는 교육재정경제학은 비교교육 연구에서 중요한 영역의 하나가 되어 왔다. 비교교육학에 대한 교육학적 관점을 지금까지의 영역보다 확장하고 다양화할 필요가 있기는 하지만, 앞으로 교육재정경제학은 비교교육 연구에서 중요한 영역을 차지하게 될 것이다.

3절 비교교육 연구에서 교육재정경제학의 연구 동향

한국비교교육학회는 1968년 2월 24일 창립총회를 개최한 이후, 지금까지 160여 회의 학술세미나 개최 및 학술지 『비교교육 연구』를 발간해 오고 있다. 비교교육 연구는 1971년 『세계문화와 교육』으로 창간된 이후 1977년 2집을 발간하였으며, 1992년 비교교육 연구로 제목을 변경하여 2017년 현재 연 6회 발행하고 있다. 비교교육 연구에 게재된 논문 중 교육재정경제학 관련 논문을 분석하면 우리나라에서 비교교육학과 교육재정경제학의 관계를 유추해 볼 수 있을 것이다.

먼저 『비교교육 연구』에 게재된 교육재정경제학 관련 주제의 논문은 다음 〈표 12-2〉와 같으며, 이를 수치로 표시하면 〈표 12-3〉과 같다. 표에서와 같이 총 711편의 비교교육 연구 학술지 논문 중 교육재정경제학 관련 논문은 57편(8.0%)이었다. 연간 1회만 발간하던 1997년까지는 70편의 논문 중 6편(8.6%), 연간 2회 발간하던 2003년까지는 119편 중 6편(5.0%), 연간 3~4회 발간하던 2009년까지는 208편 중 9편(4.3%), 연간 5~6회 발간하는 2010년부터 2016년까지는 314편 중 36편(11.5%)의 교육재정경제학 관련 학술논문이 비교교육 연구에 게재되어 다소 증가하는 양상을 보여주고 있다.

〈표 12-2〉 비교교육 연구에 게재된 교육재정경제학 관련 주제의 논문

연도	권	호	논문 제목
1971	1		아세아지역의 교육 발전과 한국 교육 발전의 비교연구
1992	3	1	교육비의 사부담실태에 대한 국제적 비교와 사회적 원인
			The Perspectives in Private Highter Education-Phenomenographical Mapping
1995	5	1	Teacher Supoply and Demand in U.S.: Introducing Policy Models for Teacher Retention
			Economic Development and Reforms of the Educational System in the Republic of Korea
1997	7	1	대학 정원 결정 방법 국제비교연구
1998	8	2	Work Redesigh and Teacher Outcomes in American Public Schools
1999	9	1	한 · 미 · 일간 특수교육 환경과 재정규모의 비교 분석
		2	중국의 개혁개방과 시장 경제경영 교육
2000	10	1	소규모 학교 통폐합의 부당성 –문제제기와 논의–
			초등학생의 과외 실태에 관한 분석 연구
2003	13	2	한국과 중국의 고등교육 수월성 프로그램의 추진체제와 전망 비교: BK21(한), 211공정(중)을 중심으로
2005	15	1	OECD 주요국의 대학 학자금 지원제도 비교 분석 연구
2006	16	3	미국과 호주의 단위학교 예산제도 운영과 시사점 –초등학교를 중심으로–
2007	17	1	한국교육재정의 구조와 특징: 국제비교의 관점
		2	정치 · 사회적 맥락에서 본 OECD 주요국의 중등 사학에 대한 국가 지원과 통제
			영국의 대학 교육활동에 대한 수식형 재정지원제도 고찰
2008	18	1	고등교육기관에 대한 성과주의 예산의 적용 가능성과 한계 –미국에서의 성과주의 예산 시행경험을 바탕으로–
		2	능력기준 장학금정책의 변화동향과 쟁점분석 –미국 주정부의 '광범위한 능력기준 장학프로그램'을 중심으로–
2009	19	1	미국 영리대학 운영실태 및 국내 진출 관련 쟁점 분석
		3	고등교육서비스시장개방에 대한 미국 내 쟁점과 논쟁

2010	20	1	고등교육개혁 구현을 위한 호주의 고등교육 재정배분 제도
		2	독일 전일제학교의 학교급식 경비지원 및 시사점
			1950년대 미국 교육원조를 통한 교수 해외 연수 프로그램에 대한 사례연구
		3	Family and Student Characteristics and Exercise of Public School Choice Options in the U. S.
		4	서울시 교육청 학교선택권 확대 정책의 실효성 분석
		5	미국의 고부담 시험의 가능성과 한계
			미국 휴스턴 교육구의 교직원 성과급제도 고찰
2011	21	2	학력부진학교 개선을 위한 미국 연방정부의 지원정책과 책무성 확보방안
			중국 고등교육의 시장화 추세와 실상 연구
			자료포락분석을 이용한 대학의 연구 분야 효율성 국제비교
		4	국립대학 교원 임용 및 보수체계 개선에 관한 연구
			중국 고등교육 재정지원제도의 현황과 과제
			교육의 형평성에 기초한 칠레의 학교선택정책과 Voucher 체제 분석
2012	22	2	정부지원 글로벌 인재양성사업의 국제적 비교 분석
		4	영국과 프랑스의 교육복지사업 비교연구를 통해서 본 우리나라 교복투사업의 정치사회학적 성격
			한·중·일 3국의 정부지원 유학생정책 비교 분석
2013	23	1	대학생 정부지원 해외 인턴십 프로그램 운영과정 분석
		2	The Conceptual Comparative Study on the Effectiveness and Quality in Education
			Overcoming the Resource Curse through Educational Development: A Case of Algeria
		3	한국의 교원성과상여금제와 중국의 교사적효공자제(教師绩效工资制) 비교 분석
			중국 고등교육재정의 지역 간 형평성 추이
		6	세계 사교육시장과 정책 동향 분석
			한국과 일본의 기초교육 공적개발원조(ODA) 비교연구
			평생학습의 사회경제적 효과에 대한 국제비교 분석

<table>
<tr><td rowspan="4">2014</td><td rowspan="4">24</td><td rowspan="2">1</td><td>핀란드의 대학 교육활동 재정지원 사업의 특징과 시사점</td></tr>
<tr><td>독일, 일본, 한국의 베트남 교육개발협력정책 비교연구</td></tr>
<tr><td rowspan="2">6</td><td>IMD와 WEF 교육경쟁력지수에 대한 비판적 검토</td></tr>
<tr><td>국내 · 외 사교육공급자 특성 비교 및 해외진출 동향 분석</td></tr>
<tr><td rowspan="5">2015</td><td rowspan="5">25</td><td rowspan="2">1</td><td>대입전형 결과의 사회경제적 비형평성</td></tr>
<tr><td>對라오스 교육개발협력정책의 비교 분석</td></tr>
<tr><td>3</td><td>대학생 학자금 이중지원 방지제도의 현황과 주요 특징</td></tr>
<tr><td>4</td><td>스웨덴의 사례를 통해 본 학교선택제 시행의 실제</td></tr>
<tr><td>6</td><td>미국과 호주의 학교통폐합 교육영향평가제 비교연구</td></tr>
<tr><td rowspan="3">2016</td><td rowspan="3">26</td><td>2</td><td>A critical analysis of internationalization - The emerging global higher education market</td></tr>
<tr><td>3</td><td>미국 대학의 등록금 정책과 학자금 정책 분석</td></tr>
<tr><td>6</td><td>교육민영화 관점에서 미국과 한국의 홈스쿨링 비교연구</td></tr>
</table>

〈표 12-3〉 비교교육 연구에 게재된 교육재정경제학 관련 주제 논문의 연도별 논문 수 및 비율

연도	권	논문 수	재경논문 수	재경논문 비율	연간 발간횟수
1971	1	5	1	20.0	1
1977	2	5	0	0.0	1
1992	3	6	2	33.3	1
1993	4	13	0	0.0	1
1995	5	12	2	16.7	1
1996	6	13	0	0.0	1
1997	7	16	1	6.3	1
소계		70	6	8.6	
1998	8	26	1	3.8	2
1999	9	20	2	10.0	2
2000	10	18	2	11.1	2
2001	11	11	0	0.0	2

2002	12	22	0	0.0	2
2003	13	22	1	4.5	2
소계		119	6	5.0	
2004	14	36	0	0.0	3
2005	15	27	1	3.7	3
2006	16	38	1	2.6	4
2007	17	33	3	9.1	4
2008	18	34	2	5.9	4
2009	19	40	2	5.0	4
소계		208	9	4.3	
2010	20	43	7	16.3	5
2011	21	33	6	18.2	5
2012	22	38	3	7.9	5
2013	23	48	8	16.7	6
2014	24	57	4	7.0	6
2015	25	57	5	8.8	6
2016	26	38	3	7.9	6
소계		314	36	11.5	
합계		711	57	8.0	

비교교육 연구에 게재된 교육재정경제학 관련 주제의 논문을 앞의 〈표 12-1〉에 제시된 교육재정경제학의 연구 영역 내용 및 대상 구분에 따라 분류하면 〈표 12-4〉, 〈표 12-5〉와 같다. 표에서 볼 수 있는 바와 같이 교육재정경제학의 연구 대상을 기준으로 구분해 볼 때, 비교교육의 연구 영역이 다소 편중되었음을 알 수 있다. 특히 최근 중요성이 커지고 있는 영유아교육 분야의 교육재정경제학적 비교교육 연구는 한 편도 연구되지 않았다. 앞으로 교육재정경제학 분야의 비교교육 연구가 보다 활발히 이루어져야 함을 보여준다.

〈표 12-4〉 교육재정경제학의 연구내용 주제영역에 따른 비교교육 연구 게재논문 분류

연구내용 주제	편수	연구내용 주제	편수
1. 이론탐구 · 이론방향성 제시	3	13. 국책사업(누리, BK)의 성과 · 지원 분석	1
2. 현실정책탐구 · 정책방향성 제시	4	14. 기대수익 · 교육투자수익률	1
3. 등록금 · 학자금 지원	3	15. 배분 · 분배 과정(교육재원 · 재정 · 교육세)	1
4. 비교연구(주제 및 국가)		16. 보수 · 인건비 · 성과상여금	3
5. 교육 · 학력 · 경제수준 연구	2	17. 사교육비 · 사교육수요 · 사교육비경감	4
6. 교육 만족도		18. 인적자원	4
7. 교육수요	4	19. 지방교육재정	2
8. 교육 평가 · 성과(학교 및 기관의)	1	20. 지원정책(재정 · 경제와 관련)	13
9. 교육내용		21. 특성화	
10. 교육서비스(온라인교육 · 교육시장개방)	6	22. 학교의 설립 비용	
11. 교육지수개발(표준교육비 · 교육격차산출)	1	23. 학교의 재정 현황	1
12. 구조개혁	2	24. 제도	1
		소 계	57

〈표 12-5〉 교육재정경제학의 연구 대상 주제영역에 따른 비교교육 연구 게재논문 분류

연구의 대상(인적 분류)	편수	연구의 대상(기관 분류)	편수
1. 영유치원생		1. 영 · 유치원	
2. 초등학교 학생	1	2. 초등학교	2(10)*
3. 중등학교		3. 중등학교	11
4. 대학교	4	4. 대학교	24
5. 학생 전체	5	5. 학교 전체	5
6. 교사	3	6. 상급기관(교과부, 교육청, 교육위원회)	13
7. 교수	2	7. 국가단위	
8. 관리자(교장 · 교감)		8. 기타	1
9. 교육 행 · 재정가, 교육 행정 공무원			
10. 기타	42	소 계	56(10)

* ( ) 안은 중등학교와 공통 대상이 된 경우로서 전체에 미포함됨

4절 비교교육학 발전을 위한 교육재정경제학의 과제

비교교육을 위한 특별한 방법이 있는 것은 아니다. 비교교육학 연구를 위해서는 여러 가지 방법이 동원된다. 비교교육 연구의 목적과 주안점이 광범위하게 다르듯 사실들의 기술, 역사적 설명, 과학적 법칙 도출 등 다양한 방법이 동원된다. 질적 연구와 양적 연구, 질문지법, 면담법, 문서 분석 등 여러 가지 방법이 연구목적에 따라 단일 혹은 복합적으로 사용된다. 그러나 비교교육학 연구의 중심 방법은 역시 '비교'이다(정일환 · 김병주 외, 2012).

이미 앞에서 언급한 바와 같이 비교교육학이 그 명칭과의 괴리를 좁히며 각국 교육의 실제와 아이디어들을 본격적으로 비교하게 되는 것은 Bereday에 와서이다(정일환 · 김병주 외, 2012). 그는 이전처럼 특정의 국가나 지역에 관심을 갖고 기술하고 설명하는 '지역연구'를, 여러 나라와 지역에 동시에 관심을 갖고 병치 및 비교하는 '비교연구'와 본질적으로 차별화하였다. 비교의 전단계로서의 지역연구의 가치를 인정하면서도 성숙한 비교교육학의 수행을 위해서는 보다 다음 단계가 필요하다는 것이다.

Holmes(1965)는 비교를 향한 Bereday(1964)의 관심을 좀 더 특정 문제에 관한 사례연구 중심으로 발전시켰다. 그의 중심 과제는 비교교육학의 과학성, 즉 예측과 접근방법을 강조하는 것이었다. 그는 과학적 방법이 갖는 장점, 즉 절차의 가시성과 합리성, 증거제시의 반복 가능성, 결론의 재검증 능력 등으로 표현되는 객관성이 중요하다고 하였다(정일환 · 김병주 외, 2012). Holmes(1965)는 각기 다른 철학이 지배하는 나라들이라도 각국의 교육제도를 발전시키는 어떤 '공통의 지배원칙'이 있다고 보았는데, 이 원칙 혹은 법칙을 탐구하려는 것이 비교교육학이다.

비교교육학은 교육학의 대부분 분과학문과 교육의 모든 측면의 연구 주제를 공유할 수 있기는 하지만, 이렇게 보면 교육제도나 정책적인 측면들이 쉽게 비교교육 연구의 대상이 될 수 있음을 알 수 있다. 교육제도나 정책이 주된 연구 영역의 하나인 교육행정학은 물론 교육재정경제학이 비교교육학 연구의 주된 관심 영역이 될 수밖에 없는 이유이다.

그동안 교육재정경제학은 학문적으로 짧은 역사에도 불구하고 많은 발전을 이룩하였다. 교육재정경제학 분야를 연구하는 학자들의 수도 크게 증가하여 적절한 학문공동체를 구성하고 있으며, 이들에 의해 많은 연구가 수행되고 있다. 교육재정경제학 자체의 발전뿐만 아니라, 비교교육학적 관점에서 교육재정경제학이 지금보다 발전하기 위한 몇 가지 과제를 논의하면 다음과 같다.

첫째, 교육재정경제학 연구방법 및 접근 방식의 다양화가 필요하다. 그동안 교육재정경제학 연구가 교육재정 및 경제학적인 측면 자체에만 초점을 두어 왔는데, 교육재정경제학은 재정과 경제뿐만 아니라 정치의 함수이다. 앞으로는 교육재정 및 교육경제의 정치적인 측면에 대한 논의도 강조될 필요가 있다. 이러한 맥락 속에서 교육재정정책은 평등성, 효율성, 자유라는 기본 가치에 더하여 정치적 책임성, 정치적 수용 가능성 등과 같은 가치에도 관심을 가질 필요가 있다. 나아가 제4차 산업혁명은 물론 교육산업규모의 확대와 함께 교육과 관련된 각종 서비스 및 상품생산 활동 전반에 관한 분석 및 연구 활동도 활발하게 진행해야 한다. 특히, 좁게는 교수-학습과정에 대한 교육재정경제학적 분석이나 윤리학, 인문학, 사회 및 정치철학 등과의 다학문적 접근을 기울이고, 규범적 · 가치 지향적인 문제들도 포함하려는 노력이 필요하다. 교육재정경제학에 대한 비교교육학적 연구나 탐구는 이러한 관점에서 추가적인 분석이 이루어져야 할 것이다.

둘째, 교육재정경제학의 독자적인 이론체계 구축에 보다 많은 노력을 기울여야 한다. 그동안 짧은 역사속에서 교육재정학은 재정학의 영향 속에서, 교육경제학은 경제학의 주도하에 발전해왔기 때문에 재정학 및 경제학으로부터 도출된 개념, 이론, 방법론 등을 사용하고 있다. 하지만 교육재정경제학이 독자적 학문으로 성장 · 발전하기 위해서는 재정학 및 경제학과 구별되는 개념 및 이론체계를 구축하는 노력이 지속적으로 이루어져야 한다. 이는 재정학과 경제학을 배타적으로 보자는 것이 아니다. 두 학문

간 공통되는 부분은 학제적 접근에 의해 수용하되, 교육재정경제학은 교육의 독자성과 특수성을 고려한 이론체계의 구축을 위해 더욱 노력하자는 것이다. 근본적으로 교육의 개념, 기능, 역할, 특성이 경제의 그것과 다르다는 점에 대한 인식이 필요하다. 비교교육학은 이러한 교육재정경제학의 이론적 지향점이나 방향에 대한 국제적 비교에도 관심을 가질 수 있을 것이다.

셋째, 두 번째 과제와 연결되기는 하지만 한국적 교육재정경제학 연구의 독자성을 확보해야 한다. 그동안 우리는 교육재정경제학적 문제에 대한 관심과 연구가 대단히 부족하였다. 교육재정경제학을 연구하는 학문공동체가 구성되었다고는 하지만, 다른 학문공동체에 비해 그 수는 열악하며, 『비교교육 연구』 게재 전체논문 중에서 교육재정경제학 관련 논문 수가 많지 않다는 점에서 시사받을 수 있듯이 교육재정경제학 관련 연구와 관심 역시 크지 않았다. 국가경제는 이제 선진국 문턱에 서 있지만, 우리 교육은 아직도 선진국 수준의 질적 수월성을 확보하지 못하고 있다. 가장 큰 이유 중의 하나는 바로 교육재정 및 경제학적인 뒷받침이 부족했기 때문이다. 한 나라의 교육은 그 나라의 역사적·사회적·문화적·정치적 풍토에 의해 영향을 받을 수밖에 없으며, 이러한 영향은 독특하고 고유한 방식의 교육행태를 만들어낸다. 이제는 우리도 교육재정경제학의 토착화를 위한 노력을 시작해야 할 것이다. 토착화되고 독자성을 확보한 교육재정경제학의 토대 위에서 국제적인 관점의 교육재정 및 교육경제학에 대한 다양한 비교교육학적 연구가 시도되어야 할 것이다.

교육재정경제학은 교육학의 어느 분야보다 비교교육학적 분석이 필요한 분야이다. 교육재정 확보/배분 관점에서의 효과성·생산성·책무성의 비교, 사회제도/교육제도와 재정운영의 논리성 및 가치 분석 비교, 국제비교적 관점에서의 교육비 비교 및 체계화, 사회정치적 맥락에서의 교육재정 비교, 국가와 지자체의 관계 및 재정권의 비교, 제4차 산업혁명에 대비한 국가 간 교육투자 비교, 공공선택론적 관점에서 국가 간 비교, 국세와 지방세 등 교육관련 조세권의 비교, 교육산업에 대한 재정·경제학적 분석과 비교, 사교육비 비교, 평생학습 관점의 교육재정·경제 분석 비교, 학교단위의 회계제도의 비교, 국가별 교육투자의 효과성과 운용의 효율성 비교, 교육재정의 책무성 비교, 교육재정 평가 및 성과 비교 등은 앞으로 비교교육학적 관점에서 관심을 가져야 할 교육재정경제학의 주제를 몇 가지 나열해 본 것이다. 이들은 결국 우리나라 미래 학교교육의 성패를 좌우할 수 있는 중요한 영역들이다. 앞으로 이들에 대하여 비교교육학적 관점에서 더욱 활발한 연구들이 진행되기를 기대해 본다.

참고문헌

곽영우 · 김명수 · 반상진 · 최준렬(2003). **교육경제학**. 서울: 도서출판 하우. 한국교육행정학회.

김명수(2008). **한국교육행정학 연구의 동향과 과제**. 한국교육행정학회 제36차 연차학술대회 논문집.

김병주 · 홍준영(2010). 한국에서 교육재정경제학의 연구 동향: 내용 분석(Content Analysis). **민족문화논총**, 45집. 동아인문학, 17집.

김종철(1985). 교육행정학의 학문적 성격, 한국교육행정학연구회(편), **교육행정의 연구와 과제**, 서울: 대한교과서주식회사.

김지자(2005). 국제이해교육의 활성화와 교원양성교육의 개혁 과제. **한국국제이해교육학회지** 창간호. 1-13.

남수경(2015). 고등교육재정 연구의 동향과 과제. **교육재정경제연구**, 24(1), 59~84.

박선하(2013). **교육경제학**. 경기: 지식공감.

반상진(2008). **고등교육경제학**. 서울: 집문당.

반상진(2015). 교육재정 연구 방법론 동향 및 과제. 교육재정 연구동향 및 과제. 한국교육재정경제학회 2015 연차학술대회.

백일우(2001). **교육경제학**. 한국교육재정경제학회(편)(2001). **교육재정경제학백과사전**. 하우동설. 110-119.

백일우(2007). **교육경제학(개정판)**. 서울: 학지사.

서울대학교 교육재정경제연구회(2006). **한국교육재정경제학 서설**. 미간행.

서자영 · 최성륜 · 김소영 · 임철연(2013). 최근 교육재정경제학의 연구 동향. **교육종합연구**, 11(2), 53-72.

서정화(1985). 한국교육행정학의 연구동향. 1985년 하계 학술대회 논문집.

서지영 · 차양은(2005). 교육재정 · 경제학 연구동향 분석. **교육재정경제연구**, 14(1), 169~194.

윤정일(2000). **교육재정학**. 서울: 세영사.

윤정일(2001). **교육재정학**. 한국교육재정경제학회(편)(2001). **교육재정경제학백과사전**. 하우동설. 519-532.

윤정일 · 송기창 · 김병주 · 나민주(2015). **신교육재정학**. 서울: 학지사.

이규환(1990). **선진국의 교육제도**. 서울: 배영사.

이일용(2003). 한국교육행정학 연구의 동향과 과제: 연구방법 측면. **교육행정학연구**, 21(1).

이충원(1982). **비교교육의 이론과 실제**. 서울: 동아학연사.

임연기(2003). 한국교육행정학의 학문적 특성과 과제. **교육행정학연구**, 21(1).

정일환 · 김병주 외(2012). **비교교육학: 이론과 실제**. 파주: 교육과학사.

허병기(2003). 한국교육행정학연구의 동향과 과제: 연구내용을 중심으로. **교육행정학연구**, 21(1).

Bereday, G. Z. F. (1964). *Comparative Method in Education.* New York: Holt, Rinehart & winston.

Brickman, W. W. (1966). The Pre-history of Comparative Education to the End of the Eighteenth Century. *Comparative Education Review*, 10(1), 30-47.

Brickman, W. W. (1988). History of Comparative Education. T. Neville Postlethwaite(ed.). *The Encyclopedia of Comparative Education and National Systems of Education.* New York: Pergamon. 3-7.

Holmes, B. (1965). *Problems in Education: A Comparative Approach.* London: Routledge & Kegan Paul.

Jones, P. E. (1973). *Comparative Education: Purpose and Method.* St. Lucia: University of Queensland Press.

Kubow, P. K. & Fossum, P. R. (2007). *Comparative Education: Exploring Issues in International Context.* Upper Saddle River, NJ: Prentice Hall.

Tretheway, A. R. (1976). *Introducing Comparative Education*. Oxford: Pergamon.

이 글은 김병주(2017. 6). 비교교육학과 교육재정 · 경제학. 2017년 한국비교교육학회 학술대회 자료집, 81-90. 를 토대로 보완 · 작성한 것임.

CHAPTER 13

비교교육학과 교육정치학

1절 · 교육정치학의 학문적 성격
2절 · 비교교육학과 교육정치학의 관계
3절 · 비교교육 연구에서 교육정치학 연구 동향
4절 · 비교교육학 발전을 위한 교육정치학의 과제

1절 교육정치학의 학문적 성격

교육의 정치적 현상을 과학적으로 탐구하는 학문인 교육정치학은 인류의 가장 오래된 사회 현상들인 교육과 정치 현상을 탐구하는 학문인 교육학과 정치학을 모체로 삼고 있다. 두 학문의 복합적인 현상을 탐구하는 교육정치학은 20세기 초까지만 해도 사적 영역으로부터의 파생이라는 오랜 역사적 전통에 따라 교육에서 정치의 배제라는 '비정치의 신화'가 견지되고 있어서 그 모습이 구체화되지 못하였다. 당시 교육개혁가들 조차도 교육과 정치의 분리를 주창하였고, 교육은 오로지 교육전문가들에 의해 통제되는 영역으로서의 순수성이 강조되었다. 그러다가 제2차 세계대전 이후 미국 사회에서 인종 간의 차별과 관련된 일단의 판결들과 교원노조 활동의 과격화 등으로 인해 교육의 정치적 관련성이 본격적인 사회 현상으로 등장하게 됨에 따라 교육정치 현상을 탐구하는 연구자들이 등장하기 시작하였다. 이들 연구자들은 1969년 미국교육학회의 산하 전문연구자 집단으로 활동하면서 교육정치학회(Politics of Education Association)를 탄생시켰다(신현석, 1994). 1970년대가 미국 교육정치학의 다양한 실험이 계속된 10년이라고 한다면, 이후 1980년대부터는 교육개혁이 본격화됨에 따라 사회과학적 이론 및 모형의 도입·응용을 통한 정책 및 개혁 현상의 설명 및 관계 규명이 본격화되었다. 미국의 경우 교육정치학이 정치학자들에 의해 시작되었다는 특징이 있다면 한국의 경우는 교육행정학의 이원론을 극복하기 위하여 교육학계 내부의 노력으로 시작되었다(박대권, 2015: 103).

한국에서의 교육정치학은 1994년 교육정치학회가 창립되고 학회 학술지인 교육정치학 연구가 간행되면서 이 분야에 대한 연구가 본격적으로 실시되었다. 안기성(1994)은 교육정치학 연구의 창간사를 통하여 교육정치학의 학문적 목적과 그 존재 의의를 드러냈다.

이 땅에서도 오래 전부터 산발적으로 이 영역에 관한 연구물이 나타난 것이 사실이다. 그러나 이러한 연구물은 얼마 전까지만 하여도 교육과 정치의 관계를 타부시하는 오랫동안의 그릇된 관념이나 관행, 이른바 허구의 미신(迷信) 때문에 빛을 보지 못하였다. 이러한 종래의 경향은, 미국에 비하면 다소 늦은 출발이기는 하나, 1994년 '한국교육정치학회'의 결성으로 불식되었으며, 이로 인하여 이 땅에서도 이 학문이 국적을 획득하는 계기를 마련케 하였다(안기성, 교육정치학 연구 창간사, 1994: i).

안기성(1994)은 창간사에서 1980년 이래 한국사회는 모든 영역에서 정치화의 경향이 두드러지게 확산되었다고 진단하여 교육도 예외가 아니라고 주장하였다. 대학가의 학생운동, 교사들의 노조 구성, 교육개혁의 정치권 주도를 단순한 이념적 문제나 예외적 상황으로 보는 것이 아니라 교육정치학이라는 학문적 영역의 연구 대상이라고 선언한 것이다. 그때까지 교육학계에서는 '교육'과 '정치'는 함께 할 수 없고, 함께 해서도 안 되는 것으로 여겨져 왔다. 하지만 한국교육정치학회의 창립은 교육과 정치를 함께 언급하면 안 된다는 허구의 미신에 과학을 빛을 비춘 역사적 사건이라고 할 수 있다. 그 이전에 관련 연구가 산발적으로 이루어지거나 거의 빛을 보지 못하였으나(안기성, 1994), 학생운동, 교원노조 등 교육과 정치가 상호작용하는 사회현상을 연구하는 학문인 '교육정치학'이 교육정치학회의 태동과 함께 우리나라에서도 관련 연구가 본격화된 것이다. 학회 창립 이후 학문적 정체성에 대한 논구가 꾸준히 이루어져 오고 있는 가운데(신현석 · 정용주, 2015), 탐구 영역도 정책분석, 정치경제학적 해석, 미시교육정치학 등으로 확장되었다.

김용일(1994)은 국내 교육정치학 연구가 교육행정 연구자들의 노력에 의해 '행정과 정치의 분리'라는 이원론적 인식을 극복하고자 하는 노력에서 태동되었다고 지적하였다. '행정과 정치의 분리'는 행정에서 정치적 요소를 추방하고 경제성과 효율성을 추구하고자 하는 신념체계에 기반하여 '교육의 정치적 중립' 혹은 '비정치의 신화'와 같은 구호로 주장되어 왔다. 이에 교육정치학 연구에서 이를 극복하기 위해서는 '정치적 가치 내지 이슈'를 연구의 중심에 두는 것에서 출발해야 한다고 주장했다. 신현석(1994)은 미국의 사례를 통해 이를 뒷받침하였다. '정치와 교육의 분리(take education out of politics)'는 20세기 초 과학적 관리법을 교육 분야에 적용하려는 당시 개혁가들의 정치적 모토에 불과하며, 이후 이것이 맹신되어 왔다는 것이다. 20세기 전반 미국사회 전 분야에서 적용된 과학적 관리법이 교육 분야에서 당시 개혁가들에 시도되었다. 이를 위한 정치적 모토인 '정치와 교육의 분리(take education out of politics)'가 이후 계속 맹신되어 왔다는 것이다. 문민정부 출범 직후인 1994년 교육정치학회를 통한 주장은 교육학계의 '코페르니쿠스적 인식 전환'이라고 할 수 있다.

우리나라에서 교육정치학 연구가 주로 교육학 분야에서 시작된 것과 달리 미국에서는 정치학과에 소속된 순수 정치학자들에 의해서 주도되었다는 특징이 있다. Wirt와 Kirst(1972)는 교육학에서의 사회과학분야가 지나치게 사회학 중심적임을 지적하였다. 또한 당시의 지방정부 및 정책분석 관련 정치학 과목이 정부, 정책, 비즈니스, 노동문제에만 집중하고 실제로 지방정부 예산 중 가장 큰 비중을 차지하는 학교와 관련된 정치(school politics)는 거의 다루지 않는 경향을 발견하였다. Wirt와 Kirst는 이러한 문제의식에 대하여 1972년 『Political and Social Foundations of Education』을 저술하였다. 이후 『The Political Dynamics of American Education』로 제목이 바뀐 이 책은 지금도 미국에서 교육정치학의 표준교과서로 사용되고 있다. 또한 미국의 교육정치학은 교육행정학자들에 비해서 정치학자들이 사회과학적 관점에서 학교와 교육을 보는 전통이 강하다. 교육학자들보다는 정치학, 사회학, 경영학, 법학, 경제학 등 사회과학자들이 교육정치학 연구의 주류를 이룬 것은 이와는 무관하지 않을 것이다(신현석, 1994: 48).

1990년대 초부터 약 20여 년간 미국 교육정치학계의 가장 큰 이슈였던 '학교선택(School Choice)' 분야의 주요 연구자를 보더라도 이를 확인할 수 있다. 1990년 브루킹스 연구소에서 간행된 『Politics, Markets, and America's Schools』은 개념적으로만 존재하던 Milton Friedman의 바우처제도를 학교에 본격적으로 적용하여 그 이후 학교선택과 관련된 논쟁을 촉발시켰다. 이 책의 저자인 Chubb과 Moe는 모두 정치학자이다. 학교선택을 만병통치약(panacea)이라고 주장한 이 책에 학문적인 일침을 가한 『Rethinking School Choice』(1995)를 저술한 Henig도 당시 도시정치학을 담당하던 정치학자로써 조지 워싱턴대학교 정치학과에 재직 중이었다(2002년 컬럼비아대학교 교육대학원으로 소속을 옮김). 또한 위스콘신주 밀워키의 바우처제도(Milwaukee Parental Choice Program)에 대한 실증 연구로 유명한 Witte도 교육학자가 아닌 정치학자로 위스콘신대학교 Madison캠퍼스의 행정대학원에 재직 중이었다. Peterson은 하버드대학교 케네디 스쿨의 정책학 교수로 2000년 대통령 선거 기간 중 교육 이슈를 주요 주제로 만든 바우처제도에 대한 효과성 연구 결과 발표로 논란을 일으킨 바 있다. 이에 대한 반박 연구를 후에 진행한 사람도 프린스턴대학의 경제학자인 Rouse였다.

우리나라에서 교육정치학 연구가 심화되면서 교육학, 교육행정학을 비롯한 여타 분과학문과 관계 정립을 비롯해 "교육정치학의 학문적 성격이 무엇인가?"라는 질문이 지속적으로 제기되어왔다. 이러한 교육정치학의 학문적 정체성에 대한 탐구가 개인적 연구차원과 학회의 학술대회 차원에서 계속되었다. 특히 교육정치학의 학문적 정체성에 대한 연구는 다른 학문과의 관계로부터 파생되는 독자성 그리고 외국 학문과의 관계로부터 파생되는 한국적 고유성을 양대 축으로 하여 진행되고 있다(신현석 · 정용주, 2015). 정체성 연구의 분기점이 되는 2004년에는 '한국교육정치학 연구의 10년 성과'라는 주제로 '학문적 정체성', '연구동향', '학회의 발전', '한국교육정치학의 발전과제'라는 논문들이 발표되었다. 같은 해 이일용(2004)은 한국교육행정학회가 주관한 교육행정학 연관 학문 분야의 정체성을 규명하기 위한 학술대회에서 '교육정치학의 지식의 구조와 범위'라는 주제로 발표하기도 하였다.

일반적으로 "교육정치학이 어떤 성격의 학문이고, 연구 대상은 무엇이며, 연구방법은 무엇인가?"라는 질문은 학문 일반의 정체성을 논할 때 제기되는 질문으로 교육정치학의 학문적 정체성을 논할 때도 동일하게 적용될 수 있다. 이에 따르면 교육정치학은 고유한 연구 주제가 있어야 하고, 주제를 체계적으로 정리 해석할 수 있는 이론이 있어야 하며, 개념적 경계가 뚜렷해야 한다. 또한 독립된 학과가 있으면 독자성의 정도가 높아지게 된다. 이러한 관점에서 교육정치학의 학문적 정체성을 논한 선행 연구들(김용일, 1994; 이일용, 2004)은 교육정치학의 학문적 정체성을 확실히 할 필요가 있다는 지적을 공히 하고 있지만, 정체성 확립을 위한 요건을 제시하는 데까지는 이르지 못하고 있다. 특히 교육정치학이 "교육정치라는 현상을 과학적으로 탐구하는 것"이라고 할 때, 지금의 교육정치학이 "교육에 대한 정치학적 학제 분석 연구인가, 혹은 고유한 의미의 교육정치를 연구하는 학문인가?" 하는 본질적인 질문은 생략한 채, 교육정치학의 학문적 성격, 범위와 지식의 구조를 여러 분과학문의 이론을 차용하여 논의하였다는 한계가 있다. 보다 구체적으로 교육정치학이 다른 교육학과 교육학 관련 분과학문에서 탐구되지 않은 사실을 포착하는 고유한 지식체계를 확보하고 있으며 방법론적 특성을 가지고 있는지에 대한 체계적인 검토가 부족했다(신현석 · 정용주, 2015). 이런 점에서 교육정치학의 학문적 정체성을 규명하려는 논의가 오래전부터 있어왔지만 상대적으로 연구축적은 제대로 이루어지지 않았다고 할 수 있다.

결과적으로 2000년대부터 학술대회를 비롯해 교육정치학의 학문적 정체성을 구축하려는 노력은 지속되었으나 한국적 교육정치학의 정체성에 대한 연구 활동으로 지속되지 못하고 단편적이며 분절된 연구가 수행되고 있어 분과학문으로서 위상을 정립하려는 노력이 지속되지 못하고 있다. 다른 한편으로는 외래 이론의 무비판적 적용과 답습으로 인한 이론과 현실의 괴리 등의 비판이 증가하였다고 볼 수 있다. 이러한 위기는 교육정치학의 학문적 정체성이 무엇인지 그것이 무엇으로 구성되어 있는지에 대하여 논하지 않았기 때문에 내재적으로 존재하는 위기라고 볼 수 있다(신현석 · 정용주, 2015). 따라서 한국교육정치학은 이러한 내재적 위기를 극복하려고 노력하는 한편 교육정치학의 학문적 정체성을 체계화하고 분류함으로써 교육정치학의 학문과 학문공동체는 무엇이고 무엇을 지향해야 하는지 등을 지속적으로 상정하여 탐구하여야 할 것이다.

2절 비교교육학과 교육정치학의 관계

현상을 비교한다는 것은 인간의 생활에서 나타나는 기본적인 행위이다. 이 세상에는 비교라는 인식을 거치지 않은 것이 있을까 할 정도로 비교는 중요한 인간의 기본적인 인식 활동의 하나이다. 비교를 통해 다름을 발견하고 그 이유를 설명하고 결과의 차이를 입증하기 위한 인간의 의식적인 활동이 과학적 사유의 근본을 이루고, 그것이 우리 인류에게 가져다준 혜택은 누구도 부정하기 힘들다. 그러기에 이 세상의 진보는 비교로부터 비롯되었다고 해도 과언이 아닐 것이다. 두 개 이상의 사물이나 현상이 같은지 다른지, 큰지 작은지를 그 원인, 과정(내용 및 방법), 결과에 대해 설명하려고 하는 비교는 그 주제와 방법론 면에서 하나의 학문 탐구 영역으로 발전하기에 충분한 조건을 '비교'라는 함축적인 의미 속에 담고 있는 셈이다. 이에 따라 오늘날 거의 모든 학문 분야에서 비교연구는 중요한 탐구의 한 영역 혹은 분과로 자리 잡고 있다(김용학, 2000; 남궁근, 1999; 박천오 외, 2013; 신명순 · 진영재, 2017).

전 세계적으로 교육학분야에서 비교연구는 외국의 교육에 대한 진지한 관찰과 연구가 본격화되기 시작한 19세기 이후에 비롯된 것으로 보고 있다. 의식적으로 외국 교육의 우수한 부분을 차용하려는 의도에서 비교교육 연구가 시작된 것이다. 비교교육학이라는 말이 처음 쓰이기 시작한 것도 19세기 초이고, 프랑스의 교육학자인 Jullien(1775~1848)은 『비교교육학 연구를 위한 구상과 예비적 견해』라는 책을 통해 비교교육학의 목적과 방법에 대해 상세하게 언급하였다(정일환 외, 2012: 15). 이후 비교교육학은 20세기 전반부에 활동한 Ushinsky와 Sadler 등이 설파한 역사적 환경과 맥락 속에 존재하는 교육제도의 설명 및 가치의 부여 단계, 20세기 중반 이후 Bereday, Holmes 등이 강조하는 과학적 법칙의 발견을 통해 교육제도를 설명하는 단계를 거쳐 오늘에 이르고 있다. 한국에서 비교교육은 1950~60년대 산업화를 통한 경제적 근대화를 이룩하기 위해 교육의 역할이 중차대한 시점에서 외국의 교육제도와 방법에 대한 관심이 크게 늘어나면서 자연스럽게 교육학 분야의 한 연구 영역으로 자리 잡게 되었다. 1968년에 교육철학자, 교육사회학자, 교육행정학자들이 주축이 되어 한국비교교육학회가 창립되어, 한국교육학회의 분과 학회로 가입(1970년)하여 교육학적 기반을 공고히 하였고, 아시아비교교육학회 창립 멤버(1995년)로서의 활동과 세계비교교육 학술대회 개최(2001년) 등을 통해 국제적 위상을 떨치며 오늘에 이르고 있다(정일환 외, 2012: 94-98).

비교교육학과 교육정치학은 각각의 필요와 요구에 따라 독립적인 학문발전의 경로를 밟아왔다. 두 학문 모두 교육학의 분과 학회로서 교육학적 기반이 우세한 가운데 대부분 교육학의 분과 학문들이 겪고 있는 응용학문으로서 학문적 정체성의 문제와 탐구 주제의 확장성 및 방법의 편포성 등의 문제를 고민으로 안고 있다. 그리고 학문공동체의 분산과 응집성의 문제는 학문의 성격에 부수하는 또 다른 문제이다. 이러한 문제 제기에도 불구하고 비교교육학은 오늘날 외국의 교육적 상황과 발전에 대한 호기심과 궁금증이 실천적 수요를 끊임없이 창출하는 과정에서 실용성이 인정되고 있다. 또한 교육정치학은 인간의 기본적인 이해와 관심의 차이에서 비롯된 다름과 갈등을 어떻게든지 해소하려는 기본적인 욕구로부터 출발하여 교육정책과 제도의 형성 및 집행과정에서 나타나는 갈등과 협력 그리고 협치라는 다원주의 사회의 주요 키워드가 중요하게 다루어지는 지금 미시정치적 접근으로부터 거시정치적 접근으로의 부활이 모색되는 시점에 있다.

학문 탐구의 관점에서 비교교육학의 연구 주제는 기본적으로 외국의 교육제도와 교육정책의 체계와 운영에 대한 관심이 주를 이루고 있기 때문에 필연적으로 교육정치학적 주제와 담론들이 연구의 대상으로 관여되어 왔다. 또한 교육정치학 연구에 있어서도 비교연구는 주제와 방법론 모두 활발하게 활용되는 경향을 보여 왔다. 서로 각자의 독립적인 영역의 일부를 차지하고 있는 두 학문은 지금까지는 분리된 가운데 발전을 지향해왔지만 분명 탐구의 과정에서 상호 공유와 협력할 수 있는 여지가 있을 것으로 보인다. 더 나아가 비교교육학과 교육정치학의 공통분모적 학문으로서 '비교교육정치학'이라는 새로운 학문 탐구영역을 개척할 수 있는 가능성도 모색해 볼 수 있을 것이다. 이 장은 이러한 아이디어를 구체화하기 위한 필요에 의해서 비롯되었다. 따라서 여기서는 비교교육학과 교육정치학의 학문적 관계에 대한 기반적 이해를 바탕으로 상호 관련된 연구동향을 살펴보고 상호 협력과 연계를 통해 새로운 학문 발전의 기틀을 모색해 보고자 한다.

1. 주제별 분류

이규환(2010)은 비교교육학에 대하여 "비교적 방법에 의하여 2개 이상의 국가 또는 2개 이상의 지역에서 실시되고 있는 교육제도 및 교육적 활동을 비교 분석함으로써 '유사성'과 '상이성'을 규명하고, 이에 대해 연구자 자신의 시각에서 사회과학적으로 해석하여 교육의 본질을 해명하려는 학문"이라고 규정하였다. 특히 1980년대 이후 제3세계의 교육제도에 대한 연구가 주로 실시되면서 '정치경제적 헤게모니', '(후기)식민주의' 등에 대한 연구가 실시되면서 교육정치학과의 접점이 생기기 시작했다. 또한 전 세계적 교육개혁운동(Global Education Reform Movement, G.E.R.M.)의 사조(Sahlberg, 2010) 및 해외 우수사례 도입을 통한 자국의 교육의 질을 꾀하려는 교육정책의 동일화(synchronization) (Lee & Park, 2014) 등에 의하여 교육개혁 관련 비교연구가 활성화되며 교육정치학과의 공통부분이 커지고 있다.

지난 20년 동안 교육정치학 분야의 성과라 할 수 있는 『교육정치학 연구』의 내용에 대한 분석이 두 차례 있었다. 이일용(2004)은 한국교육정치학회 창립 10주년을 맞이하여 1994년부터 2003년 사이에 출간된 한국교육정치학회의 학술지인 『교육정치학 연구』에 대한 발간 호수별 논문 게재 수 및 연구내용 등을 분석하였다. 해당 학술지에 간행된 논문을 11개의 주제로 범주화하였는데, '교육정치학 연구', '교육개혁', '교육정책 및 평가', '교육통치 · 교육자치 및 학교자치', '교원', '교육과정', '초중등교육', '대학교육', '시민교육', '남북문제', '해외사례'가 그 내용이다. 2014년 박대권은 한국교육정치학회 창립 20주년 기념학술대회에서의 발표원고를 통하여 이일용의 분석틀에 기초하여 이일용이 분석한 시기 이후 10년(2004~2013년)의 『교육정치학 연구』 수록 논문에 대한 분석을 실시하였다. 투고 논문의 증가 및 투고자들의 연구 관심 다양화로 인하여 '교육복지', '보육 및 유아교육'의 두 가지 주제를 분석틀에 추가하였다(박대권, 2015). 두 논문에서 다룬 시기를 합쳐 『교육정치학 연구』 창간 이후 20년(1994~2013년) 간의 논문을 살펴보면 '교육정책 및 평가', '교육통치 교육자치 및 학교자치', '대학교육', '교원', '초중등교육'이 순서대로 가장 많이 다루어진 주제들이다. 그 이외의 주제까지 포함하여 주제별 게재논문 수 및 그 비율을 자세히 살펴보면 〈표 13-1〉과 같다.

〈표 13-1〉 교육정치학 연구 게재논문의 주제

주제	게재수	비율(%)
교육정책 및 평가	64	21.9
교육통치, 교육자치 및 학교자치	34	11.6
대학교육	30	10.3
교원	28	9.6
초중등교육	22	7.5
해외사례	19	6.5
교육개혁	18	6.2
교육정치학 연구	15	5.1
교육과정	7	2.4
시민교육	6	2.1
교육복지	4	1.4
보육 및 유아교육	4	1.4
남북문제	3	1.0
기타	5	1.7
합계	292	100

한국비교교육학회의 창립 배경에는 한국전쟁 이후 교육이 근대화 및 국가 발전의 원동력이라는 당시 사회적 신념과 선진국의 교육 발전 양상과 교육을 통한 국가발전에

대한 관심 등의 사회적 분위기가 있다. 이에 '세계 교육정보 교류', '세계 교육학자 교류', '한국교육의 세계교육과의 문호개방' 등을 설립취지로 학회가 1968년 창립되었고, 1970년에 한국교육학회의 분과연구학회로 가입하였다(권동택 외, 2010). 근대화와 국가 발전의 중요 수단으로써의 교육을 강조하면서 자연스럽게 해외의 교육정책 사례에 대한 소개가 많이 이루어졌다. 〈표 13-2〉에도 나타나듯이 '교육개혁', '고등교육개혁', '대학평가' 등 정책관련 분야가 가장 많이 연구되어 교육정치학과의 학문적 접점을 가진다.

권동택 등(2010)은 한국비교교육학회의 학술지인 '비교교육 연구'에 창간 년도인 1971년부터 2009년 사이에 게재된 396편의 논문 내용에 대한 주제어 분석을 실시하였다. 이를 통하여 3회 이상 출간된 주제는 39개로 '교육개혁', '고등교육개혁', '대학평가', '재외국민', '법규', '교사교육', '비교교육학', '교과서', '대안학교', '교사전문', '교육과정개정', '인적자원' 등 12개의 주제들이 6회 이상 학술지에 간행되었다. 이들 12개 주제가 전체 게재 논문 수에서 차지하는 비율은 33%였고, 5회 이하로 다루어진 기타 주제들이 67%로 비교교육학 분야에서 매우 다양한 주제가 대한 연구가 이루어지고 있음을 알 수 있다. 이를 빈도별 및 비율별로 정리하면 〈표 13-2〉와 같다.

〈표 13-2〉 비교교육 연구 게재논문의 주요 주제

주제	게재수	비율(%)
교육개혁	31	7.8
고등교육개혁	12	3.0
대학평가	12	3.0
재외국민	11	2.8
법규	10	2.5
교사교육	10	2.5
비교교육학	9	2.3
교과서	9	2.3

대안학교	8	2.0
교사전문	7	1.8
교육과정개정	6	1.5
인적자원	6	1.5
기타	266	67
합계	397	100

주: 권동택 등(2010: 147)의 표를 재편집

두 학문영역의 협력적 관계인 '비교교육정치학'이라는 새로운 학문의 가능성을 모색하기 위하여 비교교육학과 교육정치학 양 학문 분야의 공통분모를 도출하였다. 이를 위하여 『교육정치학 연구』에 게재된 비교교육 분야 논문과 『비교교육 연구』에 실린 교육정치학 분야 논문을 추려내어 두 학문영역 사이의 공유된 연구물을 살펴보았다. 『교육정치학 연구』는 창간호인 1권 1호부터 23권 4호(1994~2016년)에 실린 333편의 논문 중 비교교육학적 접근방식으로 연구를 진행한 22편의 논문을 선정하였다. 『비교교육 연구』의 경우 1971년 발간된 창간호인 1권부터 2016년 간행된 26권 6호까지 게재된 총 680편의 논문 중 교육정치학 분야를 다룬 154편을 추출하였다. 교육정치학 연구에서 비교교육적 시각으로 접근하여 비교교육학과의 접점을 찾을 수 있는 논문이 전체 게재논문 333편 중 22편(전체 게재 논문 수 대비 6.6%)에 불과한 이유는 연구 주제가 국내 지향적이기 때문이다. 외국과의 비교보다는 국내에서 발생하는 현상과 이슈를 주제로 분석하는 교육정치학의 학문적 성격에 연유한다고 볼 수 있다. 아울러, 외국과의 비교나 해외사례 소개를 목적으로 작성된 논문이라면 연구자가 『교육정치학 연구』가 아니라 『비교교육 연구』에 투고했을 가능성이 높기에 교육정치학 연구에 투고된 편수가 적을 것이다. 이와는 대조적으로 비교교육 연구에 게재된 논문 중 교육정치학 분야를 다룬 논문이 총 게재논문 680편 중 154편으로 전체의 1/4에 해당하는 22.6%에 육박했다. 이는 해외사례를 소개하거나 우리나라에서 벌어지고 있는 현상을 설명하기 위하여 외국의 교육제도나 교육정책의 체계 또는 프로그램 운영 등이 모델 또는 타산지석이 될 수 있기 때문이다. 따라서 『비교교육 연구』에는 해외 교육정책 및 교육개혁과 관련된 논문이 게재 논문의 다수를 이루고 있다.

교육정치학 연구에 게재된 비교교육 분야의 논문 22편과 비교교육 연구에 실린 교육정치학분야 논문 154편을 비교하기 위하여 새로운 분석틀이 필요하였다. 앞에서 소개한 것처럼, 교육정치학 분야와 비교교육 분야의 주제를 각각 다루는 분석틀은 이미 존재하지만 두 분야의 교집합 부분을 찾아내기 위해서는 양쪽의 시각이 모두 필요하였기 때문이다. 교육정치학 분야가 주로 실리는 『교육정치학 연구』의 경우 이일용(2004)이 개발하고, 박대권(2015)이 개정한 분석틀을 통하여 분석한 결과 게재된 모든 논문의 대부분인 98.3%가 분석틀의 범주 속에 포함되었다. 이와는 반대로 『비교교육 연구』의 경우 연구 분야의 광범위성 때문에 권동택 등(2010)이 정리한 6회 이상 게재된 12개 주제에는 전체 게재 논문 중 33%만이 해당하고, 나머지 67%의 논문이 5회 이하로 다루어졌다. 양 쪽 분야의 비교가 가능하게 하기 위하여 이 둘 간의 단위(scale)를 맞추는 새로운 틀이 필요할 수밖에 없다.

이를 위하여 교육정치학의 13개 분류 단위와 비교교육 연구의 12개 분류 단위를 기초로 먼저 대분류 단위로 '교육정치', '교육정책', '교육개혁', '정치교육'의 4대 분야를 추출하였다. 비교교육학과 교육정치학의 접점을 찾기 위해서 양 학문의 주요 주제인 4가지 주제어를 선정한 것이다. '교육정치' 분야는 중분류로 '거시교육정치'와 '미시교육정치'로 구분하였다. '거시교육정치' 분야는 교육기관 외부의 행정체제나 국가, 정부, 지방자치 단체 등을 다루었고, 이를 다시 세분화하여 '정치과정', '거버넌스', '교원단체'를 소분류의 범주로 하였다. '미시교육정치'는 교육기관 내부에서 이루어지는 정치적 행위 등이 그 주 내용이다. 교육정책은 분야별로 '학교교육(초 · 중등)정책', '고등교육정책', '평생 · 직업교육정책', '교원 · 교육과정정책'으로 다시 중분류하였다. 교육개혁의 경우 교육정치학 연구에서는 4편만이 해당되어 단일 범주로 분류하기 힘들었지만, 비교교육 연구의 경우 38편이 간행되어 단일범주로 구성하였다. 그 다음 단계로의 세부 분류를 위하여 '교육일반', '초중등교육', '고등교육'의 중분류 단위로 유목화하였다. 4개의 대분류 범주, 9개의 중분류 범주, 6개의 소분류 범주를 표로 정리하면 〈표 13-3〉과 같다. 〈표 13-3〉의 분석틀을 사용하여 '비교교육학 연구에서의 교육정치 및 정책의 연구 동향'과 '교육정치학 연구에서 비교교육 연구 동향'을 분석하였다.

〈표 13-3〉 비교교육정치학 모색을 위한 분석틀

<table>
<tr><th>대분류</th><th>중분류</th><th>소분류</th></tr>
<tr><td rowspan="4">교육정치</td><td rowspan="3">거시교육정치</td><td>정치과정</td></tr>
<tr><td>거버넌스</td></tr>
<tr><td>교원단체</td></tr>
<tr><td>미시교육정치</td><td></td></tr>
<tr><td rowspan="6">교육정책</td><td rowspan="3">학교정책
(유 · 초 · 중등)</td><td>학교일반</td></tr>
<tr><td>학교선택
(홈스쿨링 포함)</td></tr>
<tr><td>교육과정</td></tr>
<tr><td>고등교육정책</td><td></td></tr>
<tr><td>평생/직업교육정책</td><td></td></tr>
<tr><td>교원정책</td><td></td></tr>
<tr><td rowspan="3">교육개혁</td><td>교육개혁 일반</td><td></td></tr>
<tr><td>초 · 중등교육개혁</td><td></td></tr>
<tr><td>고등교육개혁</td><td></td></tr>
<tr><td>정치 · 시민교육</td><td></td><td></td></tr>
</table>

2. 시기별 분류

두 논문은 발간 시점 사이에 23년의 차이가 있다. 『비교교육 연구』는 1971년에 창간호가 발간되었고, 『교육정치학 연구』는 1994년부터 간행되기 시작하였다. 『비교교육 연구』는 간행의 시기가 연속적이지 않았다. 1972년부터 1976년 사이에 간행되지 않다가 1977년 한 해 간행되었다. 이후 1978년부터 1991년까지 간행되지 않았다. 1971~1993년

사이의 시기는 『비교교육 연구』만을 분석의 대상으로 삼을 수밖에 없었다. '5공화국'(전두환 정부) 시절 전혀 간행되지 않고, '6공화국'(노태우 정부)은 마지막 한 해만 발간되었다. 따라서 '3공화국'과 '5공화국', 또한 '6공화국' 시기에 이루어진 논문은 거의 없었다(3공화국과 6공화국 시절 각 1편).

즉, 비교교육 연구가 실질적 비교 대상이 된 내용은 문민정부 이후에서 1994년 창간된 『교육정치학 연구』와 같은 시기에 간행된 논문들이었다. 1993년 출범한 '문민정부'(김영삼 정부)부터 '국민의 정부'(김대중 정부), '참여정부'(노무현 정부), '이명박 정부'는 각 정부별로 5년을 단위로 분류하였다. 시기별 분류표를 주제별 분류표와 병합하여, 각 시기별로 어떠한 주제를 논문으로 다루었는지를 살펴보았다.

3. 국가별 분류

일단 논문 수가 적은 『교육정치학 연구』에서 다루어진 국가를 중심으로 대상 국가를 1차적으로 선정하였다. 단독으로 다루어진 국가가 8개국이었고, 이 중 많이 언급된 '미국', '영국', '일본', '중국', '북한' 이외에 '프랑스' 등 6개국을 대상 국가로 선정하였다. 『비교교육 연구』에서 많이 다루어진 국가를 선정한 결과 약간의 변경이 생겼다. '북한'의 경우 『교육정치학 연구』에서는 통일 관련 연구가 이루어졌으나, 『비교교육 연구』에서는 다루어지지 않았다. 이에 '북한'을 제외하고, '독일', '호주', '인도'를 추가하였다. 비교교육학과 교육정치학의 접점을 찾다보니 비교교육 연구에서 정치, 정책 관련 논문을 추출하였고, 이러한 이유로 흔히 선진국의 정책, 제도, 우수사례나 비선진국의 우수사례가 선정되어서 선진국 위주로 국가가 최종 선정되었다.

'인도'의 경우 유・초・중등교육에 대해서는 언급이 이루어지지 않고 대학교육에 대해서만 언급되었다. 우수한 소수 대학교들에 대한 연구가 이루어졌기 때문이다. 고등교육 분야에서 새로운 시도가 많이 이루어지는 '중국'과 '인도'를 제외하고는 소위 선진국들이 주요 연구 대상 국가였다.

3절 비교교육 연구에서 교육정치학 연구 동향

1. 『비교교육 연구』에서 교육정치학 연구 동향

1) 분석방법

『비교교육 연구』는 창간호인 1호부터 2016년에 간행된 26권 6호까지 총 680편의 논문이 게재되었다. 680편의 논문 중 앞에서 제시한 '비교교육정치학 모색을 위한 분석틀'의 주제에 해당되는 154편의 논문을 추출하였다. 154편에 대한 논문을 다음의 단계로 분석하였다. 먼저, 분석틀을 사용하여 논문을 분류하였고, 범주별 게제논문의 게재빈도 및 그 비율을 추출하였다. 그 다음으로 해당 논문이 어느 시기에 게재되었는지를 각 정부별로 분류하였다. 마지막으로 분석틀의 범주에 해당하는 주제가 다루어진 주요국가 8개국을 추출하여, 주제에 대한 해당 국가별 연구현황을 파악하였다.

2) 분석결과

(1) 주제별 분류

『비교교육 연구』에 게재된 교육정치학분야의 논문 중 대분류 유목을 중심으로 보면 '교육정치' 21편, '교육정책' 79편, '교육개혁' 40편, '정치 · 시민교육' 14편으로, '교육정책' 영역이 전체의 51.3%를 차지하였다. 중분류의 경우 유 · 초 · 중등 교육을 망라한 '학교정책'은 51편의 논문이 게재된 반면, 대학교육과 관련된 '고등교육정책'은 16편이 게재되어 초중등교육에 집중된 연구경향성을 보였다. 이와는 반대로 '교육개혁' 영역의 경우 '고등교육개혁' 21편, '학교교육개혁' 11편으로 대학교육과 관련된 논문이 더 많이 게재되었다.

가장 빈도가 높은 주제는 학교와 관련된 '학교일반 교육정책'으로 총 27편이 출간되었다. 교육개혁 범주에서 다룬 유·초·중등 분야의 '학교교육개혁'(11편)을 더하면 유·초·중등학교 관련 논문이 38편이 출간되어 전체의 1/4에 해당하는 24.7%를 차지하였다.

다음으로 빈도가 높은 주제는 '고등교육개혁'으로 게재된 논문이 21편이었다. '고등교육정책' 논문을 16편 게재하여 대학관련 논문이 37편으로 전체 논문의 24%를 각각 차지하여 유·초·중등학교와 거의 대등한 논문 게재수를 나타냈다.

외국의 유·초·중등교육 및 고등교육 등 제도교육 관련 연구가 절반에 육박하여 비교교육학 분야의 주 관심사임을 알 수 있다. 학교 바깥의 성인을 대상으로 한 '평생/직업교육정책' 분야는 단 한 편(0.6%)의 논문만이 게재되어 연구의 경향성을 추측할 수 있다. 〈표 13-4〉에 그 내용이 요약되어 있다.

〈표 13-4〉 비교교육 연구에 게재된 교육정치학 관련 논문들 주제별 분류

대분류	중분류	소분류	게재논문 수	게재논문 비율(%)
교육정치 21(13.6)	거시교육정치 17(11.0)	정치과정	12	7.8
		거버넌스	4	2.6
		교원단체	1	0.6
	미시교육정치 4(2.6)		4	2.6
교육정책 79(51.3)	학교정책 (유·초·중등) 51(33.1)	학교일반	27	17.5
		학교선택 (홈스쿨링 포함)	6	3.9
		교육과정	18	11.7
	고등교육정책 16(10.4)		16	10.4
	평생/직업교육정책 1(0.6)		1	0.6
	교원정책 11(7.1)		11	7.1

교육개혁 40(26.0)	교육개혁 일반 8(5.2)		8	5.2
	초·중등교육개혁 11(7.1)		11	7.1
	고등교육개혁 21(13.6)		21	13.6
정치·시민교육 14(9.1)			14	9.1
계			154	100

(2) 시기별 분류

'비교교육 연구'는 박정희 대통령 시절의 유신 직전인 1971년부터 발간되었다. 1994년에 간행되기 시작한 '교육정치학 연구'보다 23년 먼저 발간되기 시작하였다. 앞에서 밝힌 것처럼, '3, 4공화국'(박정희 정부, 이하 편의상 3공화국) 기간 중 두 해(1971년, 1977년)만 간행되었다. '5공화국'(전두환 정부) 시절은 전혀 간행되지 않았고, '6공화국'(노태우 정부) 시기는 마지막인 1992년 한 해만 간행되었다. 23년 동안 교육정치학 관련 논문은 단 2편만이 게재되어 권위주의 정부 시절로 간주되는 당시에는 비교교육이나 교육정치학 관련 논의가 이루어지기 힘들었음을 짐작할 수 있다.

참여정부(55편, 35.7%)와 이명박 정부(40편, 26%) 시절이 가장 활발한 연구가 진행되었다. 박근혜 정부(23편, 14.9%), 국민의 정부(18편, 11.7%), 문민정부(16편, 10.4%)가 그 뒤를 이루었다. 5·31교육개혁으로 대표되는 문민정부 시절에 해당 연구물이 많지 않은 것은 '비교교육 연구'가 해당기간(1993~1997년) 사이 연 1회씩만 간행됐기 때문이다. 1994년은 간행되지 않아서 이 기간 4회만 간행되었다. 국민의 정부 시절에는 매년 2회씩 간행되어 총 10편이 발간되었고, 그 이후로는 연 간행수가 증가하여 현재 6회에 이르고 있다. 이를 감안하면 문민정부 시절의 연구물은 상대적으로 적다고 말하기 힘들고, 반대로 박근혜 정부 시절의 연구가 활발했다고 할 수 없다.

가장 많은 연구물이 출간된 참여정부 당시에 시행된 '학교혁신' 등 각종 정책과 관련된 내용들에 대한 해외사례 연구가 주를 이루었다. 이명박 정부 시절은 '학교폭력', '교육복지' 등과 관련된 해외사례와 '장학금', '대학재정'과 관련된 고등교육 연구가 주를 이루었다. 〈표 13-5〉를 통하여 시기별로 이루어진 연구 주제를 살펴보았다.

〈표 13-5〉 비교교육 연구에 게재된 교육정치학 분야 논문의 시기별 구분

대분류	중분류	소분류	정부별 분류								게재 논문 수 및 비율(%)
			3공	5공	6공	문민	국민	참여	이명박	박근혜	
교육 정치	거시 교육 정치	정치과정	1			2	2	3	3	1	12 (7.8)
		거버넌스						2		2	4 (2.6)
		교원단체			1						1 (0.66)
	미시 교육 정치					1		1	2		4 (2.6)
교육 정책	학교 정책 (유·초·중등)	학교일반					2	10	9	6	27 (17.5)
		학교선택 (홈스쿨링 포함)					1	1	4		6 (3.9)
		교육과정				1	4	8	3	2	18 (11.7)
	고등 교육 정책						1	6	7	2	16 (10.4)
	평생직업 교육 정책							1			1 (0.66)

	교원 정책					2	2	1	4	2	11 (7.1)
교육 개혁	교육 개혁 일반					5		2		1	8 (5.2)
	초 · 중등 교육 개혁					3		7		1	11 (7.1)
	고등 교육 개혁					1	4	9	5	2	21 (13.6)
정치 · 시민교육						1	2	4	3	4	14 (9.1)
계			1 (0.6)	0 (0)	1 (0.6)	16 (10.4)	18 (11.7)	55 (35.7)	40 (26.0)	23 (14.9)	154 (100)

(3) 국가별 분류

『비교교육 연구』를 통하여 가장 많이 다루어진 국가는 미국이었다. 분석에 사용한 106편의 논문 중 미국은 39편에서 다루어졌다. 미국과 관련해서는 학교교육정책에 대한 논문이 13편으로 가장 많았다. 이를 통하여 미국의 학교교육정책의 벤치마킹 대상으로 가장 많이 대상이 되는 국가였음을 알 수 있다. 아울러, 학교선택제도와 관련된 논문 4편은 모두 미국을 대상으로 하였다. 일본은 교육과정 관련 논문이 5편 게재되어 교과서 및 교육과정 분야에서 가장 많이 다루어지는 국가였다. 대학교육에 대한 개혁과 관련된 연구는 중국을 대상으로 한 연구가 가장 많았다. 중국 대학교육의 팽창과 질적 성숙 등에 관한 연구가 7편에 이르렀다. 학자들의 관심이 미국에 편중되어 있지만 이웃 나라들에 대한 연구도 이루어지고 있다.

〈표 13-6〉 비교교육 연구에 게재된 교육정치학 분야 논문의 국가별 구분

대분류	중분류	소분류	국가별 분류								주제별 계
			미국	일본	중국	독일	영국	프랑스	호주	인도	
교육정치	거시교육정치	정치과정	2	1			2	1			6 (5.7)
		거버넌스	1	2					1		4 (3.8)
		교원단체		1							1 (0.9)
	미시교육정치			1							1 (0.9)
교육정책	학교정책(유·초·중등)	학교일반	13	2		3	2	1			21 (19.8)
		학교선택(홈스쿨링 포함)	4								4 (3.8)
		교육과정	3	5	2		2	1	1		14 (13.2)
	고등교육정책		5	1	2				1	2	11 (10.4)
	평생직업교육정책					1					1 (0.9)
	교원정책		2	1							3 (2.8)
교육개혁	교육개혁일반				3						3 (2.8)
	초·중등교육		4	1	2	1		1	1		10 (9.2)
	고등교육		3	4	7	2	3				19 (17.9)
정치시민교육			3		1	3		1			8 (7.5)
계			39 (36.8)	19 (17.9)	17 (16)	10 (9.2)	9 (8.5)	5 (4.7)	4 (3.8)	2 (1.9)	106 (100)

2. 『교육정치학 연구』에서 비교교육학 연구 동향

1) 분석방법

『교육정치학 연구』는 창간호인 1호부터 2016년에 간행된 23권 4호까지 총 333편의 논문이 게재되었다. 333편의 논문 중 앞에서 제시한 비교교육학 관련 주제에 해당되는 22편의 논문을 추출하였다. 22편에 대한 논문을 다음의 단계로의 분석하였다. 먼저, 논문을 '비교교육정치학 모색을 위한 분석틀'로 분류하였고, 범주별 게제논문 수의 게재빈도 및 그 비율을 보였다. 그 다음으로 해당 논문이 어느 시기에 게재되었는지를 각 정부별로 분류하였다. 마지막으로, 분석틀의 범주에 해당하는 주제가 다루어진 주요국가 6개국을 추출하여, 주제에 대한 해당 국가별 연구 현황을 파악하였다.

2) 분석결과

(1) 주제별 분류

『교육정치학 연구』에 게재된 비교교육학의 논문 중 대분류 유목을 중심으로 보면 '교육정치' 9편, '교육정책' 9편, '교육개혁' 3편, '정치 · 시민교육' 1편으로, '교육정치'와 '교육정책' 영역 관련 논문이 총 22편의 논문 중 18편을 차지하였다.

'교육정치' 분야의 특징은 모든 연구가 '거시교육정치' 분야에 이루어졌다는 점이다. 즉, '정치과정'(6편)과 '거버넌스'(3편) 등의 영역에 대해서만 비교교육학적 연구가 이루어졌다. 학교를 비롯한 교육기관 내부에서 이루어지는 '미시교육정치'의 경우 외국과의 비교나 해외사례 소개가 아직 이루어지지 않고 있다. '고등교육정책'은 6편의 논문이 게재되었다. '교육정치학 연구'를 통한 학교교육에 대한 비교교육 연구는 주로 '교육정치'(9편)에 집중되었고, 고등교육관련 연구는 교육정치가 아닌 교육 정책적 관점에서 '고등교육정책'(6편)을 통하여 이루어졌다. '교육개혁'연구는 각각 1편씩 이루어졌다. 자세한 내용은 〈표 13-7〉과 같다.

〈표 13-7〉 교육정치학 연구에 게재된 비교교육학 분야 논문의 주제별 분류

대분류	중분류	소분류	게재논문 수	게재논문 비율(%)
교육정치 9(40.9)	거시교육정치 9(40.9)	정치과정	6	27.3
		거버넌스	3	13.6
		교원단체		
	미시교육정치			
교육정책 9(40.9)	학교정책 (유·초·중등) 3(13.6)	학교일반	2	9.1
		학교선택 (홈스쿨링 포함)	1	4.5
		교육과정		
	고등교육정책 6(27.3)		6	27.3
	평생/직업교육정책			
	교원정책			
교육개혁 3(13.6)	교육개혁 일반		1	4.5
	초·중등교육개혁		1	4.5
	고등교육개혁		1	4.5
정치·시민교육 1(4.5)			1	4.5
계			22	100

(2) 시기별 분류

『교육정치학 연구』는 문민정부 시절(김영삼 대통령)이던 1994년에 최초로 간행되었다. 시기별 교육정치/교육정책의 차이를 명확하게 관찰하기 위하여 각 정부별로 비교를 실시하였다. 즉, '문민정부'(1993~1997년), '국민의 정부'(김대중 대통령, 1998~2002년), '참여정부'(노무현 대통령, 2003~2007년), '이명박 정부'(2008~2012년), '박근혜 정부'(2013~2016년)로 구분하여 각 주제별 연구동향을 파악하였다.

정치·경제·사회적 변동이 심했던 '문민정부' 시절과 최초의 수평적 정권교체로 출범한 '국민의 정부' 시절 관련 연구가 적었다. 이는 당시에 간행된 『교육정치학 연구』의 편수가 적었기 때문이다. 『교육정치학 연구』는 문민정부시절 4회 간행되었고, '국민의 정부' 시절 6편 발간되었다. '참여정부' 시절인 2004년부터 매년 발간이 이루어지고 있

다. 2005년에서 2008년 사이 연 2회, 2009년 연 3회 발간을 거쳐 2010년 이후 연 4회 발간이 이루어지고 있다.

『교육정치학 연구』를 통하여 가장 활발한 연구물이 게재된 시기는 이명박 정부 시절로 대상 총 논문 22편 중 14편이 간행되었다. 특히 이 시기에 대학평가, 반값 등록금 등의 고등교육 관련 이슈가 많았던 이유로 '고등교육정책' 6편, '고등교육개혁' 1편 등 총 7편의 비교교육 연구가 이루어져, 해당 시기의 게재논문의 절반을 차지하였다. '국민의 정부' 시절에는 '거시교육정치' 관련 '정치과정'(2편)과 '거버넌스'(2편)에 대한 비교교육학적 연구가 이루어져서 이 분야에 대한 연구가 본격적으로 시작되었음을 알 수 있다.

〈표 13-8〉 교육정치학 연구에 게재된 비교교육학 분야 논문의 시기별 구분

대분류	중분류	소분류	정부별 분류					게재 논문 수 및 비율(%)
			문민	국민	참여	이명박	박근혜	
교육정치	거시교육정치	정치과정	1	2		3		6(27.3)
		거버넌스		2		1		3(13.7)
		교원단체						
	미시교육정치							
교육정책	학교정책 (유 · 초 · 중등)	학교				2		2(0.91)
		학교선택 (홈스쿨링 포함)	1					1(4.5)
		교육과정						
	고등교육정책					6		6(27.3)
	평생/직업교육정책							
	교원정책							
교육개혁	교육개혁 일반					1		1(4.5)
	초 · 중등교육				1			1(4.5)
	고등교육					1		1(4.5)
정치 · 시민 교육			1					1(4.5)
계			3(13.7)	4 (18.2)	1(4.5)	14 (63.6)		22(100)

(3) 국가별 분류

미국을 대상으로 한 논문이 14편 발간되어 단독으로 언급된 8개 국가 관련 논문 30편 중 46.7%를 차지하였다. 그 다음으로 영국 관련 연구가 5편 게재되어 영미권을 대상으로 주로 비교교육학적 연구가 이루어졌음을 발견하였다. 일본에 대해서는 3편이 게재되었는데 '정치과정', '고등교육정책', '교육개혁일반' 등 여러 분야 걸쳐 이루어져 아시아 국가로는 유일하게 여러 분야에 대한 연구가 이루어졌다. '고등교육정책'만 3회 언급된 중국과는 대조적이었다.

'고등교육정책' 연구는 미국과 중국이 각각 3편으로 가장 많이 언급되었고, 영국과 일본이 1편씩 있었다. 단독으로 언급된 국가는 10개국이고 3편의 논문에서 이외의 여러 국가가 언급되었다.

'교육정치' 중 '정치과정'에 대하여는 미국, 영국, 일본 및 기타 여러 국가에 대한 연구가 이루어졌고, 미국 관련된 논문이 6편으로 압도적이었다. 특이한 점은 거버넌스 관련하여 북한에 대한 연구가 1편 포함된 것이다. 북한 관련하여서는 '정치시민교육' 분야에도 한 편의 논문이 발간되었다. 자세한 내용은 〈표 13-9〉와 같다.

〈표 13-9〉 교육정치학 연구에 게재된 비교교육학 분야 논문의 국가별 구분

대분류	중분류	소분류	국가별 분류								주제별
			미국	영국	프랑스	일본	중국	북한	기타국		
									단독	다수	
교육정치	거시 교육 정치	정치과정	6	1		1				1	8 (26.7)
		거버넌스	1		1			1			3 (10)
		교원단체									
	미시 교육 정치										

교육 정책	학교 정책 (유·초·중등)	학교	2	2							4 (13.3)
		학교선택 (홈스쿨링 포함)									
		교육과정									
	고등 교육 정책		3	1		1	3		2	3	10 (33.3)
	평생 직업 교육 정책										
	교원 정책										
교육 개혁	교육 개혁 일반			1		1				1	2 (6.7)
	초·중등 교육 개혁		1								1 (3.3)
	고등 교육 개혁		1								1 (3.3)
정치 시민 교육								1			1(3,3)
계			14 (46.7)	5 (16.7)	1 (3.3)	3 (10)	3 (10)	2 (6.7)	2 (6.7)	5	30

4절 비교교육학 발전을 위한 교육정치학의 과제

이 장에서는 비교교육학과 교육정치학의 학문적 관계에 대한 기반적 이해를 바탕으로 상호 관련된 연구동향을 살펴보고 상호 협력과 연계를 통해 새로운 학문 발전의 기틀을 모색하고자 하였다. 이를 위해 먼저 비교교육학연구에서 교육정치 및 정책의 연구동향과 교육정치학 연구에 있어서 비교교육의 연구 동향을 분석하기 위해 분석틀을 살펴보고 각각의 연구 동향을 분석기준에 따라 분석하였다. 분석 결과를 바탕으로 결론을 도출하여 제시하면 다음과 같다.

첫째, 비교교육학 연구에서 교육정치 및 정책의 연구 동향은 교육정책과 교육개혁에 관한 연구가 교육정치학 본연의 탐구보다 더 활성화되어 있다. 특히, 교육정책 분야 가운데에서는 학교정책(유·초·중등교육) 영역에 관한 연구가 가장 많았고, 교육개혁 분야에서는 고등교육 영역에 관한 연구가 제일 많았다. 한편, 교육정치에 관한 연구는 미시정치 영역보다는 정치과정과 거버넌스 등 거시정치 영역에 해당되는 연구가 더 많았다. 이러한 결과는 비교교육 연구가 주로 개혁 및 정책 그리고 제도에 관한 국가 간 비교연구가 주류를 이루고 있다는 권동택·김정희(2010)의 비교교육 연구동향 분석 결과와 일치한다. 그럼에도 불구하고 상대적으로 교육정치 현상에 관한 연구가 개혁 및 정책 연구에 비해 적은 비중을 차지하는 것은 비교교육 연구의 속성과 관련이 있다. 즉, 타 국가의 중요한 발전이나 선진 사례를 심도 있게 살펴볼 분명한 이유에서 비롯되는 경향에 의한 것이라고 볼 수 있다. 이렇게 분명하게 드러나는 현상적 사례들은 직접적인 비교가 어려운 교육의 정치적 현상(내밀한 정치의 과정과 이해집단 간 갈등과 협력 등)보다는 개혁의 동향이나 정책 및 제도의 전개과정과 내용 및 방법에서 더 쉽게 찾을 수 있고 그러기 때문에 비교가 용이하다.

둘째, 교육정치학 연구에서 비교교육 연구는 그 숫자가 많지 않지만(총 22편) 교육정치학 분야에서 탐구의 한 분야로서 위치를 차지하고 있다. 연구 분야별 비중을 비교해 보면 교육정치와 교육정책의 비교연구가 9편으로 동일하고 교육개혁 비교연구는 상대적으로 적었다(3편). 교육정치학 연구지에 나타난 비교교육 연구동향은 비교교육학연구지에서의 그것과 사뭇 다른 양상을 보여준다. 즉, 교육정치학 연구지에서 나타난 비교교육 연구는 교육정치 현상에 관한 연구 비중이 상대적으로 높다는 것이다. 이는 비교교육 연구지와 다른 교육정치학 연구지의 학술지의 경향성 차이에서 비롯된 것으로 보인다. 즉 교육정치와 관련된 연구를 비교교육학적 관점에서 진행한 경우, 그 결과물을 비교교육 연구보다는 교육정치학 연구에 투고하는 것이다. 주제와 관련하여 연구자들이 투고지에 대한 자기선택적편향(self-selection bias)이 있음을 보여준다. 그렇지만 이러한 비교교육학적 시각으로 접근한 교육정치에 관한 연구들은 모두 거시정치에 관한 것들이어서 거시정치에 관한 국가 간 비교연구가 미시정치에 관한 비교연구보다 접근성 측면과 용이성 측면에서 연구자들이 더 수월해 한다는 것을 알 수 있다.

셋째, 비교교육학과 교육정치학은 상호 관련성 분석을 통해서 볼 때 연구의 주제와 방법론 면에서의 확장을 위한 상호 관심사의 교류와 소통을 통한 공동 및 협력연구의 활성화를 발전과제로 제시할 수 있다. 실제로 연구 주제와 관련하여 교육정치학 분야와 비교교육학 분야는 관심사를 상당한 정도로 공유한다. 심지어 비교교육 분야에서 활동하는 많은 연구자들이 교육정치학 분야 연구를 겸하고 있는 동일인인 경우가 상당수에 이른다. 이러한 점들은 각각의 분야에서 일정 부분 연구 활성화에 기여하는 바도 있지만 연구자의 중첩적 활동으로 인해 탐구 주제의 다양성과 연구의 깊이 면에서 일정한 제약이 있는 것도 사실이다. 향후 학문 후속세대들이 이 분야 연구의 중요성과 필요성을 인식하여 탐구 영역과 주제를 확장해 나가야 하고, 무엇보다 새로운 학문탐구 영역으로서 비교교육정치학의 가능성과 과제에 대한 논의를 통해 독립적인 연구자들이 이 분야에서 활동할 수 있는 기반을 조성하고자 하는 노력이 있어야 할 것이다.

한편, 연구 방법과 관련하여 교육정치학과 비교교육학은 학문적 특징을 바탕으로 고유한 방법론이 장착되어 있는 점을 공동 및 협력연구를 통해 교차 활용할 필요가 있다. 교육정치학은 정치적 과정에 대한 세밀한 설명을 가능하게 하는 다양한 경험적 연구를 장점으로 하고 비교교육학은 다양한 비교 방법을 특징으로 하기 때문에 교육정치학에서의 비교연구가 보다 경험적으로 세밀하게 진행되고, 비교교육학에서의 교육정치 연구가 다양한 비교방법의 적용을 통해 연구 대상으로서 비교교육정치적 현상의 기술 · 설명 · 예측 가능성을 제고할 수 있다. 이러한 연구방법의 교차적 활용의 확대는 방법론적 토대 구축을 통해 차후 비교교육정치학이 새로운 학문탐구 영역으로 발전하는 데 도움이 될 것이다.

비교교육정치학으로 발돋움하기 위해서는 지금까지 주로 연구된 선진국으로부터의 정책 차용(Policy Borrowing)의 수준을 넘어야 할 것이다. OECD, UN 등 국제기구를 통한 활동이나 공적개발원조(ODA) 등을 통한 정책 수출 관련 분야에 대한 연구가 활발하게 진행되어야 할 것이다. 1995년 5 · 31 교육개혁을 계기로 국제교육정책의 장에 편입된 이후 특정 국가로부터 정책을 수용할 뿐만 아니라 국제기구의 정책에 참여하면서 새로운 차원의 정책 동조가 이루어지고 있다. 글로벌 교육정책의 장에서 한국교육의 역할과 정책 수용 등에 대한 연구가 보다 많이 이루어져야 할 것이다. 아울러 ODA를 통하여 세계 각국으로 우리나라의 교육 프로그램이 전파되고 있다. 정책의 착근 및 확산 등을 연구하여 외국에서 우리나라의 정책이 가져오는 현상에 대한 비교교육정치학적 접근이 앞으로 이루어져야 할 연구의 방향일 것이다.

참고문헌

권동택 · 김정희(2010). 비교교육 연구 게재 논문 내용 분석. **비교교육 연구**, 20(5), 135-157.

김용 · 박대권(2018). 문민정부 교육개혁에서의 OECD의 영향: 국제기구의 영향과 글로벌 교육정책 장의로의 편입. **교육정치학 연구**, 25(2), 83-109.

김용일(1994). 교육정치학의 학문적 성격에 대한 고찰. **교육정치학 연구**, 1(1), 1-34.

김용학(2000). **비교사회학**. 서울: 도서출판 나남.

남궁근(1999). **비교정책연구: 방법, 이론, 적용**. 서울: 법문사.

박대권(2015). 한국교육정치학 연구의 특징과 미국교육정치학 연구의 연구 동향. **교육정치학 연구**, 22(2), 101-119.

박천오 외(2013). **비교행정**. 서울: 법문사.

신명순 · 진영재(2017). **비교정치(제4판)**. 서울: 박영사.

신현석(1994). 미국교육정치학의 연구동향(I). **교육정치학 연구**, 1(1), 35-54.

신현석 · 정용주(2015). 교육정치학과 정치학: 정체성 형성을 위한 학문간 대화와 융합의 모색. **교육정치학 연구**, 22(1), 29-61.

안기성(1994). '한국교육정치학 연구'의 창간에 즈음하여. **교육정치학 연구**, 1(1), ⅰ-ⅱ.

이일용(2004). 한국교육정치학의 연구 동향. **교육정치학 연구**, 11(1), 22-45.

정일환 외(2012). **비교교육학: 이론과 실제**. 서울: 교육과학사.

Lee, J. & Park, D. (2014). Do American and Korean education systems converge? Tracking school reform policies and outcomes in Korea and the USA, *Asia Pacific Education Review, 15*(3), 391-399.

Sahlberg, P. (2010). *Finnish Lessons: What can the world learn from educational change in Finland*, New York: Teachers College Press.

Wirt, Ferederick M. and Kirst, Michael W. (1972). *Political and Social Foundations of Education*. Berkeley, CA: McCutchan.

이 글은 신현석 · 박대권(2017. 6). 비교교육학과 교육정치학: 연구동향 분석을 통한 협력적 관계의 모색. 2017년 한국비교교육학회 학술대회 발표 자료집, 67-80. 및 교육정치학연구, 24(4), 23-48.를 토대로 보완 · 작성한 것임.

14 CHAPTER 비교교육학과 교육정책학

1절 교육정책학의 학문적 성격

1. 교육정책학의 학문적 특성

교육정책학이 하나의 분과학문으로 인정되려면 독자적인 연구 대상, 연구방법, 내적 규율과 체계, 학문공동체와 학술지 등이 확보되어야 한다(정일환 · 주철안 · 김재웅, 2016: 38-57). 교육정책학은 '교육정책'을 연구 대상으로 하며, 사회과학으로서의 교육정책학은 연구방법 측면에서 실증주의적 방법과 탈실증주의적 방법을 적용하고 있다. 교육정책학도 하나의 분과학문으로서 내적 규율과 체계를 갖추고 있는 바, 교육정책학의 연구 대상에 대한 과학적 탐구 결과에는 학문이 요구하는 수준의 엄정성을 갖춘 개념과 이러한 개념들 간의 관계에 대한 이론들, 예를 들어 의제설정이론, 정책결정이론, 정책집행이론, 정책평가이론, 정책변동이론, 거버넌스이론, 신제도주의이론 등이 교육정책 현상을 설명하고 이해하는 데 적절하게 적용되고 있으며, 이러한 이론의 집합이 교육정책학을 구성하고 있다고 할 수 있다.

한국의 '교육정책' 관련 분야의 학회가 발간하고 있는 학술지로는 '교육행정학연구', '교육정치학 연구', '비교교육 연구', '한국교원교육연구', '교육재정 · 경제연구' 등을 들 수 있다. 그리고 한국에서 교육정책학 연구는 실증주의 패러다임이 지배적인 가운데 탈실증주의, 비판적 접근의 흐름도 보이고 있다고 할 수 있다. 특히 '교육정책' 연구에서 비교론적 연구접근은 한국교육정책의 적합성, 타당성 및 유용성을 제고하는 데 기여하고 있음을 알 수 있다.

한편, 정책학의 창시자인 Lasswell(1951)은 정책학이 다루는 지식을 '정책과정에 관한 지식'과 '정책과정에서 필요한 지식'으로 구분 · 설명하고 있다. 즉 전자는 정책과정에 대하여 기술적 · 실증적 접근방법을 통하여 정치적 분석을 하며, 후자는 정책내용에 대하여 규범적 · 처방적 접근방법을 통하여 문제해결을 위한 대안을 제시(정책분석)하는 것으로 구분하고 있다. 공공정책으로서 교육정책(학) 연구도 교육정책이 이루어지는 과정(교육정책의제설정, 정책결정, 정책집행, 정책평가, 정책변동)과 교육정책목표를 달성하기 위한 최적의 대안을 탐색 · 제시하는 데 초점을 두는 교육정책분석으로 구분된다.

2. 교육정책(학) 연구의 영역

교육정책의 내용을 이러한 정책과정과 정책분석의 시각에서 접근함으로써 교육정책목표 달성을 위한 합리적인 교육정책안의 선택과 교육정책과정의 민주성, 타당성, 효과성을 높이게 된다. 교육정책목표 설정이나 교육정책과정에서 어떠한 이념을 우선순위에 두는 가에 따라 그 과정이나 분석의 양상은 달리 나타나게 된다(정일환 · 주철안 · 김재웅, 2016: 12-82).

교육정책내용과 관련하여 교육정책(학) 연구의 대상은 분류기준에 따라 달라지는 바, 즉 교육활동의 부문별 영역(유아 · 초등 · 중등 · 고등교육, 평생교육, 교원교육, 직업교육, 특수교육정책 등), 교육활동의 기능별(교육목표, 교육과정, 교과서 정책 등), 인적 조건에 관한 정책(교직원 인사, 학생선발 등), 물적 조건에 관한 정책(시설, 재정 등), 기타 지원에 관한 정책(연구, 홍보 등)으로 구분할 수 있다. 이러한 교육정책의 내용들은 교육정책의 이념(보수, 진보 등)과 정책 환경(국제적 사회 환경 변화, 국내외 정치, 경제, 사회, 과학기술, 인구 등)에 따라 교육정책이 추구하는 가치나 그 방향이 달라질 수 있다. 그리고 교육정책의 내용이 어떠한 정책의 성격과 유형을 지니는가에 따라, 즉 규제정책, 자기규제정책, 배분정책, 재분배정책, 구성정책 등으로 구분되며, 이에 따라 정책과정의 양상은 달리 나타나게 된다.

이상에서 논의한 교육정책(학) 연구에서 다루는 개념구조를 제시하면 [그림 14-1]과 같다(정일환, 2000).

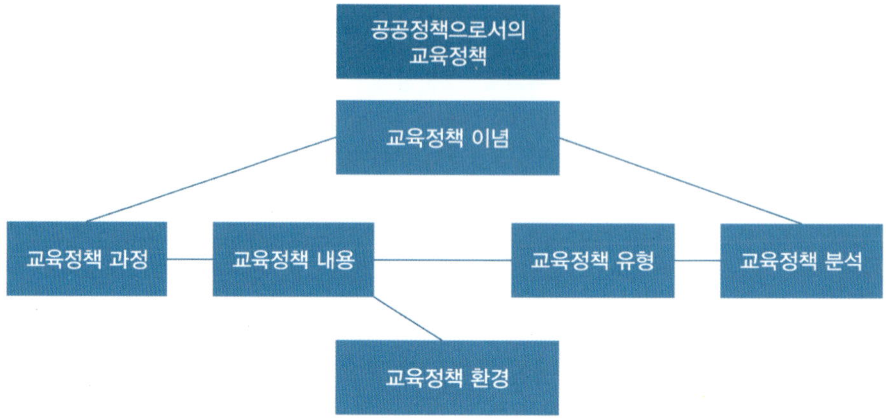

[그림 14-1] 교육정책(학) 연구의 개념 구조

출처: 정일환(2000: 15).

[그림 14-1]에서 제시한 바와 같이, 교육정책(학)을 논의하는 데 있어 국가의사를 실질적으로 형성하는 권력과정과 권력의 교육지배 형태를 정치과정으로 분석하는 것은 매우 중요하다. 교육정책에서 다루는 영역은 교육정책의 주체가 되는 정치권력과 그 작용, 정책의 대상 및 내용, 그리고 정책의 실현과정 등 세 가지 영역을 구조적으로 분석해야 할 것이다.

교육정책이 이루어지는 과정과 절차 및 정책의 내용과 결과(효과, 산출)를 분석하는 것을 주된 내용으로 다루는 교육정책학은 인간의 존엄성을 명시적으로 지향하는 윤리적 학문이라고 할 수 있다. 정책학의 선구자인 Lasswell(1951)이 지적하였듯이, 정책학은 '민주주의 정책학'이어야 한다는 것이다. 교육정책학은 경제적 공리성을 초월할 뿐만 아니라 바람직한 인간 삶의 의미와 양태에 이르는 도덕적 기준까지 포함해야 할 것이다.

이 절에서 제시한 교육정책(학) 연구의 개념 구조는 실증적으로 한국 비교교육학연구에서 교육정책학의 연구 동향을 분석하는 틀(analytical framework)로 사용한다. 교육정책탐구에서 비교교육(학) 연구의 유용성을 실증적으로 규명하는 데 한국비교교육학회에서 얼마나 교육정책 요인에 중점을 두고 연구가 수행되고 있는지를 밝히게 되며, 이는 향후 교육정책 목표 달성을 위해 합리적인 정책대안탐색과 민주적인 교육정책과정을 형성하는 데 시사점을 주게 될 것이다.

2절 비교교육학과 교육정책학의 관계

비교교육학은 국제적 관점에서 교육문제를 이해하고, 교육법칙을 발견하기 위한 학문이라고 할 수 있다. 비교교육(comparative education)은 여러 국가의 교육에서 유사성과 차이성을 만드는 요인을 이해·규명하기 위해 다각적으로 교육현상과 제도, 정책 등을 분석하게 된다. 학문으로서 비교교육학은 교육의 다양한 현상과 측면을 국제적 시야와 관점에서 비교할 수 있는 틀을 제공한다. 비교교육을 학문적으로 특징짓는 것은 바로 이 '국제적 시야 혹은 관점'이다. 즉, 비교교육은 자국 이외(또는 자기 지역 이외) 다른 한 개 이상의 국가(지역)의 교육에 대한 진술과 설명을 필요로 한다. 이러한 노력은 다양한 동기와 목적에 의해 이루어지게 되며, 그것이 보다 더 체계적인 목적, 절차, 방법, 그리고 이론모형에 기초하여 행해질 때 '비교교육학'이라는 학문적 접근이 가능하게 된다.

교육의 모든 측면이 국제적 시야에서 비교될 수 있다는 점에서 이론적으로 비교교육학은 교육학의 분과학문(예를 들어, 교육철학, 교육인류학, 교육사학, 교육과정학, 교육심리학, 교육평가학, 교육사회학, 평생교육학, 교육행정학, 교육정치학, 교육재정경제학, 교육정책학, 교육법학 등)과 그 연구 주제를 공유할 수 있다. 이러한 맥락에서 비교교육학 연구에서는 앞서 기술한 교육정책학의 연구 대상과 내용을 국가 간, 지역 간 다루게 되며, 교육정책 탐구에서 비교교육(학)적 접근방법이 갖는 유용성은 자국의 교육정책의 타당성과 적용성을 높이는 데 기여하게 된다. 비교교육에서 실제적으로 국제적 비교검토의 대상이 되는 것은 대개 교육제도와 다양한 정책, 학교제도, 교원정책, 교육재정정책, 교육시설정책, 교육과정 및 학업성취도, 유아교육, 초·중등교육, 고등교육, 글로벌 교육, 국제이해교육, 다문화 교육, 그리고 국가 간(한국과 미국 교육 등), 세계 지역 간(아프리카 교육, 아시아교육 등) 교육정책 등에 걸쳐 광범위하게 전개되고 있다.

한편, 현대사회에서 교육정책에 관한 연구의 필요성과 중요성은 더욱 고조되고 있다. 국가경쟁력을 제고하는 결정요인으로서 교육의 기능과 역할을 고려할 때 교육정책의 방향을 어떻게 설정할 것인가는 매우 중요한 일이다. 부존자원이 부족한 한국의 경우, 교육문제 및 교육으로서 파생된 사회문제를 해결하기 위해서는 공공정책으로서 교육정책에 의존도가 클 수밖에 없다. 앞서 기술한 바와 같이, 교육정책(educational policy)은 '공공정책(public policy)으로서 교육활동을 위해 국가나 지방자치단체가 국민 또는 교육관련 집단 및 수혜집단을 대상으로 전개하는 교육의 지침'으로 규정할 수 있다(정일환·주철안·김재웅, 2016: 13-14). 이와 같은 교육정책에 관한 연구(또는 교육정책학)는 교육정치의 과정으로서, 글로벌 사회에서 국내외 환경의 변화에 능동적으로 적응하기 위해 점증 부각되고 있다. 글로벌 사회에서 교육정책 환경과 과정에 관한 교육정책 연구는 보다 지역 간, 국가 간 비교연구의 필요성을 강조하게 된다. 이에 교육정책 탐구에 있어서 비교교육 연구접근이 활용되는 영역과 내용, 방법 등의 분석을 통하여 합리적인 교육정책 개발과 집행을 위해 비교교육(학) 연구 접근의 유용성을 규명하게 된다.

교육정책학 측면에서 비교교육학의 학문적 가치와 활용성에 대한 새로운 인식은 제2차 세계대전 이후, 그리고 1990년대의 세계화(globalization) 흐름 이후 강하게 부각되고 있다. 즉 교육정책수립과 집행과정에서 개별 국가, 개별 정부가 직면하게 되는 현상과 문제를 올바르게 이해하기 위해서는 교육현상을 글로벌 차원에서 해석해야 할 필요성이 증가하였던 것이다. 이에 국경을 넘은 개별 국가 상호 간의 이해와 다양성에 대한 인식이 각 국가의 당면과제 해결에 중용한 기반이 된다고 여겨지게 된 것이다. 특히 최근 국제학업성취도 평가 국제비교들, 예를 들어 PISA, TIMSS, PIRLS 등 시행된 이후 더욱 다양한 교육정책에 관한 국제비교의 필요성과 중요성은 부각되었다고 할 수 있다. 종합하면, 비교교육학의 실질적인 유용성은 비교를 통해 연구자가 전체를 볼 수 있는 눈을 가질 수 있게 된다는 점, 그리고 이를 통해 다양한 사회적 요소와 교육정책(education policy) 및 이의 집행과정을 다면적으로 이해할 수 있게 된다는 점을 들 수 있다(Bray & Thomas, 2011).

이상에서 살펴 본 바와 같이, 비교교육학과 교육정책학의 상호 연계는 교육정책연구에서의 비교론적 접근과 비교교육 연구에서의 교육정책 탐구는 학문적 · 실제적 측면에서 불가분의 관계에 있다고 할 수 있으며, 양 학문 간의 상호교류는 궁극적으로 학문의 성숙도를 제고하게 될 것이다.

3절 비교교육 연구에서 교육정책(학) 연구 동향

1. 비교교육(학) 연구에서 교육정책(학) 연구 내용(동향) 분석

앞서 [그림 14-1] 교육정책(학) 연구의 개념 구조에서 밝힌 공공정책으로서 교육정책에 관한 연구는 교육정책이념, 교육정책과정(교육정책의제설정, 교육정책결정, 교육정책집행, 교육정책평가, 교육정책변동), 교육정책분석, 교육정책내용, 교육정책유형, 교육정책환경으로 구분된다. 따라서 본 연구는 한국비교교육학회 창립 이후 창간호(1971년)부터 2017년(27권 4호)까지 학회지에 게재된 논문을 교육정책(학) 연구의 개념구조의 요소를 분석틀(analytical framework)로 활용하여 분석하였다.

한국비교교육학회는 1968년 2월 24일 창립총회를 개최한 이후, 지금까지 160여 회의 학술세미나 개최 및 학술지 『비교교육 연구』를 발간해 오고 있다. 비교교육 연구는 1971년 『세계문화와 교육』으로 창간된 이후 1977년 2집을 발간하였으며, 1992년 비교교육 연구로 제목을 변경하여 2017년 현재 연 6회 발행하고 있다. 비교교육 연구에 게재된 논문 중 교육정책(학) 연구 관련 논문을 분석하면 한국에서 비교교육학과 교육정책(학) 연구와의 관계 규명과 교육정책탐구에서 비교교육(학적) 접근의 유용성을 파악할 수 있게 될 것이다.

본 장에서는 한국비교교육학회의 한국연구재단 등재학술지(비교교육 연구)에 게재된, 즉 1971년 창간호부터 2017년(27권4호)까지 발간한 총 748편의 논문 중 비교교육 연구와 교육정책연구 관련 주제와 내용을 다룬 157편을 분석하였다. 연구 분석대상으로 삼은 157편을 추출한 근거는 논문제목과 그 내용을 검토하여 연구 주제와의 관련성을 확인하였으며, 분석의 틀은 본 집필자가 설정한 교육정책학(연구)의 개념 구조의 틀을 사용하여 분류 · 분석하였다.

먼저, 비교교육 연구에 게재된 교육정책(학) 연구 관련 주제의 논문은 〈표 14-1〉과 같으며, 이를 수치로 표시하면 〈표 14-2〉와 같다. 〈표 14-1〉과 〈표 14-2〉에서 제시한 바와 같이, 총 748편의 비교교육 연구 학술지 논문 중 교육정책(학) 연구 관련 논문은 157편(21.1%)인 것으로 나타났다. 연간 1회만 발간하던 1997년까지는 71편의 논문 중 12편(16.9%), 연간 2회 발간하던 2003년까지는 119편 중 10편(8.4%), 연간 3~4회 발간하던 2009년까지는 208편 중 58편(27.9%), 연간 5~6회 발간하는 2010년부터 2017년(4호)까지는 330편 중 77편(23.3%)의 교육정책(학) 연구 관련 학술논문이 비교교육 연구에 게재되어 지속적으로 증가하는 양상을 보여주고 있다.

〈표 14-1〉 비교교육 연구에 게재된 교육정책(학) 연구 관련 주제의 논문

연도	권	호	논문 제목(교육정책(학) 연구 분석틀 기초)
1971	1	1	교육개혁의 정치적 요인
1994	4	1	세계교육의 개혁동향 주요국의 교육정책결정과정에 기초한 한국의 교육정책형성 모형 개발 체코슬로바키아의 사회변혁과 교육개혁 중국교육의 개혁 실상과 과제 미국 교사교육의 개혁동향 및 시사점

1995	5	1	Teacher Supply and Demand in U.S.: Introducing Policy Models for Teacher Retention 한국에서의 경제발전과 교육제도의 개혁 미국의 교육과정 개혁 중국교육개혁의 배경과 논리전개
1997	7	1	대학정원 결정방법 국제비교연구 미국의 학교개혁: 최근의 동향과 한국의 교육개혁에 주는 시사점
1998	8	2	한국의 한 교육전문가가 본 영국의 교육개혁 Education and Globalization: Comparative education in Asia
1999	9	1	한국과 일본의 교과서 검정제 비교
2000	10	1	중국의 대학입시 개혁과 향후 전망
2002	12	2	세계 주요국의 고등교육개혁 동향 분석연구 일본의 대학교육과정 개혁 교육개혁의 방향과 주제설정에 대한 교육철학적 모색 인적자원개발정책의 국제비교 분석 중국대학의 세계화지향 211 공정 계획
2003	13	2	뉴질랜드의 교육개혁 일본의 교육과정 개정의 특징 및 개정절차 분석
2004	14	1	호주의 교육과정 개정정책에 대한 일 고찰 일본 단기대학의 구조조정 지원정책동향과 시사점
		2	영국 고등교육 재구조화의 동향과 발전 전략 호주의 중등 및 중등교육 이후 직업교육훈련체제 개혁의 시사점 OECD 학습도시 정책동향 비교 분석 일본의 평생교육체제 정비와 생애학습시책에 대한 연구 미국과 캐나다의 교육체제와 교육개혁 동향
		3	Reflections of Korean teachers upon the global in service program 중국교육개혁 성취와 전망 한국교육개혁의 상과와 전망 한국고등교육개혁의 성과와 전망 일본의 교육개혁 동향 쿠바의 사회변화와 교육개혁 연구
2005	15	1	한국의 초등교육개혁의 기본전제와 과제 일본의 초등교육개혁 성과와 전망 독일 대학교육의 현황과 개혁정책 중국 기초교육 개혁의 성과와 전망

		2	일본의 중등교육개혁 성과와 전망 영국의 국가교육과정 및 시행절차 고찰
		3	미국 초중등교육개혁법 고찰
2006	16	1	글로벌 시대의 교육과제 미국 고등교육기관에서 적극적 차별 수정정책의 적용에 따른 연구 중국 대학교육개혁의 동향
		2	영국의 대학교육 개혁동향 재외동포교육의 실태와 개선방안 연구 미국의 고등학교 직업교육의 변화와 정책적 시사
		3	외국의 특별활동 교육운영 동향의 비교 분석 및 정책적 함의
		4	미국의 적극적 차별수정정책의 전개과정과 시사점 미국 홈스쿨링의 제도화 과정분석과 시사점
2007	17	1	최근의 국제관계의 변화와 국제교육정책 형성을 위한 담론 다문화 가정시대 문해교육의 대안적 접근
		2	정치 · 사회적 맥락에서 본 OECD 주요국의 중등 사학에 대한 국가지원과 통제 일본의 대학원 교육개혁 동향과 특징
		3	미국의 성공적인 학교교육 혁신사례 비교연구 미국 대학입학제도의 전형자료: 입학사정관제도 및 기여
		4	다문화교육과 국제이해교육의 비교연구 캐나다 퀘백주 교육과정 개혁사례 고찰
2008	18	1	인도의 차별철폐정책이 한국의 대학입시정책에 주는 시사점
		2	능력기준 장학금정책의 변화동향과 쟁점분석 –미국 주정부의 '광범위한 능력기준 장학 프로그램'을 중심으로 스웨덴과 덴마크의 학습노동 복지연계 정책분석 미국과 한국의 홈스쿨링 의제설정과정 비교 다문화교육의 맥락에서 한국학생의 국제교류 수용도 분석 재외한인 고급과학 기술인력의 경험 및 고급두뇌 활용에 관한 인식과 그 정책적 시사
		3	이명박 정부 대학자율화 정책의 방향과 과제 미국 지역사회 기반 시민사회조직의 학교개혁 참여 일본의 대학입시와 입학사정관제도
		4	A case study on the implementation of UK Quality Assessment Assurance System 미국 입학사정관제도의 운영사례와 시사점
2009	19	1	낙오학생방지법(NCLB) 시행 6년의 성과, 과제, 그리고 시사점

		2	일본의 사립대학 재생을 위한 구조개혁 유럽연합의 고등교육개혁 동향분석 연구 한국의 교육 ODA 사업으로서 라오스 중등학교 교과서 보급사업의 특성에 관한 연구 외국의 다문화 교육정책 동향과 시사점
		3	고등교육서비스 시장개방에 대한 미국 내 쟁점과 논쟁 독일대학의 자율성 확대를 위한 개혁동향의 비판적 고찰 미국과 일본대학의 입학사정관제 운영사례와 시사점
		4	중국의 인적자원개발정책에 따른 고등교육체제의 재체계화 연구: 사회주의 시장경제 도입 이후를 중심으로 영국의 '미래를 위한 학교건립' 정책실행 · 운영과정 평가와 지원제도 분석
2010	20	1	고등교육개혁 구현을 위한 호주의 고등교육 재정배분 제도
		2	교육정책 전이 및 차용연구의 종합적 분석틀에 대한 이론적 고찰 뉴질랜드 교육과정 개혁동향: 핵심역량중심 교육과정의 실천사례 '새로운 미국학교(NAS)' 학교개혁 추진사례의 특징과 시사점
		3	A comparative analysis of international student recruitment policies: Case studies of Australia, Japan, and Korea Globalization and state's role in education: Meaning of globalization in Korea Family and Student Characteristics and Exercise of Public School Choice Options in the U. S.
		4	외국대학 유치정책 비교 분석: 한국, 싱가포르, 두바이 사례를 중심으로 미국의 교사자격 기준관리 사례분석과 정책적 시사점 서울시교육청 학교선택권 확대 정책의 실효성 분석 미국 교육복지정책의 변화
		5	다문화교육의 내용체계 구축과 실천방안
2011	21	1	국립대학 법인화 정책 비교 분석 및 시사점: 일본, 싱가포르 사례를 중심으로 다문화시대의 한국과 호주의 국제이해교육의 특성과 과제
		2	학력부진학교 개선을 위한 미국 연방정부의 지원정책과 책무성 확보방안 중국 고등교육의 시장화 추세와 실상 연구
		3	International trends of quality assurance of higher education and direction of institutional accreditation system
		4	교육의 형평성에 기초한 칠레의 학교선택정책과 Voucher 체제분석
		5	미국 대학의 신입생 대상 교육과정 실행 사례분석 미국 학교급식프로그램의 운영실태와 시사점

연도	권	호	논문
2012	22	1	평생학습시대의 다문화교육의 방향탐색: 미국, 영국, 스웨덴 사례를 중심으로
		2	정부지원 글로벌 인재양성사업의 국제적 비교 분석
			독일의 이주 청소년을 위한 교육지원정책
		4	영국과 프랑스의 교육복지사업 비교연구를 통해서 본 우리나라 교복투사업의 정치사회학적 성격
			미국 학교폭력에 대한 무관용정책의 변화와 시사점
			한 · 중 · 일 3국의 정부지원 유학생정책 비교 분석
		5	핵심역량기반 프랑스 유아교육과정 개혁의 시사점
2013	23	1	Globalization and the comparative education society
			대학생 정부지원 해외 인턴십 프로그램 운영과정 분석
		2	New institutional interpretation of the impact of Korean college admissions system reforms: Focusing on the change and response of evaluation methods
		3	일본의 '고령화사회' 시기에서 고령자 정책과 보람에 관한 일 고찰
		4	타이완, 싱가포르, 홍콩의 교육개혁 비교연구: 교육 국제화정책을 중심으로
			대학생 진로교육 개선을 위한 해외정책과 운영사례 비교
			일본 교육위원회 개혁 논의의 쟁점과 시사점
			프랑스의 이주가정 아동 학교통합정책 사례분석: 프랑스어 기초교육반제도 분석의 시사점
			볼로냐 프로세스의 단기고등교육 정책분석: 현 정부 전문대학정책의 시사점을 중심으로
		5	Education policy of school evaluation: A comparative case study in south Korea and Sweden
		6	세계 사교육시장과 정책 동향 분석
			학교교육 개혁정책의 지속성 확보를 위한 호주의 정책결정체제 및 사례분석
			현대 중국 대학교육개혁 변천과정 분석
			미국 역대 대통령들의 교육정책 리더십
2014	24	1	중국과 한국의 외국인 유학생 유치 · 관리 정책에 대한 비교 분석: 중국 외국인 유학생정책에 주는 시사점
			독일, 일본, 한국의 베트남 교육개발협력정책 비교연구
		2	Analysis of a admission practices in prestigious art colleges in U.S. and England
		3	호주의 학교다양화 사례분석: 후기 중등과정을 중심으로
			미국 고등학습위원회 기관평가인증제 평가모형개혁의 시사점에 관한 연구
		4	일본 다문화정책의 변천과정: 다문화공생의 시사점을 중심으로
		6	교육국제화 특구사업의 추진과정과 과제
			글로벌 창의모델학교의 글로벌 교육프로그램 운영의 현황과 개선방안

			글로벌 창의모델학교의 운영 및 개선방안에 대한 관련 집단의 인식분석
2015	25	1	對라오스 교육개발협력정책의 비교 분석: 일본, 호주, 한국을 중심으로
		3	중국 고등교육 개혁: 고등교육의 국제화를 중심으로 인도와 브라질의 고등교육 기회균등정책 분석
		4	초국가적 정책행위자로서 국제기구의 교육부문 사업 동향비교: OECD와 UNESCO를 중심으로 스웨덴의 사례를 통해 본 학교선택제 시행의 실제
		5	Gaps between national policy-design and local implementations in education policy: A case of teacher education/training policies in Mozambique
		6	문해교육, 농업기술훈련과 창업3자 통합의 개발효과 분석: 한국과 부르키나 파소의 빈곤퇴치 활동을 중심으로
2016	26	1	호주의 고등교육개혁과 비교교육학 연구특성 및 흐름분석
		2	A critical analysis of internationalization - The emerging global higher education market
		3	독일통일 후 구동독지역 성인정치교육의 성과와 한계 한국과 미국의 교육부장관 인사청문회 비교 미국 대학의 등록금 정책과 학자금 정책 분석
		4	프랑스 대학입학제도의 주요 특징 및 시사점 분석 일본의 최근 교육개혁 정책의 특징과 평가
		6	UN 아동권리협약의 변천과 한국의 이행성과와 과제 '21세기 기술교육'을 위한 미국과 호주의 학교혁신사례 탐색
2017	27	1	일본의 교원생애 질관리 정책의 특징과 시사점 독일통합 후 구동독 학제 통합과정 연구 중국의 독립학원정책 분석: 다차원 교육정책분석 모형을 중심으로 체제변환기 러시아 및 동구권 국가들의 교육개혁이 정책전이 논쟁에 주는 시사점: 볼로냐 프로세스를 중심으로
		2	A comparative policy study for quality improvement of primary school teachers in Nicaragua: Review on Korean teacher education system
		3	일본 외국인교육정책의 특징분석: 조선학교 졸업생의 구술을 중심으로 핀란드의 교원규모 결정 및 교원선발정책 탐색 프랑스 교원양성제도의 개편에 관한 연구: ESPE를 중심으로
		4	중국의 외국대학 합작운영정책 특성분석 미국과 한국의 홈스쿨링 법제화 비교연구 일본 자녀양육 지원정책의 변화와 보육소의 지역사회 개방

〈표 14-2〉 비교교육 연구에 게재된 교육정책 관련 주제 논문의 연도별 논문 수 및 비율

연도	권	논문 수	교육정책관련 논문 수	교육정책 관련 논문 비율(%)	연간 발간횟수
1971	1	5	1	20.0	1
1977	2	5	0	0.0	1
1992	3	7	0	0.0	1
1994	4	13	5	38.5	1
1995	5	12	4	33.3	1
1996	6	13	0	0.0	1
1997	7	16	2	1.3	1
소계		71	12	16.9	
1998	8	26	2	7.6	2
1999	9	20	1	5.0	2
2000	10	18	1	5.6	2
2001	11	11	0	0.0	2
2002	12	22	5	22.7	2
2003	13	22	1	4.5	2
소계		119	10	8.4	
2004	14	36	13	36.1	3
2005	15	27	7	25.9	3
2006	16	38	9	23.7	4
2007	17	33	8	24.2	4
2008	18	34	11	32.4	4
2009	19	40	10	25.0	4
소계		208	58	27.9	
2010	20	43	12	27.9	5
2011	21	33	8	24.2	5
2012	22	38	7	18.4	5
2013	23	48	14	29.2	6
2014	24	57	9	15.8	6
2015	25	57	7	12.3	6
2016	26	38	9	23.7	6
2017	27(4호까지)	36	11	30.6	6
소계	-	330	77	23.3	-
합계	-	748	157	21.0	-

※ ( ) 안은 중복 계산, 중복 제외하면 157편 이 교육정책 관련 논문 수임.

교육정책연구 관련 전체 논문 157편 중에서 논문주제와 내용상 중복으로 분류되는 논문은 25편까지 총 182편으로, 이를 분석틀에 따라 분류하면 〈표 14-3〉과 같다. 교육정책이념 1편(0.54%), 교육정책과정에 관한 연구 40편(21.98%), 교육정책분석에 관한 연구 7편(3.85%), 교육정책내용(교육개혁 제외)에 관한 연구 60편(32.97%), 교육개혁에 관한 연구 51편(28.02%), 교육정책환경과 관련한 연구 23편(12.64%)으로 나타났다. 이 중 교육정책내용에 관한 논문은 전체 182편 중 111편(60.99%)으로 가장 높은 비중을 차지하고 있다. 특히 교육개혁에 관한 연구의 비중이 높은 것은 영미 비교교육학의 최근 동향에서도 공통으로 나타나는 현상이다(정일환 · 김병주 외, 2012: 47-50).

교육정책과정에 관한 연구 논문 40편 중 교육정책의제설정과 관련한 연구는 1편, 교육정책결정 8편, 교육정책집행 24편, 교육정책평가 5편, 교육정책변동 2편으로 교육정책집행에 관한 논문이 가장 많은 것으로 나타났다.

〈표 14-3〉 교육정책(학) 연구 내용 분석틀에 따른 비교교육 연구 게재논문 분류(중복 포함)

연구내용 주제	편수	비율(%)
1. 교육정책 이념	1	0.54
2. 교육정책과정	40(4)	21.98
-교육정책의제설정	1	
-교육정책결정	8	
-교육정책집행	24	
-교육정책평가	5	
-교육정책변동	2	
3. 교육정책분석	7(2)	3.85
4. 교육정책내용(교육개혁 제외) -교과서 및 교육과정정책, 교원정책, 인적자원개발정책, 대학입시 및 입학사정관 정책, 평생교육정책, 학교선택제, 다문화/국제이해교육, 고등교육정책, 교육협력개발정책 등	60(17)	32.97
5. 교육정책내용(교육개혁) -개별 국가의 교육개혁 동향, 초 · 중등교육개혁, 고등교육개혁, 교원교육개혁, 학교혁신, 구조조정 등	51(1)	28.02
6. 교육정책 환경	23(1)	12.64
합계	182(25)	100.00

비교교육학의 학문적 유용성과 가능성에 대한 기대감은 세계 각국이 세계시장에서 경쟁력을 확보하기 위해 교육적 성취수준 향상에 관심을 가지면서 더욱 커지고 있다. 서유럽과 북남미 중심의 초기 학문 형성기를 지나 아시아 지역을 중심으로 전 세계 다양한 지역과 국가에서 비교교육학에 관한 관심이 증가하고 다양한 연구가 이루어지고 있는 것도 이러한 맥락에서 찾을 수 있다.

교육개혁에 관한 논문을 제외한 교육정책내용으로 분류된 60편 논문을 본 연구의 분석틀의 하나인 교육정책 유형(규제정책, 자기규제정책, 배분정책, 재분배정책, 구성정책)으로 구분하여 제시하면 〈표 14-4〉와 같다. 60편 연구논문 중 규제정책(자기규제정책 포함) 8편(13.33%), 배분정책 27편(45.00%), 재분배정책 23편(38.33%), 구성정책 2편(3.34%)인 것으로 나타났다. 국내의 교육정책연구를 분석하면 규제정책에 관한 연구가 많은 것에 비해, 최근에는 민주화, 자율화, 복지정책에 따라 배분정책이 증가하고 있는 추세이기는 하지만, 비교교육 연구에서 다루는 교육정책내용들은 국제비교연구의 특성상 배분정책과 재분배정책이 주종을 이루고 있음을 알 수 있다. 이러한 현상은 개발도상국에 대한 교육개발협력정책, 각국의 기회균등정책, 교육복지정책, 다문화정책 등에 관한 연구들이 다수를 차지하고 있는데서 찾을 수 있다. 이러한 점은 비교교육(학) 연구가 학문적인 측면뿐만 아니라 실제 각 국가의 교육정책내용에 대해 교육정책(학)이 지향하는 사회 구성원들의 삶의 질 향상과 인류의 공동선 추구에 기여함을 실증적으로 보여주고 있음을 알 수 있다.

〈표 14-4〉 교육정책(학) 연구 내용 정책유형에 따른 비교교육 연구 게재논문 분류

정책유형	편수	비율(%)
규제(자기규제)정책	8	13.33
분배정책	27	45.00
재배분정책	23	38.33
구성정책	2	3.34
합계	60	100.00

2. 교육정책연구에서 비교교육 접근 관련 연구 분석

비교교육 연구의 학문공동체인 한국비교교육학회 차원에서 국제비교 및 비교론적 접근방법에 의해 교육정책연구를 수행하고, 그 연구수행과정에서 정책 관련 집단의 의견을 수렴하기 위하여 학술대회를 개최하고 있다. <표 14-5>에서 제시한 바와 같이, 한국비교교육학회에서 주관하여 2009년부터 2018년까지 수행한 교육정책연구 및 학술대회 목록을 연도별로 살펴보면 다음과 같다.

2009년 기숙형고등학교 정책, 입학사정관제도, 2010년 고등교육 자체평가, 군인자녀 기숙형고등학교제도, 2011년 교육감 선출제도, 2012년 고등교육 질 관리체제, 글로벌 시대 고등교육체제 성과와 발전방향, 2013년 일반고 교육역량제고 방안, 2014년 교육국제화 특구 창의모델하교 운영 내실화 방안, 주요국의 고등교육 프로그램 평가인증제도, 시간강사 및 비전임교원제도 운영에 관한 국제비교, 2015년 주요국의 연구윤리 활동 실태 비교연구, 2016~2018년 국제기구와 교육(World Bank, OECD, UNESCO, UN와 교육), 2016년 대구행복역량교육의 성과와 발전방향, 대학연구윤리 정책세미나, 주요국의 교원생애 주기별 질 관리체제 탐색, 국제교육개발협의 성과와 전망, 2017년 국내대학의 해외진출 운영기준 마련 정책, 교육격차 해소방안 탐색, 2018년 International Diffusion of Successful Accomplishment of the Happiness Competency Education in Daegu, Korea(국제학술대회), 주요국의 대학연구윤리 지원체제 동향과 한국대학연구윤리 확립방안 정책세미나 등이다.

<표 14-5> 한국비교교육학회 주관 교육정책연구 및 관련 학술대회 목록(2009~2018년)

연도	주요내용
2009	기숙형고교의 학생모집단위 및 교직원 운영체제 적정모형 탐색 정책토론회 • 기숙형고교의 안정적 정착을 위한 학생모집단위 및 교직원 운영체제의 방향 • 지역학생 배려를 위한 기숙형고교의 학생모집단위 적정모형 탐색 • 기숙형고교의 교직원 운영체제의 합리적 방안 탐색 • 미국 우수 기숙학교의 운영사례

2009	입학사정관제도의 운영체제 개선과 사교육시장 대응책 탐색 정책토론회 • 입학사정관제의 운영개선과 사교육 시장 대응책 • 미국과 일본의 입학사정관제 운영사례와 시사점 • 입학사정관제 활성화를 위한 운영체제 개선방안 • 입학사정관제 정착을 위한 사교육시장 대응책
2010	고등교육 자체평가와 절차 미국 NCASC 자체평가 내용과 절차 • 일본 NAID-UE 자체평가 내용과 절차 • 영국 QAA 자체평가 내용과 절차 • 호주 AUQA 자체평가 내용과 절차 • 한국 대학자체평가 내용과 절차
	자율형사립고 설립 · 운영 탐색 정책토론회 • 인천하늘고등학교 설립 이념 및 교육목표 정립 • 국내외 기숙형 고교의 우수사례 및 시사점 • 인천하늘고등학교 설립 · 운영에 대한 관련 집단 요구분석 • 차별화 · 특성화된 교육과정 편성 · 운영 • 우수 교직원 확보를 위한 임용체제 • 합리적 학생선발 방식 • 내실 있는 기숙사 운영방안 • 쾌적한 학교시설 조성 및 적정 배치안 • 인천하늘고등학교 재정운영의 최적화 방안
	군인자녀 기숙형 고등학교 설립 · 운영 정책연구 • (가칭) 군인자녀를 위한 기숙형고교 설립의 배경과 기본방향 • 군인자녀 기숙형고교 설립의 타당성 검토 • 주요 국가의 군인 자녀를 위한 교육복지 실태 및 시사점 • 군인자녀 기숙형고교 설립 · 운영에 대한 관련 집단 요구분석 • 군인자녀 기숙형고교의 모형개발과 설립추진체제 • 군인자녀 기숙형고교 설립의 제도적 · 법적 장애요인 진단과 대응전략 • 군인자녀 기숙형고교 운영 방안: 교육과정 편성 · 운영 및 진로지도 • 군인자녀 기숙형고교 운영 방안: 학생선발 방식 및 교직원 운영체제 • 군인자녀 기숙형고교 설립 · 운영의 시설 및 재원확보 방안
2011	교육감 선출제도 개선방안 탐색 정책세미나 • 미국의 교육감 제도의 특징과 시사점 • 영국의 교육감 제도의 특징과 시사점 • 일본의 교육감 제도의 특징과 시사점

2012	글로벌시대의 고등교육 국제화 고등교육 국제화 추진방안과 발전과제 미국 로스쿨 인증평가에 관한 연구 호주 고등교육 질관리 기구의 주요 특징과 시사점 일본의 대학을 통한 국제개발협력 사례연구 주요국 초등교사 선발제도 비교연구 독일의 학교부적응 학생 예방대책과 시사점
	글로벌 시대 고등교육체제의 성과와 발전방향 • 외국인 유학생의 대학생활 적응과정 분석 • CAMPUS Asia 정책 형성 배경과 성과 분석 • 교육국제화특구 추진 내용과 발전 방향 • 외국인 유학생 유치박람회 현황과 사례분석
2013	일반고 교육역량 제고방안 탐색 정책세미나 • 일반고 교육역량 강화 방안의 주요 내용과 성공적인 정착 방안 • 일반고의 교육과정 편성 운영 및 진로직업교육측면 • 생활지도 및 위기학생 지원 프로그램 강화 • 일반고 교육역량 강화에 대한 학생과 학부모 의견조사 분석결과 및 논의
2014	교육국제화특구법에 따른 글로벌 창의모델학교 운영 내실화 및 확산방안 연구 • 교육국제화특구법에 따른 글로벌창의모델학교의 운영 내실화 방향 • 교육국제화 특구 사업의 추진과정과 성과: 대구 교육국제화 특구 사례를 중심으로 • 대구광역시 글로벌창의모델 초등학교의 교육과정 편성 · 운영 현황 분석 • 대구광역시 글로벌창의모델 중학교의 영어교육 운영실태 및 성과 • 핀란드의 영어교육 및 국제화교육 현황 및 시사점
	주요국의 고등교육 프로그램 평가인증제도의 현황과 전망 • 고등교육 평가인증제도 관련 선행연구 • 미국의 고등교육 프로그램 평가인증제도의 현황과 발전동향 • 호주의 고등교육 프로그램 평가인증제도의 현황과 발전동향 • 홍콩의 고등교육 프로그램 평가인증제도의 현황과 발전동향 • 영국의 고등교육 프로그램 평가인증제도의 현황과 발전동향 • 일본의 고등교육 프로그램 평가인증제도의 현황과 발전동향
	시간강사 및 비전임교원제도 운영에 관한 국제비교 • 미국의 시간강사 및 비전임교원제도 운영 • 영국의 시간강사 및 비전임교원제도 운영 • 일본의 시간강사 및 비전임교원제도 운영 • 한국의 시간강사 및 비전임교원제도 현황 및 개선 방안

2015	주요국의 연구윤리 활동 실태 비교연구 • 일본의 연구윤리 활동 실태분석 및 시사점 • 영국의 연구윤리 활동 실태분석 및 시사점 • 국내 연구윤리 활동 실태 및 발전 방안
2016	국제기구와 교육 • World Bank의 교육전략과 실천방안 • OECD와 교육 • UNESCO와 교육 • UN과 고등교육 • 대학의 해외진출 전략: IUT 운영사례를 중심으로
	대구행복역량교육의 현황과 발전방안 • 대구행복역량교육의 현황과 발전방안: 교육과정 편성 · 운영 • 대구행복역량교육의 현황과 발전방안: 교실수업개선 • 대구행복역량교육의 현황과 발전방안: 인성교육 • 대구행복역량교육의 현황과 발전방안: 진로 · 직업교육 • 대구행복역량교육의 현황과 발전방안: 유아 · 특수교육 • 대구행복역량교육의 현황과 발전방안: 교원 및 교육지원체제 • 대구 학부모 역량강화 사업의 현황과 발전방안
	주요국의 교원생애 주기별 질 관리체제 탐색 정책세미나 • 한국의 교원생애 주기별 질 관리체제의 주요 쟁점과 발전방향 • 미국의 교원생애 주기별 질 관리체제 분석과 시사점 • 핀란드의 교원생애 주기별 질 관리체제 분석과 시사점 • 중국의 교원생애 주기별 질 관리체제 분석과 시사점 • 대만의 교원생애 주기별 질 관리체제 분석과 시사점 • 일본의 교원생애 주기별 질 관리체제 분석과 시사점 • 프랑스의 교원생애 주기별 질 관리체제 분석과 시사점 • 독일의 교원생애 주기별 질 관리체제 분석과 시사점
	국제교육개발협력의 성과와 전망: 제3회 교육ODA 국제컨퍼런스 후속 추진방안을 중심으로 • 한국교육원조의 국제경쟁력: 허상과 실상 • 직업교육훈련 분야 국제 협력 방향 및 전략 • 교육분야 개발 협력의 성과와 전망 • SDGs 달성을 위한 한국의 교육 ODA－성과와 향후 추진방향 • ICT 도입을 통한 아프리카 교육혁신 사례 • SDG 교육 목표 실천 방안: 교육개발협력 사업 분석을 중심으로

2017	국내대학의 해외진출 운영기준 마련 정책 세미나 • 국내 대학의 해외진출 배경과 운영 기준안의 기본방향 • 미국의 대학 해외진출 사례 분석 • 영국의 대학 해외진출 사례 분석 • 호주의 대학 해외진출 사례 분석 • 국내 대학의 교육과정 공동운영을 통한 해외진출 승인 기준 • 국내 대학의 교육과정 공동운영에 대한 질 관리 기준 • 국내 대학의 교육과정 공동운영 규정
	교육격차 해소방안 탐색 정책 세미나 • 대구광역시 교육격차 해소방안 탐색의 배경과 기본방향 • 교육격차 해소사업의 현황과 사례분석 및 시사점 • 국가 및 타 시 · 도 사례 – 미국과 일본 사례 • 대구광역시 교육격차 실태분석과 교육격차지도 • 대구광역시 구 · 군별 교육격차 관련 집단 인식분석 • 대구광역시 교육격차 해소를 위한 정책안
2018	The 50th Anniversary Conference of KCES International spread of successful accomplishments of the Daegu Happiness Competency Education • The history and developmental direction of Korean comparative education society • The accomplishments and the future of Daegu Happiness Competency Education • The Curriculum development and lesson improvement of happiness competency education in Daegu • The Parent Competency Enhancement Project and Performance of Happiness Competency Education in Daegu • The supportive system for education and teacher development for Happiness Competency Education in Daegu
	주요국의 대학연구윤리 지원정책 동향과 한국의 대학연구윤리 확립을 위한 지원방안 탐색 정책 세미나 • 대학 연구윤리 확립을 위한 지원정책의 배경과 기본방향 • 한국의 대학 연구윤리 정책의 현황과 관련 법령 분석 • 미국의 대학 연구윤리 지원정책과 시사점 • 호주의 대학 연구윤리 지원정책과 시사점 • 일본의 대학 연구윤리 지원정책과 시사점 • 한국 대학의 연구윤리 지원정책과 개선 방안

이상에서 제시한 교육정책연구에 대하여 한국비교교육학회 차원에서 국제비교 및 비교론적 접근에 의해 수행(개최)한 정책연구 및 학술대회의 주요 특징을 기술하면 다음과 같다.

첫째, 교육정책내용 측면에서 보면 초·중등교육정책(기숙형고교, 군인자녀 기숙형고교 설립, 인천하늘고 설립, 일반고 교육역량제고, 대구행복역량교육), 고등교육정책(입학사정관제도, 고등교육 자체평가, 고등교육 질 관리체제, 고등교육 프로그램 평가인증제, 대학시간강사제도, 대학연구윤리 실태, 주요국 대학연구윤리 지원정책), 교육국제화 정책(교육국제화특구, 국제교육개발협력(교육 ODA정책)), 교원정책(주요국 교원생애 주기별 질 관리체제), 교육행정제도(주요국 교육감 선출방식제도, 교육격차 해소방안) 등 한국교육정책 전반에 걸쳐 국제비교 및 비교교육 관점에서 정책방안을 탐색·제시하고 있다.

둘째, 교육정책내용을 구체적으로 살펴보면, 학생과 학부모의 다양한 교육적 수요를 충족하고 교육의 질 관리 차원에서 주요 선진국들의 교육제도와 정책과 비교하여 시사점을 도출하고 있음을 알 수 있다. 특히 고등교육의 정책의 경우는 고등교육의 경쟁력과 수월성 추구하는 측면에서 관련 정책연구들이 수행되었음을 알 수 있다.

셋째, 교육정책 이념 측면에서는 주로 교육의 수월성 추구를 위한 초·중등교육정책과 고등교육정책의 수행과 더불어 기숙형고교, 교육격차 해소방안, 시간강사제도 등 소외지역 및 사회적 약자 배려를 위한 형평성 보장을 위한 교육복지 정책에 관한 연구도 수행하고 있음을 알 수 있다.

넷째, 교육정책 유형 측면에서 살펴보면, 주로 배분정책과 관련한 연구들이 다수를 차지하고 있지만 자기규제정책(고등교육평가 인증제, 대학연구윤리 지원정책 등), 재배분정책(교육격차 해소방안, 시간강사제도 등)에 관한 교육정책연구도 동시에 수행하고 있음을 알 수 있다. 특이한 사항은 교육정책의 특성상 많은 교육정책이 규제정책에 해당하지만 비교교육 및 국제비교 관점에서 접근방식으로 수행되었기에 이에 관한 교육정책은 거의 드물었다고 할 수 있다. 이러한 점이 바로 한국비교교육학회가 교육정책 방안 탐색에 있어 주요 선진국 또는 특정 교육제도나 정책이 앞서 있는 국가나 지역연구에 충실히 할 수 있는 강점으로 해석할 수 있다.

다섯째, 한국비교교육학회에서 국제교육기구들, UNESCO, OECD, World Bank, UN에서 직접 근무한 경험이 있는 정부 정책입안자(교육부 관료)와 학자(교수)가 이들 기구에서 수행하는 교육정책 관련 활동에 대해 생생한 자료를 통해 발표하고, 학회 회원들이 토론하는 과정에서 교육정책의 실제와 비교교육학적 이론적 접근 간에 활발한 교류가 이루어지고 있음을 알 수 있다.

4절 비교교육학 발전을 위한 교육정책학의 과제

선진국 사례를 벤치마킹하는 것이 개발도상국들의 비교교육 연구의 주된 주제가 되고 있으며, World Bank, UNESCO, OECD와 같은 국제기구들을 통한 국제 교육원조(ODA)에 있어 비교교육 연구 접근의 유용성을 점증하고 있는 추세이다. 특히 교육개발협력과 연계하여 그 효율성을 증대시키기 위해 선진국과 개발도상국들의 교육정책에 대한 관심은 높아지고 있다. 국제기구나 선진국들, 특히 국제사회에서의 위상과 역할이 고조되면서 교육 ODA에 예산이 증가하고 있는 한국의 경우에 원조국들의 정치적 · 사회적 · 경제적 · 역사적 배경과 상황에 대한 이해와 더불어 효과적인 교육정책(사업)의 집행과 성공적인 정착을 위해 정책내용은 물론 정책과정과 분석, 정책 환경에 대한 분석을 위해 비교교육학적인 접근이 활발히 시도되고 있음을 볼 수 있다. 따라서 최근 국가 간 상호 의존성이 크게 증대되고, 국제시장에서 경쟁이 다각적인 양상을 띠게 되면서 비교교육 연구의 영역이 더욱 다양화되고, 학문적인 영토 확장 가능성도 높아지고 있다. 이러한 맥락에서 한국비교교육학회에서도 국제교육개발협력에 관한 분과위원회 설치 · 운영과 더불어 지속적인 학술세미나를 개최하고 있으며, 학회지에 관련 게재 논문들이 증가하고 있는 추세이다.

이 장에서 비교교육(학) 연구 접근을 통해 분석된 주요 교육정책에 관한 연구 혹은 정책 집행에 대한 연구결과들은 궁극적으로 비교교육학의 학문적 측면에서 비교교육 연구 방법과 절차의 타당성, 정교성을 개발시키고, 또한 실제 합리적인 교육정책 개발과 집행에 유용한 시사점을 제공하게 될 것이다. 이와 더불어 교육정책학의 한국화 및 교육정책의 독자성 확보라는 관점에서 외국의 이론, 외국의 교육정책을 적용하는 데서 벗어나 한국 고유의 교육정책이론 및 비교교육이론을 개발하는 데 학문공동체 구성원들의 책무성이 있음을 인식해야 할 것이다. 아울러, 비교교육(학)적 접근을 활용하여 한국은 물론 선진국, 개발도상국가들 간의 국제교류 활성화와 교육정책에 관한 정보교류 및 정책전이 등이 활발히 이루어져 교육을 통한 사회발전, 개별국가 사회구성원들의 삶의 질과 행복 증진, 그리고 인류평화에도 기여할 수 있도록 학문적 · 실천적 노력이 배가되어야 할 것이다.

참고문헌

고전(2017.6). 비교교육학과 교육법학. 2017년 한국비교교육학회 학술대회, 51-65.

김병주(2017.6). 비교교육학과 교육재정 · 경제학. 2017년 한국비교교육학회 학술대회, 81-90.

신현석 · 박대권(2017.6). 비교교육학과 교육정치학: 연구동향 분석을 통한 협력적 관계의 모색. 2017년 한국비교교육학회 학술대회, 67-80.

이병진(1995). Current Situation and Future Prospect of Comparative Education and Research Cooperation in Korea. JCES 30주년 기념 학술대회 자료집.

이병진(1996). 세계화 교육과 비교교육 연구의 과제. 한국교육학회 소식지, 32(2). 6-9.

이병진(1998). 비교교육학. 서울대학교 사범대학교육연구소편. 교육학대백과사전 2(1332-1341). 서울: 하우동설.

정기섭(2003). 교육학의 체계와 비교교육학. 비교교육 연구, 13(1), 1-20.

정영근(2010). 세계화시대 비교교육학 연구의문제와 과제. 교육의 이론과 실천, 15(1), 123-142.

정일환(2000). 교육정책론: 이론과 적용. 서울: 원미사.

정일환(2003). 교육행정학 탐구: 개념과 실제. 서울: 원미사.

정일환 외(2003). 현대비교교육발전론. 파주: 교육과학사.

정일환(2015). 비교교육학의 학문적 발달과 한국비교교육학의 발전과제, 한국비교교육학회 2015 연차학술대회 발표자료집, 1-21.

정일환(2017.12). 비교교육학과 교육정책학, 2017 한국비교교육학회 연차학술대회 자료집, 39-52.

정일환(2018.3). 교육정책탐구에서의 비교교육학적 접근방법의 유용성 탐색, 비교교육 연구, 28(1), 153-173.

정일환 · 권동택(2017.5). 비교교육학의 학문적 영역과 교육학. 2017년도 1차 학술세미나자료집, 1-27.

정일환 · 권동택 · 신태진 · 한용진 · 김정희 · 김현욱 외 공역(2017). 비교교육학: 접근과 방법. 파주: 교육과학사.

정일환 · 김병주 외(2012). 비교교육학 이론과 실제. 서울: 교육과학사.

정일환 · 이병진 · 권동택(2013). 한국에서의 비교교육 연구 성과와 과제. 비교교육 연구, 23(4), 155-172.

정일환 · 주철안 · 김재웅(2016). 교육정책학: 이론과 사례. 서울: 동문사.

조동일(2012). 학문론. 파주: 한국학술정보(주).

주삼환 역(2005). 입문 비교교육학. 서울: 한국학술정보.

한국비교교육학회 홈페이지. www.kces1968.org

허범(1992). 한국정책학회의 정체성과 가능성. 한국정책학회보, 창간호, 7-17.

Bereday, G. Z. F. (1964). *Comparative method in education.* New York: Holt, Rinehart and Winston.

Bereday, G. Z. F. (1980). The law and exclusion from schools in comparative perspective. *Comparative Education Review, 24*, 192-205.

Bray, M. (2010). Comparative education and international education in the history of "Compare": Boundaries, overlaps and ambiguities. *Compare: A Journal Of Comparative And International Education, 40*(6), 711-725.

Bray, M., & Thomas, R. M. (1995): Levels of Comparison in Educational Studies: Different Insights from Different Literatures and the Value of Multilevel Analyses. *Harvard Educational Review, 65*(37).

472-490.

Bray, M., Adamson, B., & Mason, M. (2014). *Comparative Education Research*. Hong Kong: Springer.

Crossley, M., & Waston, K. (2003). Comparative and international research in education: globalisation, context, and difference. London: Routledge Falmer.

Hans, H. (1958). Comparative Education: A study of Educational Factors and Traditions. London: Routledge & Kegan Paul.

Lasswell, H. D. (1951). The policy orientation. In D. Lerner & H. D. Lasswell(Eds.), The policy sciences (pp. 3-15). Stanford Uinversity Press.

Manzon, M. (2011). Comparative Education: The Construction of a Field. Hong Kong: Comparative Education Research Centre, The University of Hong Kong, and Dordrecht: Springer.

Phillips, D., & Schweisfurth, M. (2007). Comparative and international education: An introducation to theory, method and practice. New York: Continuum Books.

Wolhuter, C., & Popov, N. (eds.) (2007). *Comparative Education as Discipline at Universities World Wide*. Sofia: Bureau for Educational Services.

이 글은 정일환(2017. 12) 비교교육학과 교육정책학: 교육정책탐구에서의 비교교육학의 접근 방법의 유용성 탐색, 2017 한국비교교육학회 연차학술대회 자료집, 39-52.; 정일환(2018. 3) 교육정책탐구에서의 비교교육학적 접근방법의 유용성 탐색, 비교교육연구, 28(1). 153-173.를 토대로 보완·작성한 것임.

CHAPTER 15

한국 비교교육학의 성과와 과제

한국에서의 비교교육학 연구는 그동안 비교교육 및 국제교육과 관련한 실제적인 연구와 더불어 비교교육학의 학문적 정체성 확립과 연구내용의 체계화, 연구접근 및 방법의 정교화 등을 위해 다각적으로 학술활동을 전개해 오고 있다. 일반적으로 하나의 학문으로서 독자적인 정체성을 확립하기 위하여 필요한 것 중의 하나가 학회의 형성과 그 활동이라고 할 수 있다. '비교교육'이라는 하나의 학문영역에 있어서도 그간 학회의 결성과 학회를 통한 여러 가지 다양한 활동을 통하여 하나의 독자적인 영역을 구축해 나가기 위하여 끊임없는 노력이 이루어졌다.

특히 한국비교교육학회(Korean Comparative Education Society, KCES)의 설립배경을 보면, 우리나라가 1950년대 6.25 한국전쟁의 폐허에서 경제적 재건을 지향한 근대화를 강력히 추구한 1960년대에 창립되었다. 따라서 한국에서의 비교교육의 발전은 해방 이후부터라고 볼 수 있다. 한국에서의 경제적 근대화의 원동력은 교육이라는 신념 아래, 교육의 선진화를 도모하기 위해서 우리나라 자체의 교육력 향상뿐만 아니라 세계교육에 대한 이해와 선진국의 교육의 발전 양상과 교육내용, 교육제도 및 정책이 국가발전에 미친 영향의 연구를 또 하나의 자원으로 하여 한국교육이 국가 근대화에 초점을 맞추어 발전하는 데 이바지하고자 하였다(이병진 · 권동택, 2005). 이러한 한국에서의 근대화(modernization)와 세계화(globalization)의 노력은 곧 비교교육에 대한 학문적 관심의 증대를 낳았다.

1절 한국 비교교육 연구의 성과

한국에서의 비교교육 연구는 1960년대 초반부터 비교교육에 대한 관심이 높아지면서, 국내의 교육학계에서 외국에서 학문 연구를 한 학자들과 한국교육계에서 영향력이 있는 교육자들이 주축되어, 뜻을 같이하는 연구자들끼리의 학술적인 조직을 가질 필요성이 대두되었다. 이에 한국비교교육학회는 1968년 2월 초 류형진, 한기언, 이규환, 이남표, 안상원, 김정환(존칭 생략, 이하 동일) 등이 모여 한국비교교육학회 창립을 위한 발기인이 되어, 1968년 2월 24일 유네스코회관 회의실에서 창립총회를 개최함으로써 정식으로 발족되고 류형진은 초대회장으로 피선되었다. 창립 당시 본 학회는 한국교육학회와는 완전히 분리된 별개의 학회로 조직되었으나, 1970년 7월 4일에 한국교육학회의 분과연구회로 가입함으로써 대내적으로는 한국교육학회 비교교육 연구회로 활동하였으나, 본 학회는 창립당시의 정신을 살려 대외적으로는 한국비교교육학회라는 원래의 공식명칭을 그대로 가지고 활동해 왔다(이병진 · 권동택, 2005). 이후 한국비교교육학회는 범세계적인 관점에서 비교교육 본질에 기초한 연구와 그것의 한국교육에의 시사를 추구해왔다.

한국비교교육학회는 창립 당시부터 세계 교육정보 교류, 세계 교육학자 교류, 한국교육의 외국에 대한 문호 개방이란 설립취지를 살려 활동하고 있으며, 세계비교교육연합회(World Council of Comparative Education Societies, WCCES)의 5개 창설학회(유럽, 미국, 캐나다, 일본, 한국) 중의 일원으로서 WCCES와 연계하여 꾸준한 활동을 전개하여 왔다. 특히 한국비교교육학회는 선진국 및 개발도상국가의 교육체제, 초 · 중등교육, 고등교육 및 평생교육, 교사교육, 다문화 교육, 교육행 · 재정제도와 개혁동향 등에 관한 광범위한 영역에 걸쳐 국제 및 국내학술대회, 학회지 논문 발간 등을 통하여 꾸준히 학술적 탐구활동을 전개하고 있다(정일환, 2009). 하나의 학회는 연구 대상 및 주제에 대해 관심을 공유하는 연구자들의 학문적 공동체이다. 한국비교교육학회 역시 세계의 교육을 비교연구함으로써 비교교육학회의 심화와 한국의 교육 발전에 기여함을 목적으로 다양한 활동을 전개해 왔다는 점에서 한국에서의 비교교육의 학문적 성과를 살펴보는 데 중요한 자료가 될 수 있다. 한국비교교육학회의 역사와 학회 활동을 중심으로 비교교육의 성과를 살펴보면 다음과 같이 정리될 수 있다(이병진 · 권동택, 2005, 2007; 정일환 · 김병주 외, 2012).

1. 정초기(1950~60년대)

1950~60년대로, 한국전쟁 이후부터 1953년 대학에서는 '비교교육' 강좌가 정식으로 교육학 전공학생들을 위한 교육과정에 포함되었고, 외국 교육을 시찰한 학자들이 잡지, 신문, 대학 논문집 등에 외국 교육제도에 관한 소개들이 있었다.

임한영이 대학에서 최초로 비교교육을 강의한 1950년대 초 연세대학교 교육학과에서 비교교육을 개설하였다. 이후 여러 교수들이 비교교육을 강의하기 시작했으며, 1961년도에는 『비교교육』이라는 공동 저서가 나오기도 했다. 특히, 비교교육이 대학의 교과목으로 개설되기 시작한 것은 1963년 교육대학원이 설립되면서부터이다. 각 교육대학원마다 거의 모두 교육행정 전공이 개설되고 비교교육이 교과목으로 강조되었으며, 1968년 3월에는 '비교교육학의 성격과 최근 동향'이라는 제목으로 창립기념 심포지엄이 개최되기도 하였다.

이 시기 가장 활동한 학자들은 비교교육이라는 제목으로 대학에서 강의를 한 임한영(연세대), 김승화(서울대), 류형진(숙명여대), 이규환(이화여대), 김종철(중앙대) 등으로 한국 교육계에 많은 영향을 준 인물들이라고 할 수 있다.

2. 확산기(1970년대)

1970년대로, 이 시기는 의욕적인 비교교육 학자들이 진지하게 학문적 토대를 마련한 시기이며, 한국비교교육학회가 세계 무대에 등장한 시기이기도 하다. 특히 1971년 9월에 『세계문화와 교육』이라는 한국비교교육회의 학회지가 창간되었으며, 이후 1976년에 『비교교육 연구』로 학회지 명칭이 변경되었다. 특히 1970년대에 한국의 비교교육학계에는 중요한 논문들이 발표되었으며, 1972년 이규환의 박사학위논문은 한국에서 외국교육학의 테두리를 처음으로 벗어난 본격적인 비교연구라는 점에서 의의가 있다.

한국 비교교육의 전환기적 저서로 이규환의 박사학위논문인 '서독과 스웨덴의 교육개혁에 대한 비교연구'라는 책이 출판된 1971년과 류형진의 '영국 중등교육의 개혁'과 한기언의 '한국, 중국 및 일본 교육학의 비교연구'라는 두 개의 논문이 발표된 1972년은 한국 비교교육이 제2단계에 들어섰다는 것을 보여준다. 또한 한국 비교교육의 발전과정과 연구동향에 관한 연구물로는 1978년 2월 24일 한국비교교육학회 창립 10주년 기념 강연으로 한기언이 발표한 '한국 비교교육의 과제와 전망'이라는 제목으로 발표한 바 있다.

또한, 이 시기에 세계비교교육연합회(WCCES) 창립 학회로 활동한 것은 한국비교교육학회의 국제적 교류의 전환적 계기가 되었다. 세계비교교육연합회는 세계적 규모의 국제 학술조직이며, 유네스코의 협력기구(NGO)로서 세계교육의 발전을 위한 범국가적인 목적을 갖고 1970년에 남북미주비교교육학회(CIES), 유럽비교교육학회(CESE), 캐나다비교교육학회(CCES), 한국비교교육학회(KCES), 일본비교교육학회(JCES) 등의 학회가 중심이 되어 Katz의 주도하에 창립되었다. 1956년 창립된 CIES의 설립목적은 교육사상, 교육시스템, 교육실천을 내용으로 하는 국가 간 연구를 통하여 문화 간 이해, 학문적 교육, 학업성취, 사회발전을 고취하기 위한 목적이었으며, 1961년에 창립된 CESE는 유사한 목적을 내세운 학술회합이었지만, 교육학을 전공하는 연구자, 전문가, 소장 학자들 간의 학문적 담론을 공유하고, 발전시키자는 것에 초점을 두고 있었다. 또한 1965년 창립된 WCCES, JCES는 비교교육학의 발전과 보급에 공헌하고, 연구수행상 필요한 연락과 협력을 널리 국내외에 걸쳐 촉진하는 것을 목적으로 하였다.

이러한 비교교육에 대한 세계적인 관심은 마침내 비교교육에 대한 국제적인 기구와 연구발표회의 개최를 촉진시켰는데, 1970년 7월 캐나다의 오타와에서 제1차 세계비교교육 국제학술대회가 개최되었으며, 2~3년마다 세계비교교육연합회가 주최하는 대규모의 국제학술대회는 이런 점에서 큰 의의를 가지는 것이었다.

3. 정착기(1980년대)

1980년대로, 이 시기는 한국비교교육학회가 세계 여러 학회와 교류가 본격적으로 이루어지는 시기로, 창립 이후 한국비교교육학회는 그동안 학술 세미나 개최와 회원들의 국내외에서의 학술 발표 등을 통하여 연구력을 뚜렷이 부각시켜 왔다. 특히, 1980년 일본에서 개최되었던 제4차 세계비교교육 학술대회에 앞서 Pre-Congress의 개최는 의미 있는 행사이며, 이를 통해 세계비교교육연합회에서의 한국비교교육학회의 위상을 높였다. 즉, 1980년 7월 3일부터 5일까지 세계비교교육연합회의 Pre-Congress를 한국 서울에서 개최한 것은 한국비교교육학회 발전의 희망과 세계 무대로의 용기를 불어넣어 준 계기가 되었다.

이는 1979년 스페인의 발렌시아에서의 결정에 따라 유치하게 된 것이다. 이 대회를 한국에 유치함으로써 한국비교교육학회는 물론 한국교육학계에 여러 가지로 중요한 의의를 부여하였다. 이 대회는 세계 각계의 교육학자들이 한국을 방문하여 한국교육의 실상을 볼 수 있는 계기가 되었으며, 본 대회의 주제인 '개발도상국을 위한 교육'을 통하여 각국 회원들에게 보다 큰 관심을 모은 것은 물론 그 당시 한국이 개발도상국으로서 위상을 더욱 높인 계기가 되었다. 이 대회는 36개 회원국이 참석하였으며, 비교교육의 개척자적인 학자인 영국의 Holmes와 King의 참석은 한국대회를 더욱 빛나게 하였다. 그러나 한국비교교육학회 입장에서는 의미 있는 대회였지만, 어디까지나 제4차 일본에서의 본 대회에 앞서 개최된 사전(事前) 대회였으므로 WCCES의 입장에서는 본 학술대회와 같은 비중을 두지 않았다는 아쉬움을 남겼다.

4. 내실화기(1990년대)

1990년대로, 이 시기는 한국비교교육학회 창립 25주년이 있었던 해로 한국비교교육학회의 아시아 학회들과의 유대 강화기로 아시아비교교육학회(Comparative Education Society of Asia, CESA)의 창립과정에의 주도적 관여와 세계대회 개최 준비를 위한 세계학회와의 관계 증진의 시기이다. 1990년대 아시아비교교육학회 창립과정에서의 한국비교교육학회의 역할을 살펴보는 것은 1990년대의 한국비교교육학회의 발전과정을 이해하는 데 중요한 의미가 있다. 1992년 7월 체코의 프라하에서 개최된 제8차 세계비교교육학회 대회에서 아시아 지역 대표들이 모여 아시아 비교교육학회의 결성 · 추진을 협의하고, 한국, 일본, 홍콩 대표가 창립 추진을 위임받았다.

1993년 12월 한국비교교육학회 25주년 기념 학술대회를 '아시아 지역 학교교육개혁'이라는 주제로 일본(1명), 중국(2명), 홍콩(2명), 말레이시아(2명), 인도(1명)에서 8명의 외국 학자를 초청하여 개최하는 등 비교 · 국제교육 학술 연구 활동에서 상당한 비중을 인정받았으며, 이 대회는 1995년 5월 홍콩대학에서 창립된 아시아비교교육학회 창설의 기반을 마련하는 데 기여하였다.

또한, 제11차 세계대회 개최를 위한 준비과정을 통하여 한국비교교육학회는 세계 여러 학회와 많은 교류를 갖게 되었다. 한국비교교육학회가 세계대회를 개최하게 되는 일련의 과정을 소개하면, 1996년 7월 호주 시드니 대학에서 개최된 제9차 세계비교교육국제학술대회에서 제11차 대회의 한국 개최를 공식 제안하였으며, 이후 1997년 멕시코시티에서 개최된 이사회에서 개최 제안에 대한 검토보고가 있었고, 1997년 캐나다 토론토 대학에서 개최된 이사회에서 프로그램과 예산제안에 대한 검토보고를 거쳐 1998년 7월 남아프리카공화국 케이프타운 대학에서 열린 제10차 세계비교교육 국제학술대회 총회에서 한국 개최를 최종적으로 확정 · 공표하였다.

이러한 세계대회 유치를 위한 한국비교교육학회의 노력은 학회의 국제 교류 면에서 이전 시기와는 다른 많은 질적인 변화를 겪게 되었다.

5. 양적 도약기(2000년대)

2000년대로, 이 시기는 한국비교교육학회가 2001년 제11차 세계비교교육 국제학술대회 개최로 한국에서의 비교교육의 역사에 있어서 가장 중요한 시기이다. 세계비교교육 국제학술대회(World Congress of Comparative Education, WCCE)는 각 나라별 · 지역별로 학술 · 연구대회가 개최되는 것과 병행하여, 매 3년마다 개최되는 세계적 규모의 학술대회이다. 특히 세계비교교육 학술대회는 대주제와 소주제에 따라 자율적으로 제목과 내용을 정하여 발표하고 서로 토론하는 공모(公募) 형태의 대회로서 세계 여러 나라의 교육자, 교육학자, 교육관련자 누구나 참여할 수 있으며, 참가자 모두가 교육에 대한 다양한 견해를 개방적으로 피력할 수 있는 학술·연구 활동의 국제적인 장(場)이 된다 (WCCES, 1996).

2001년 7월 2일부터 6일까지 한국에서 열린 제11차 세계비교교육학술대회는 'New Challenges and New Paradigms: Moving Education into the 21st Century'라는 주제로 38개국에서 약 400여 명이 참여하였으며, 대통령 영상 메시지, 교육부장관 축사 등 성황을 이루었다. UNESCO 홍보지, INNOVATION EDUCATION에서 이 대회가 성공적이라는 평가를 받게 된 것은 특히 기록할 일이다.

〈표 15-1〉 세계비교교육학회 학술대회 개최지와 시기

횟수	연도	개최지역	횟수	연도	개최지역
1	1970	Ottawa(Canada)	9	1996	Sydney(Australia)
2	1974	Geneva(Switzerland)	10	1998	Cape Town(South Africa)
3	1977	London(UK)	11	2001	Chungbuk(Korea)
4	1980	Tokyo(Japan)	12	2004	Havana(Cuba)
5	1984	Paris(France)	13	2007	Sarajevo(Bosnia and Herzegovina)
6	1987	Rio de Janeiro(Brazil)	14	2010	Istanbul(Turkey)
7	1989	Montreal(Canada)	15	2013	Buenos Aires(Argentina)
8	1992	Prague(Czech Republic)	16	2016	Beijing(China)

〈표 15-1〉에서 보는 바와 같이, 한국비교교육학회는 제11차 세계비교교육학술대회의 개최를 통해, 세계적인 차원에서 교육 전반에 관한 실질적 활성화는 물론, 우리의 교육개혁을 세계적 관점과 맥락에서 추진해 가기 위한 구체적인 효과를 기대할 수 있으며, 또한 한국교육의 세계화와 세계교육의 한국화를 도모해 가는 절호의 계기가 되었다.

이와 더불어 2000년대는 한국비교교육학회의 학회지인 '비교교육 연구'의 질적 위상을 높이는 시기였다. 특히 2001년 12월 당시 한국학술진흥재단(현 한국연구재단)의 학술지 등재 사업에서 등재 후보지로 선정됨으로써 본격적으로 학술지의 질적 관리가 시작되었다. 이후 학회지의 질적 관리를 통해, 2005년 12월에는 등재지로 최종 선정되어 지금까지 유지하고 있다.

6. 질적 심화기(2010년~)

2010년대, 이 시기의 가장 중요한 성과는 제7차 아시아비교교육학회(The 7th Comparative Education Society of Asia(CESA) Biennial Conference)의 개최와 영문지 발간이다. 제7차 아시아비교교육학술대회는 본 학회에서 대회를 유치하여 개최되는 성격의 학술대회는 아니지만, 1995년 창립된 아시아비교교육학회의 공동 창립 학회로서 국내에서 공동으로 주관하여 개최되었다는 것은 큰 의의가 아닐 수 없다.

〈표 15-2〉 아시아비교교육학술대회 개최지

횟수	연도	개최지역	횟수	연도	개최지역
1	1996	Tokyo(Japan)	7	2010	Gwangju(south Korea)
2	1998	Beijing(China)	8	2012	Bangkok(Thailand)
3	2000	Taipei(Taiwan, China)	9	2014	Hangzhou(China)
4	2003	Bandung(Indonesia)	10	2016	Manila(Philippines)
5	2005	Bangi, Selangor(Malaysia)	11	2018	Siem Reap(Cambodia)
6	2007	Hong Kong(China)			

제7차 아시아비교교육학회 국제학술대회는 Diversity, Co-existence and Challenge of Multi-cultural Education in Asian Countries라는 주제하에 2010년 11월 11일부터 13일까지 광주교육대학교에서 개최되었으며, 20개 하위 주제별로 많은 국내외 학자들이 참여

하여 비교교육학 관련 논문들이 발표되었다.

또한, 2010년대부터 비교교육 연구 학술지에 별도의 영문지를 증호하여 회원들의 영문 논문의 게재 기회를 확대하였다. 기존의 경우에는 국문지에 영문 논문이 게재되는 상황이었으나, 2010년부터는 4호에서 5호로 증호하면서 3호를 영문지로 운영하여 이 시기부터 비교교육 연구 학술지에 영문 논문이 본격적으로 게재되기 시작했다. 현재 『비교교육 연구』지는 연 6회 발간(영문지 발간 2회 포함)으로 학회 회원들에게 비교교육 연구의 학문적 공유의 장을 마련하고 있다. 한편 2012년에 비교교육학의 이론과 실제를 종합하는 전공서(서명: 비교교육학의 이론과 실제)가 출간되었다. 학회 회원 23명의 공동저자들이 비교교육학의 이론뿐만 아니라, 한국비교교육학회의 역사와 발전과제, 비교교육 관련 국제학회 동향, 그리고 세계 대륙권의 주요 국가의 교육 동향을 전반적으로 다루는 내용으로 학회 차원에서 계획하여 발간하였다.

특히, 2011년 7월에는 일본비교교육학회(Japan Comparative Education Society, JCES)와의 국제적 협력을 위한 MOU를 체결하고, 매년 발간되는 학술지를 상호 공유하고 있으며, 비교교육학 영역의 공동의 관심사를 발굴하고 국제 학회에서의 공동 협력을 지속적으로 유지 강화하기도 하였다. 한편, 학회 차원에서 1995년 중국 연변지역의 주요 교육기관 탐방에 이어, 2010년 2월 1일(월)부터 6일(토)일까지 4박 6일 일정으로 아시아의 선진 교육제도를 운영하고 있는 나라 중 하나인 싱가포르의 학교에 대한 현장 탐방을 통해 실질적인 해외 교육 동향을 파악하고 교육환경의 변화에 대처하기 위한 자기성찰의 기회를 가짐으로써 교육 전문성 신장의 기회를 마련하기 위해 추진되었다. 싱가포르 학교방문에는 13명의 대학 교수와 대학원생들이 참여하여 St. Francis Methodist School(사립중고등학교), School House By The Bay(유치원), Pioneer Primary School(공립초등학교), National University Of Singapore(국립대학) 등 싱가포르 대학 및 국공립학교를 대상으로 학교 탐방 프로그램을 실시하였다.

한편, 한국비교교육학회에서는 그동안 비교교육 및 국제교육과 관련한 실제적인 연구와 더불어 비교교육학의 학문적 정체성 확립과 연구내용의 체계화, 연구접근 및 방법의 정교화 등을 위해 다각적으로 학술활동을 전개해 오고 있다. 2018년 학회 50주년을 앞두고, 2017년 5월에 개최된 춘계학술대회는 비교교육학과 교육학, 비교교육학과 교육학의 분과 학문들, 교육인류학, 평생교육학에 관련된 주제를 다루었으며, 연이어 개최된 학술대회 및 연차 학술대회에서 비교교육학과 교육학의 분과 학문들, 교육사학, 교육철학, 교육사회학, 교육행정학, 교육재정경제학, 교육정치학, 교육정책학 등에 관한 탐구를 중점적으로 다루었다. 또한, 2018년 캄보디아에서 개최된 CESA 학술대회에서 'Korea Panel'을 통해 'The 50th anniversary of the founding of KCES: The development and area studies of Korea Education'라는 주제로 한국비교교육학회 창립 50주년 기념 학술세미나 운영 역시 그러한 노력의 일환이라고 할 수 있다.

2절 한국 비교교육학의 과제

한국에서의 비교교육 연구 활동은 아직 그 연구 인프라 기반이 충분하지 않다는 점을 솔직히 지적하지 않을 수 없다. 우선 교육학계의 여러 세미나에서 발표되는 연구물에서 세계화와 관련된 연구물은 양적인 면에서는 많은 발표물이 나오고 있지만, 질적인 면에서는 주로 선진국 교육의 단편적인 소개나 우리 교육과의 단순한 병치비교(併置比較)가 대부분이다. 특히 우리의 비교교육학 연구의 빈약성에는 좀 더 근본적인 원인이 있다. 비교교육 연구가 제 궤도를 잡아 활발히 추진되기 위한 제도적 뒷받침이 되어 있지 않다. 우리나라 어느 대학에도 비교교육 연구소가 설치된 곳이 없는 것으로 알고 있다. 또한 대학원에 비교교육 연구 석·박사 과정운영은 매우 드문 편이다. 따라서 정통성 있게 비교교육학을 전공한 사람이 드물며 간혹 외국에서 비교교육학을 전공하고 들어온 학자들이 있더라도 비교교육학 전공으로 교수직으로 입직하기는 용이하지 않은 실정이다. 결국은 교육학의 다른 전공영역에 매달려 비교교육을 계속 연구하지 못하고 있는 실정이다. 뿐만 아니라 비교교육의 중요성에 대한 일반적인 이해부족으로 제대로 지원을 받지 못하고 있는 실정이다. 결국 현실적인 우리의 상황은 향후 한국 비교교육학의 위상 정립을 위해서 더욱 많은 노력을 할 것을 요구하고 있다. 즉 대학원 수준에서의 전공과정 개설 문제, 전문가의 육성, 연구과제의 수행을 위한 충분한 재정적인 지원 등과 같은 과제들을 하나씩 해결해 나가야 하는 중요한 시점에 놓여 있는 것이다.

이를 위해서는 국내 비교교육학 연구의 활성화는 물론, 세계적인 차원에서의 비교교육 연구 활동에 적극적으로 참여하는 노력을 기울여야 할 것이다. 특히, 한국비교교육학회는 세계비교교육연합회, 아시아비교교육학회의 중요한 창립 멤버였을 뿐만 아니라 세계 사회에서의 한국의 위상을 생각할 때, 우리는 세계비교교육연합회, 아시아비교교육학회 등의 국제학회의 발전과 비교교육의 발전에 더 관심을 기울여야 할 필요가 있다(윤기옥, 2013). 이러한 노력을 통해 우리나라 교육을 소개하고 세계학자들과 교류하며, 정보교환과 공동연구 등을 모색하는 것은 한국의 교육학 연구를 세계화하는 길이며, 동시에 우리의 연구가 세계화 교육을 실질적으로 뒷받침해 갈 수 있도록 하는 계기가 될 것이다.

이병진(1996)과 정일환(2015)은 한국비교교육 연구가 더욱 발전하기 위해 이행해야 할 과업으로서, 그리고 한국 비교교육학의 발전의 기본방향으로 내실화, 국제화, 다변화, 네트워킹화를 제시하면서 다음과 같이 향후 발전과제를 제안하고 있다.

첫째, 지역연구가 한층 충실히 요구된다. 한국은 비교교육학회의 설립 초기부터 미국, 유럽 등 선진국을 중심으로 지역연구를 해 온 편이다. 이 지역연구의 전통과 축적은 더욱 충실할 것이라고 생각된다. 그와 더불어 이제까지 연구되지 못했거나 충분치 못했던 나라와 지역, 예를 들면 이슬람권, 동구권, 아프리카, 남미, 아시아 각국 등에 대해서 적극적이고도 충실한 연구가 요구되고 있다.

둘째, 연구 내용영역을 더욱 넓혀가야 할 것이다. 연구의 대상과 영역의 선택은 회원 개개인의 전공과 흥미, 관심에 관련된 일로써 이제까지는, 학교교육 중심의 연구가 주종을 이루어 왔으나 격변하는 사회에서 교육을 둘러싼 과제도 또한 다양해지고 있다. 민족, 종교 등의 문제를 포함한 교육의 본질, 고령화, 고학력화, 여가시간의 증대 등을 배경으로 한 평생교육, 사회교육 등 교육의 과제는 산적해 있다. 따라서 이렇게 다양해지고 있는 교육의 과제에 적합한 비교교육 연구가 이루어져야 할 것이다. 이와 관련하여 우리나라 비교교육학 연구의 전문 학술지인 『비교교육 연구』에 대한 내용 분석을 통해 연구동향과 함께 발전방안을 제시한 내용을 살펴보면 다음과 같다(권동택 · 김정희 · 팽영일, 2015).

- 비교교육학의 학문적 정체성을 위한 이론과 방법론 관련 논문이 보다 많이 게재되어야 하며, 비교교육학의 학문적인 범주를 넓히기 위해 보다 다양한 교육학 영역의 논문들이 게재되어야 한다.
- 비교교육의 학문적 성격상 다각적인 분석 및 타 학문 분야와의 학문 간 연구자들과의 공동연구가 활성화되어 많은 논문이 게재되어야 한다. 또한 비교교육 관련 연구 주제의 다양한 접근과 더불어 비교 대상에서도 고등교육 중심에서 벗어나 다양한 학교 급별에 대한 비교연구가 이루어져야 한다.
- 단순 문헌이나 기존 통계 현황의 비교가 아닌 보다 질적 자료와 현장 방문의 자료 수집과 분석을 통한 비교연구적 접근이 이루어져야 한다.
- 비교교육 영문지의 발간이 활성화되어야 한다. 「비교교육 연구」지와는 별도의 학회지를 창간해야 하며, 외국인 및 국내 영문 논문의 게재를 유도할 수 있는 방안이 마련되어야 한다.
- 비교교육의 학문적 성격과 본 학회의 정체성에 부합되는 논문의 게재가 이루어지도록 적극적으로 홍보하고, 학술지 게재 논문의 지속적인 질 관리가 요구된다.

아울러 비교교육 관련 연구 주제가 보다 다양해지고 비교 대상도 고등교육 중심에서 벗어나 다양한 학교 급별로 비교연구가 이루어져야 할 것이며, 타 학문 분야의 연구자들과의 공동연구도 활성화되어야 할 것이며, 문헌이나 기존 통계 현황의 비교가 아닌 보다 질적 자료와 현장 방문의 자료 수집과 분석을 통한 비교연구가 활성화되어야 할 것이다.

셋째, 연구방법의 개선이 있어야 하는 바, 이제까지의 연구방법은 자료중심으로 진행되어 온 편이다. 과거 비교교육 연구는 적절한 자료를 수집하고 해석하는가가 연구의 핵심이었다. 이러한 작업은 극히 어렵고 연구의 기본임에는 변함이 없으나 오늘날 대상이나 지역에의 조사연구가 용이해지고 있는 이점을 살려 체험이나 실증적인 연구와 더불어 질적 연구를 통해 연구결과의 질과 생산성을 제고해야 할 것이다. 이와 관련하여 본 학회와 회원들이 중심으로 수행하고 있는 공동 및 협동연구(중앙정부와 지방자치단체의 정책연구, 비교교육학 학술저서 집필 · 발간, 번역서 발간 등)의 기회를 보다 확대 · 내실화해야 할 것이다. 본 학회 회원 개인의 전문성과 지식의 축적을 활용할 수 있는 특정 주제에 관한 공동연구는 비교연구의 범위를 보다 확대시켜 줄 것이다. 일본비교교육학회가 장기간에 걸쳐 종단적인 과제연구를 실시하여 종합적인 접근방법을 취하는 것은 우리가 벤치마킹할 만하다.

넷째, 국제적 공동연구가 모색되어야 할 것이다. 세계 각국이 가장 바람직한 교육내용이나 교육방법, 교육제도의 개선을 도모함에 있어 상호 간의 협력은 필수불가결한 것이다. 즉, 국제협력의 측면에서 국제협력 연구와 여부를 수행할 조직 강화와 자료 및 정보 공유 등에 대해서도 적절한 대응이 수반되어야 할 것이다. 과거 한국비교교육학회가 세계비교교육연합회(WCCES) 및 아시아비교교육학회(CESA)의 설립에 주도적인 역할을 한 것도 장래 본 학회의 발전을 위한 초석을 다진 결과라고 할 수 있다.

이제는 우리가 세계화를 표방하고 국제 간의 교류와 협조적 체제를 다져가며, 교육의 다원화 · 개방화 · 선진화를 위해 교육개혁을 단행하고 있는 오늘의 시점에서 비교교육 및 국제교육연구는 그 경쟁력 확보 측면에서 매우 중요한 시기라고 할 수 있다. 이와 관련하여 우리나라에서의 비교교육학의 학문적 발전을 위한 기본 방향을 제시하면 다음과 같다.

첫째, 고등교육기관 및 교육연구기관에 비교교육 및 국제교육 관련 연구센터를 설치 · 운영하고, 학문후속세대 양성을 위해 대학원 석 · 박사과정에 비교교육학 관련 전공과정을 개설 · 운영해야 할 것이다. 뿐만 아니라 학부 과정에서도 국제교육 및 국제이해교육 관련 비교교육 관련 강좌가 개설 · 확대되어야 한다. 이러한 노력은 비교교육학의 학문적 정착 및 비교교육 연구의 발전을 보장하는 초석이 될 것이다.

둘째, 세계의 각 지역(국가)의 교육을 전문적으로 연구하는 전담 비교교육 전문가가 필요하다. 특히 우리의 세계적 진출과 국제적 협력체제, 그리고 세계적 시각에서의 우리 교육 발전을 고려할 때, 한 나라, 한 지역의 교육을 깊이 있게 연구할 필요가 더욱 필요하며, 제3세계 여러 나라와 지역에 대한 비교교육 연구는 앞으로 더욱 필요할 것으로 보인다. 그 나라의 교육과 문화를 심층적으로 이해하지 못하고 관련 비교 전문가가 없는 상황에서 그들과의 교류와 상호협력은 실제 가시적인 성과를 기대하기 어려울 것이다.

셋째, 국내에서의 비교교육 관련 학회 및 연구 활성화는 물론 국제 사회에서 비교교육 연구 및 교류 활동에 적극적인 참여가 이루어져야 할 것이다. 매 2년 아시아 지역에서 개최되고 있는 국제비교교육 학술대회와 매 3년마다 6대륙별로 개최되는 세계비교교육연합회 국제학술대회에 참여하여 세계비교교육 학자들과 교류하면서 정보교환과 공동연구 등을 모색하는 것은 우리나라에서의 비교교육학의 학문적 발전에도 실질적으로 기여하게 될 것이다.

이러한 비교교육학의 활성화를 위한 노력은 특히 정부 차원에서 주도되고 있는 국제화 관련 교육정책들은 우리나라에서 비교교육학의 인식을 새롭게 하고 제고시킬 수 있는 촉매제의 역할을 할 수 있게 될 것이다. 우리나라에서의 비교교육 연구의 발전이 세계적인 연구경향과 맥을 같이하며 정착해 가고 있는 것은 한국비교교육학회의 많은 학자들의 노력이 큰 밑받침이 되었다는 점에서는 의심의 여지가 없다. 그러나 비교교육학 및 비교교육 연구의 발전과 내실화는 어떤 한 개인이나 집단의 사고만으로는 보장될 수 없으므로 비교교육 연구자들의 학문적 · 실제적 탐구가 더욱 요청되는 시점이다.

참고문헌

윤기옥(2013). Globalization and the Comparative Education Society. **비교교육 연구**, 23(1). 171-183.

이병진(1995). 한·일 비교교육 연구 동향과 과제. **비교교육 연구**, 5(1). 111-130.

이병진·권동택(2005). ***The past, present and future of korea comparative education society***. The 5th Comparative Education Society of Asia Biennial Conference (5. 30), Universitii Kebangsaan Malaysia, Bangi, Malaysia.

이병진·권동택(2007). The Korean Comparative Education Society (KCES) (pp. 183-188). In Masemann, V., Bray, M., & Manzon, M. ***Common Interests, Uncommon Goals: Histories of the World Council of Comparative Education Societies and its Members***. Hong Kong: Springer & CERC of the University of Hong Kong.

정일환(2009). 비교교육학의 학문발전을 위한 과제. **한국비교교육학회소식지 통권 9호**, 1-2. 한국비교교육학회.

정일환·권동택(2017). 비교교육학의 학문적 영역과 교육학. **비교교육 연구**, 27(6), 1-24.

정일환·권동택·신태진·한용진·김정희·김현욱 외 공역(2017). 비교교육학, 접근과 방법, Bray, M., Bob Adamson, & Mark Manson (eds.) (2014). Comparative Education Research Approaches and Methods, 2nd ed., Hong Kong: Comparative Education Research Centre.

정일환·김병주 외(2012). **비교교육학: 이론과 실제**. 서울: 교육과학사.

정일환·이병진·권동택(2013). 한국에서의 비교교육 연구 성과와 과제. **비교교육 연구**, 23(4), 155-172.

권동택·김정희·팽영일(2015). 한국 비교교육학의 연구동향－비교교육 연구 게재 논문을 중심으로(pp. 155-166). 2015 한국비교교육학회 연차학술대회. 한국비교교육학회.

WCCES(1996). ***Statutes***. World Council of Comparative Education Societies.

이 글은 정일환(2009. 8). 비교교육학의 학문발전을 위한 과제, 한국비교교육학회 소식 통권 9호, 주론 1-2.; 정일환·이병진·권동택(2013. 9). 한국에서의 비교교육연구의 성과와 과제, 비교교육연구 23(4), 155-172.를 토대로 보완·작성한 것임.

찾아보기

저/자/소/개

■ **정일환** The Pennsylvania State University 대학원 교육정책 전공(철학박사)
대구가톨릭대학교 사범대학 교육학과 교수
한국비교교육학회 회장, 세계비교교육학회 이사, 아시아비교교육학회 이사,
한국교육학회 부회장

■ **김병주** 서울대학교 대학원 교육행정전공(교육학박사)
영남대학교 사범대학 교육학과 교수, 고등교육정책연구소장, 한국교육재정경제학회장,
한국비교교육학회 이사 및 학술편찬위원장

■ **고 전** 연세대학교 대학원 교육행정 전공(교육학박사)
제주대학교 교육대학 교수, 전 대한교육법학회 회장, 한국비교교육학회 이사 및 학술
상위원회 위원

■ **권동택** 한국교원대학교 대학원 초등교육전공(교육학박사)
한국교원대학교 교수, 한국비교교육학회 부회장 및 상임이사, 아시아비교교육학회 이사

■ **박대권** Columbia University 대학원 교육행정전공(철학박사)
명지대학교 사회과학대학 청소년지도학과 교수

■ **박세훈** University of Minnesota 대학원 교육행정전공(철학박사)
전북대학교 사범대학 교육학과 교수, 전 한국교육행정학회 회장,
한국비교교육학회 이사 및 정책연구위원회 위원장

■ **박순용** University of Wisconsin-Madison(인류학박사)
연세대학교 교육과학대학 교육학부 교수
한국비교교육학회 이사, 전 한국교육인류학회 회장, 한국국제이해교육학회 부회장,
UNESCO 아시아태평양국제이해교육원 이사

■ **박찬호** University of Wisconsin-Madison 대학원 교육평가전공(철학박사)
계명대학교 교육학과 교수, 한국비교교교육학회 이사, 한국교육평가학회 이사,
한국심리측정평가학회 이사

■ **박환보** 서울대학교 대학원 교육사회학, 비교교육학 전공(교육학박사)
충남대학교 사범대학 교육학과 교수, 충남대학교 교육학과 BK21플러스 세계시민교육
전문인력양성사업단 부단장, 한국비교교육학회 이사, 학술대회위원회 위원 및 국제개
발협력위원회 위원, 국제이해교육학회 연구이사

■ **소경희** 이화여자대학교 대학원 교육학과(교육학박사)
서울대학교 사범대학 교육학과 교수, 한국교육과정학회 부회장,
한국비교교육학회 이사 및 편집위원회 위원

■ **신현석** University of Wisconsin-Madison 대학원 교육행정전공(철학박사)
고려대학교 사범대학 교육학과 교수, 사범대학장 및 교육대학원장,
전 한국교육정치학회 회장

■ **유재봉** 런던대학교(UCL Institute of Education) 교육철학 전공(철학박사)
성균관대학교 교육학과 교수, 한국비교교육학회 이사 및 윤리위원회 위원,
사교육혁신교육연구소 소장, 한국교육철학학회 이사

■ **이병진** 한양대학교 대학원 교육학과(교육학박사)
한국교원대학교 명예교수, 전 한국비교교육학회 회장,
한국비교교육학회 상임고문 및 학술위원회 위원장

■ **정진철** Texas A&M University 대학원 직업교육 전공(철학박사)
서울대학교 산업인력개발학전공 부교수, 한국비교교육학회 이사 및 학술대회위원회 위원, 한국농산업교육학회 기획조직위원장

■ **주동범** The Pennsylvania State Univeristy 대학원 교육사회학 전공(철학박사)
부경대학교 미래융합대학 평생교육·상담학과 교수, 미래융합대학장 겸 평생교육원장,
한국비교교육학회 이사 및 편집위원회 위원, 한국상담평가학회 회장

■ **최돈민** 한양대학교 대학원 교육학과(교육학박사)
상지대학교 교수, 한국비교교육학회 이사 및 편집위원회 위원, 전 한국평생교육학회 회장,
전국평생학습연석회의 공동대표

■ **한용진** 고려대학교 대학원 교육학과(교육사철학전공, 교육학박사)
고려대학교 교육학과 교수, 전 한국교육사학회 회장, 한국일본교육학회 회장,
한국비교교육학회 부회장

비교교육학과 교육학

1판 1쇄 인쇄 — 2018년 11월 16일
1판 1쇄 발행 — 2018년 11월 23일

저 자 - 정일환 · 김병주 · 고 전 · 권동택 · 박대권 · 박세훈
박순용 · 박찬호 · 박환보 · 소경희 · 신현석 · 유재봉
이병진 · 정진철 · 주동범 · 최돈민 · 한용진

발 행 인 - 강철원
발 행 처 - 양성원
주 소 - 경기도 파주시 검산로 173번길 29-20
전 화 - 031-946-3861(代)
팩 스 - 031-946-3864
이 메 일 - tnwpub@naver.com
홈페이지 - tnwpub.co.kr
출판등록 - 2015년 8월 31일 제 2015-000211 호

ISBN 979-11-6126-153-9

정가 29,000원